MATHIEU NEBRA

W0355859

APPRENEZ À PROGRAMMER EN C

ENFIN UN LIVRE POUR LES DÉBUTANTS !

le Livre du Zéro
www.siteduzero.com

Simple IT 2010 - ISBN : 978-2-9535278-0-3

MATHIEU NEBRA

APPRENEZ À PROGRAMMER EN C

ENFIN UN LIVRE POUR LES DÉBUTANTS !

le Livre du Zéro
www.siteduzero.com

Avant-propos

Le livre que vous tenez dans vos mains a une longue histoire derrière lui. Et pour cause : il a mis plus de dix ans à mûrir avant de voir le jour. Comment peut-on en arriver à préparer un livre pendant dix longues années ? Un petit retour en arrière s'impose.

Je suis un passionné de nouvelles technologies parmi tant d'autres. J'ai eu mon premier ordinateur entre les mains juste avant de rentrer au collège. C'était à ce moment le lancement en grandes pompes de Windows 95.

J'ai immédiatement voulu aller plus loin, savoir « comment ça fonctionne à l'intérieur ». Mon premier réflexe a été d'écumer les librairies de quartier et plus particulièrement leur section micro-informatique déjà bien développée. Tout (ou presque) me faisait envie : « Créez votre site web en HTML en 50 minutes », « Développez vos propres programmes facilement avec Visual Basic », etc. Des promesses qui, à elles seules, auraient pu avoir raison de mon argent de poche.

C'est en lisant la quatrième de couverture que les choses ont commencé à coincer : « *Ce livre est destiné aux personnes ayant déjà une bonne expérience en programmation* ». Pas de panique. Il suffit de trouver celui qui s'adresse aux débutants comme moi. Je repose le livre sur les étalages et je tente d'en sortir un autre. Puis un autre. Puis encore un autre. Jusqu'à me rendre à l'évidence : pour apprendre à programmer, il faut déjà savoir programmer.

Histoire de ne pas avoir fait le trajet pour rien, je repartirai quand même avec un livre ou deux sous les bras, ceux qui semblaient les plus corrects du lot. Je leur rends hommage ici : c'est avec eux que j'ai démarré et j'ai beaucoup appris à leur lecture. Mais en les relisant avec un peu de recul quelques mois plus tard, j'ai fini par m'apercevoir de certaines incohérences : un chapitre simple sur l'installation d'un logiciel qui aurait dû être placé tout au début, des codes source sans explications, quand ce n'était pas carrément un mot important utilisé tout au long du livre et défini vers la fin !

La critique était facile, mais il me fallait prouver que l'on pouvait faire *plus clair et plus simple*. J'ai donc entrepris de reformuler mon premier livre **tel que j'aurais souhaité le lire** en créant mon premier site web.

C'était il y a dix ans presque jour pour jour à la sortie de ce livre.

Qu'est-ce que ce livre vous propose ?

Bien des années se sont écoulées depuis la rédaction des premiers cours. Dans cet intervalle de temps, j'ai suivi des études d'ingénieur en informatique puis j'ai été professeur de langage C dans l'enseignement supérieur.

Tout ceci m'a amené à construire un plan de cours adapté aux débutants, progressif et concret. Celui-ci est constitué de quatre parties que vous retrouverez dans cet ouvrage :

1. **Les bases de la programmation en C** : nous démarrerons en douceur en découvrant ce qu'est la programmation et à quoi sert le langage C qui fait l'objet de ce livre. Nous installerons les outils nécessaires au programmeur adaptés à votre système d'exploitation : Windows, Mac OS X ou Linux. Nous réaliserons nos premiers programmes simples et pourrons pratiquer en réalisant un petit jeu dès la fin de cette partie.

2. **Techniques « avancées » du langage C** : nous étudierons des concepts plus avancés et plus complexes du C. Ceux-ci, bien que d'un niveau plus élevé, sont indispensables à la bonne compréhension du langage : pointeurs, tableaux, structures, chaînes de caractères, etc. Le niveau reste progressif mais le cours demandera plus d'attention de votre part à partir de cette seconde partie, soyez-en simplement prévenus.

3. **Création de jeux 2D en SDL** : après avoir acquis l'essentiel des connaissances nécessaires pour programmer en C, il nous sera possible de nous amuser en créant nous-mêmes des programmes complets tels que des jeux et des lecteurs audio. Pour y parvenir, nous utiliserons une « extension » du langage C que l'on appelle la SDL.

4. **Les structures de données** : pour aller plus loin, nous découvrirons des méthodes de programmation spécifiques dans cette dernière partie. Nous manipulerons des données en mémoire à l'aide de structures personnalisées et intelligentes, ce qui vous permettra d'augmenter en efficacité lorsque vous réaliserez vos futurs programmes.

Comment lire ce livre ?

Suivez l'ordre des chapitres

Lisez ce livre comme on lit un roman. Il a été conçu de cette façon.

Contrairement à beaucoup de livres techniques où il est courant de lire en diagonale et de sauter certains chapitres, ici il est très fortement recommandé de suivre l'ordre du cours, à moins que vous ne soyez déjà un peu expérimenté.

Pratiquez en même temps

Pratiquez régulièrement. N'attendez pas d'avoir fini la lecture de ce livre pour allumer votre ordinateur et faire vos propres essais.

Le livre comporte plusieurs T.P.[1] qui vous invitent à créer votre propre programme en suivant une série de consignes. C'est bien, mais ne vous en contentez pas. Essayez les codes source que je vous propose tout au long du cours. Modifiez-les un tout petit peu, puis de plus en plus jusqu'à vous sentir à l'aise. Une fois les T.P. terminés, essayez de réaliser les améliorations suggérées ainsi que celles qui vous passent par la tête. Vous progresserez ainsi beaucoup plus vite que vous ne l'imaginiez.

Utilisez les codes web !

Afin de tirer parti du Site du Zéro dont est issu ce livre, celui-ci vous propose ce qu'on appelle des « codes web ». Ce sont des codes à 6 chiffres à rentrer sur une page du Site du Zéro pour être automatiquement redirigé vers un site web sans avoir à en recopier l'adresse.

Pour utiliser les codes web, rendez-vous sur la page suivante[2] :

`http://www.siteduzero.com/codeweb.html`

Un formulaire vous invite à rentrer votre code web. Faites un premier essai avec le code ci-dessous :

▷ Code web : 123456

Ces codes web ont deux intérêts :

- vous faire télécharger les codes source inclus dans ce livre, ce qui vous évitera d'avoir à recopier certains codes un peu longs ;
- vous rediriger vers les sites web présentés tout au long du cours.

Ce système de redirection nous permet de tenir à jour le livre que vous avez entre les mains sans que vous ayez besoin d'acheter systématiquement chaque nouvelle édition. Si un site web change d'adresse, nous modifierons la redirection mais le code web à utiliser restera le même. Si un site web disparaît, nous vous redirigerons vers une page du Site du Zéro expliquant ce qui s'est passé et vous proposant une alternative.

En clair, c'est un moyen de nous assurer de la pérennité de cet ouvrage sans que vous ayez à faire quoi que ce soit !

[1] Travaux Pratiques

[2] Je vous suggère d'ailleurs de l'ajouter à vos favoris.

Du Site du Zéro au Livre du Zéro

À l'époque où j'ai souhaité rédiger mes premiers cours pour débutants, mon premier réflexe a été de créer un site web car c'était pour moi le moyen le plus simple de publier mes écrits[3]. Il fut décidé que le site s'appellerait le « Site du Zéro »... parce qu'on y apprendrait tout à partir de zéro.

Sans moyens publicitaires autres que le bouche à oreille, mais avec beaucoup de motivation et de passion, `www.siteduzero.com` s'est fait au fil des années un véritable nom sur le Web. À tel point que j'ai fini par découvrir qu'il était connu et recommandé par des professeurs en informatique, mais aussi utilisé comme support de cours par leurs élèves !

Le site s'est fortement développé et est devenu plus qu'un site de cours en ligne pour débutants. Il regroupe aujourd'hui plus de 170 000 membres formidables qui échangent et s'entraident sur les forums mais prennent aussi part à la rédaction des cours de façon désintéressée. La seule consigne en vigueur sur le site est la seule que j'aie jamais suivie : se mettre à la place du lecteur débutant que nous avons tous été.

Cela fait longtemps que je souhaite un retour aux sources, dans ces librairies où j'ai moi-même été perdu. Le Livre du Zéro est le moyen idéal de boucler la boucle.

À l'attention de ceux qui ne connaissent pas le Site du Zéro

Si vous ne faites pas partie des visiteurs du Site du Zéro[4], vous vous demandez à juste titre si ce livre est fait pour vous.

Comme vous l'aurez sans doute compris, ce livre est avant tout destiné aux débutants. Vous y trouverez néanmoins aussi votre compte si vous avez déjà de l'expérience en programmation dans d'autres langages et que vous souhaitez découvrir le C.

Toutes les notions à connaître pour démarrer dans la programmation seront détaillées, en privilégiant les exemples aux définitions théoriques. Le cours est d'ailleurs particulièrement fourni en schémas comme vous pourrez le constater.

Lisez le premier chapitre pour décider si vous accrochez et comprenez ce qui s'y dit. La seule compétence réellement requise est de savoir allumer un ordinateur[5]. Je me charge de vous expliquer tout le reste : de l'installation des logiciels nécessaires pour programmer à l'explication des commandes qui permettent de créer des programmes, en passant par les conseils et les bonnes pratiques qui vous feront gagner du temps.

Vous noterez que je m'exprime toujours à la première personne. C'est ma façon de faire. Imaginez d'une certaine manière que nous sommes vous et moi dans la même salle et que je suis votre professeur. Je vous parle directement et je réponds à vos questions en

[3] Et ça l'est d'ailleurs toujours, c'est amusant de voir que cela n'a pas changé. Le Web est plus que jamais un formidable espace d'expression et doit le rester.

[4] Que l'on appelle d'ailleurs les « Zéros », selon une logique implacable qui ne vous aura pas échappé. ;-)

[5] Ce n'est pas une plaisanterie, c'est la raison d'être de ce livre et c'est pour cela qu'on l'appelle le « Livre du Zéro ».

essayant dans la mesure du possible de les anticiper.

À l'attention des visiteurs du Site du Zéro

Ce livre ne remplace pas le Site du Zéro. Il le *complète.*

En fait, il répond à une question que l'on m'a souvent posée : « Pourquoi ne voit-on pas ces cours en librairie ? ». Oui c'est vrai, pourquoi ?

Parce que rédiger et publier un livre ne s'improvise pas. Afin d'avoir le maximum de liberté et d'indépendance, je souhaitais être l'éditeur de ces livres. Il aura fallu du temps pour y parvenir mais c'est aujourd'hui chose faite.

Ce livre s'adresse à vous si vous avez aimé les cours du Site du Zéro mais que :

- la lecture sur écran vous fatigue ;
- vous avez besoin d'un support hors ligne que vous pouvez emporter où vous voulez ;
- vous auriez bien imprimé les centaines de pages du cours vous-même mais votre imprimante risquerait de faire un peu la tête ;
- vous souhaitez tout simplement apporter votre contribution au site, afin de nous aider à financer son développement et la rédaction de nouveaux cours.

Vous y retrouverez le cours de programmation en C dans une édition revue et corrigée, avec de nouvelles remarques et anecdotes. Le livre comporte une série de chapitres inédits qui vous permettront d'aller encore plus loin et d'explorer de nouvelles voies dans votre découverte de la programmation.

Remerciements

Ce livre n'est pas le fruit d'une seule et même personne. Il n'aurait en fait jamais vu le jour sans de nombreuses personnes qui m'ont apporté leur soutien ou leur aide.

- Mes parents tout d'abord, qui m'ont toujours encouragé et conseillé quand j'en avais le plus besoin.
- Élodie, qui partage ma vie depuis plusieurs années et qui sait toujours trouver les mots justes pour m'aider à avancer.
- Pierre Dubuc, mon associé, à qui l'on doit les fondations techniques du Site du Zéro que l'on connaît aujourd'hui ainsi que le récent développement de notre structure. La dévotion qu'il a portée à la naissance de ce livre ne saurait être suffisamment saluée.
- Nhat Minh Lê (rz0) avec qui j'ai eu de longues et intéressantes conversations sur LaTeX, le langage dans lequel est écrit ce livre[6], ainsi que sur le langage C, son domaine de prédilection.
- Nos infographistes, Fan Jiyong (couverture de ce livre) et Yannick Piault (illustrations des chapitres) qui ont travaillé d'arrache-pied pendant plusieurs semaines pour livrer le meilleur travail possible.

[6]Eh oui, même ce livre est compilé, on ne se refait pas. :-)

- L'équipe des zCorrecteurs, des passionnés de langue française et de typographie qui corrigent depuis longtemps les cours du Site du Zéro et qui ont fait un travail formidable de rigueur et d'efficacité pour relire ce livre (triple relecture pour chaque chapitre !). Je tiens à remercier en particulier les cinq correcteurs qui se sont chargés de la relecture de ce livre : Philippe Lutun (ptipilou), Loïc Le Breton (Fihld), Martin Wetterwald (DJ Fox), Guillaume Gaullier (Guillawme) et Léo Roux (Nelty).
- L'équipe du Site du Zéro, passée, présente et future. Leur aide pour faire tourner le site est inestimable. Rédiger une liste complète des membres de l'équipe serait bien trop long ici, mais ils sauront se reconnaître tous autant qu'ils sont. ;-)
- Enfin et surtout, tous ceux qui nous ont fait confiance et nous ont encouragés à continuer : les visiteurs du Site du Zéro[7]. Eux aussi sont un peu trop nombreux pour être listés ici, mais qu'ils sachent à quel point leurs encouragements ont été le moteur de la création de ce livre.

Merci à vous enfin, qui vous apprêtez à nous faire confiance en lisant ce livre. Je vous souhaite une bonne et agréable lecture, et surtout n'oubliez pas d'y prendre du plaisir !

[7] Il est intéressant de noter que toutes les personnes listées précédemment en font partie !

Sommaire

Avant-propos **i**

Qu'est-ce que ce livre vous propose ? ii

Comment lire ce livre ? ii

Du Site du Zéro au Livre du Zéro iv

Remerciements v

I Les bases de la programmation en C **1**

1 Vous avez dit programmer ? **3**

Programmer, c'est quoi ? 4

Programmer, dans quel langage ? 5

Programmer, c'est dur ? 9

2 Ayez les bons outils ! **11**

Les outils nécessaires au programmeur 12

Code: :Blocks (Windows, Mac OS, Linux) 13

Visual C++ (Windows seulement) 19

Xcode (Mac OS seulement) 25

3 Votre premier programme **31**

Console ou fenêtre ? 32

Un minimum de code 34

Écrire un message à l'écran 39

Les commentaires, c'est très utile ! 43

4 **Un monde de variables** **47**

Une affaire de mémoire 48

Déclarer une variable 52

Afficher le contenu d'une variable 59

Récupérer une saisie 61

5 **Une bête de calcul** **65**

Les calculs de base 66

Les raccourcis 70

La bibliothèque mathématique 72

6 **Les conditions** **77**

La condition `if... else` 78

Les booléens, le coeur des conditions 84

La condition `switch` 87

Les ternaires : des conditions condensées 91

7 **Les boucles** **93**

Qu'est-ce qu'une boucle ? 94

La boucle `while` 94

La boucle `do... while` 97

La boucle `for` 98

8 **TP : Plus ou Moins, votre premier jeu** **101**

Préparatifs et conseils 102

Correction ! 104

Idées d'amélioration 107

9 **Les fonctions** **109**

Créer et appeler une fonction 110

Des exemples pour bien comprendre 118

II Techniques « avancées » du langage C 125

10 La programmation modulaire 127

Les prototypes . . . 128
Les headers . . . 130
La compilation séparée . . . 135
La portée des fonctions et des variables . . . 138

11 À l'assaut des pointeurs 143

Un problème bien ennuyeux . . . 144
La mémoire, une question d'adresse . . . 146
Utiliser des pointeurs . . . 149
Envoyer un pointeur à une fonction . . . 154
Qui a dit : « Un problème bien ennuyeux » ? . . . 157

12 Les tableaux 159

Les tableaux dans la mémoire . . . 160
Définir un tableau . . . 160
Parcourir un tableau . . . 163
Passage de tableaux à une fonction . . . 165

13 Les chaînes de caractères 169

Le type `char` . . . 170
Les chaînes sont des tableaux de `char` . . . 172
Fonctions de manipulation des chaînes . . . 176

14 Le préprocesseur 187

Les `include` . . . 188
Les `define` . . . 190
Les macros . . . 193
Les conditions . . . 196

15 Créez vos propres types de variables 201

Définir une structure . . . 202
Utilisation d'une structure . . . 204
Pointeur de structure . . . 208

Les énumérations 211

16 Lire et écrire dans des fichiers **215**

Ouvrir et fermer un fichier 216

Différentes méthodes de lecture / écriture 223

Se déplacer dans un fichier 231

Renommer et supprimer un fichier 233

17 L'allocation dynamique **235**

La taille des variables 236

Allocation de mémoire dynamique 240

Allocation dynamique d'un tableau 245

18 TP : réalisation d'un Pendu **249**

Les consignes 250

La solution (1 : le code du jeu) 256

La solution (2 : la gestion du dictionnaire) 261

Idées d'amélioration 271

19 La saisie de texte sécurisée **273**

Les limites de la fonction `scanf` 274

Récupérer une chaîne de caractères 276

Convertir la chaîne en nombre 283

III Création de jeux 2D en SDL **287**

20 Installation de la SDL **289**

Pourquoi avoir choisi la SDL ? 290

Téléchargement de la SDL 294

Créer un projet SDL 295

21 Création d'une fenêtre et de surfaces **305**

Charger et arrêter la SDL 306

Ouverture d'une fenêtre 310

Manipulation des surfaces 317

Exercice : créer un dégradé 327

22 Afficher des images **333**
Charger une image BMP 334
Gestion de la transparence 338
Charger plus de formats d'image avec `SDL_Image` 342

23 La gestion des événements **351**
Le principe des événements 352
Le clavier 357
Exercice : diriger Zozor au clavier 360
La souris 368
Les événements de la fenêtre 372

24 TP : Mario Sokoban **377**
Cahier des charges du Sokoban 378
Le `main` et les constantes 381
Le jeu 386
Chargement et enregistrement de niveaux 400
L'éditeur de niveaux 402
Résumé et améliorations 408

25 Maîtrisez le temps ! **411**
Le *Delay* et les *ticks* 412
Les *timers* 420

26 Écrire du texte avec `SDL_ttf` **425**
Installer `SDL_ttf` 426
Chargement de `SDL_ttf` 428
Les différentes méthodes d'écriture 431

27 Jouer du son avec FMOD **443**
Installer FMOD 444
Initialiser et libérer FMOD 446
Les sons courts 447
Les musiques (MP3, OGG, WMA. . .) 452
Les musiques (MIDI) 457

28 TP : visualisation spectrale du son **463**

Les consignes 464

La solution 470

Idées d'amélioration 474

IV Les structures de données **475**

29 Les listes chaînées **477**

Représentation d'une liste chaînée 478

Construction d'une liste chaînée 479

Les fonctions de gestion de la liste 481

Aller plus loin 487

30 Les piles et les files **489**

Les piles 490

Les files 497

31 Les tables de hachage **503**

Pourquoi utiliser une table de hachage ? 504

Qu'est-ce qu'une table de hachage ? 504

Écrire une fonction de hachage 506

Gérer les collisions 508

Première partie

Les bases de la programmation en C

Chapitre 1

Vous avez dit programmer ?

Difficulté :

Vous avez déjà entendu parler de programmation et nul doute que si vous avez ce livre entre les mains, c'est parce que vous voulez « enfin » comprendre comment ça fonctionne.

Mais programmer en langage C... ça veut dire quoi ? Est-ce que c'est bien pour commencer ? Est-ce que vous avez le niveau pour programmer ? Est-ce qu'on peut tout faire avec ?

Ce chapitre a pour but de répondre à toutes ces questions apparemment bêtes et pourtant très importantes. Grâce à ces questions simples, vous saurez à la fin de ce premier chapitre ce qui vous attend. C'est quand même mieux de savoir à quoi sert ce que vous allez apprendre, vous ne trouvez pas ?

Programmer, c'est quoi ?

On commence par la question la plus simple qui soit, la plus basique de toutes les questions basiques. Si vous avez l'impression de déjà savoir tout ça, je vous conseille de lire quand même, ça ne peut pas vous faire de mal ! Je pars de zéro pour ce cours, donc je vais devoir répondre à la question :

Que signifie le mot « programmer » ?

Programmer signifie réaliser des « programmes informatiques ». Les programmes demandent à l'ordinateur d'effectuer des actions.

Votre ordinateur est rempli de programmes en tous genres :

- la calculatrice est un programme ;
- votre traitement de texte est un programme ;
- votre logiciel de « chat » est un programme ;
- les jeux vidéo sont des programmes (cf. fig. 1.1, le célèbre jeu Half-Life 2).

FIG. 1.1 – Le jeu Half-Life 2 a été programmé en C++, un langage voisin du C

En bref, les programmes sont partout et permettent de faire a priori tout et n'importe quoi sur un ordinateur. Vous pouvez inventer un logiciel de cryptage révolutionnaire si ça vous chante, ou réaliser un jeu de combat en 3D sur Internet, peu importe. Votre ordinateur peut tout faire (sauf le café, mais j'y travaille).

Attention ! Je n'ai pas dit que réaliser un jeu vidéo se faisait en claquant des doigts. J'ai simplement dit que tout cela était possible, mais soyez sûrs que ça demande beaucoup de travail.

Comme vous débutez, nous n'allons pas commencer en réalisant un jeu 3D. Ce serait suicidaire. Nous allons devoir passer par des programmes très simples. Une des premières choses que nous verrons est *comment afficher un message à l'écran.* Oui, je sais, ça n'a rien de transcendant, mais rien que ça croyez-moi, ce n'est pas aussi facile que ça en a l'air.

Ça impressionne moins les amis, mais on va bien devoir passer par là. Petit à petit, vous apprendrez suffisamment de choses pour commencer à réaliser des programmes de plus en plus complexes. Le but de ce cours est que vous soyez capables de vous en sortir dans n'importe quel programme écrit en C.

Mais tenez, au fait, vous savez ce que c'est vous, ce fameux « langage C » ?

Programmer, dans quel langage ?

Votre ordinateur est une machine bizarre, c'est le moins que l'on puisse dire. On ne peut s'adresser à lui qu'en lui envoyant des 0 et des 1. Ainsi, si je traduis « Fais le calcul 3 + 5 » en langage informatique, ça pourrait donner quelque chose comme[1] :

`0010110110010011010011110`

Ce que vous voyez là, c'est le langage informatique de votre ordinateur, appelé **langage binaire** (retenez bien ce mot !). Votre ordinateur ne connaît que ce langage-là et, comme vous pouvez le constater, c'est absolument incompréhensible.

Donc voilà notre premier vrai problème :

> Comment parler à l'ordinateur plus simplement qu'en binaire avec des 0 et des 1 ?

Votre ordinateur ne parle pas l'anglais et encore moins le français. Pourtant, il est inconcevable d'écrire un programme en langage binaire. Même les informaticiens les plus fous ne le font pas, c'est vous dire !

Eh bien l'idée que les informaticiens ont eue, c'est d'inventer de nouveaux langages qui seraient ensuite traduits en binaire pour l'ordinateur. Le plus dur à faire, c'est de réaliser le programme qui fait la « traduction ». Heureusement, ce programme a déjà été écrit par des informaticiens et nous n'aurons pas à le refaire (ouf !). On va au contraire s'en servir pour écrire des phrases comme : « *Fais le calcul 3 + 5* » qui seront traduites par le programme de « traduction » en quelque chose comme : « `0010110110010011010011110` ».

Le schéma 1.2 résume ce que je viens de vous expliquer.

[1] J'invente, je ne connais quand même pas la traduction informatique par cœur.

FIG. 1.2 – Schéma (très simplifié) de réalisation d'un programme

Un peu de vocabulaire

Là j'ai parlé avec des mots simples, mais il faut savoir qu'en informatique il existe un mot pour chacune de ces choses-là. Tout au long de ce cours, vous allez d'ailleurs apprendre à utiliser un vocabulaire approprié. Non seulement vous aurez l'air de savoir de quoi vous parlez, mais si un jour (et ça arrivera) vous devez parler à un autre programmeur, vous saurez vous faire comprendre[2].

Reprenons le schéma que l'on vient de voir. La première case est « Votre programme est écrit dans un langage simplifié ». Ce fameux « langage simplifié » est appelé en fait **langage de haut niveau**. Il existe plusieurs niveaux de langages. Plus un langage est haut niveau, plus il est proche de votre vraie langue (comme le français). Un langage de haut niveau est donc facile à utiliser, mais cela a aussi quelques petits défauts comme nous le verrons plus tard.

Il existe de nombreux langages de plus ou moins haut niveau en informatique dans lesquels vous pouvez écrire vos programmes. En voici quelques-uns par exemple :

- le C ;
- le C++ ;
- Java ;
- Visual Basic ;
- Delphi ;
- etc.

Notez que je ne les ai pas classés par « niveau de langage », n'allez donc pas vous imaginer que le premier de la liste est plus facile que le dernier ou l'inverse. Ce sont juste quelques exemples[3].

Certains de ces langages sont plus haut niveau que d'autres (donc en théorie un peu plus faciles à utiliser). On va voir notamment un peu plus loin ce qui différencie le langage C du langage C++.

Un autre mot de vocabulaire à retenir est **code source**. Ce qu'on appelle le code source, c'est tout simplement le code de votre programme écrit dans un langage de haut niveau. C'est donc vous qui écrivez le code source, qui sera ensuite traduit en

[2]Certes, les gens autour de vous vous regarderont comme si vous étiez des extra-terrestres, mais ça il ne faudra pas y faire attention !

[3]D'avance désolé pour tous les autres langages qui existent, mais faire une liste complète serait vraiment trop long !

binaire.

Venons-en justement au « programme de traduction » qui traduit notre langage de haut niveau (comme le C ou le C++) en binaire. Ce programme a un nom : on l'appelle **le compilateur**. La traduction, elle, s'appelle **la compilation**.

Très important : il existe un compilateur différent pour chaque langage de haut niveau. C'est d'ailleurs tout à fait logique : les langages étant différents, on ne traduit pas le C++ de la même manière qu'on traduit le Delphi.

Vous verrez par la suite que même pour le langage C il existe plusieurs compilateurs différents ! Il y a le compilateur écrit par Microsoft, le compilateur GNU, etc. On verra tout cela dans le chapitre suivant. Heureusement, ces compilateurs-là sont quasiment identiques (même s'il y a parfois quelques « légères » différences que nous apprendrons à reconnaître).

Enfin, le programme binaire créé par le compilateur est appelé **l'exécutable**. C'est d'ailleurs pour cette raison que les programmes (tout du moins sous Windows) ont l'extension « .exe » comme EXEcutable.

Reprenons notre schéma précédent, et utilisons cette fois des vrais mots tordus d'informaticien (fig. 1.3).

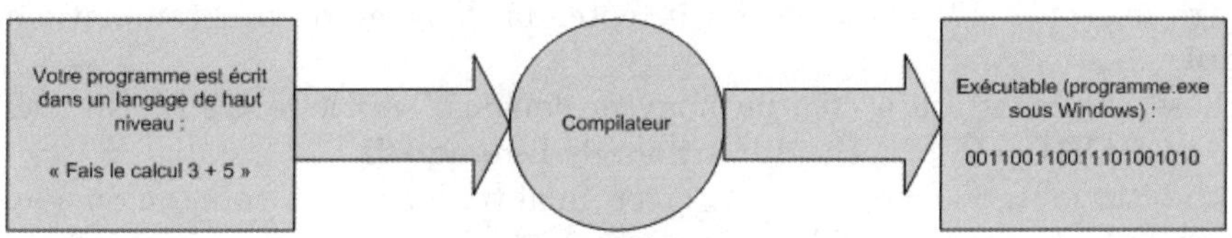

FIG. 1.3 – Le même schéma, avec le bon vocabulaire

Pourquoi choisir d'apprendre le C ?

Comme je vous l'ai dit plus haut, il existe de très nombreux langages de haut niveau. Doit-on commencer par l'un d'entre eux en particulier ? Grande question.

Pourtant, il faut bien faire un choix, commencer la programmation à un moment ou à un autre. Et là, vous avez en fait le choix entre :

- **un langage très haut niveau** : c'est facile à utiliser, plutôt « grand public ». Parmi eux, on compte Python, Ruby, Visual Basic et bien d'autres. Ces langages permettent d'écrire des programmes plus rapidement, en règle générale. Ils nécessitent toutefois d'être accompagnés de fichiers pour qu'ils puissent s'exécuter (comme un interpréteur) ;
- **un langage un peu plus bas niveau** (mais pas trop quand même !) : ils sont peut-être un peu plus difficiles certes, mais avec un langage comme le C, vous allez en apprendre beaucoup plus sur la programmation et sur le fonctionnement de votre

ordinateur. Vous serez ensuite largement capables d'apprendre un autre langage de programmation si vous le désirez. Vous serez donc plus autonomes. Par ailleurs, le C est un langage très populaire. Il est utilisé pour programmer une grande partie des logiciels que vous connaissez.

Enfin, le langage C est un des langages les plus connus et les plus utilisés qui existent. Il est très fréquent qu'il soit enseigné lors d'études supérieures en informatique.

Voilà les raisons qui m'incitent à vous apprendre le langage C plutôt qu'un autre[4]. Je ne dis pas qu'il *faut* commencer par ça, mais je vous dis plutôt que c'est un bon choix qui va vous donner de solides connaissances.

Je vais supposer tout au long de ce cours que c'est votre premier langage de programmation, que vous n'avez jamais fait de programmation avant. Si par hasard, vous avez déjà un peu programmé, ça ne pourra pas vous faire de mal de reprendre à zéro.

Il y a quelque chose que je ne comprends pas... Quelle est la différence entre le langage « C » et cet autre langage dont on parle, le langage « C++ » ?

Le langage C et le langage C++ sont très similaires. Ils sont tous les deux toujours très utilisés. Pour bien comprendre comment ils sont nés, il faut faire un peu d'histoire.

- Au tout début, à l'époque où les ordinateurs pesaient des tonnes et faisaient la taille de votre maison, on a commencé à inventer un langage de programmation appelé **l'Algol**.
- Les choses évoluant, on a créé un nouveau langage appelé le **CPL**, qui évolua lui-même en **BCPL**, qui prit ensuite le nom de **langage B**.
- Puis un beau jour, on en est arrivé à créer un autre langage encore, qu'on a appelé... le **langage C**. Ce langage, s'il a subi quelques modifications, reste encore un des plus utilisés aujourd'hui.
- Un peu plus tard, on a proposé d'ajouter des choses au langage C. Une sorte d'amélioration si vous voulez. Ce nouveau langage, que l'on a appelé « C++ », est entièrement basé sur le C. **Le langage C++** n'est en fait rien d'autre que le langage C avec des ajouts permettant de programmer d'une façon différente.

Qu'il n'y ait pas de malentendus : le langage C++ n'est pas « meilleur » que le langage C, il permet juste de programmer différemment. Disons aussi qu'il permet au final de programmer un peu plus efficacement et de mieux hiérarchiser le code de son programme. Malgré tout, il ressemble beaucoup au C. Si vous voulez passer au C++ par la suite, cela vous sera facile.

Ce n'est PAS parce que le C++ est une « évolution » du C qu'il faut absolument faire du C++ pour réaliser des programmes. Le langage C n'est pas un « vieux langage oublié » : au contraire, il est encore très utilisé aujourd'hui. Il est à la base des plus grands systèmes d'exploitation tels Unix (et donc Linux et Mac OS) ou Windows.

[4] On pourrait citer d'autres raisons : certains langages de programmation sont plus destinés au Web (comme PHP) qu'à la réalisation de programmes informatiques.

Retenez donc : le C et le C++ ne sont pas des langages concurrents, on peut faire autant de choses avec l'un qu'avec l'autre. Ce sont juste deux manières de programmer assez différentes.

Programmer, c'est dur ?

Voilà une question qui doit bien vous torturer l'esprit. Alors : faut-il être un super-mathématicien qui a fait 10 ans d'études supérieures pour pouvoir commencer la programmation ?

La réponse, que je vous rassure, est non. Non, un super-niveau en maths n'est pas nécessaire. En fait tout ce que vous avez besoin de connaître, ce sont les quatre opérations de base :

- l'addition ;
- la soustraction ;
- la multiplication ;
- la division.

Ce n'est pas trop intimidant, avouez ! Je vous expliquerai dans un prochain chapitre comment l'ordinateur réalise ces opérations de base dans vos programmes.

Bref, niveau maths, il n'y a pas de difficulté insurmontable. En fait, tout dépend du programme que vous allez réaliser : si vous devez faire un logiciel de cryptage, alors oui, il vous faudra connaître des choses en maths. Si vous devez faire un programme qui fait de la 3D, oui, il vous faudra quelques connaissances en géométrie de l'espace.

Chaque cas est particulier. Mais pour apprendre le langage C lui-même, vous n'avez pas besoin de connaissances pointues en quoi que ce soit.

Mais alors, où est le piège ? Où est la difficulté ?

Il faut savoir comment un ordinateur fonctionne pour comprendre ce qu'on fait en C. De ce point de vue-là, rassurez-vous, je vous apprendrai tout au fur et à mesure.

Notez qu'un programmeur a aussi certaines qualités comme :

- **la patience** : un programme ne marche jamais du premier coup, il faut savoir persévérer !
- **le sens de la logique** : pas besoin d'être forts en maths certes, mais ça ne vous empêchera pas d'avoir à réfléchir. Désolé pour ceux qui pensaient que ça allait tomber tout cuit sans effort !
- **le calme** : non, on ne tape pas sur son ordinateur avec un marteau. Ce n'est pas ça qui fera marcher votre programme.

En bref, et pour faire simple, il n'y a pas de véritables connaissances requises pour programmer. Un nul en maths peut s'en sortir sans problème, le tout est d'avoir la patience de réfléchir. Il y en a d'ailleurs beaucoup qui découvrent qu'ils adorent ça !

En résumé

- Pour réaliser des programmes informatiques, on doit écrire dans un **langage** que l'ordinateur « comprend ».
- Il existe de nombreux langages informatiques que l'on peut classer par niveau. Les langages dits de « haut niveau » sont parfois plus faciles à maîtriser au détriment souvent d'une perte de performances dans le programme final.
- Le **langage C** que nous allons étudier dans ce livre est considéré comme étant de bas niveau. C'est un des langages de programmation les plus célèbres et les plus utilisés au monde.
- Le **code source** est une série d'instructions écrites dans un langage informatique.
- Le **compilateur** est un programme qui transforme votre code source en **code binaire**, qui peut alors être exécuté par votre processeur. Les `.exe` que l'on connaît sont des programmes binaires, il n'y a plus de code source à l'intérieur.
- La programmation ne requiert pas en elle-même de connaissances mathématiques poussées[5] ; néanmoins, il est nécessaire d'avoir un bon sens de la logique et d'être méthodique.

[5] Sauf dans quelques cas précis où votre application doit faire appel à des formules mathématiques, comme c'est le cas des logiciels de cryptage.

Chapitre 2

Ayez les bons outils !

Difficulté :

Après un premier chapitre plutôt introductif, nous commençons à entrer dans le vif du sujet. Nous allons répondre à la question suivante : « De quels logiciels a-t-on besoin pour programmer ? ».

Il n'y aura rien de difficile à faire dans ce chapitre, on va prendre le temps de se familiariser avec de nouveaux logiciels.

Profitez-en ! Dans le chapitre suivant, nous commencerons à vraiment programmer et il ne sera plus l'heure de faire la sieste !

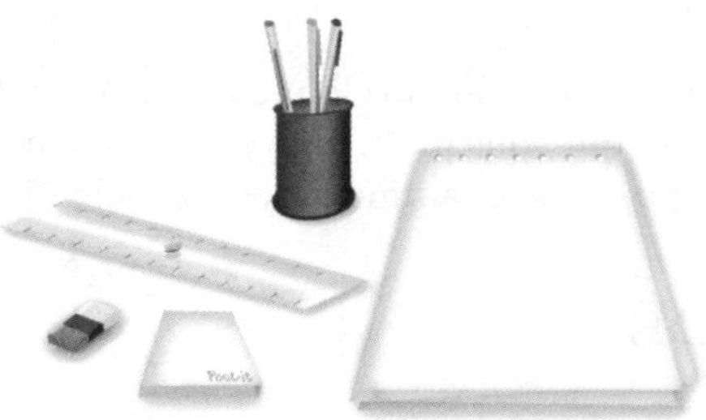

Les outils nécessaires au programmeur

Alors à votre avis, de quels outils un programmeur a-t-il besoin ? Si vous avez attentivement suivi le chapitre précédent, vous devez en connaître au moins un !

Vous voyez de quoi je parle ?... Vraiment pas ?

Eh oui, il s'agit du **compilateur**, ce fameux programme qui permet de traduire votre langage C en langage binaire !

Comme je vous l'avais déjà un peu dit dans le premier chapitre, il existe plusieurs compilateurs pour le langage C. Nous allons voir que le choix du compilateur ne sera pas très compliqué dans notre cas.

Bon, de quoi d'autre a-t-on besoin ? Je ne vais pas vous laisser deviner plus longtemps. Voici le strict minimum pour un programmeur :

- **un éditeur de texte** pour écrire le code source du programme. En théorie un logiciel comme le Bloc-notes sous Windows, ou « *vi* » sous Linux fait l'affaire. L'idéal, c'est d'avoir un éditeur de texte intelligent qui colore tout seul le code, ce qui vous permet de vous y repérer bien plus facilement ;
- **un compilateur** pour transformer (« compiler ») votre source en binaire ;
- **un débogueur** pour vous aider à traquer les erreurs dans votre programme[1].

A priori, si vous êtes aventuriers, vous pouvez vous passer de débogueur. Mais bon, je sais pertinemment que vous ne tarderez pas à en avoir besoin. ;-)

À partir de maintenant on a deux possibilités :

- soit on récupère chacun de ces trois programmes **séparément**. C'est la méthode la plus compliquée, mais elle fonctionne. Sous Linux en particulier, bon nombre de programmeurs préfèrent utiliser ces trois programmes séparément. Je ne détaillerai pas cette méthode ici, je vais plutôt vous parler de la méthode simple ;
- soit on utilise un programme « trois-en-un » (comme les liquides vaisselle, oui, oui) qui combine éditeur de texte, compilateur et débogueur. Ces programmes « trois-en-un » sont appelés **IDE**[2], ou encore « Environnements de développement ».

Il existe plusieurs environnements de développement. Au début, vous aurez peut-être un peu de mal à choisir celui qui vous plaît. Une chose est sûre en tout cas : vous pouvez réaliser n'importe quel type de programme, quel que soit l'IDE que vous choisissez.

Choisissez votre IDE

Il m'a semblé intéressant de vous montrer quelques IDE parmi les plus connus. Tous sont disponibles gratuitement. Personnellement, je navigue un peu entre tous ceux-là et j'utilise l'IDE qui me plaît selon le jour.

- Un des IDE que je préfère s'appelle **Code::Blocks**. Il est gratuit et fonctionne sur la plupart des systèmes d'exploitation. Je conseille d'utiliser celui-ci pour débuter (et

[1] On n'a malheureusement pas encore inventé le « correcteur » qui corrigerait tout seul nos erreurs. Ceci dit, quand on sait bien se servir du débogueur, on peut facilement retrouver ses erreurs !

[2] Integrated Development Environment

même pour la suite s'il vous plaît bien !). Fonctionne sous Windows, Mac et Linux.
- Le plus célèbre IDE sous Windows, c'est celui de Microsoft : **Visual C++**. Il existe à la base en version payante (chère !), mais il existe heureusement une version gratuite intitulée **Visual C++ Express** qui est vraiment très bien (il y a peu de différences avec la version payante). Il est très complet et possède un puissant module de correction des erreurs (débogage). Fonctionne sous Windows uniquement.
- Sur Mac OS X, vous pouvez utiliser Xcode, généralement fourni sur le CD d'installation de Mac OS X. C'est un IDE très apprécié par tous ceux qui font de la programmation sur Mac. Fonctionne sous Mac OS X uniquement.

Note pour les utilisateurs de Linux : il existe de nombreux IDE sous Linux, mais les programmeurs expérimentés préfèrent parfois se passer d'IDE et compiler « à la main », ce qui est un peu plus difficile. En ce qui nous concerne nous allons commencer par utiliser un IDE. Je vous conseille d'installer Code: :Blocks si vous êtes sous Linux, pour suivre mes explications.

Quel est le meilleur de tous ces IDE ?

Tous ces IDE vous permettront de programmer et de suivre le reste de ce cours sans problème. Certains sont plus complets au niveau des options, d'autres un peu plus intuitifs à utiliser, mais dans tous les cas les programmes que vous créerez seront les mêmes quel que soit l'IDE que vous utilisez. Ce choix n'est donc pas si crucial qu'on pourrait le croire.

Tout au long de tout ce cours, j'utiliserai Code: :Blocks. Si vous voulez obtenir exactement les mêmes écrans que moi, surtout pour ne pas être perdus au début, je vous recommande donc de commencer par installer Code: :Blocks.

Code: :Blocks (Windows, Mac OS, Linux)

Code: :Blocks est un IDE libre et gratuit, disponible **pour Windows, Mac et Linux**.

Code: :Blocks n'est disponible pour le moment qu'en anglais. Cela ne devrait PAS vous repousser à l'utiliser. Croyez-moi, nous aurons quoi qu'il en soit peu affaire aux menus : c'est le langage C qui nous intéresse.

Sachez toutefois que quand vous programmerez, vous serez de toute façon confrontés bien souvent à des documentations en anglais. Voilà donc une raison de plus pour s'entraîner à utiliser cette langue.

Télécharger Code: :Blocks

Rendez-vous sur la page de téléchargements de Code: :Blocks[3].

▷ Code web : 870337

- Si vous êtes sous Windows, repérez la section « Windows » un peu plus bas sur cette page. Téléchargez le logiciel en prenant le programme qui contient `mingw` dans le nom (ex. : `codeblocks-8.02mingw-setup.exe`). L'autre version étant sans compilateur, vous auriez eu du mal à compiler vos programmes !
- Si vous êtes sous Linux, choisissez le package qui correspond à votre distribution.
- Enfin, sous Mac, choisissez le fichier le plus récent de la liste.
  Ex. : `codeblocks-8.02-p2-mac.zip`.

L'installation est très simple et rapide. Laissez toutes les options par défaut et lancez le programme. Vous devriez voir une fenêtre similaire à la fig. 2.1.

On distingue 4 grandes sections dans la fenêtre, numérotées sur l'image :

1. **la barre d'outils** : elle comprend de nombreux boutons, mais seuls quelques-uns nous seront régulièrement utiles. J'y reviendrai plus loin ;
2. **la liste des fichiers du projet** : c'est à gauche que s'affiche la liste de tous les fichiers source de votre programme. Notez que sur cette capture aucun projet n'a été créé, on ne voit donc pas encore de fichiers à l'intérieur de la liste. Vous verrez cette section se remplir dans cinq minutes en lisant la suite du cours ;
3. **la zone principale** : c'est là que vous pourrez écrire votre code en langage C ;
4. **la zone de notification** : aussi appelée la « zone de la mort », c'est ici que vous verrez les erreurs de compilation s'afficher si votre code comporte des erreurs. Cela arrive très régulièrement !

Intéressons-nous maintenant à une section particulière de la barre d'outils (fig. 2.2). Vous trouverez les boutons suivants (dans l'ordre) : `Compiler`, `Exécuter`, `Compiler & Exécuter` et `Tout recompiler`. Retenez-les, nous les utiliserons régulièrement.

Voici la signification de chacune des quatre icônes que vous voyez sur la fig. 2.2, dans l'ordre :

- **compiler** : tous les fichiers source de votre projet sont envoyés au compilateur qui va se charger de créer un exécutable. S'il y a des erreurs[4], l'exécutable ne sera pas créé et on vous indiquera les erreurs en bas de Code: :Blocks ;
- **exécuter** : cette icône lance juste le dernier exécutable que vous avez compilé. Cela vous permettra donc de tester votre programme et de voir ainsi ce qu'il donne. Dans l'ordre, si vous avez bien suivi, on doit d'abord compiler, puis exécuter pour tester ce que ça donne. On peut aussi utiliser le troisième bouton...
- **compiler & exécuter** : pas besoin d'être un génie pour comprendre que c'est la combinaison des deux boutons précédents. C'est d'ailleurs ce bouton que vous

[3] J'en profite pour vous rappeler que les codes web peuvent être entrés dans le formulaire du Site du Zéro prévu à cet effet. Cela vous redirige automatiquement sur la page ou le fichier qui vous intéresse. Voir l'avant-propos pour plus d'informations à ce sujet.

[4] Ce qui a de fortes chances d'arriver tôt ou tard !

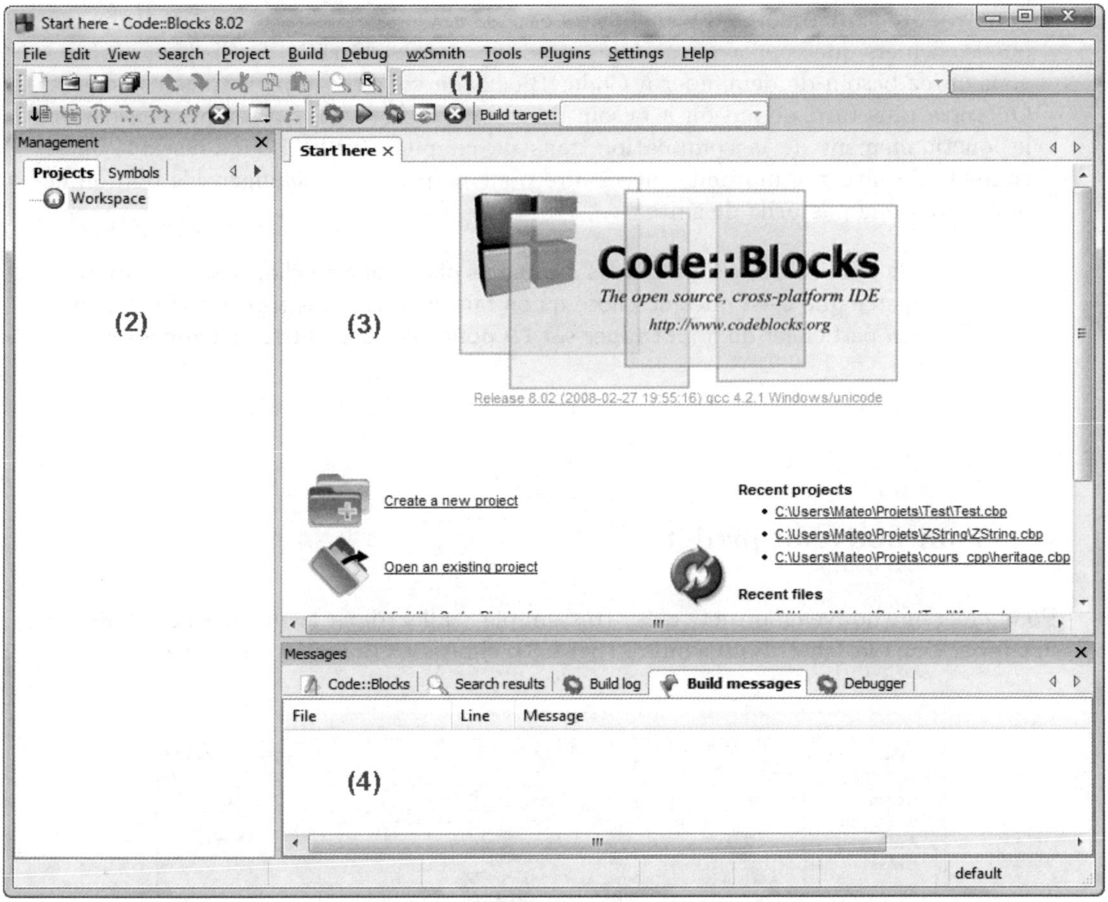

FIG. 2.1 – Code: :Blocks

FIG. 2.2 – Les principaux boutons de la barre d'outils

utiliserez le plus souvent. Notez que s'il y a des erreurs pendant la compilation (pendant la génération de l'exécutable), le programme ne sera pas exécuté. À la place, vous aurez droit à une beeelle liste d'erreurs à corriger !
- **tout reconstruire** : quand vous faites `compiler`, Code: :Blocks ne recompile en fait que les fichiers que vous avez modifiés et non les autres. Parfois - je dis bien parfois - vous aurez besoin de demander à Code: :Blocks de vous recompiler tous les fichiers. On verra plus tard quand on a besoin de ce bouton, et vous verrez plus en détails le fonctionnement de la compilation dans un chapitre futur. Pour l'instant, on se contente de savoir le minimum nécessaire pour ne pas tout mélanger. Ce bouton ne nous sera donc pas utile de suite.

Je vous conseille d'utiliser les raccourcis plutôt que de cliquer sur les boutons, parce que c'est quelque chose qu'on fait vraiment très très souvent. Retenez en particulier qu'il faut taper sur `F9` pour faire `Compiler & Exécuter`.

Créer un nouveau projet

Pour créer un nouveau projet, c'est très simple : allez dans le menu `File / New / Project`. Dans la fenêtre qui s'ouvre (fig. 2.3), choisissez `Console application`.

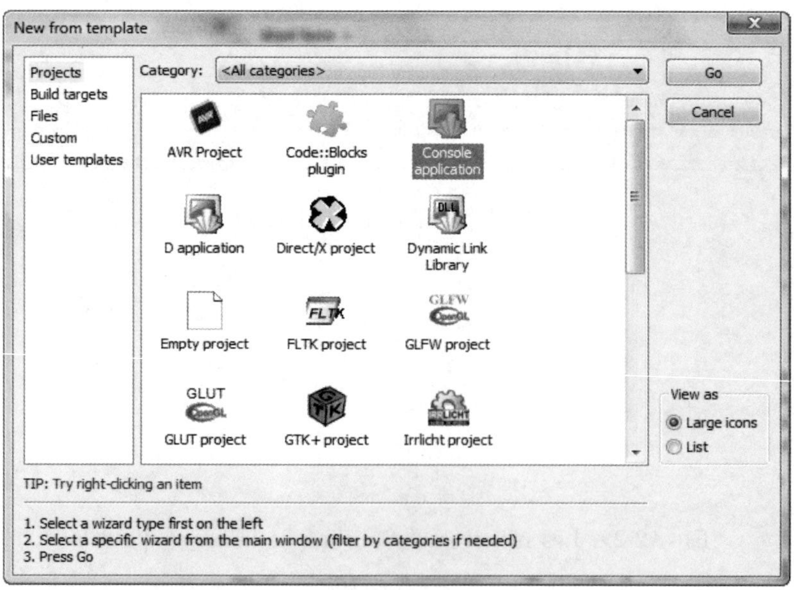

FIG. 2.3 – Nouveau projet

Comme vous pouvez le voir, Code: :Blocks propose de réaliser pas mal de types de programmes différents qui utilisent des bibliothèques connues comme la SDL (2D), OpenGL (3D), Qt et wxWidgets (fenêtres), etc. Pour l'instant, ces icônes servent plutôt à faire joli car les bibliothèques ne sont pas installées sur votre ordinateur, vous ne pourrez donc pas les faire marcher. Nous nous intéresserons à ces autres types de programmes bien plus tard. En attendant il faudra vous contenter de « Console », car vous n'avez pas encore le niveau nécessaire pour créer les autres types de programmes.

Cliquez sur `Go` pour créer le projet. Un assistant s'ouvre. Faites `Next`, cette première page ne servant à rien.

On vous demande ensuite si vous allez faire du C ou du C++ (fig. 2.4) : répondez « C ».

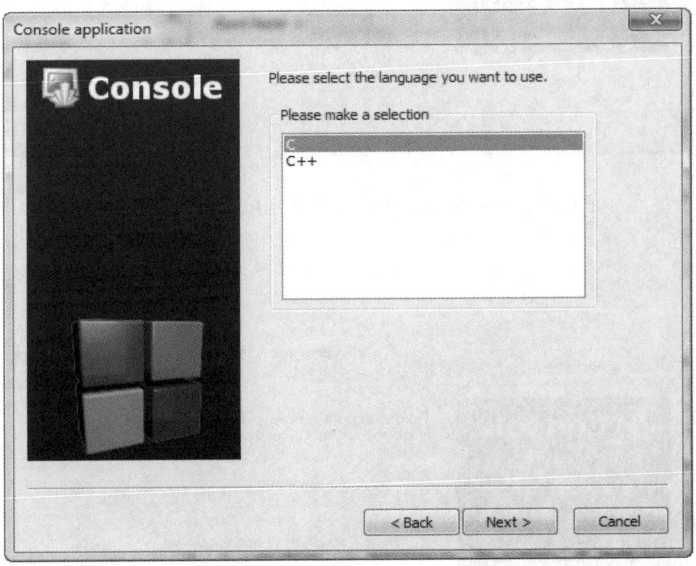

FIG. 2.4 – Choix du langage

On vous demande le nom de votre projet (fig. 2.5) et dans quel dossier les fichiers source seront enregistrés.

Enfin, la dernière page (fig. 2.6) vous permet de choisir de quelle façon le programme doit être compilé. Vous pouvez laisser les options par défaut, ça n'aura pas d'incidence sur ce que nous allons faire dans l'immédiat (veillez à ce que la case `Debug` ou `Release` au moins soit cochée).

Cliquez sur `Finish`, c'est bon ! Code: :Blocks vous créera un premier projet avec déjà un tout petit peu de code source dedans.

Dans le cadre de gauche « Projects », développez l'arborescence en cliquant sur le petit « + » pour afficher la liste des fichiers du projet. Vous devriez avoir au moins un `main.c`

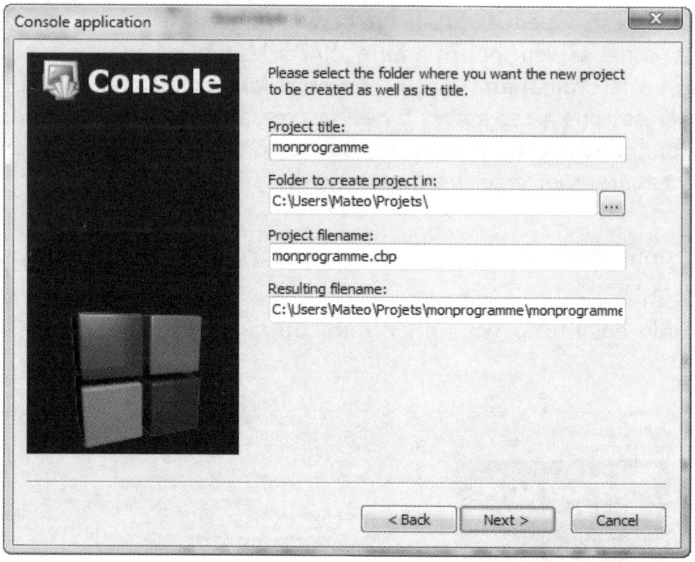

FIG. 2.5 – Nom et emplacement du projet

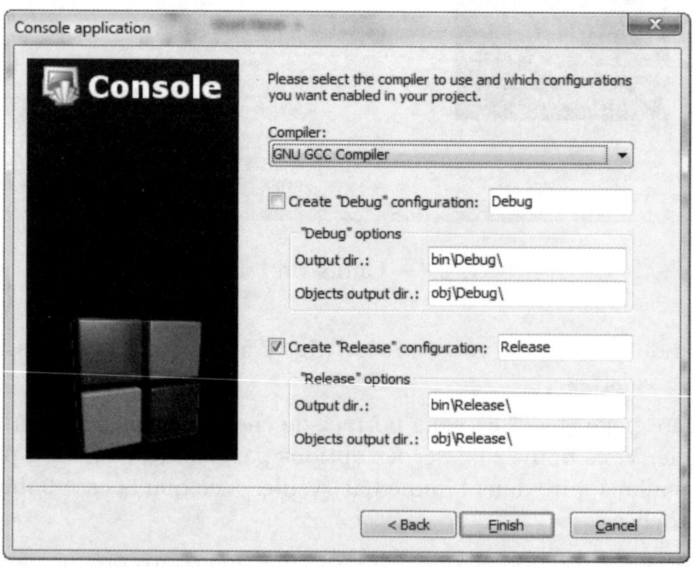

FIG. 2.6 – Mode de compilation

que vous pourrez ouvrir en double-cliquant dessus. Vous voilà parés !

Visual C++ (Windows seulement)

Quelques petits rappels sur Visual C++ :

- c'est l'IDE de Microsoft ;
- il est à la base payant, mais Microsoft a sorti une version gratuite intitulée Visual C++ Express ;
- il permet de programmer en C *et* en C++ (et non pas seulement en C++ comme son nom le laisse entendre).

Nous allons bien entendu voir ici la version gratuite, Visual C++ Express[5] (fig. 2.7).

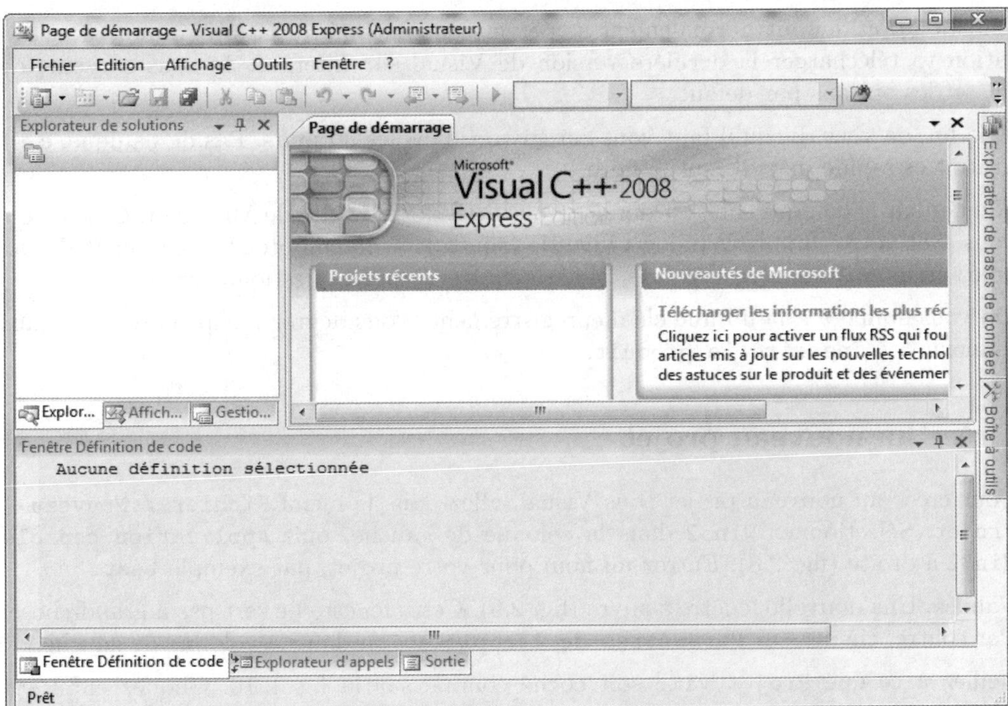

FIG. 2.7 – Visual C++ Express

Quelles sont les différences avec le « vrai » Visual ?

[5]Attention, il n'est compatible avec Windows 7 qu'à partir de la version 2010.

Il n'y a pas l'éditeur de ressources qui vous permet de dessiner des images, des icônes, ou des fenêtres. Mais bon, ça, entre nous, on s'en moque bien parce qu'on n'aura pas besoin de s'en servir dans ce cours. Ce ne sont pas des fonctionnalités indispensables, bien au contraire.

Pour télécharger Visual C++ Express, rendez-vous sur le site web de Visual C++.

▷ Code web : 333733

Sélectionnez ensuite Visual C++ Express Français un peu plus bas sur la page.

Visual C++ Express est en français et totalement gratuit. Ce n'est donc pas une version d'essai limitée dans le temps. C'est une chance d'avoir un IDE aussi puissant que celui de Microsoft disponible gratuitement, ne la laissez donc pas passer.

Installation

L'installation devrait normalement se passer sans encombre. Le programme d'installation va télécharger la dernière version de Visual sur Internet. Je vous conseille de laisser les options par défaut.

À la fin, on vous dit qu'il faut vous enregistrer dans les 30 jours. Pas de panique, c'est gratuit et rapide mais il faut le faire.

Cliquez sur le lien qui vous est donné : vous arrivez sur le site de Microsoft. Connectez-vous avec votre compte Windows Live ID (équivalent du compte Hotmail ou MSN) ou créez-en un si vous n'en avez pas, puis répondez au petit questionnaire.

On vous donnera à la fin une clé d'enregistrement. Vous devrez recopier cette clé dans le menu `? / Inscrire le produit`.

Créer un nouveau projet

Pour créer un nouveau projet sous Visual, allez dans le menu `Fichier / Nouveau / Projet`. Sélectionnez `Win32` dans la colonne de gauche, puis `Application console Win32` à droite (fig. 2.8). Entrez un nom pour votre projet, par exemple `test`.

Validez. Une nouvelle fenêtre s'ouvre (fig. 2.9). Cette fenêtre ne sert pas à grand-chose. Par contre, cliquez sur `Paramètres de l'application` dans la colonne de gauche.

Veillez à ce que `Projet vide` soit coché comme sur la fig. 2.10. Cliquez enfin sur `Terminer`.

Ajouter un nouveau fichier source

Votre projet est pour l'instant bien vide. Faites un clic droit sur le dossier `Fichiers source` situé sur votre gauche, puis allez dans `Ajouter / Nouvel élément` (fig. 2.11).

Une fenêtre s'ouvre. Sélectionnez `Fichier C++ (.cpp)`[6]. Entrez un nom pour votre

[6] Je sais, on ne fait pas de C++ mais ça n'a pas d'importance ici.

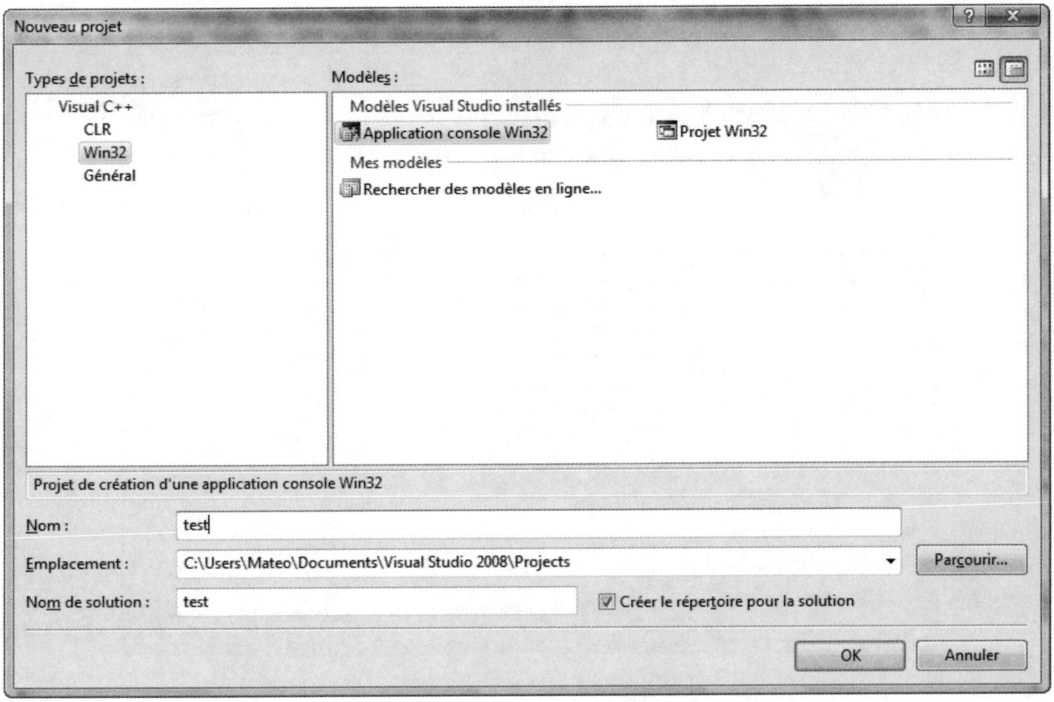

FIG. 2.8 – Création de projet Visual C++ Express

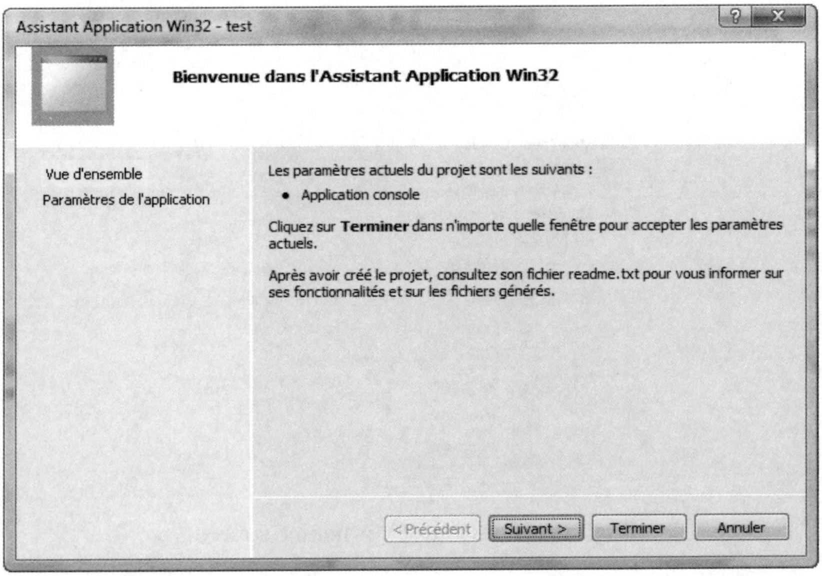

FIG. 2.9 – Assistant création de projet Visual C++ Express

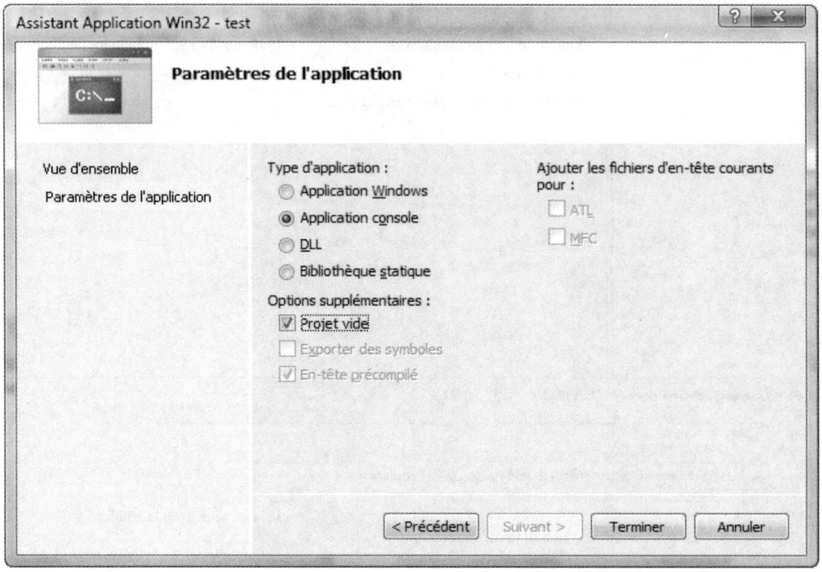

FIG. 2.10 – Configuration du projet

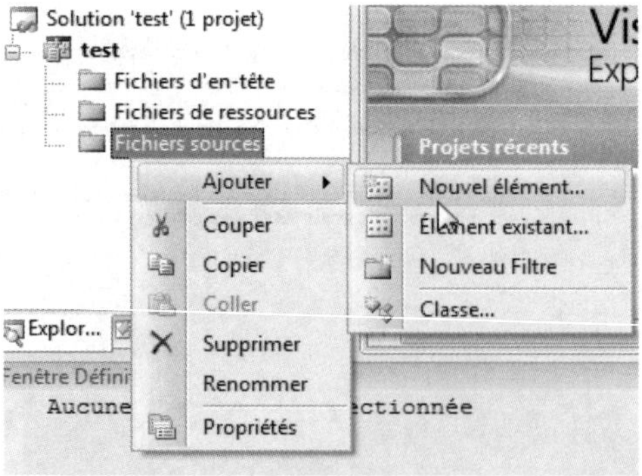

FIG. 2.11 – Ajout d'un fichier source

fichier : `main.c`, comme sur la fig. 2.12.

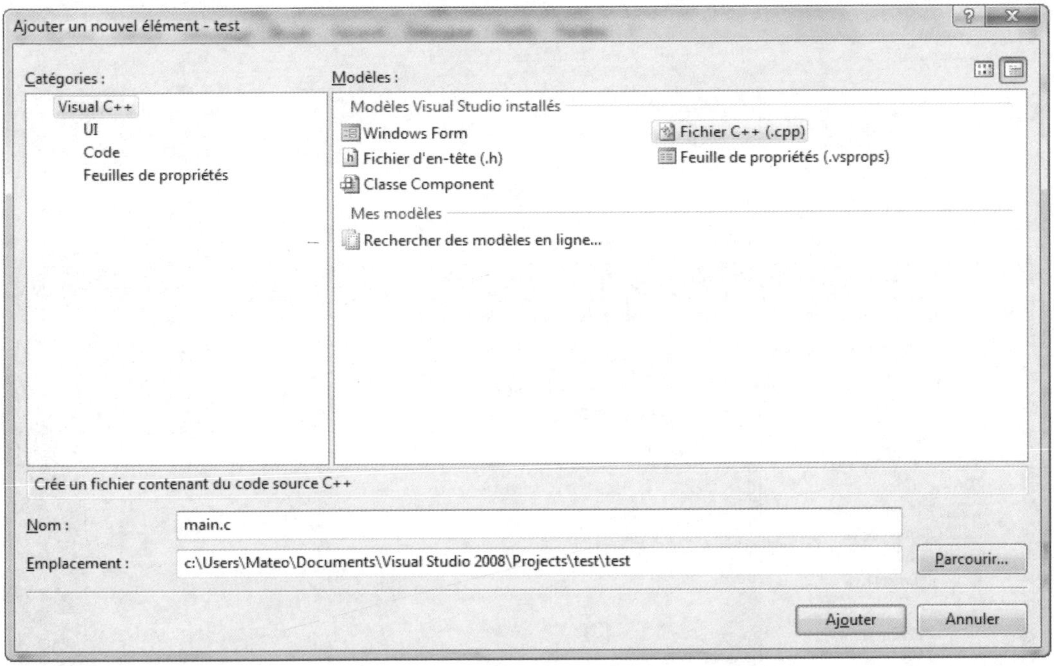

FIG. 2.12 – Choix du type et du nom du fichier source

Cliquez sur `Ajouter`. C'est bon, vous allez pouvoir commencer à écrire du code !

La fenêtre principale de Visual

Voyons ensemble le contenu de la fenêtre principale de Visual C++ Express (fig. 2.13).

Cette fenêtre ressemble en tous points à celle de Code::Blocks. On va rapidement (re)voir quand même ce que signifient chacune des parties.

1. La barre d'outils : tout ce qu'il y a de plus standard. Ouvrir, enregistrer, enregistrer tout, couper, copier, coller, etc. Par défaut, il semble qu'il n'y ait pas de bouton de barre d'outils pour compiler. Vous pouvez les rajouter en faisant un clic droit sur la barre d'outils, puis en choisissant `Déboguer` et `Générer` dans la liste. Toutes ces icônes de compilation ont leur équivalent dans les menus `Générer` et `Déboguer`. Si vous faites `Générer`, cela créera l'exécutable (ça signifie « compiler » pour Visual). Si vous faites `Déboguer / Exécuter`, on devrait vous proposer de compiler avant d'exécuter le programme. F7 permet de générer le projet, et F5 de l'exécuter.
2. Dans cette zone très importante vous voyez normalement la liste des fichiers de votre projet. Cliquez sur l'onglet `Explorateur de solutions` en bas, si ce n'est déjà fait. Vous devriez voir que Visual crée déjà des dossiers pour séparer les

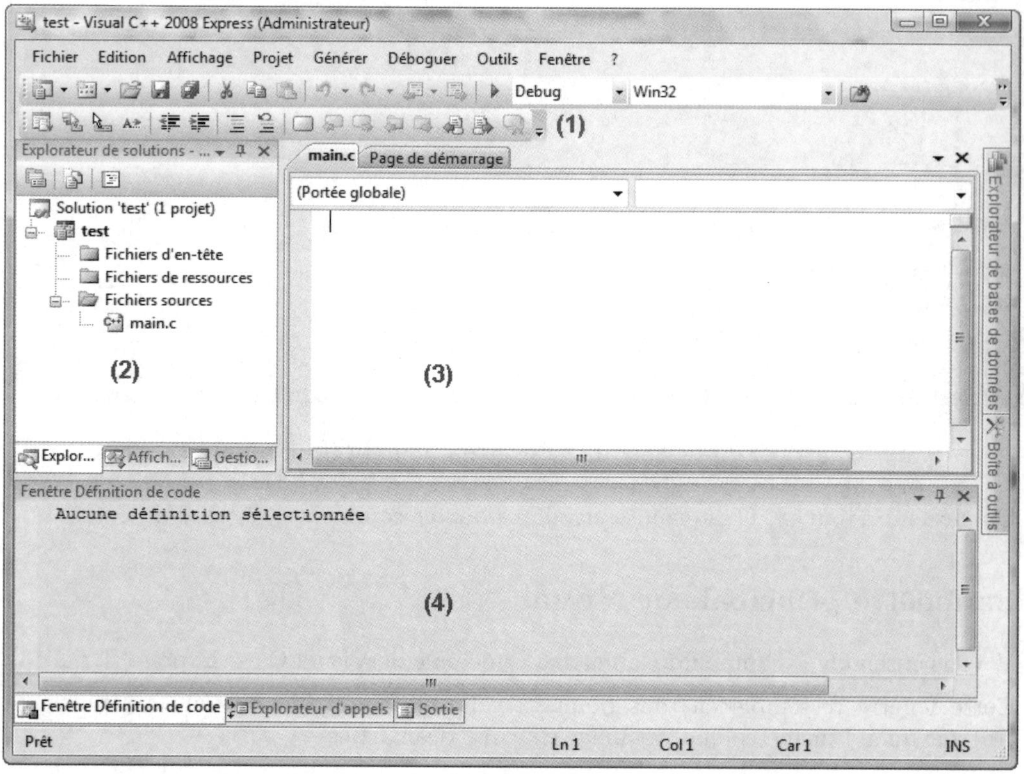

FIG. 2.13 – Fenêtre principale de Visual C++ Express

différents types de fichiers de votre projet (sources, en-tête et ressources). Nous verrons un peu plus tard quels sont les différents types de fichiers qui constituent un projet.

3. La partie principale. C'est là qu'on modifie les fichiers source.
4. C'est là encore la « zone de la mort », celle où on voit apparaître toutes les erreurs de compilation. C'est dans le bas de l'écran aussi que Visual affiche les informations de débogage quand vous essayez de corriger un programme bogué.

Voilà, on a fait le tour de Visual C++. Vous pouvez aller jeter un œil dans les options (`Outils / Options`) si ça vous chante, mais n'y passez pas trois heures. Il faut dire qu'il y a tellement de cases à cocher de partout qu'on ne sait plus trop où donner de la tête.

Xcode (Mac OS seulement)

Il existe plusieurs IDE compatibles Mac. Il y a Code::Blocks bien sûr, mais ce n'est pas le seul. Je vais vous présenter ici l'IDE le plus célèbre sous Mac : Xcode.

Cette section dédiée à Xcode est inspirée d'un tutoriel paru sur LogicielMac.com, avec l'aimable autorisation de son auteur PsychoH13.

▷ Code web : 648584

Xcode, où es-tu ?

Tous les utilisateurs de Mac OS ne sont pas des programmeurs. Apple l'a bien compris et n'installe pas par défaut d'IDE avec Mac OS. Heureusement, pour ceux qui voudraient programmer, tout est prévu. En effet, Xcode est présent sur le CD d'installation de Mac OS (logo fig. 2.14).

FIG. 2.14 – Logo de Xcode

Insérez donc le CD dans le lecteur et installez-le. Il se trouve dans les « Developer Tools ».

Par ailleurs, je vous conseille de mettre en favoris la page dédiée aux développeurs sur le site d'Apple. Vous y trouverez une foule d'informations utiles pour le développement sous Mac. Vous pourrez notamment y télécharger plusieurs logiciels pour développer. N'hésitez pas à vous inscrire à l'ADC (« Apple Development Connection »), c'est gratuit et vous serez ainsi tenus au courant des nouveautés.

▷ Code web : 264708

Lancement de Xcode

Lorsque vous lancez Xcode pour la première fois, vous serez probablement surpris. Et il y a de quoi. Contrairement à la plupart des logiciels Mac, il n'y a pas de fenêtre de bienvenue. En fait, la première fois, on trouve ça un peu vide... et pourtant, c'est un logiciel très puissant !

Xcode est l'IDE le plus utilisé sous Mac, créé par Apple lui-même. Les plus grands logiciels, comme iPhoto et Keynote, ont été codés à l'aide de Xcode. C'est réellement l'outil de développement de choix quand on a un Mac !

La première chose à faire est de créer un nouveau projet, alors commençons par ça. Allez dans le menu `File / New Project`. Une fenêtre de sélection de projet s'ouvre (fig. 2.15).

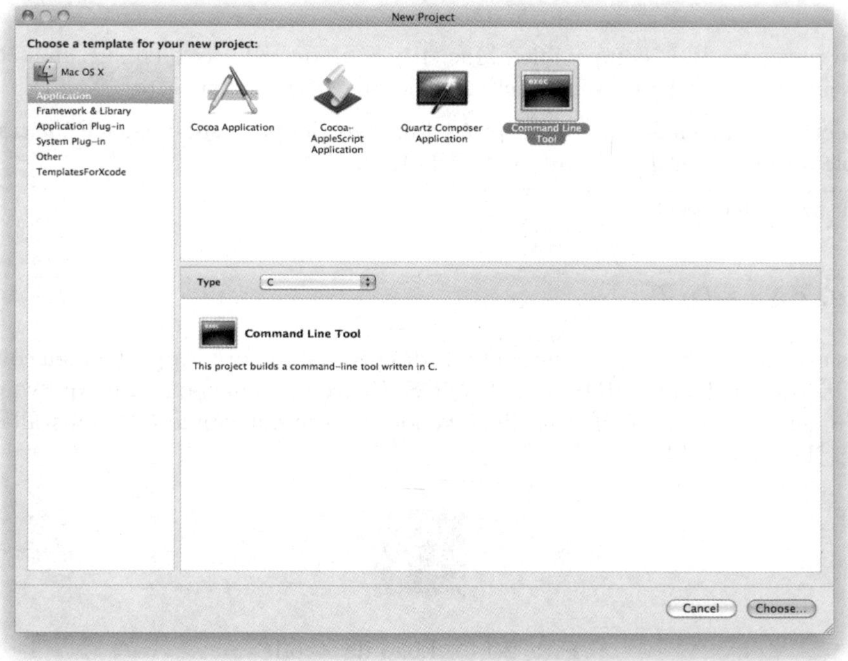

FIG. 2.15 – Accueil de Xcode

Allez dans la section `Application` et sélectionnez `Command Line Tool`[7].

Cliquez ensuite sur `Next`. On vous demandera où vous voulez enregistrer votre projet (un projet doit toujours être enregistré dès le début) ainsi que son nom. Placez-le dans le dossier que vous voulez.

[7] Si vous avez une version plus ancienne du logiciel, il vous faudra probablement aller dans la section `Command line utility` et sélectionner `Standard tool`.

Une fois créé, votre projet se présentera sous la forme d'un dossier contenant de multiples fichiers dans le `Finder`. Le fichier à l'extension `.xcodeproj` correspond au fichier du projet. C'est lui que vous devrez sélectionner la prochaine fois si vous souhaitez réouvrir votre projet.

La fenêtre de développement

Dans Xcode, si vous sélectionnez `main.c`, vous devriez avoir une fenêtre similaire à la fig. 2.16.

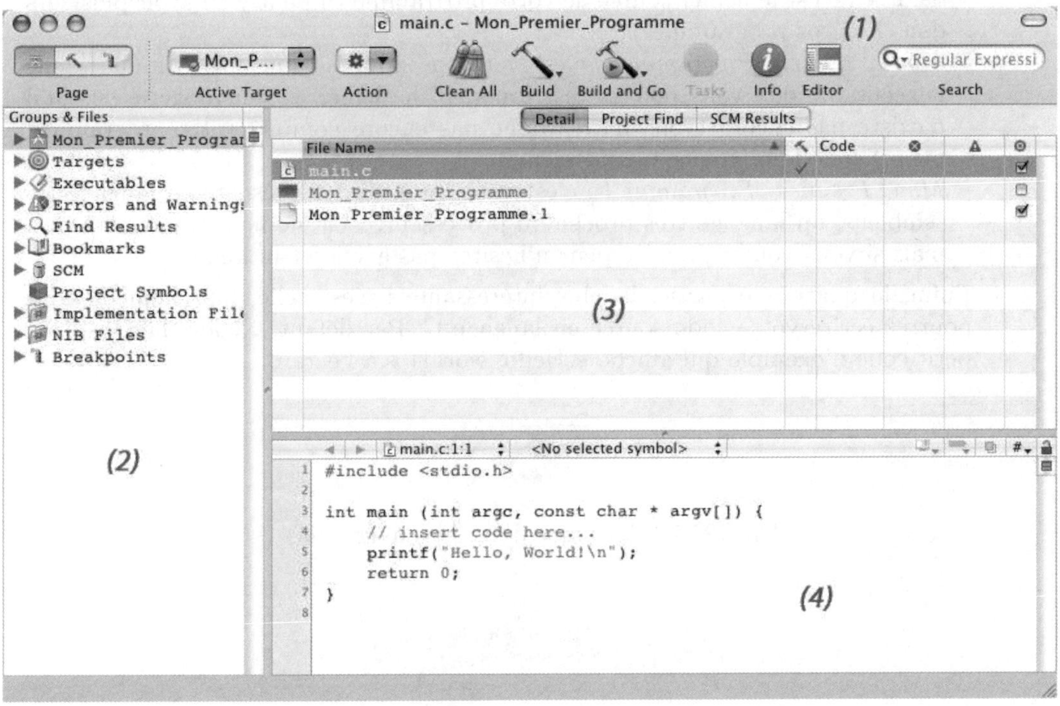

FIG. 2.16 – Xcode en action

La fenêtre est découpée en quatre parties, ici numérotées de 1 à 4.

1. La première partie est la barre de boutons tout en haut. Vous pouvez la configurer comme bon vous semble, changer les boutons, etc. Les plus importants d'entre eux sont représentés sur les fig. 2.17 et 2.18. Les trois premiers boutons vous permettent de naviguer entre, dans l'ordre :
   - `Project` : là où vous voyez vos fichiers et où vous les modifiez ;
   - `Build` : vous y voyez le résultat de la compilation de votre programme, et les erreurs s'il y en a eu ;
   - `Debug` : la fenêtre de débogage, où vous pouvez exécuter votre programme ligne par ligne pour trouver et comprendre ses erreurs.

Les deux boutons de la fig. 2.18 signifient :

- `Build` : compile votre projet, donc crée un exécutable à partir de vos sources ;
- `Build and Go` (le bouton que vous utiliserez le plus souvent) : compile votre projet et le lance pour le tester.

2. La partie de gauche correspond à l'arborescence de votre projet. Certaines sections regroupent les erreurs, les avertissements, etc. Xcode vous place automatiquement dans la section la plus utile, celle qui porte le nom de votre projet.
3. La troisième partie change en fonction de ce que vous avez sélectionné dans la partie de gauche. Ici, on a la liste des fichiers de notre projet :
   - `main.c` : c'est le fichier source de votre programme (il peut y en avoir plusieurs dans les gros programmes) ;
   - *Mon_Premier_Programme* : c'est votre programme une fois compilé, donc l'exécutable que vous pouvez distribuer. Si le fichier est en rouge, c'est qu'il n'existe pas encore (vous n'avez donc pas encore compilé votre programme, mais Xcode le référence quand même) ;
   - *Mon_Premier_Programme.l* : c'est votre programme présenté en langage assembleur, un langage très proche du processeur. Cela ne nous intéressera pas, mais si vous voulez prendre peur n'hésitez pas à y jeter un œil.
4. Enfin, la quatrième partie, la plus intéressante : c'est celle dans laquelle vous pourrez écrire votre code source en langage C. Par défaut, Xcode met juste un petit code d'exemple qui affiche « Hello, world ! » à l'écran.

FIG. 2.17 – La barre d'outils (navigation)

FIG. 2.18 – La barre d'outils (compilation)

Lancement du programme

Pour tester ce premier programme, cliquez sur le bouton `Build and Go` de la barre d'outils. Votre écran devrait changer et ressembler à la fig. 2.19.

1. Ce sont les boutons qui permettent de changer de page, comme on l'a vu plus tôt. Sélectionnez `Project` si vous souhaitez revenir à la fenêtre précédente.
2. C'est la cible, le fichier qui réunit les sources compilées de votre programme.
3. L'exécutable de votre application.
4. Le mode de compilation. Il peut être :

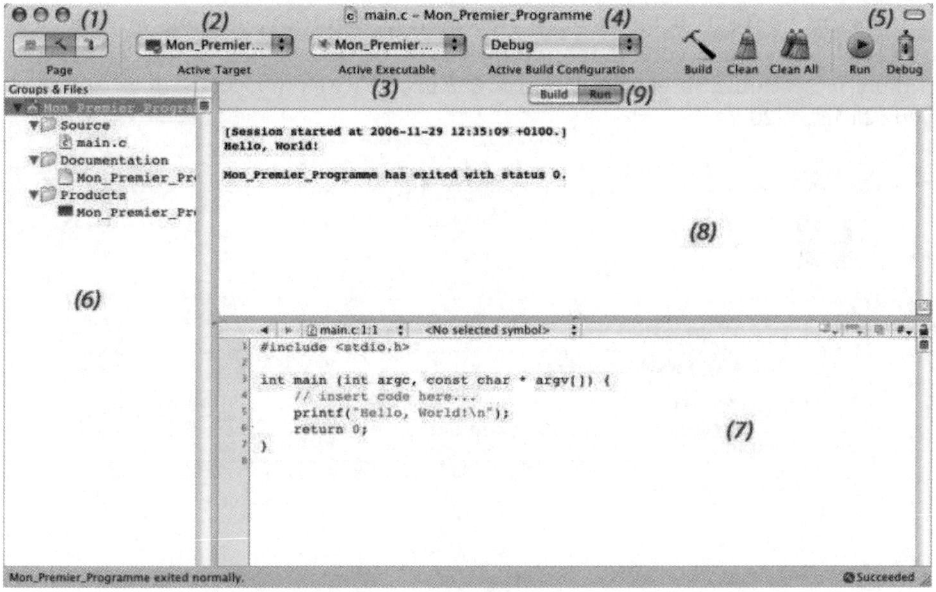

FIG. 2.19 – Lancement du programme sous Xcode

   - `Debug` : l'exécutable reste dans Xcode et contient des informations de débogage pour vous aider à résoudre vos erreurs éventuelles. C'est ce que vous utiliserez lorsque vous développerez votre application ;
   - `Release` : à n'utiliser qu'à la fin. Xcode génère alors l'application définitive, faite pour être partagée et utilisée par d'autres ordinateurs.
5. Ces deux boutons vous permettent de démarrer l'application directement (`Run`) ou de la démarrer en mode « Debug » pour exécuter le programme instruction par instruction, afin de résoudre les erreurs. N'utilisez `Debug` que lorsque vous avez des erreurs dans votre programme.
6. La liste des fichiers de votre projet.
7. L'éditeur du code source, comme tout à l'heure.
8. La console de Xcode. C'est là que vous verrez votre programme s'exécuter.
9. Les boutons `Build` et `Run` vous permettent de passer du mode « Compilation » au mode « Exécution ». En clair, avec le premier vous pouvez voir ce qui s'est passé pendant la compilation, tandis que dans le second vous pouvez voir ce que votre application a affiché une fois qu'elle a été démarrée.

Ajouter un nouveau fichier

Au début, vous n'aurez qu'un seul fichier source (`main.c`). Cependant, plus loin dans le cours, je vous demanderai de créer de nouveaux fichiers source lorsque nos programmes deviendront plus gros.

Pour créer un nouveau fichier source sous Xcode, rendez-vous dans le menu `File / New File`. Un assistant vous demande quel type de fichier vous voulez créer. Rendez-vous dans la section `BSD` et sélectionnez `C File` (Fichier C). Vous devriez avoir sous les yeux la fig. 2.20.

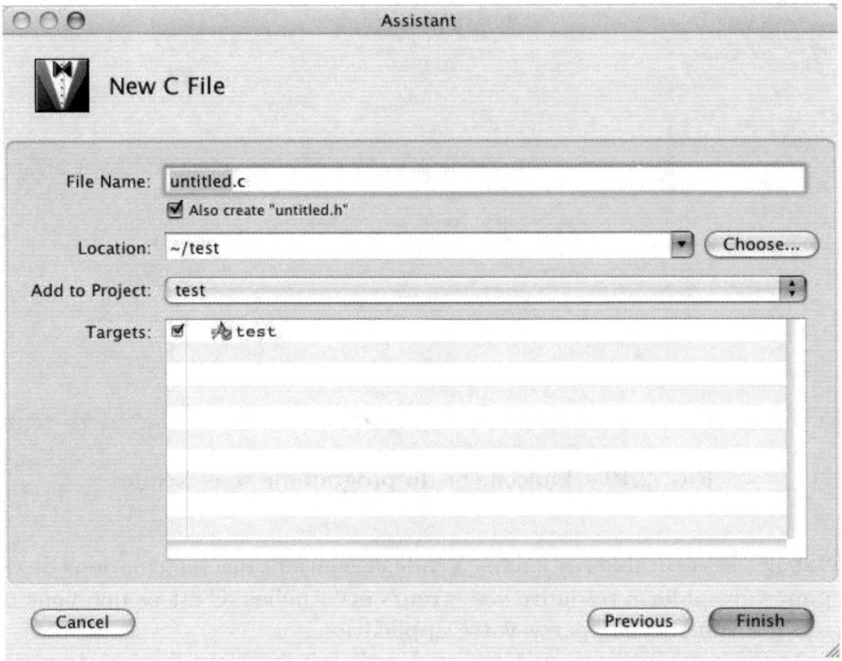

FIG. 2.20 – Ajouter un fichier sous Xcode

Vous devrez donner un nom à votre nouveau fichier (ce que vous voulez). L'extension, elle, doit rester `.c`. Parfois - nous le verrons plus loin -, il faudra aussi créer des fichiers `.h` (mais on en reparlera). La case à cocher `Also create fichier.h` est là pour ça. Pour le moment, elle ne nous intéresse pas.

Cliquez ensuite sur `Finish`. C'est fait ! Votre fichier est créé et ajouté à votre projet, en plus de `main.c`.

Vous êtes maintenant prêts à programmer sous Mac !

En résumé

- Les programmeurs ont besoin de trois outils : un éditeur de texte, un compilateur et un débogueur.
- Il est possible d'installer ces outils séparément, mais il est courant aujourd'hui d'avoir un package trois-en-un que l'on appelle **IDE**, l'environnement de développement.
- Code: :Blocks, Visual C++ et Xcode comptent parmi les IDE les plus célèbres.

Chapitre 3

Votre premier programme

Difficulté :

On a préparé le terrain jusqu'ici, maintenant il serait bien de commencer à programmer un peu, qu'en dites-vous ? C'est justement l'objectif de ce chapitre ! À la fin de celui-ci, vous aurez réussi à créer votre premier programme !

Bon d'accord, ce programme sera en noir et blanc et ne saura que vous dire bonjour, il semblera donc complètement inutile mais ce sera votre premier ; je peux vous assurer que vous en serez fiers.

Console ou fenêtre ?

Nous avons rapidement parlé de la notion de « programme console » et de « programme fenêtre » dans le chapitre précédent. Notre IDE nous demandait quel type de programme nous voulions créer et je vous avais dit de répondre `console`.

Il faut savoir qu'en fait il existe deux types de programmes, pas plus :

- les programmes avec fenêtres ;
- les programmes en console.

Les programmes en fenêtres

Ce sont les programmes que vous connaissez. La fig. 3.1 est un exemple de programme en fenêtres que vous connaissez sûrement.

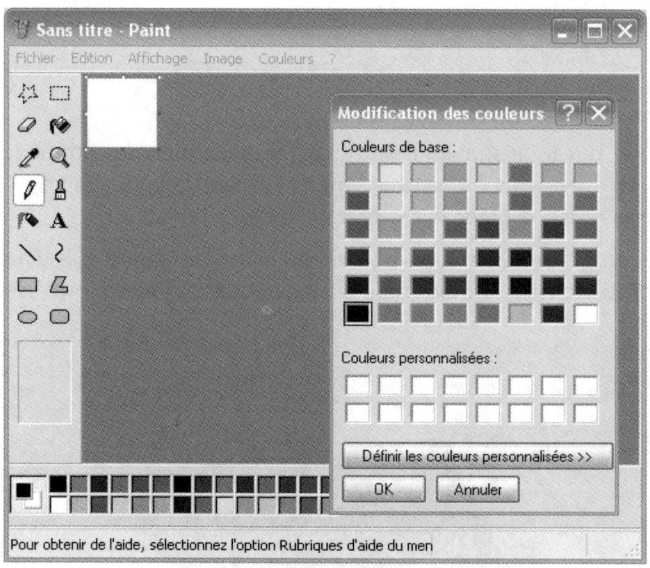

FIG. 3.1 – Le programme Paint

Ça donc, c'est un programme avec des fenêtres. Je suppose que vous aimeriez bien créer ce type de programmes, hmm ? Eh bien... vous n'allez pas pouvoir de suite !

En effet, créer des programmes avec des fenêtres en C c'est possible, mais... quand on débute, c'est bien trop compliqué ! Pour débuter, il vaut mieux commencer par créer des programmes en console.

> ? Mais au fait, à quoi ça ressemble un programme en console ?

Les programmes en console

Les programmes console ont été les premiers à apparaître. À cette époque, l'ordinateur ne gérait que le noir et blanc et il n'était pas assez puissant pour créer des fenêtres comme on le fait aujourd'hui.

Bien entendu, le temps a passé depuis. Windows a rendu l'ordinateur « grand public » principalement grâce à sa simplicité et au fait qu'il n'utilisait que des fenêtres. Windows est devenu tellement populaire qu'aujourd'hui beaucoup de monde a oublié ce qu'était la console[1] !

J'ai une grande nouvelle ! **La console n'est pas morte** ! En effet, Linux a remis au goût du jour l'utilisation de la console. La fig. 3.2 est une capture d'écran d'une console sous Linux.

FIG. 3.2 – Un exemple de console, ici sous Linux

Brrr... Terrifiant, hein ? Voilà, vous avez maintenant une petite idée de ce à quoi ressemble une console.

Ceci dit, plusieurs remarques :

- aujourd'hui on sait afficher de la couleur, tout n'est donc pas en noir et blanc comme on pourrait le croire ;
- la console est assez peu accueillante pour un débutant ;
- c'est pourtant un outil puissant quand on sait le maîtriser.

Comme je vous l'ai dit plus haut, créer des programmes en mode « console » comme ici, c'est très facile et idéal pour débuter (ce qui n'est pas le cas des programmes en mode « fenêtre »).

Notez que la console a évolué : elle peut afficher des couleurs, et rien ne vous empêche de mettre une image de fond.

[1] Oui vous là, ne regardez pas derrière vous, je sais que vous vous demandez ce que c'est.

Et sous Windows ? Il n'y a pas de console ?

Si, mais elle est un peu... « cachée » on va dire. Vous pouvez avoir une console en faisant `Démarrer / Accessoires / Invite de commandes`, ou bien encore en faisant `Démarrer / Exécuter...`, et en tapant ensuite `cmd`.

La fig. 3.3 représente la maaagnifique console de Windows.

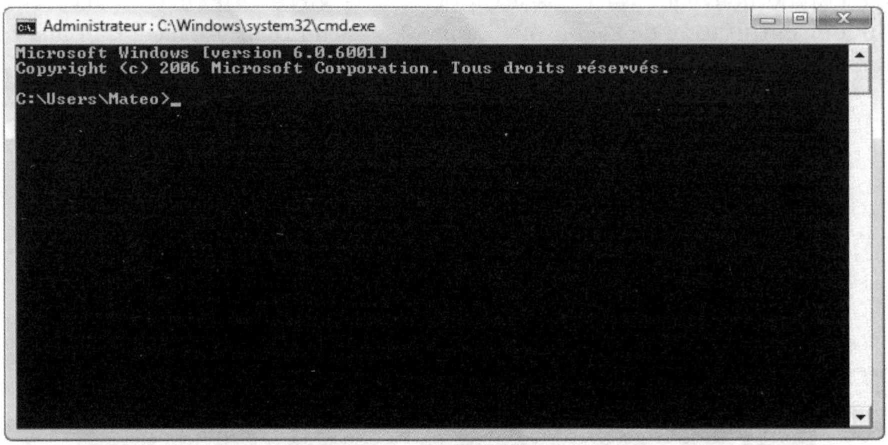

FIG. 3.3 – La console de Windows

Si vous êtes sous Windows, sachez donc que c'est dans une fenêtre qui ressemble à ça que nous ferons nos premiers programmes. Si j'ai choisi de commencer par des petits programmes en console, ce n'est pas pour vous ennuyer, bien au contraire ! En commençant par faire des programmes en console, vous apprendrez les bases nécessaires pour pouvoir ensuite créer des fenêtres.

Soyez donc rassurés : dès que nous aurons le niveau pour créer des fenêtres, nous verrons comment en faire.

Un minimum de code

Pour n'importe quel programme, il faudra taper un minimum de code. Ce code ne fera rien de particulier mais il est indispensable. C'est ce « code minimum » que nous allons découvrir maintenant. Il devrait servir de base pour la plupart de vos programmes en langage C.

Demandez le code minimal à votre IDE

Selon l'IDE que vous avez choisi dans le chapitre précédent, la méthode pour créer un nouveau projet n'est pas la même. Reportez-vous à ce chapitre si vous avez oublié comment faire.

Pour rappel, sous Code: :Blocks (qui est l'IDE que je vais utiliser tout au long de ce cours), il faut aller dans le menu `File / New / Project`, puis choisir `Console Application` et sélectionner le langage C.

Code: :Blocks a donc généré le minimum de code en langage C dont on a besoin. Le voici :

```
#include <stdio.h>
#include <stdlib.h>

int main()
{
    printf("Hello world!\n");
    return 0;
}
```

Notez qu'il y a une ligne vide à la fin de ce code. Il est nécessaire de taper sur la touche « Entrée » après la dernière accolade. Chaque fichier en C devrait normalement se terminer par une ligne vide. Si vous ne le faites pas, ce n'est pas grave, mais le compilateur risque de vous afficher un avertissement (*warning*).

Notez que la ligne :

```
int main()
```

... peut aussi s'écrire :

```
int main(int argc, char *argv[])
```

Les deux écritures sont possibles, mais la seconde (la compliquée) est la plus courante. J'aurai donc tendance à utiliser plutôt cette dernière dans les prochains chapitres. En ce qui nous concerne, que l'on utilise l'une ou l'autre des écritures, ça ne changera rien pour nous. Inutile donc de s'y attarder, surtout que nous n'avons pas encore le niveau pour analyser ce que ça signifie.

Si vous êtes sous un autre IDE, copiez ce code source dans votre fichier `main.c` pour que nous ayons le même code vous et moi.

Enregistrez le tout. Oui je sais, on n'a encore rien fait, mais enregistrez quand même, c'est une bonne habitude à prendre. Normalement, vous n'avez qu'un seul fichier source appelé `main.c` (le reste, ce sont des fichiers de projet générés par votre IDE).

Analysons le code minimal

Ce code minimal qu'on vient de voir n'est rien d'autre que du chinois pour vous, j'imagine. Et pourtant, moi je vois là un programme console qui affiche un message à l'écran. Il va falloir apprendre à lire tout ça !

Commençons par les deux premières lignes qui se ressemblent beaucoup :

```
#include <stdio.h>
#include <stdlib.h>
```

Ce sont des lignes spéciales que l'on ne voit qu'en haut des fichiers source. Ces lignes sont facilement reconnaissables car elles commencent par un dièse `#`. Ces lignes spéciales, on les appelle **directives de préprocesseur** (un nom compliqué, n'est-ce pas ?). Ce sont des lignes qui seront lues par un programme appelé préprocesseur, un programme qui se lance au début de la compilation.

Oui : comme je vous l'ai dit plus tôt, ce qu'on a vu au début n'était qu'un schéma très simplifié de la compilation. Il se passe en réalité plusieurs choses pendant une compilation. On les détaillera plus tard : pour le moment, vous avez juste besoin d'insérer ces lignes en haut de chacun de vos fichiers.

Oui mais elles signifient quoi, ces lignes ? J'aimerais bien savoir quand même !

Le mot `include` en anglais signifie « inclure » en français. Ces lignes demandent d'inclure des fichiers au projet, c'est-à-dire d'ajouter des fichiers pour la compilation. Il y a deux lignes, donc deux fichiers inclus. Ces fichiers s'appellent `stdio.h` et `stdlib.h`. Ces fichiers existent déjà, des fichiers source tout prêts. On verra plus tard qu'on les appelle des **bibliothèques** (certains parlent aussi de **librairies** mais c'est un anglicisme). En gros, ces fichiers contiennent du code tout prêt qui permet d'afficher du texte à l'écran.

Sans ces fichiers, écrire du texte à l'écran aurait été mission impossible. L'ordinateur à la base ne sait rien faire, il faut tout lui dire. Vous voyez la galère dans laquelle on est !

Bref, en résumé les deux premières lignes incluent les bibliothèques qui vont nous permettre (entre autres) d'afficher du texte à l'écran assez « facilement ».

Passons à la suite. La suite, c'est tout ça :

```
int main()
{
    printf("Hello world!\n");
    return 0;
}
```

Ce que vous voyez là, c'est ce qu'on appelle **une fonction**. Un programme en langage C est constitué de fonctions, il ne contient quasiment que ça. Pour le moment, notre programme ne contient donc qu'une seule fonction.

Une fonction permet grosso modo de rassembler plusieurs commandes à l'ordinateur. Regroupées dans une fonction, les commandes permettent de faire quelque chose de précis. Par exemple, on peut créer une fonction `ouvrir_fichier` qui contiendra une suite d'instructions pour l'ordinateur lui expliquant comment ouvrir un fichier. L'avantage, c'est qu'une fois la fonction écrite, vous n'aurez plus qu'à dire `ouvrir_fichier`, et votre ordinateur saura comment faire sans que vous ayez à tout répéter !

Sans rentrer dans les détails de la construction d'une fonction (il est trop tôt, on reparlera des fonctions plus tard), analysons quand même ses grandes parties. La première ligne contient le nom de la fonction, c'est le deuxième mot. Oui : notre fonction s'appelle donc `main`. C'est un nom de fonction particulier qui signifie « principal ». `main` est la fonction principale de votre programme, **c'est toujours par la fonction `main` que le programme commence**.

Une fonction a un début et une fin, délimités par des accolades `{` et `}`. Toute la fonction `main` se trouve donc entre ces accolades. Si vous avez bien suivi, notre fonction `main` contient deux lignes :

```
printf("Hello world!\n");
return 0;
```

Ces lignes à l'intérieur d'une fonction ont un nom. On les appelle **instructions** (ça en fait du vocabulaire qu'il va falloir retenir). Chaque instruction est une commande à l'ordinateur. Chacune de ces lignes demande à l'ordinateur de faire quelque chose de précis.

Comme je vous l'ai dit un peu plus haut, en regroupant intelligemment (c'est le travail du programmeur) les instructions dans des fonctions, on crée si on veut des « *bouts de programmes tout prêts* ». En utilisant les bonnes instructions, rien ne nous empêcherait donc de créer une fonction `ouvrir_fichier` comme je vous l'ai expliqué tout à l'heure, ou encore une fonction `avancer_personnage` dans un jeu vidéo, par exemple.

Un programme, ce n'est au bout du compte rien d'autre qu'une série d'instructions : « fais ceci », « fais cela ». Vous donnez des ordres à votre ordinateur et il les exécute[2].

> Très important : toute instruction se termine **obligatoirement** par un point-virgule « ; ». C'est d'ailleurs comme ça qu'on reconnaît ce qui est une instruction et ce qui n'en est pas une. Si vous oubliez de mettre un point-virgule à la fin d'une instruction, votre programme ne compilera pas !

La première ligne : `printf("Hello world!\n");` demande à afficher le message « Hello world ! » à l'écran. Quand votre programme arrivera à cette ligne, il va donc afficher un message à l'écran, puis passer à l'instruction suivante.

Passons à l'instruction suivante justement : `return 0;` Eh bien ça, en gros, ça veut dire que c'est fini (eh oui, déjà). Cette ligne indique qu'on arrive à la fin de notre fonction `main` et demande de renvoyer la valeur 0.

[2] Du moins si vous l'avez bien dressé.

Pourquoi mon programme renverrait-il le nombre 0 ?

En fait, chaque programme une fois terminé renvoie une valeur, par exemple pour dire que tout s'est bien passé[3]. La plupart du temps, cette valeur n'est pas vraiment utilisée, mais il faut quand même en renvoyer une. Votre programme aurait marché sans le `return` 0, mais on va dire que c'est plus propre et plus sérieux de le mettre, donc on le met.

Et voilà ! On vient de détailler un peu le fonctionnement du code minimal.

Certes, on n'a pas vraiment tout vu en profondeur, et vous devez avoir quelques questions en suspens. Soyez rassurés : toutes vos questions trouveront une réponse petit à petit. Je ne peux pas tout vous divulguer d'un coup, cela ferait trop de choses à assimiler.

Vous suivez toujours ? Si tel n'est pas le cas, rien ne presse. Ne vous forcez pas à lire la suite. Faites une pause et relisez ce début de chapitre à tête reposée. Tout ce que je viens de vous apprendre est fondamental, surtout si vous voulez être sûrs de pouvoir suivre après.

Tenez : comme je suis de bonne humeur, je vous fais un schéma qui récapitule le vocabulaire qu'on vient d'apprendre (fig. 3.4).

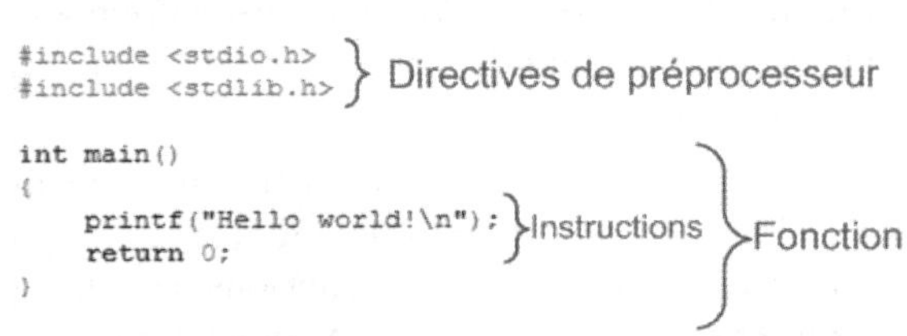

FIG. 3.4 – Le vocabulaire du programme minimal

Testons notre programme

Tester devrait aller vite. Tout ce que vous avez à faire c'est compiler le projet, puis l'exécuter (cliquez sur l'icône `Build & Run` sous Code: :Blocks). Si vous ne l'avez pas encore fait, on vous demandera d'enregistrer les fichiers. Faites-le.

Après un temps d'attente insupportable (la compilation), votre premier programme va apparaître sous vos yeux totalement envahis de bonheur (fig. 3.5).

Le programme affiche « Hello world ! » (sur la première ligne). Les lignes en dessous ont été générées par Code: :Blocks et indiquent que le programme s'est bien exécuté et combien de temps s'est écoulé depuis le lancement.

On vous invite à appuyer sur n'importe quelle touche du clavier pour fermer la fenêtre.

[3]En pratique, 0 signifie « tout s'est bien passé » et n'importe quelle autre valeur signifie « erreur ».

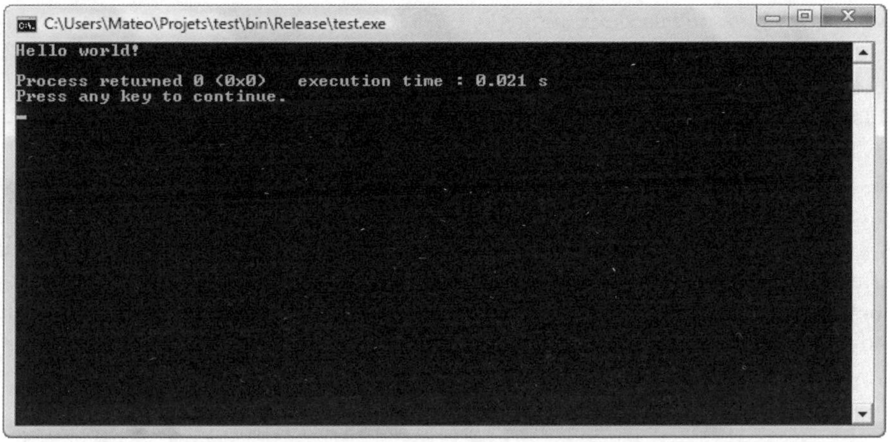

FIG. 3.5 – Votre premier programme !

Votre programme s'arrête alors[4].

Écrire un message à l'écran

À partir de maintenant, on va modifier nous-mêmes le code de ce programme minimal. Votre mission, si vous l'acceptez : afficher le message « Bonjour » à l'écran.

Comme tout à l'heure, une console doit s'ouvrir. Le message « Bonjour » doit s'afficher dans la console.

Comment fait-on pour choisir le texte qui s'affiche à l'écran ?

Ce sera en fait assez simple. Si vous partez du code qui a été donné plus haut, il vous suffit simplement de remplacer « Hello world ! » par « Bonjour » dans la ligne qui fait appel à `printf`.

Comme je vous le disais plus tôt, `printf` est une **instruction**. Elle commande à l'ordinateur : « *Affiche-moi ce message à l'écran* ». Il faut savoir que `printf` est en fait une fonction qui a déjà été écrite par d'autres programmeurs avant vous.

Cette fonction, où se trouve-t-elle ? Moi je ne vois que la fonction `main` !

[4] Oui je sais, ce n'est pas transcendant. Mais bon, quand même ! C'est un premier programme, un instant dont vous vous souviendrez toute votre vie ! . . . Non ?

Vous vous souvenez de ces deux lignes ?

```
#include <stdio.h>
#include <stdlib.h>
```

Je vous avais dit qu'elles permettaient d'ajouter des bibliothèques dans votre programme. Les bibliothèques sont en fait des fichiers avec des tonnes de fonctions toutes prêtes à l'intérieur. Ces fichiers-là (`stdio.h` et `stdlib.h`) contiennent la plupart des fonctions de base dont on a besoin dans un programme. `stdio.h` en particulier contient des fonctions permettant d'afficher des choses à l'écran (comme `printf`) mais aussi de demander à l'utilisateur de taper quelque chose (ce sont des fonctions que l'on verra plus tard).

Dis Bonjour au Monsieur

Dans notre fonction `main`, on fait donc appel à la fonction `printf`. C'est une fonction qui en appelle une autre (ici, `main` appelle `printf`). Vous allez voir que c'est tout le temps comme ça que ça se passe en langage C : une fonction contient des instructions qui appellent d'autres fonctions, et ainsi de suite.

Donc, pour faire appel à une fonction, c'est simple : il suffit d'écrire son nom, suivi de deux parenthèses, puis un point-virgule.

```
printf();
```

C'est bien, mais ce n'est pas suffisant. Il faut indiquer quoi écrire à l'écran. Pour faire ça, il faut donner à la fonction `printf` le texte à afficher. Pour ce faire, ouvrez des guillemets à l'intérieur des parenthèses et tapez le texte à afficher entre ces guillemets, comme cela avait déjà été fait sur le code minimal.

Dans notre cas, on va donc taper très exactement :

`printf("Bonjour");`

J'espère que vous n'avez pas oublié le point-virgule à la fin, je vous rappelle que c'est très important ! Cela permet d'indiquer que l'instruction s'arrête là.

Voici le code source que vous devriez avoir sous les yeux :

```
#include <stdio.h>
#include <stdlib.h>

int main()
{
  printf("Bonjour");
  return 0;
}
```

On a donc deux instructions qui commandent dans l'ordre à l'ordinateur :

1. affiche « Bonjour » à l'écran ;
2. la fonction `main` est terminée, renvoie 0. Le programme s'arrête alors.

La fig. 3.6 vous montre ce que donne ce programme à l'écran.

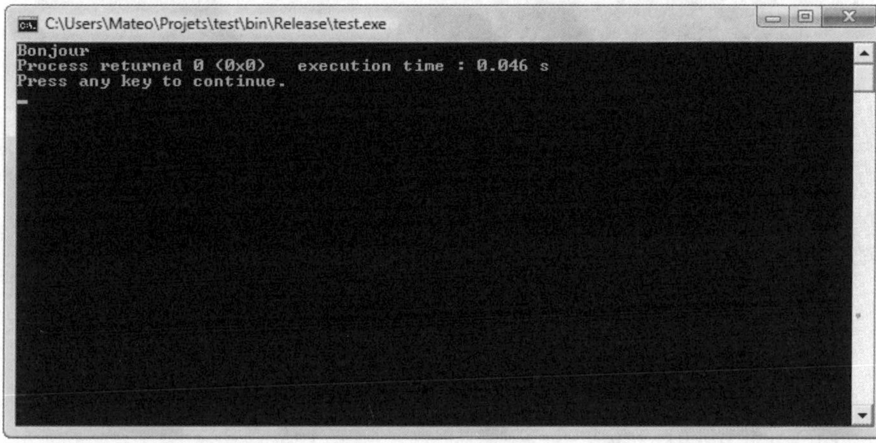

FIG. 3.6 – Un programme poli qui dit Bonjour

Comme vous pouvez le voir, la ligne du « Bonjour » est un peu collée avec le reste du texte, contrairement à tout à l'heure. Une des solutions pour rendre notre programme plus présentable serait de faire un retour à la ligne après « Bonjour » (comme si on appuyait sur la touche « Entrée »).

Mais bien sûr, ce serait trop simple de taper « Entrée » dans notre code source pour qu'une entrée soit effectuée à l'écran ! Il va falloir utiliser ce qu'on appelle des caractères spéciaux...

Les caractères spéciaux

Les caractères spéciaux sont des lettres spéciales qui permettent d'indiquer qu'on veut aller à la ligne, faire une tabulation, etc. Ils sont faciles à reconnaître : c'est un ensemble de deux caractères. Le premier d'entre eux est toujours un anti-slash (\ ), et le second un nombre ou une lettre. Voici deux caractères spéciaux courants que vous aurez probablement besoin d'utiliser, ainsi que leur signification :

- `\n` : retour à la ligne (= « Entrée ») ;
- `\t` : tabulation.

Dans notre cas, pour faire une entrée, il suffit de taper `\n` pour créer un retour à la ligne. Si je veux donc faire un retour à la ligne juste après le mot « Bonjour », je devrais taper :

```
printf("Bonjour\n");
```

Votre ordinateur comprend qu'il doit afficher « Bonjour » suivi d'un retour à la ligne (fig. 3.7).

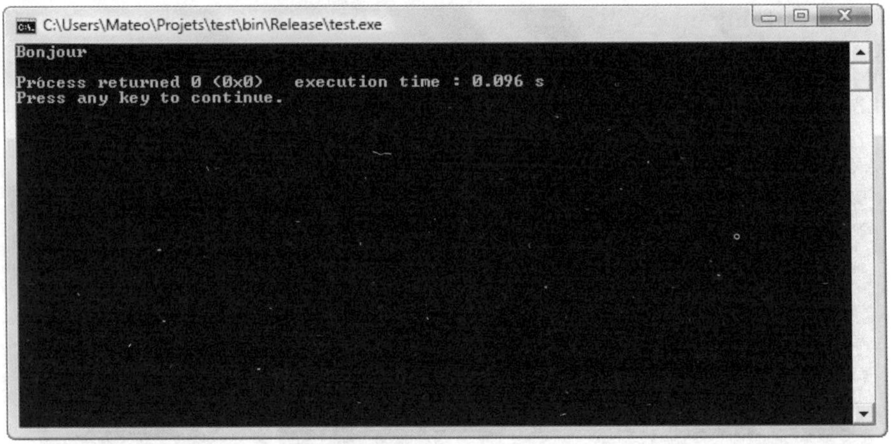

FIG. 3.7 – Le programme Bonjour avec un saut de ligne

C'est déjà un peu mieux, non ?

Vous pouvez écrire à la suite du `\n` sans aucun problème. Tout ce que vous écrirez à la suite du `\n` sera placé sur la deuxième ligne. Vous pourriez donc vous entraîner à écrire : `printf("Bonjour\nAu Revoir\n");`
Cela affichera « Bonjour » sur la première ligne et « Au revoir » sur la ligne suivante.

Le syndrome de Gérard

Bonjour, je m'appelle Gérard et j'ai voulu essayer de modifier votre programme pour qu'il me dise « Bonjour Gérard ». Seulement voilà, j'ai l'impression que l'accent de Gérard ne s'affiche pas correctement... Que faire ?

Tout d'abord, bonjour Gérard. C'est une question très intéressante que vous nous posez là. Je tiens en premier lieu à vous féliciter pour votre esprit d'initiative, c'est très bien d'avoir eu l'idée de modifier un peu le programme. C'est en « bidouillant » les programmes que je vous donne que vous allez en apprendre le plus. Ne vous contentez pas de ce que vous lisez, essayez un peu vos propres modifications des programmes que nous voyons ensemble !

Bien ! Maintenant, pour répondre à la question de notre ami Gérard, j'ai une bien triste nouvelle à vous annoncer : la console de Windows ne gère pas les accents. Par contre la console de Linux, oui.

À partir de là vous avez deux solutions.

- **Passer à Linux**. C'est une solution un peu radicale et il me faudrait un cours entier

pour vous expliquer comment vous servir de Linux. Si vous n'avez pas le niveau, oubliez cette possibilité pour le moment.
- **Ne pas utiliser d'accents**. C'est malheureusement la solution que vous risquez de choisir. La console de Windows a ses défauts, que voulez-vous. Il va vous falloir prendre l'habitude d'écrire sans accents. Bien entendu, comme plus tard vous ferez probablement des programmes avec des fenêtres, vous ne rencontrerez plus ce problème-là. Je vous recommande donc de ne pas utiliser d'accents temporairement, pendant votre apprentissage dans la console. Vos futurs programmes « professionnels » n'auront pas ce problème, rassurez-vous.

Pour ne pas être gêné, vous devrez donc écrire sans accent :

```
printf("Bonjour Gerard\n");
```

On remercie notre ami Gérard[5] pour nous avoir soulevé ce problème !

Les commentaires, c'est très utile !

Avant de terminer ce premier chapitre de « véritable » programmation, je dois absolument vous faire découvrir **les commentaires**. Quel que soit le langage de programmation, on a la possibilité d'ajouter des commentaires à son code. Le langage C n'échappe pas à la règle.

Qu'est-ce que ça veut dire, « commenter » ? Cela signifie taper du texte au milieu de votre programme pour indiquer ce qu'il fait, à quoi sert telle ligne de code, etc. C'est vraiment quelque chose d'indispensable car, même en étant un génie de la programmation, on a besoin de faire quelques annotations par-ci par-là. Cela permet :

- de vous retrouver au milieu d'un de vos codes source plus tard. On ne dirait pas comme ça, mais on oublie vite comment fonctionnent les programmes qu'on a écrits. Si vous faites une pause ne serait-ce que quelques jours, vous aurez besoin de vous aider de vos propres commentaires pour vous retrouver dans un gros code ;
- si vous donnez votre projet à quelqu'un d'autre (qui ne connaît a priori pas votre code source), cela lui permettra de se familiariser avec bien plus rapidement ;
- enfin, ça va me permettre à moi d'ajouter des annotations dans les codes source de ce cours. Et de mieux vous expliquer à quoi peut servir telle ou telle ligne de code.

Il y a plusieurs manières d'insérer un commentaire. Tout dépend de la longueur du commentaire que vous voulez écrire.

- Votre commentaire est **court** : il tient sur une seule ligne, il ne fait que quelques mots. Dans ce cas, vous devez taper un double slash (//) suivi de votre commentaire. Par exemple :

```
// Ceci est un commentaire
```

[5] Si d'aventure vous vous appeliez Gérard, sachez que je n'ai rien contre ce prénom. C'est simplement le premier prénom avec un accent qui m'est passé par la tête... Et puis bon, il faut toujours que quelqu'un prenne pour les autres, que voulez-vous !

Vous pouvez aussi bien écrire un commentaire seul sur sa ligne, ou bien à droite d'une instruction. C'est d'ailleurs quelque chose de très pratique car ainsi, on sait que le commentaire sert à indiquer à quoi sert la ligne sur laquelle il est. Exemple :

```
printf("Bonjour"); // Cette instruction affiche Bonjour à l'écran
```

Notez que ce type de commentaire a normalement été introduit par le langage C++, mais vous n'aurez pas de problème en l'utilisant pour un programme en langage C aujourd'hui.

- Votre commentaire est **long** : vous avez beaucoup à dire, vous avez besoin d'écrire plusieurs phrases qui tiennent sur plusieurs lignes. Dans ce cas, vous devez taper un code qui signifie « début de commentaire » et un autre code qui signifie « fin de commentaire » :
  - pour indiquer le *début du commentaire* : tapez un slash suivi d'une étoile (`/*`) ;
  - pour indiquer la *fin du commentaire* : tapez une étoile suivie d'un slash (`*/`).

  Vous écrirez donc par exemple :

```
/* Ceci est
un commentaire
sur plusieurs lignes */
```

Reprenons notre code source qui écrit « Bonjour », et ajoutons-lui quelques commentaires juste pour s'entraîner :

```
/*
Ci-dessous, ce sont des directives de préprocesseur.
Ces lignes permettent d'ajouter des fichiers au projet,
fichiers que l'on appelle bibliothèques.
Grâce à ces bibliothèques, on disposera de fonctions toutes prêtes pour afficher
par exemple un message à l'écran.
*/

#include <stdio.h>
#include <stdlib.h>

/*
Ci-dessous, vous avez la fonction principale du programme, appelée main.
C'est par cette fonction que tous les programmes commencent.
Ici, ma fonction se contente d'afficher Bonjour à l'écran.
*/

int main()
{
  printf("Bonjour"); // Cette instruction affiche Bonjour à l'écran
  return 0;          // Le programme renvoie le nombre 0 puis s'arrête
}
```

Voilà ce que donnerait notre programme avec quelques commentaires. Oui, il a l'air d'être plus gros, mais en fait c'est le même que tout à l'heure. Lors de la compilation, tous les commentaires seront ignorés. Ces commentaires n'apparaîtront pas dans le programme final, ils servent seulement aux programmeurs.

Normalement, on ne commente pas chaque ligne du programme. J'ai dit (et je le redirai) que c'était important de mettre des commentaires dans un code source, mais il faut savoir doser : commenter chaque ligne ne servira la plupart du temps à rien. À force, vous saurez que le `printf` permet d'afficher un message à l'écran, pas besoin de l'indiquer à chaque fois.

Le mieux est de commenter plusieurs lignes à la fois, c'est-à-dire d'indiquer à quoi sert une série d'instructions histoire d'avoir une idée. Après, si le programmeur veut se pencher plus en détail dans ces instructions, il est assez intelligent pour y arriver tout seul.

Retenez donc : les commentaires doivent guider le programmeur dans son code source, lui permettre de se repérer. Essayez de commenter un ensemble de lignes plutôt que toutes les lignes une par une.

Et pour finir sur une petite touche culturelle, voici une citation tirée de chez IBM :

> *Si après avoir lu uniquement les commentaires d'un programme vous n'en comprenez pas le fonctionnement, jetez le tout !*

En résumé

- Les programmes peuvent communiquer avec l'utilisateur via une console ou une fenêtre.
- Il est beaucoup plus facile pour nos premiers programmes de travailler avec la **console**, bien que celle-ci soit moins attirante pour un débutant[6].
- Un programme est constitué d'**instructions** qui se terminent toutes par un point-virgule.
- Les instructions sont contenues dans des **fonctions** qui permettent de les classer, comme dans des boîtes.
- La fonction `main` (qui signifie « principale ») est la fonction par laquelle démarre votre programme. C'est la seule qui soit obligatoire, aucun programme ne peut être compilé sans elle.
- `printf` est une fonction toute prête qui permet d'afficher un message à l'écran dans une console.
- `printf` se trouve dans une **bibliothèque** où l'on retrouve de nombreuses autres fonctions prêtes à l'emploi.

[6] Cela ne nous empêchera pas par la suite de travailler avec des fenêtres dans la partie III. Tout vient à point à qui sait attendre. ;-)

Chapitre 4

Un monde de variables

Difficulté :

Vous savez afficher un texte à l'écran. Très bien. Ça ne vole peut-être pas très haut pour le moment, mais c'est justement parce que vous ne connaissez pas encore ce qu'on appelle **les variables** en programmation.

Le principe dans les grandes lignes, c'est de faire retenir des nombres à l'ordinateur. On va apprendre à stocker des nombres dans la mémoire.

Je souhaite que nous commencions par quelques explications sur la mémoire de votre ordinateur. Comment fonctionne une mémoire ? Combien un ordinateur possède-t-il de mémoires différentes ? Cela pourra paraître un peu simpliste à certains d'entre vous, mais je pense aussi à ceux qui ne savent pas bien ce qu'est une mémoire.

Une affaire de mémoire

Ce que je vais vous apprendre dans ce chapitre a un rapport direct avec la mémoire de votre ordinateur.

Tout être humain normalement constitué a une mémoire. Eh bien c'est pareil pour un ordinateur... à un détail près : un ordinateur a plusieurs types de mémoire !

Pourquoi un ordinateur aurait-il plusieurs types de mémoire ? Une seule mémoire aurait suffi, non ?

Non : en fait, le problème c'est qu'on a besoin d'avoir une mémoire à la fois **rapide** (pour récupérer une information très vite) et **importante** (pour stocker beaucoup de données). Or, vous allez rire, mais jusqu'ici nous avons été incapables de créer une mémoire qui soit à la fois très rapide et importante. Plus exactement, la mémoire rapide coûte cher, on n'en fait donc qu'en petites quantités.

Du coup, pour nous arranger, nous avons dû doter les ordinateurs de mémoires très rapides mais pas importantes, et de mémoires importantes mais pas très rapides (vous suivez toujours ?).

Les différents types de mémoire

Pour vous donner une idée, voici les différents types de mémoire existant dans un ordinateur, de la plus rapide à la plus lente :

1. les registres : une mémoire ultra-rapide située directement dans le processeur ;
2. la mémoire cache : elle fait le lien entre les registres et la mémoire vive ;
3. la mémoire vive : c'est la mémoire avec laquelle nous allons travailler le plus souvent ;
4. le disque dur : que vous connaissez sûrement, c'est là qu'on enregistre les fichiers.

Comme je vous l'ai dit, j'ai classé les mémoires de la plus rapide (les registres) à la plus lente (le disque dur). Si vous avez bien suivi, vous avez compris aussi que la mémoire la plus rapide était la plus petite, et la plus lente la plus grosse. Les registres sont donc à peine capables de retenir quelques nombres, tandis que le disque dur peut stocker de très gros fichiers.

Quand je dis qu'une mémoire est « lente », c'est à l'échelle de votre ordinateur bien sûr. Eh oui : pour un ordinateur, 8 millisecondes pour accéder au disque dur, c'est déjà trop long !

Que faut-il retenir dans tout ça ? En fait, je souhaite vous situer un peu. Vous savez désormais qu'en programmation, on va surtout travailler avec la mémoire vive. On verra aussi comment lire et écrire sur le disque dur, pour lire et créer des fichiers (mais on ne le fera que plus tard). Quant à la mémoire cache et aux registres, on n'y touchera pas du tout ! C'est votre ordinateur qui s'en occupe.

Dans des langages très bas niveau, comme l'assembleur (abrégé « ASM »), on travaille au contraire plutôt directement avec les registres. Je l'ai fait, et je peux vous dire que faire une simple multiplication dans ce langage est un véritable parcours du combattant ! Heureusement, en langage C (et dans la plupart des autres langages de programmation), c'est beaucoup plus facile.

Il faut ajouter une dernière chose très importante : seul le disque dur retient tout le temps les informations qu'il contient. Toutes les autres mémoires (registres, mémoire cache, mémoire vive) sont des mémoires temporaires : **lorsque vous éteignez votre ordinateur, ces mémoires se vident** !

Heureusement, lorsque vous rallumerez l'ordinateur, votre disque dur sera toujours là pour rappeler à votre ordinateur qui il est.

La mémoire vive en photos

Vu qu'on va travailler pendant un moment avec la mémoire vive, je pense qu'il serait bien de vous la présenter.

On va y aller par zooms successifs. Commençons par votre ordinateur (fig. 4.1).

FIG. 4.1 – Un ordinateur et tous ses composants

Vous reconnaissez le clavier, la souris, l'écran et l'unité centrale (la tour). Intéressons-nous maintenant à l'unité centrale (fig. 4.2), le cœur de votre ordinateur qui contient toutes les mémoires.

FIG. 4.2 – L'unité centrale

Ce qui nous intéresse, c'est ce qu'il y a à l'intérieur de l'unité centrale. Ouvrons-la (fig.

4.3).

FIG. 4.3 – Intérieur de l'unité centrale

C'est un joyeux petit bazar. Rassurez-vous, je ne vous demanderai pas de savoir comment tout cela fonctionne. Je veux juste que vous sachiez où se trouve la mémoire vive là-dedans. Je vous l'ai encadrée. Je n'ai pas indiqué les autres mémoires (registres et mémoire cache) car de toute façon elles sont bien trop petites pour être visibles à l'oeil nu.

Voici à quoi ressemble une barrette de mémoire vive de plus près (fig. 4.4).

FIG. 4.4 – Une barrette de mémoire vive

La mémoire vive est aussi appelée **RAM**, ne vous étonnez donc pas si par la suite j'utilise plutôt le mot RAM qui est un peu plus court.

Le schéma de la mémoire vive

En photographiant de plus près la mémoire vive, on n'y verrait pas grand-chose. Pourtant, il est très important de savoir comment ça fonctionne à l'intérieur. C'est d'ailleurs là que je veux en venir depuis tout à l'heure.

Je vous propose un schéma du fonctionnement de la mémoire vive (fig. 4.5). Il est très simplifié (comme mes schémas de compilation !), mais c'est parce que nous n'avons pas besoin de trop de détails. Si vous retenez ce schéma, ce sera déjà très bien !

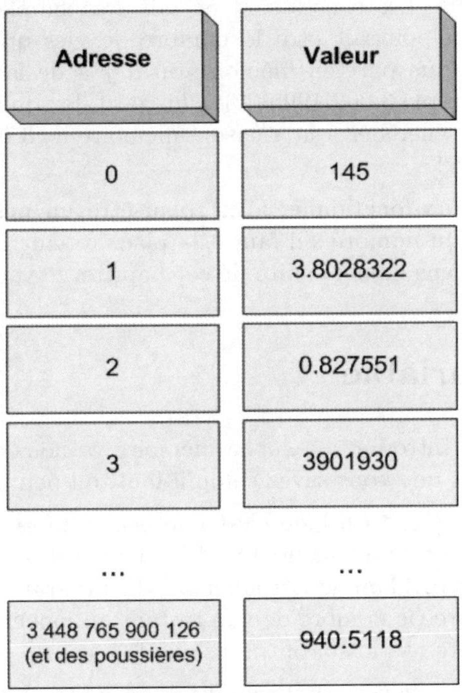

FIG. 4.5 – Organisation de la mémoire vive

Comme vous le voyez, il faut en gros distinguer deux colonnes.

- Il y a les **adresses** : une adresse est un nombre qui permet à l'ordinateur de se repérer dans la mémoire vive. On commence à l'adresse 0 (au tout début de la mémoire) et on finit à l'adresse 3 448 765 900 126 et des poussières... Euh, en fait je ne connais pas le nombre d'adresses qu'il y a dans la RAM, je sais juste qu'il y en a beaucoup. En plus ça dépend de la quantité de mémoire vive que vous avez. Plus vous avez de mémoire vive, plus il y a d'adresses, donc plus on peut stocker de choses.
- À chaque adresse, on peut stocker une **valeur** (un nombre) : votre ordinateur stocke dans la mémoire vive ces nombres pour pouvoir s'en souvenir par la suite. On ne peut stocker qu'un nombre par adresse !

Notre RAM ne peut stocker que des nombres.

Mais alors, comment fait-on pour retenir des mots ?

Bonne question. En fait, même les lettres ne sont que des nombres pour l'ordinateur ! Une phrase est une simple succession de nombres. Il existe un tableau qui fait la correspondance entre les nombres et les lettres. C'est un tableau qui dit par exemple : *le nombre 67 correspond à la lettre Y*. Je ne rentre pas dans les détails, on aura l'occasion de reparler de cela plus loin dans le cours.

Revenons à notre schéma. Les choses sont en fait très simples : si l'ordinateur veut retenir le nombre 5 (qui pourrait être le nombre de vies qu'il reste au personnage d'un jeu), il le met quelque part en mémoire où il y a de la place et note l'adresse correspondante (par exemple 3 062 199 902). Plus tard, lorsqu'il veut savoir à nouveau quel est ce nombre, il va chercher à la « case » mémoire n ° 3 062 199 902 ce qu'il y a, et il trouve la valeur... 5 !

Voilà en gros comment ça fonctionne. C'est peut-être un peu flou pour le moment (quel intérêt de stocker un nombre s'il faut à la place retenir l'adresse ?) mais tout va rapidement prendre du sens dans la suite de ce chapitre, je vous le promets.

Déclarer une variable

Croyez-moi, cette petite introduction sur la mémoire va nous être plus utile que vous ne le pensez. Maintenant que vous savez ce qu'il faut, on peut retourner programmer.

Alors une variable, c'est quoi ? Eh bien c'est une petite information temporaire qu'on stocke dans la RAM. Tout simplement. On dit qu'elle est « variable » car c'est une valeur qui peut changer pendant le déroulement du programme. Par exemple, notre nombre 5 de tout à l'heure (le nombre de vies restant au joueur) risque de diminuer au fil du temps. Si ce nombre atteint 0, on saura que le joueur a perdu.

Nos programmes, vous allez le voir, sont remplis de variables. Vous allez en voir partout, à toutes les sauces.

En langage C, une variable est constituée de deux choses :

- une **valeur** : c'est le nombre qu'elle stocke, par exemple 5 ;
- un **nom** : c'est ce qui permet de la reconnaître. En programmant en C, on n'aura pas à retenir l'adresse mémoire (ouf !) : à la place, on va juste indiquer des noms de variables. C'est le compilateur qui fera la conversion entre le nom et l'adresse. Voilà déjà un souci de moins.

Donner un nom à ses variables

En langage C, chaque variable doit donc avoir un nom. Pour notre fameuse variable qui retient le nombre de vies, on aimerait bien l'appeler « Nombre de vies » ou quelque chose du genre.

Hélas, il y a quelques contraintes. Vous ne pouvez pas appeler une variable n'importe comment :

- il ne peut y avoir que des minuscules, majuscules et des chiffres (`abcABC012`) ;
- votre nom de variable doit commencer par une lettre ;
- les espaces sont interdits. À la place, on peut utiliser le caractère « underscore » _ (qui ressemble à un trait de soulignement). C'est le seul caractère différent des lettres et chiffres autorisé ;
- vous n'avez pas le droit d'utiliser des accents (`éàê` etc.).

Enfin, et c'est très important à savoir, le langage C fait la différence entre les majuscules et les minuscules. Pour votre culture, sachez qu'on dit que c'est un langage qui « respecte la casse ». Donc, du coup, les variables `largeur`, `LARGEUR` ou encore `LArgEuR` sont trois variables différentes en langage C, même si pour nous ça a l'air de signifier la même chose !

Voici quelques exemples de noms de variables corrects : `nombreDeVies`, `prenom`, `nom`, `numero_de_telephone`, `numeroDeTelephone`.

Chaque programmeur a sa propre façon de nommer des variables. Pendant ce cours, je vais vous montrer ma manière de faire :

- je commence tous mes noms de variables par une lettre minuscule ;
- s'il y a plusieurs mots dans mon nom de variable, je mets une lettre majuscule au début de chaque nouveau mot.

Je vais vous demander de faire de la même manière que moi, ça nous permettra d'être sur la même longueur d'ondes.

Quoi que vous fassiez, faites en sorte de donner des noms clairs à vos variables. On aurait pu abréger `nombreDeVies`, en l'écrivant par exemple `ndv`. C'est peut-être plus court, mais c'est beaucoup moins clair pour vous quand vous relisez votre code. N'ayez donc pas peur de donner des noms un peu plus longs pour que ça reste compréhensible.

Les types de variables

Notre ordinateur, vous pourrez le constater, n'est en fait rien d'autre qu'une (très grosse) machine à calculer. Il ne sait traiter que des nombres.

Oui mais voilà, j'ai un scoop ! Il existe plusieurs types de nombres ! Par exemple, il y a les nombres entiers positifs :

- 45 ;
- 398 ;
- 7650.

Mais il y a aussi des nombres décimaux, c'est-à-dire des nombres à virgule :

- 75,909 ;
- 1,7741 ;

- 9810,7.

En plus de ça, il y a aussi des nombres entiers négatifs :

- -87 ;
- -916.

... Et des nombres négatifs décimaux !

- -76,9 ;
- -100,11.

Votre pauvre ordinateur a besoin d'aide ! Lorsque vous lui demandez de stocker un nombre, vous devez dire de quel type il est. Ce n'est pas vraiment qu'il ne soit pas capable de le reconnaître tout seul, mais... ça l'aide beaucoup à s'organiser, et à faire en sorte de ne pas prendre trop de mémoire pour rien.

Lorsque vous créez une variable, vous allez donc devoir **indiquer son type**. Voici les principaux types de variables existant en langage C :

Nom du type	Nombres stockables
`char`	-128 à 127
`int`	-2 147 483 648 à 2 147 483 647
`long`	-2 147 483 648 à 2 147 483 647
`float`	-3.4 x 10 puissance 38 à 3.4 x 10 puissance 38
`double`	-1.7 x 10 puissance 308 à 1.7 x 10 puissance 308

(Je suis loin d'avoir mis tous les types, mais j'ai conservé les principaux)

Les trois premiers types (`char`, `int`, `long`) permettent de stocker des nombres entiers : 1, 2, 3, 4... Les deux derniers (`float`, `double`) permettent de stocker des nombres décimaux : 13.8, 16.911...

Les types `float` et `double` permettent de stocker des nombres décimaux extrêmement grands. Si vous ne connaissez pas les puissances de 10, dites-vous par exemple que le type `double` permet de stocker le nombre 1 suivi de 308 zéros derrière ! C'est-à-dire : 10000000000000000000000000000000000000000000000000... (je ne vais quand même pas écrire 308 zéros pour vous !).

Vous remarquerez qu'un `int` et un `long` ont l'air identiques. Avant ce n'était pas le cas (un `int` était plus petit qu'un `long`), mais aujourd'hui les mémoires ont évolué et on a assez de place pour stocker des grands nombres, on se moque donc un peu de la différence entre un `int` et un `long`. Le langage C « conserve » tous ces types pour des raisons de compatibilité, même si certains sont un peu de trop. En pratique, j'utilise principalement `char`, `int` et `double`.

Vous verrez que la plupart du temps on manipule des nombres entiers (tant mieux, parce que c'est plus facile à utiliser).

Attention avec les nombres décimaux ! Votre ordinateur ne connaît pas la virgule, il utilise le point. Vous ne devez donc pas écrire 54,9 mais plutôt 54.9 !

Ce n'est pas tout ! Pour les types stockant des entiers (`char`, `int`, `long`...), il existe d'autres types dits `unsigned` (non signés) qui eux ne peuvent stocker que des nombres positifs. Pour les utiliser, il suffit d'écrire le mot `unsigned` devant le type :

`unsigned char`	0 à 255
`unsigned int`	0 à 4 294 967 295
`unsigned long`	0 à 4 294 967 295

Comme vous le voyez, les `unsigned` sont des types qui ont le défaut de ne pas pouvoir stocker de nombres négatifs, mais l'avantage de pouvoir stocker des nombres deux fois plus grands (`char` s'arrête à 128, tandis que `unsigned char` s'arrête à 255 par exemple).

Pourquoi avoir créé trois types pour les nombres entiers ? Un seul type aurait été suffisant, non ?

Oui, mais on a créé à l'origine plusieurs types pour économiser de la mémoire. Ainsi, quand on dit à l'ordinateur qu'on a besoin d'une variable de type `char`, on prend moins d'espace en mémoire que si on avait demandé une variable de type `int`.

Toutefois, c'était utile surtout à l'époque où la mémoire était limitée. Aujourd'hui, nos ordinateurs ont largement assez de mémoire vive pour que ça ne soit plus vraiment un problème. Il ne sera donc pas utile de se prendre la tête pendant des heures sur le choix d'un type. Si vous ne savez pas si votre variable risque de prendre une grosse valeur, mettez `int`.

En résumé, on fera surtout la distinction entre nombres entiers et décimaux :

- pour un nombre **entier**, on utilisera le plus souvent `int` ;
- pour un nombre **décimal**, on utilisera généralement `double`.

Déclarer une variable

On y arrive. Maintenant, créez un nouveau projet console que vous appellerez « variables ». On va voir comment déclarer une variable, c'est-à-dire **demander à l'ordinateur la permission d'utiliser un peu de mémoire**.

Une déclaration de variable, c'est très simple maintenant que vous savez tout ce qu'il faut. Il suffit dans l'ordre :

1. d'indiquer le type de la variable que l'on veut créer ;
2. d'insérer un espace ;
3. d'indiquer le nom que vous voulez donner à la variable ;
4. et enfin, de ne pas oublier le point-virgule.

Par exemple, si je veux créer ma variable `nombreDeVies` de type `int`, je dois taper la ligne suivante :

```
int nombreDeVies;
```

Et c'est tout ! Quelques autres exemples stupides pour la forme :

```
int noteDeMaths;
double sommeArgentRecue;
unsigned int nombreDeLecteursEnTrainDeLireUnNomDeVariableUnPeuLong;
```

Bon bref, vous avez compris le principe je pense !

Ce qu'on fait là s'appelle une **déclaration de variable** (un vocabulaire à retenir). Vous devez faire les déclarations de variables au début des fonctions. Comme pour le moment on n'a qu'une seule fonction (la fonction `main`), vous allez déclarer la variable comme ceci :

```
#include <stdio.h>
#include <stdlib.h>

int main(int argc, char *argv[]) // Équivalent de int main()
{
  int nombreDeVies;

  return 0;
}
```

Si vous lancez le programme ci-dessus, vous constaterez avec stupeur... qu'il ne fait rien.

Quelques explications

Alors, avant que vous ne m'étrangliez en croyant que je vous mène en bateau depuis tout à l'heure, laissez-moi juste dire une chose pour ma défense.

En fait, il se passe des choses, mais vous ne les voyez pas. Lorsque le programme arrive à la ligne de la déclaration de variable, il demande bien gentiment à l'ordinateur s'il peut utiliser un peu d'espace dans la mémoire vive. Si tout va bien, l'ordinateur répond « Oui bien sûr, fais comme chez toi ». Généralement, cela se passe sans problème[1].

Soyez donc sans crainte, vos variables devraient normalement être créées sans souci.

[1] Le seul problème qu'il pourrait y avoir, c'est qu'il n'y ait plus de place en mémoire... Mais heureusement cela arrive rarement, car pour remplir toute la mémoire rien qu'avec des `int` il faut vraiment le vouloir !

Une petite astuce à connaître : si vous avez plusieurs variables du même type à déclarer, inutile de faire une ligne pour chaque variable. Il vous suffit de séparer les différents noms de variables par des virgules sur la même ligne :

```
int nombreDeVies, niveau, ageDuJoueur ;
```

Cela créera trois variables `int` appelées `nombreDeVies`, `niveau` et `ageDuJoueur`.

Et maintenant ? Maintenant qu'on a créé notre variable, on va pouvoir lui donner une valeur.

Affecter une valeur à une variable

C'est tout ce qu'il y a de plus bête. Si vous voulez donner une valeur à la variable `nombreDeVies`, il suffit de procéder comme ceci :

```
nombreDeVies = 5;
```

Rien de plus à faire. Vous indiquez le nom de la variable, un signe égal, puis la valeur que vous voulez y mettre. Ici, on vient de donner la valeur 5 à la variable `nombreDeVies`. Notre programme complet ressemble donc à ceci :

```
#include <stdio.h>
#include <stdlib.h>

int main(int argc, char *argv[])
{
  int nombreDeVies;
  nombreDeVies = 5;

  return 0;
}
```

Là encore, rien ne s'affiche à l'écran, tout se passe dans la mémoire. Quelque part dans les tréfonds de votre ordinateur, une petite case de mémoire vient de prendre la valeur 5. N'est-ce pas magnifique ?

On peut s'amuser si on veut à changer la valeur par la suite :

```
int nombreDeVies;
nombreDeVies = 5;
nombreDeVies = 4;
nombreDeVies = 3;
```

Dans cet exemple, la variable va prendre d'abord la valeur 5, puis 4, et enfin 3. Comme votre ordinateur est très rapide, tout cela se passe extrêmement vite. Vous n'avez pas le temps de cligner des yeux que votre variable vient de prendre les valeurs 5, 4 et 3... et ça y est, votre programme est fini.

La valeur d'une nouvelle variable

Voici une question très importante que je veux vous soumettre :

Quand on déclare une variable, quelle valeur a-t-elle au départ ?

En effet, quand l'ordinateur lit cette ligne :

```
int nombreDeVies;
```

il réserve un petit emplacement en mémoire, d'accord. Mais quelle est la valeur de la variable à ce moment-là ? Y a-t-il une valeur par défaut (par exemple 0) ?

Eh bien, accrochez-vous : la réponse est non. Non, non et non, il n'y a pas de valeur par défaut. En fait, l'emplacement est réservé mais la valeur ne change pas. On n'efface pas ce qui se trouve dans la « case mémoire ». Du coup, votre variable prend la valeur qui se trouvait là avant dans la mémoire, et **cette valeur peut être n'importe quoi** !

Si cette zone de la mémoire n'a jamais été modifiée, la valeur est peut-être 0. Mais vous n'en êtes pas sûrs, il pourrait très bien y avoir le nombre 363 ou 18 à la place, c'est-à-dire un reste d'un vieux programme qui est passé par là avant ! Il faut donc faire très attention à ça si on veut éviter des problèmes par la suite. Le mieux est d'initialiser la variable dès qu'on la déclare. En C, c'est tout à fait possible. En gros, ça consiste à combiner la déclaration et l'affectation d'une variable dans la même instruction :

```
int nombreDeVies = 5;
```

Ici, la variable `nombreDeVies` est déclarée et prend tout de suite la valeur 5. L'avantage, c'est que vous êtes sûrs après que cette variable contient une valeur correcte, et pas du n'importe quoi.

Les constantes

Il arrive parfois que l'on ait besoin d'utiliser une variable dont on voudrait qu'elle garde la même valeur pendant toute la durée du programme. C'est-à-dire qu'une fois déclarée, vous voudriez que votre variable conserve sa valeur et que personne n'ait le droit de changer ce qu'elle contient.

Ces variables particulières sont appelées **constantes**, justement parce que leur valeur reste constante.

Pour déclarer une constante, c'est en fait très simple : il faut utiliser le mot `const` juste devant le type quand vous déclarez votre variable. Par ailleurs, il faut obligatoirement lui donner une valeur au moment de sa déclaration comme on vient d'apprendre à le faire. Après, il sera trop tard : vous ne pourrez plus changer la valeur de la constante.

Exemple de déclaration de constante :

```
const int NOMBRE_DE_VIES_INITIALES = 5;
```

Ce n'est pas une obligation, mais par convention on écrit les noms des constantes entièrement en **majuscules** comme je viens de le faire là. Cela nous permet ainsi de distinguer facilement les constantes des variables. Notez qu'on utilise l'underscore _ à la place de l'espace.

À part ça, une constante s'utilise comme une variable normale, vous pouvez afficher sa valeur si vous le désirez. La seule chose qui change, c'est que si vous essayez de modifier la valeur de la constante plus loin dans le programme, le compilateur vous indiquera qu'il y a une erreur avec cette constante.

Les erreurs de compilation sont affichées en bas de l'écran (dans ce que j'appelle la « zone de la mort », vous vous souvenez ?). Dans un tel cas, le compilateur vous afficherait un mot doux du genre : `[Warning] assignment of read-only variable 'NOMBRE_DE_VIES_INITIALES'`[2].

Afficher le contenu d'une variable

On sait afficher du texte à l'écran avec la fonction `printf`. Maintenant, on va voir comment afficher la valeur d'une variable avec cette même fonction.

On utilise en fait `printf` de la même manière, sauf que l'on rajoute un symbole spécial à l'endroit où l'on veut afficher la valeur de la variable. Par exemple :

```
printf("Il vous reste %d vies");
```

Ce « symbole spécial » dont je viens de vous parler est en fait un % suivi de la lettre « d ». Cette lettre permet d'indiquer ce que l'on doit afficher. « d » signifie que c'est un nombre entier. Il existe plusieurs autres possibilités, mais pour des raisons de simplicité on va se contenter de retenir ces deux-là :

Symbole	**Signification**
`%d`	Nombre entier (ex. : 4)
`%f`	Nombre décimal (ex. : 5.18)

Je vous parlerai des autres symboles en temps voulu. Pour le moment, sachez que si vous voulez afficher un `int` vous devez utiliser `%d`, et pour un `double` vous utiliserez `%f`.

On a presque fini. On a indiqué qu'à un endroit précis on voulait afficher un nombre entier, mais on n'a pas précisé lequel ! Il faut donc indiquer à la fonction `printf` quelle est la variable dont on veut afficher la valeur. Pour ce faire, vous devez taper le nom de la variable après les guillemets et après avoir rajouté une virgule, comme ceci :

[2] Traduction : « Triple idiot, pourquoi tu essaies de modifier la valeur d'une constante ? »

```
printf("Il vous reste %d vies", nombreDeVies);
```

Le %d sera remplacé par la variable indiquée après la virgule, à savoir nombreDeVies. On se teste ça dans un programme ?

```
#include <stdio.h>
#include <stdlib.h>

int main(int argc, char *argv[])
{
  int nombreDeVies = 5; // Au départ, le joueur a 5 vies

  printf("Vous avez %d vies\n", nombreDeVies);
  printf("**** B A M ****\n"); // Là il se prend un grand coup sur la tête
  nombreDeVies = 4; // Il vient de perdre une vie !
  printf("Ah desole, il ne vous reste plus que %d vies maintenant !\n\n",
↪ nombreDeVies);

  return 0;
}
```

Ça pourrait presque être un jeu vidéo (il faut juste beaucoup d'imagination). Ce programme affiche ceci à l'écran :

```
Vous avez 5 vies
**** B A M ****
Ah desole, il ne vous reste plus que 4 vies maintenant !
```

Vous devriez reconnaître ce qui se passe dans votre programme.

1. Au départ le joueur a 5 vies, on affiche ça dans un printf.
2. Ensuite, le joueur prend un coup sur la tête (d'où le BAM).
3. Finalement il n'a plus que 4 vies, on affiche ça aussi avec un printf.

Bref, c'est plutôt simple.

Afficher plusieurs variables dans un même printf

Il est possible d'afficher la valeur de plusieurs variables dans un seul printf. Il vous suffit pour cela d'indiquer des %d ou des %f là où vous voulez, puis d'indiquer les variables correspondantes dans le même ordre, séparées par des virgules.

Par exemple :

```
printf("Vous avez %d vies et vous etes au niveau n° %d", nombreDeVies, niveau);
```

Veillez à bien indiquer vos variables dans le bon ordre. Le premier `%d` sera remplacé par la première variable (`nombreDeVies`), et le second `%d` par la seconde variable (`niveau`). Si vous vous trompez d'ordre, votre phrase ne voudra plus rien dire.

Allez, un petit test maintenant. Notez que j'enlève les lignes tout en haut (les directives de préprocesseur commençant par un #), je vais supposer que vous les mettez à chaque fois maintenant :

```
int main(int argc, char *argv[])
{
  int nombreDeVies = 5, niveau = 1;

  printf("Vous avez %d vies et vous etes au niveau n° %d\n", nombreDeVies, niveau);

  return 0;
}
```

Ce qui affichera :

```
Vous avez 5 vies et vous etes au niveau n° 1
```

Récupérer une saisie

Les variables vont en fait commencer à devenir intéressantes maintenant. On va apprendre à demander à l'utilisateur de taper un nombre dans la console. Ce nombre, on va le récupérer et le stocker dans une variable. Une fois que ça sera fait, on pourra faire tout un tas de choses avec, vous verrez.

Pour demander à l'utilisateur d'entrer quelque chose dans la console, on va utiliser une autre fonction toute prête : `scanf`. Cette fonction ressemble beaucoup à `printf`. Vous devez mettre un `%d` pour indiquer que l'utilisateur doit entrer un nombre entier (pour les décimaux, je vais y revenir). Puis vous devez ensuite indiquer le nom de la variable qui va recevoir le nombre.

Voici comment faire par exemple :

```
int age = 0;
scanf("%d", &age);
```

On doit mettre le `%d` entre guillemets. Par ailleurs, il faut mettre le symbole & devant le nom de la variable qui va recevoir la valeur.

Euh, pourquoi mettre un & devant le nom de la variable ?

Là, il va falloir que vous me fassiez confiance. Si je dois vous expliquer ça tout de suite, on n'est pas sortis de l'auberge, croyez-moi ! Que je vous rassure quand même : je vous expliquerai un peu plus tard ce que signifie ce symbole. Pour le moment, je choisis de ne pas vous l'expliquer pour ne pas vous embrouiller, c'est donc plutôt un service que je vous rends là !

Attention : si vous voulez faire entrer un nombre décimal (de type `double`), cette fois il ne faut pas utiliser `%f` comme on pourrait s'y attendre mais... `%lf`. C'est une petite différence avec le `printf` qui lui prenait `%f`.

```
double poids = 0 ;
scanf("%lf", &poids) ;
```

Revenons à notre programme. Lorsque celui-ci arrive à un `scanf`, il se met en pause et attend que l'utilisateur entre un nombre. Ce nombre sera stocké dans la variable `age`.

Voici un petit programme simple qui demande l'âge de l'utilisateur et qui le lui affiche ensuite :

```
int main(int argc, char *argv[])
{
  int age = 0; // On initialise la variable à 0

  printf("Quel age avez-vous ? ");
  scanf("%d", &age); // On demande d'entrer l'âge avec scanf
  printf("Ah ! Vous avez donc %d ans !\n\n", age);

  return 0;
}
```

▷ Code web : 992186

```
Quel age avez-vous ? 20
Ah ! Vous avez donc 20 ans !
```

Le programme se met donc en pause après avoir affiché la question « Quel age avez-vous ? ». Le curseur apparaît à l'écran, vous devez taper un nombre entier (votre âge). Tapez ensuite sur « Entrée » pour valider, et le programme continuera à s'exécuter. Ici, tout ce qu'il fait après c'est afficher la valeur de la variable `age` à l'écran (*« Ah ! Vous avez donc 20 ans ! »*).

Voilà, vous avez compris le principe. Grâce à la fonction `scanf`, on peut donc commencer à interagir avec l'utilisateur.

Notez que rien ne vous empêche de taper autre chose qu'un nombre entier :

- si vous rentrez un nombre décimal, comme 2.9, il sera automatiquement tronqué, c'est-à-dire que seule la partie entière sera conservée. Dans ce cas, c'est le nombre 2 qui aurait été stocké dans la variable ;

- si vous tapez des lettres au hasard (« éèydf »), la variable ne changera pas de valeur. Ce qui est bien ici, c'est qu'on avait initialisé notre variable à 0 au début. De ce fait, le programme affichera « 0 ans » si ça n'a pas marché. Si on n'avait pas initialisé la variable, le programme aurait pu afficher n'importe quoi !

En résumé

- Nos ordinateurs possèdent plusieurs types de mémoire. De la plus rapide à la plus lente : les registres, la mémoire cache, la mémoire vive et le disque dur.
- Pour « retenir » des informations, notre programme a besoin de stocker des données dans la mémoire. Il utilise pour cela la **mémoire vive**[3].
- Dans notre code source, les **variables** sont des données stockées temporairement en mémoire vive. La valeur de ces données peut changer au cours du programme.
- À l'opposé, on parle de **constantes** pour des données stockées en mémoire vive. La valeur de ces données ne peut pas changer.
- Il existe plusieurs types de variables, qui occupent plus ou moins d'espace en mémoire. Certains types comme `int` sont prévus pour stocker des nombres entiers, tandis que d'autres comme `double` stockent des nombres décimaux.
- La fonction `scanf` permet de demander à l'utilisateur de saisir un nombre.

[3]Les registres et la mémoire cache sont aussi utilisés pour augmenter les performances, mais cela fonctionne automatiquement, nous n'avons pas à nous en préoccuper.

Chapitre 5

Une bête de calcul

Difficulté :

Je vous l'ai dit dans le chapitre précédent : votre ordinateur n'est en fait qu'une grosse machine à calculer. Que vous soyez en train d'écouter de la musique, regarder un film ou jouer à un jeu vidéo, votre ordinateur ne fait que des calculs.

Ce chapitre va vous apprendre à réaliser la plupart des calculs qu'un ordinateur sait faire. Nous réutiliserons ce que nous venons tout juste d'apprendre, à savoir les variables. L'idée, c'est justement de faire des calculs avec vos variables : ajouter des variables entre elles, les multiplier, enregistrer le résultat dans une autre variable, etc.

Même si vous n'êtes pas fan des mathématiques, ce chapitre vous sera absolument indispensable.

Les calculs de base

Il faut savoir qu'en plus de n'être qu'une vulgaire calculatrice, votre ordinateur est une calculatrice très basique puisqu'on ne peut faire que des opérations très simples :

- addition ;
- soustraction ;
- multiplication ;
- division ;
- modulo[1].

Si vous voulez faire des opérations plus compliquées (des carrés, des puissances, des logarithmes et autres joyeusetés) il vous faudra les programmer, c'est-à-dire **expliquer à l'ordinateur comment les faire**. Fort heureusement, nous verrons plus loin dans ce chapitre qu'il existe une bibliothèque mathématique livrée avec le langage C qui contient des fonctions mathématiques toutes prêtes. Vous n'aurez donc pas à les réécrire, à moins que vous souhaitiez volontairement passer un sale quart d'heure (ou que vous soyez prof de maths).

Voyons donc l'addition pour commencer. Pour faire une addition, on utilise le signe + (sans blague !). Vous devez mettre le résultat de votre calcul dans une variable. On va donc par exemple créer une variable `resultat` de type `int` et faire un calcul :

```
int resultat = 0;

resultat = 5 + 3;
```

Pas besoin d'être un pro du calcul mental pour deviner que la variable `resultat` contiendra la valeur 8 après exécution. Bien sûr, rien ne s'affiche à l'écran avec ce code. Si vous voulez voir la valeur de la variable, rajoutez un `printf` comme vous savez maintenant si bien le faire :

```
printf("5 + 3 =  %d", resultat);
```

À l'écran, cela donnera :

```
5 + 3 = 8
```

Voilà pour l'addition. Pour les autres opérations, c'est la même chose, seul le signe utilisé change (voir tab. 5.1).

Si vous avez déjà utilisé la calculatrice sur votre ordinateur, vous devriez connaître ces signes. Il n'y a pas de difficulté particulière pour ces opérations, à part pour les deux dernières (la division et le modulo). Nous allons donc parler un peu plus en détail de chacune d'elles.

[1] Je vous expliquerai ce que c'est si vous ne savez pas, pas de panique.

Opération	Signe
Addition	+
Soustraction	-
Multiplication	*
Division	/
Modulo	%

TAB. 5.1 – Signes des opérateurs

La division

Les divisions fonctionnent normalement sur un ordinateur quand il n'y a pas de reste. Par exemple, `6 / 3` font 2, votre ordinateur vous donnera la réponse juste. Jusque-là pas de souci.

Mais prenons maintenant une division avec reste comme `5 / 2`... Le résultat devrait être 2.5. Et pourtant ! Regardez ce que fait ce code :

```
int resultat = 0;

resultat = 5 / 2;
printf ("5 / 2 = %d", resultat);
```

```
5 / 2 = 2
```

Il y a un gros problème. On a demandé `5 / 2`, on s'attend à avoir 2.5, et l'ordinateur nous dit que ça fait 2 !

Il y a anguille sous roche. Nos ordinateurs seraient-ils stupides à ce point ? En fait, quand il voit les chiffres 5 et 2, votre ordinateur fait une division de nombres entiers[2]. Cela veut dire qu'il tronque le résultat, il ne garde que la partie entière (le 2).

Hé mais je sais pourquoi ! C'est parce que `resultat` est un `int` ! Si ça avait été un double, il aurait pu stocker un nombre décimal à l'intérieur !

Eh non, ce n'est pas la raison ! Essayez le même code en transformant juste `resultat` en `double`, et vous verrez qu'on vous affiche quand même 2. Parce que les nombres de l'opération sont des nombres entiers, l'ordinateur répond par un nombre entier.

Si on veut que l'ordinateur affiche le bon résultat, il va falloir transformer les nombres 5 et 2 de l'opération en nombres décimaux, c'est-à-dire écrire 5.0 et 2.0 (ce sont les mêmes nombres, mais l'ordinateur considère que ce sont des nombres décimaux, donc il fait une division de nombres décimaux) :

```
double resultat = 0;
```

[2] Aussi appelée « division euclidienne ».

```
resultat = 5.0 / 2.0;
printf ("5 / 2 = %f", resultat);
```

```
5 / 2 = 2.500000
```

Là, le nombre est correct. Bon : il affiche des tonnes de zéros derrière si ça lui chante, mais le résultat reste quand même correct.

Cette propriété de la division de nombres entiers est très importante. Il faut que vous reteniez que pour un ordinateur :

- 5 / 2 = 2 ;
- 10 / 3 = 3 ;
- 4 / 5 = 0.

C'est un peu surprenant, mais c'est sa façon de calculer avec des entiers.

Si vous voulez avoir un résultat décimal, il faut que les nombres de l'opération soient décimaux :

- 5.0 / 2.0 = 2.5 ;
- 10.0 / 3.0 = 3.33333 ;
- 4.0 / 5.0 = 0.8.

En fait, en faisant une division d'entiers comme `5 / 2`, votre ordinateur répond à la question « Combien y a-t-il de fois 2 dans le nombre 5 ? ». La réponse est deux fois. De même, « combien de fois y a-t-il le nombre 3 dans 10 ? » Trois fois.

Mais alors me direz-vous, comment on fait pour récupérer le reste de la division ? C'est là que super-modulo intervient.

Le modulo

Le modulo est une opération mathématique qui permet d'obtenir **le reste d'une division**. C'est peut-être une opération moins connue que les quatre autres, mais pour votre ordinateur ça reste une opération de base... probablement pour justement combler le problème de la « division d'entiers » qu'on vient de voir.

Le modulo, je vous l'ai dit tout à l'heure, se représente par le signe `%`. Voici quelques exemples de modulos :

- 5 % 2 = 1 ;
- 14 % 3 = 2 ;
- 4 % 2 = 0.

Le modulo `5 % 2` est le reste de la division `5 / 2`, c'est-à-dire 1. L'ordinateur calcule que `5 = 2 * 2 + 1` (c'est ce 1, le reste, que le modulo renvoie).

De même, `14 % 3`, le calcul est `14 = 3 * 4 + 2` (modulo renvoie le 2). Enfin, pour `4 % 2`, la division tombe juste, il n'y a pas de reste, donc modulo renvoie 0.

Voilà, il n'y a rien à ajouter au sujet des modulos. Je tenais juste à l'expliquer à ceux qui ne connaîtraient pas.

En plus j'ai une bonne nouvelle : on a vu toutes les opérations de base. Finis les cours de maths !

Des calculs entre variables

Ce qui serait intéressant, maintenant que vous savez faire les cinq opérations de base, ce serait de s'entraîner à faire des calculs entre plusieurs variables. En effet, rien ne vous empêche de faire :

```
resultat = nombre1 + nombre2;
```

Cette ligne fait la somme des variables `nombre1` et `nombre2`, et stocke le résultat dans la variable `resultat`.

Et c'est là que les choses commencent à devenir très intéressantes. Tenez, il me vient une idée. Vous avez maintenant déjà le niveau pour réaliser une mini-calculatrice. Si, si, je vous assure !

Imaginez un programme qui demande deux nombres à l'utilisateur. Ces deux nombres, vous les stockez dans des variables. Ensuite, vous faites la somme de ces variables et vous stockez le résultat dans une variable appelée `resultat`. Vous n'avez plus qu'à afficher le résultat du calcul à l'écran, sous les yeux ébahis de l'utilisateur qui n'aurait jamais été capable de calculer cela de tête aussi vite.

Essayez de coder vous-mêmes ce petit programme, c'est facile et ça vous entraînera !

La réponse est ci-dessous :

```
int main(int argc, char *argv[])
{
  int resultat = 0, nombre1 = 0, nombre2 = 0;

  // On demande les nombres 1 et 2 à l'utilisateur :

  printf("Entrez le nombre 1 : ");
  scanf("%d", &nombre1);
  printf("Entrez le nombre 2 : ");
  scanf("%d", &nombre2);

  // On fait le calcul :

  resultat = nombre1 + nombre2;

  // Et on affiche l'addition à l'écran :

  printf ("%d + %d = %d\n", nombre1, nombre2, resultat);

  return 0;
}
```

▷ Code web : 256452

```
Entrez le nombre 1 : 30
Entrez le nombre 2 : 25
30 + 25 = 55
```

Sans en avoir l'air, on vient de faire là notre premier programme ayant un intérêt. Notre programme est capable d'additionner deux nombres et d'afficher le résultat de l'opération !

Vous pouvez essayer avec n'importe quel nombre (du moment que vous ne dépassez pas les limites d'un type `int`), votre ordinateur effectuera le calcul en un éclair[3].

Je vous conseille de faire la même chose avec les autres opérations pour vous entraîner (soustraction, multiplication...). Vous ne devriez pas avoir trop de mal vu qu'il y a juste un ou deux signes à changer. Vous pouvez aussi ajouter une troisième variable et faire l'addition de trois variables à la fois, ça fonctionne sans problème :

```
resultat = nombre1 + nombre2 + nombre3;
```

Les raccourcis

Comme promis, nous n'avons pas de nouvelles opérations à voir. Et pour cause ! Nous les connaissons déjà toutes. C'est avec ces simples opérations de base que vous pouvez tout créer. Il n'y a pas besoin d'autres opérations. Je reconnais que c'est difficile à avaler, se dire qu'un jeu 3D ne fait rien d'autre au final que des additions et des soustractions, pourtant... c'est la stricte vérité.

Ceci étant, il existe en C des techniques permettant de raccourcir l'écriture des opérations. Pourquoi utiliser des raccourcis ? Parce que, souvent, on fait des opérations répétitives. Vous allez voir ce que je veux dire par là tout de suite, avec ce qu'on appelle l'incrémentation.

L'incrémentation

Vous verrez que vous serez souvent amenés à ajouter 1 à une variable. Au fur et à mesure du programme, vous aurez des variables qui augmentent de 1 en 1.

Imaginons que votre variable s'appelle `nombre` (nom très original, n'est-ce pas ?). Sauriez-vous comment faire pour ajouter 1 à cette variable, sans savoir quel est le nombre qu'elle contient ?

Voici comment on doit faire :

```
nombre = nombre + 1;
```

[3] Encore heureux, parce que des opérations comme ça, il doit en faire des milliards en une seule seconde !

Que se passe-t-il ici ? On fait le calcul `nombre + 1`, et on range ce résultat dans la variable... `nombre` ! Du coup, si notre variable `nombre` valait 4, elle vaut maintenant 5. Si elle valait 8, elle vaut maintenant 9, etc.

Cette opération est justement répétitive. Les informaticiens étant des gens particulièrement fainéants, ils n'avaient guère envie de taper deux fois le même nom de variable (ben oui quoi, c'est fatigant !). Ils ont donc inventé un raccourci pour cette opération qu'on appelle **l'incrémentation**. Cette instruction produit exactement le même résultat que le code qu'on vient de voir :

```
nombre++;
```

Cette ligne, bien plus courte que celle de tout à l'heure, signifie « Ajoute 1 à la variable `nombre` ». Il suffit d'écrire le nom de la variable à incrémenter, de mettre deux signes +, et bien entendu, de ne pas oublier le point-virgule.

Mine de rien, cela nous sera bien pratique par la suite car, comme je vous l'ai dit, on sera souvent amenés à faire des incrémentations (c'est-à-dire ajouter 1 à une variable).

Si vous êtes perspicaces, vous avez d'ailleurs remarqué que ce signe ++ se trouve dans le nom du langage C++. C'est en fait un clin d'oeil des programmeurs, et vous êtes maintenant capables de le comprendre ! C++ signifie qu'il s'agit du langage C « incrémenté », c'est-à-dire si on veut « du langage C à un niveau supérieur ». En pratique, le C++ permet surtout de programmer différemment mais il n'est pas « meilleur » que le C : juste différent.

La décrémentation

C'est tout bêtement l'inverse de l'incrémentation : on enlève 1 à une variable. Même si on fait plus souvent des incrémentations que des décrémentations, cela reste une opération pratique que vous utiliserez de temps en temps.

La décrémentation, si on l'écrit en forme « longue » :

```
nombre = nombre - 1;
```

Et maintenant en forme « raccourcie » :

```
nombre--;
```

On l'aurait presque deviné tout seul ! Au lieu de mettre un `++`, vous mettez un `--` : si votre variable vaut 6, elle vaudra 5 après l'instruction de décrémentation.

Les autres raccourcis

Il existe d'autres raccourcis qui fonctionnent sur le même principe. Cette fois, ces raccourcis fonctionnent pour toutes les opérations de base : `+ - * / %`.

Cela permet là encore d'éviter une répétition du nom d'une variable sur une même ligne. Ainsi, si vous voulez multiplier par deux une variable :

```
nombre = nombre * 2;
```

Vous pouvez l'écrire d'une façon raccourcie comme ceci :

```
nombre *= 2;
```

Si le nombre vaut 5 au départ, il vaudra 10 après cette instruction. Pour les autres opérations de base, cela fonctionne de la même manière. Voici un petit programme d'exemple :

```
int nombre = 2;

nombre += 4; // nombre vaut 6...
nombre -= 3; // ... nombre vaut maintenant 3
nombre *= 5; // ... nombre vaut 15
nombre /= 3; // ... nombre vaut 5
nombre %= 3; // ... nombre vaut 2 (car 5 = 1 * 3 + 2)
```

(Ne boudez pas, un peu de calcul mental n'a jamais tué personne !)

L'avantage ici est qu'on peut utiliser toutes les opérations de base, et qu'on peut ajouter, soustraire, multiplier par n'importe quel nombre. Ce sont des raccourcis à connaître si vous avez un jour des lignes répétitives à taper dans un programme.

Retenez quand même que l'incrémentation reste de loin le raccourci le plus utilisé.

La bibliothèque mathématique

En langage C, il existe ce qu'on appelle des bibliothèques « standard », c'est-à-dire des bibliothèques toujours utilisables. Ce sont en quelque sorte des bibliothèques « de base » qu'on utilise très souvent.

Les bibliothèques sont, je vous le rappelle, des ensembles de fonctions toutes prêtes. Ces fonctions ont été écrites par des programmeurs avant vous, elles vous évitent en quelque sorte d'avoir à réinventer la roue à chaque nouveau programme.

Vous avez déjà utilisé les fonctions `printf` et `scanf` de la bibliothèque `stdio.h`. Il faut savoir qu'il existe une autre bibliothèque, appelée `math.h`, qui contient de nombreuses fonctions mathématiques toutes prêtes.

En effet, les cinq opérations de base que l'on a vues sont loin d'être suffisantes ! Bon, il se peut que vous n'ayez jamais besoin de certaines opérations complexes comme les exponentielles[4]. Toutefois, la bibliothèque mathématique contient de nombreuses autres fonctions dont vous aurez très probablement besoin.

[4]Si vous ne savez pas ce que c'est, c'est que vous êtes peut-être un peu trop jeunes ou que vous n'avez pas assez fait de maths dans votre vie.

Tenez par exemple, on ne peut pas faire de puissances en C ! Comment calculer un simple carré ? Vous pouvez toujours essayer de taper 5^2 dans votre programme, mais votre ordinateur ne le comprendra jamais car il ne sait pas ce que c'est... À moins que vous le lui expliquiez en lui indiquant la bibliothèque mathématique !

Pour pouvoir utiliser les fonctions de la bibliothèque mathématique, il est indispensable de mettre la directive de préprocesseur suivante en haut de votre programme :

```
#include <math.h>
```

Une fois que c'est fait, vous pouvez utiliser toutes les fonctions de cette bibliothèque.

J'ai justement l'intention de vous les présenter. Bon : comme il y a beaucoup de fonctions, je ne peux pas en faire la liste complète ici. D'une part ça vous ferait trop à assimiler, et d'autre part mes pauvres petits doigts auraient fondu avant la fin de l'écriture du chapitre. Je vais donc me contenter des fonctions principales, c'est-à-dire celles qui me semblent les plus importantes.

Vous n'avez peut-être pas tous le niveau en maths pour comprendre ce que font ces fonctions. Si c'est votre cas, pas d'inquiétude. Lisez juste, cela ne vous pénalisera pas pour la suite. Ceci étant, je vous offre un petit conseil gratuit : soyez attentifs en cours de maths, on ne dirait pas comme ça, mais en fait ça finit par servir !

fabs

Cette fonction retourne la valeur absolue d'un nombre, c'est-à-dire $|x|$ (c'est la notation mathématique). La valeur absolue d'un nombre est sa valeur positive :

- si vous donnez -53 à la fonction, elle vous renvoie 53 ;
- si vous donnez 53 à la fonction, elle vous renvoie 53.

En bref, elle renvoie toujours l'équivalent positif du nombre que vous lui donnez.

```
double absolu = 0, nombre = -27;

absolu = fabs(nombre); // absolu vaudra 27
```

Cette fonction renvoie un `double`, donc votre variable `absolu` doit être de type `double`.

Il existe aussi une fonction similaire appelée `abs`, située cette fois dans `stdlib.h`. La fonction `abs` marche de la même manière, sauf qu'elle utilise des entiers (`int`). Elle renvoie donc un nombre entier de type `int` et non un `double` comme `fabs`.

ceil

Cette fonction renvoie le premier nombre entier après le nombre décimal qu'on lui donne. C'est une sorte d'arrondi. On arrondit en fait toujours au nombre entier supérieur. Par exemple, si on lui donne 26.512, la fonction renvoie 27.

Cette fonction s'utilise de la même manière et renvoie un `double` :

```
double dessus = 0, nombre = 52.71;

dessus = ceil(nombre); // dessus vaudra 53
```

floor

C'est l'inverse de la fonction précédente : cette fois, elle renvoie le nombre directement en dessous. Si vous lui donnez 37.91, la fonction `floor` vous renverra donc 37.

pow

Cette fonction permet de calculer la puissance d'un nombre. Vous devez lui indiquer deux valeurs : le nombre et la puissance à laquelle vous voulez l'élever. Voici le schéma de la fonction :

```
pow(nombre, puissance);
```

Par exemple, « 2 puissance 3 » (que l'on écrit habituellement 2^3 sur un ordinateur), c'est le calcul 2 * 2 * 2, ce qui fait 8 :

```
double resultat = 0, nombre = 2;

resultat = pow(nombre, 3); // resultat vaudra 2^3 = 8
```

Vous pouvez donc utiliser cette fonction pour calculer des carrés. Il suffit d'indiquer une puissance de 2.

sqrt

Cette fonction calcule la racine carrée d'un nombre. Elle renvoie un `double`.

```
double resultat = 0, nombre = 100;

resultat = sqrt(nombre); // resultat vaudra 10
```

sin, cos, tan

Ce sont les trois fameuses fonctions utilisées en trigonométrie. Le fonctionnement est le même, ces fonctions renvoient un `double`.

Ces fonctions attendent une valeur en **radians**.

asin, acos, atan

Ce sont les fonctions arc sinus, arc cosinus et arc tangente, d'autres fonctions de trigonométrie. Elles s'utilisent de la même manière et renvoient un `double`.

exp

Cette fonction calcule l'exponentielle d'un nombre. Elle renvoie un `double` (oui, oui, elle aussi).

log

Cette fonction calcule le logarithme népérien d'un nombre (que l'on note aussi « ln »).

log10

Cette fonction calcule le logarithme base 10 d'un nombre.

En résumé

- Un ordinateur n'est en fait qu'une **calculatrice géante** : tout ce qu'il sait faire, ce sont des opérations.
- Les opérations connues par votre ordinateur sont très **basiques** : l'addition, la soustraction, la multiplication, la division et le modulo[5].
- Il est possible d'**effectuer des calculs entre des variables**. C'est d'ailleurs ce qu'un ordinateur sait faire de mieux : il le fait bien et vite.
- L'**incrémentation** est l'opération qui consiste à ajouter 1 à une variable. On écrit `variable++`.
- La **décrémentation** est l'opération inverse : on retire 1 à une variable. On écrit donc `variable--`.
- Pour augmenter le nombre d'opérations connues par votre ordinateur, il faut charger la **bibliothèque mathématique**[6].
- Cette bibliothèque contient des **fonctions mathématiques plus avancées**, telles que la puissance, la racine carrée, l'arrondi, l'exponentielle, le logarithme, etc.

[5] Il s'agit du reste de la division.

[6] `#include <math.h>`

Chapitre 6

Les conditions

Difficulté :

Nous avons vu dans le premier chapitre qu'il existait de nombreux langages de programmation. Certains se ressemblent d'ailleurs : un grand nombre d'entre eux sont inspirés du langage C.

En fait le langage C a été créé il y a assez longtemps, ce qui fait qu'il a servi de modèle à de nombreux autres plus récents. La plupart des langages de programmation ont finalement des ressemblances, ils reprennent les principes de base de leurs aînés.

En parlant de principes de base : nous sommes en plein dedans. Nous avons vu comment créer des variables, faire des calculs avec (concept commun à tous les langages de programmation !), nous allons maintenant nous intéresser aux **conditions**. Sans conditions, nos programmes informatiques feraient toujours la même chose !

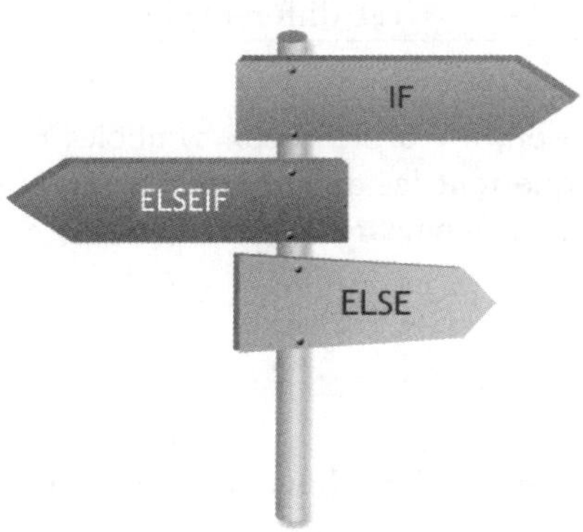

La condition `if... else`

Les conditions permettent de tester des variables. On peut par exemple dire « si la variable machin est égale à 50, fais ceci »... Mais ce serait dommage de ne pouvoir tester que l'égalité ! Il faudrait aussi pouvoir tester si la variable est inférieure à 50, inférieure ou égale à 50, supérieure, supérieure ou égale... Ne vous inquiétez pas, le C a tout prévu !

Pour étudier les conditions `if... else`, nous allons suivre le plan suivant :

1. quelques symboles à connaître avant de commencer,
2. le test `if`,
3. le test `else`,
4. le test `else if`,
5. plusieurs conditions à la fois,
6. quelques erreurs courantes à éviter.

Avant de voir comment on écrit une condition de type `if... else` en C, il faut donc que vous connaissiez deux ou trois symboles de base. Ces symboles sont indispensables pour réaliser des conditions.

Quelques symboles à connaître

Voici un petit tableau de symboles du langage C **à connaître par coeur** :

Symbole	Signification
==	est égal à
>	est supérieur à
<	est inférieur à
>=	est supérieur ou égal à
<=	est inférieur ou égal à
!=	est différent de

Faites très attention, il y a bien deux symboles == pour tester l'égalité. Une erreur courante que font les débutants et de ne mettre qu'un symbole =, ce qui n'a pas la même signification en C. Je vous en reparlerai un peu plus bas.

Un `if` simple

Attaquons maintenant sans plus tarder. Nous allons faire un test simple, qui va dire à l'ordinateur :

> SI la variable vaut ça,
> ALORS fais ceci.

En anglais, le mot « si » se traduit par `if`. C'est celui qu'on utilise en langage C pour introduire une condition. Écrivez donc un `if`. Ouvrez ensuite des parenthèses : à l'intérieur de ces parenthèses vous devrez écrire votre condition.

Ensuite, ouvrez une accolade `{` et fermez-la un peu plus loin `}`. Tout ce qui se trouve à l'intérieur des accolades sera exécuté uniquement si la condition est vérifiée.

Cela nous donne donc à écrire :

```
if (/* Votre condition */)
{
  // Instructions à exécuter si la condition est vraie
}
```

À la place de mon commentaire « Votre condition », on va écrire une condition pour tester une variable. Par exemple, on pourrait tester une variable `age` qui contient votre âge. Tenez pour s'entraîner, on va tester si vous êtes majeur, c'est-à-dire **si votre âge est supérieur ou égal à 18** :

```
if (age >= 18)
{
  printf ("Vous etes majeur !");
}
```

Le symbole `>=` signifie « supérieur ou égal », comme on l'a vu dans le tableau tout à l'heure.

S'il n'y a qu'une instruction entre les accolades (comme c'est le cas ici), alors celles-ci deviennent facultatives. Je recommande néanmoins de toujours mettre des accolades pour des raisons de clarté.

Tester ce code

Si vous voulez tester les codes précédents pour voir comment le `if` fonctionne, il faudra placer le `if` à l'intérieur d'une fonction `main` et ne pas oublier de déclarer une variable `age` à laquelle on donnera la valeur de notre choix.

Cela peut paraître évident pour certains, mais plusieurs lecteurs visiblement perdus m'ont encouragé à ajouter cette explication. Voici donc un code complet que vous pouvez tester :

```
#include <stdio.h>
#include <stdlib.h>

int main(int argc, char *argv[])
{
    int age = 20;
```

```
    if (age >= 18)
    {
      printf ("Vous etes majeur !\n");
    }

    return 0;
}
```

▷ Code web : 533746

Ici, la variable age vaut 20, donc le « Vous êtes majeur ! » s'affichera. Essayez de changer la valeur initiale de la variable pour voir. Mettez par exemple 15 : la condition sera fausse, et donc « Vous êtes majeur ! » ne s'affichera pas cette fois.

Utilisez ce code de base pour tester les prochains exemples du chapitre.

Une question de propreté

La façon dont vous ouvrez les accolades n'est pas importante, votre programme fonctionnera aussi bien si vous écrivez tout sur une même ligne. Par exemple :

```
if (age >= 18) {  printf ("Vous etes majeur !"); }
```

Pourtant, même s'il est possible d'écrire comme ça, c'est **absolument déconseillé**. En effet, tout écrire sur une même ligne rend votre code difficilement lisible. Si vous ne prenez pas dès maintenant l'habitude d'aérer votre code, plus tard quand vous écrirez de plus gros programmes vous ne vous y retrouverez plus !

Essayez donc de présenter votre code source de la même façon que moi : une accolade sur une ligne, puis vos instructions (précédées d'une tabulation pour les « décaler vers la droite »), puis l'accolade de fermeture sur une ligne.

Il existe plusieurs bonnes façons de présenter son code source. Ça ne change rien au fonctionnement du programme final, mais c'est une question de « style informatique » si vous voulez. Si vous voyez le code de quelqu'un d'autre présenté un peu différemment, c'est qu'il code avec un style différent. Le principal dans tous les cas étant que le code reste aéré et lisible.

Le `else` pour dire « sinon »

Maintenant que nous savons faire un test simple, allons un peu plus loin : si le test n'a pas marché (il est faux), on va dire à l'ordinateur d'exécuter d'autres instructions.

En français, nous allons donc écrire quelque chose qui ressemble à cela :

SI la variable vaut ça,
ALORS fais ceci,
SINON fais cela.

Il suffit de rajouter le mot `else` après l'accolade fermante du `if`. Petit exemple :

```
if (age >= 18) // Si l'âge est supérieur ou égal à 18
{
  printf ("Vous etes majeur !");
}
else // Sinon...
{
  printf ("Ah c'est bete, vous etes mineur !");
}
```

Les choses sont assez simples : si la variable `age` est supérieure ou égale à 18, on affiche le message « Vous êtes majeur ! », sinon on affiche « Vous êtes mineur ».

Le `else if` pour dire « sinon si »

On a vu comment faire un « si » et un « sinon ». Il est possible aussi de faire un « sinon si » pour faire un autre test si le premier test n'a pas marché. Le « sinon si » se place entre le `if` et le `else`.

On dit dans ce cas à l'ordinateur :

SI la variable vaut ça ALORS fais ceci,
SINON SI la variable vaut ça ALORS fais ça,
SINON fais cela.

Traduction en langage C :

```
if (age >= 18) // Si l'âge est supérieur ou égal à 18
{
  printf ("Vous etes majeur !");
}
else if ( age > 4 ) // Sinon, si l'âge est au moins supérieur à 4
{
  printf ("Bon t'es pas trop jeune quand meme...");
}
else // Sinon...
{
  printf ("Aga gaa aga gaaa"); // Langage bébé, vous pouvez pas comprendre
}
```

L'ordinateur fait les tests dans l'ordre.

1. D'abord il teste le premier `if` : si la condition est vraie, alors il exécute ce qui se trouve entre les premières accolades.

2. Sinon, il va au « sinon si » et fait à nouveau un test : si ce test est vrai, alors il exécute les instructions correspondantes entre accolades.
3. Enfin, si aucun des tests précédents n'a marché, il exécute les instructions du « sinon ».

Le `else` et le `else if` ne sont pas obligatoires. Pour faire une condition, seul un `if` est nécessaire (logique me direz-vous, sinon il n'y a pas de condition !).

Notez qu'on peut mettre autant de `else if` que l'on veut. On peut donc écrire :

SI la variable vaut ça,
ALORS fais ceci,
SINON SI la variable vaut ça ALORS fais ça,
SINON SI la variable vaut ça ALORS fais ça,
SINON SI la variable vaut ça ALORS fais ça,
SINON fais cela.

Plusieurs conditions à la fois

Il peut aussi être utile de faire plusieurs tests à la fois dans votre `if`. Par exemple, vous voudriez tester si l'âge est supérieur à 18 ET si l'âge est inférieur à 25. Pour faire cela, il va falloir utiliser de nouveaux symboles :

<table>
<tr><th>Symbole</th><th>Signification</th></tr>
<tr><td><code>&&</code></td><td>ET</td></tr>
<tr><td><code>||</code></td><td>OU</td></tr>
<tr><td><code>!</code></td><td>NON</td></tr>
</table>

Test ET

Si on veut faire le test que j'ai mentionné plus haut, il faudra écrire :

```
if (age > 18 && age < 25)
```

Les deux symboles `&&` signifient ET. Notre condition se dirait en français : « si l'âge est supérieur à 18 ET si l'âge est inférieur à 25 ».

Test OU

Pour faire un OU, on utilise les deux signes `||`. Je dois avouer que ce signe n'est pas facilement accessible sur nos claviers. Pour le taper sur un clavier AZERTY français, il faudra faire `Alt Gr + 6`. Sur un clavier belge, il faudra faire `Alt Gr + &`.

Imaginons pour l'exemple un programme stupide qui décide si une personne a le droit d'ouvrir un compte en banque. C'est bien connu, pour ouvrir un compte en banque il vaut mieux ne pas être trop jeune (on va dire arbitrairement qu'il faut avoir au moins 30 ans) ou bien avoir beaucoup d'argent (parce que là, même à 10 ans on vous acceptera à bras ouverts !). Notre test pour savoir si le client a le droit d'ouvrir un compte en banque pourrait être :

```
if (age > 30 || argent > 100000)
{
    printf("Bienvenue chez PicsouBanque !");
}
else
{
    printf("Hors de ma vue, miserable !");
}
```

Ce test n'est valide que si la personne a plus de 30 ans ou si elle possède plus de 100 000 euros !

Test NON

Le dernier symbole qu'il nous reste à tester est le point d'exclamation. En informatique, le point d'exclamation signifie « non ». Vous devez mettre ce signe avant votre condition pour dire « si cela n'est pas vrai » :

```
if (!(age < 18))
```

Cela pourrait se traduire par « si la personne n'est pas mineure ». Si on avait enlevé le `!` devant, cela aurait signifié l'inverse : « si la personne est mineure ».

Quelques erreurs courantes de débutant

N'oubliez pas les deux signes ==

Si on veut tester si la personne a tout juste 18 ans, il faudra écrire :

```
if (age == 18)
{
    printf ("Vous venez de devenir majeur !");
}
```

N'oubliez pas de mettre deux signes « égal » dans un `if`, comme ceci : ==

Si vous ne mettez qu'un seul signe =, alors votre variable **prendra** la valeur 18 (comme on l'a appris dans le chapitre sur les variables). Nous ce qu'on veut faire ici, c'est tester la valeur de la variable, non pas la changer ! Faites très attention à cela, beaucoup d'entre vous n'en mettent qu'un quand ils débutent et forcément... leur programme ne fonctionne pas comme ils voudraient !

Le point-virgule de trop

Une autre erreur courante de débutant : vous mettez parfois un point-virgule à la fin de la ligne d'un `if`. Or, un `if` est une condition, et on ne met de point-virgule qu'à la fin d'une instruction et non d'une condition. Le code suivant ne marchera pas comme prévu car il y a un point-virgule à la fin du `if` :

```
if (age == 18); // Notez le point-virgule ici qui ne devrait PAS être là
{
    printf ("Tu es tout juste majeur");
}
```

Les booléens, le coeur des conditions

Nous allons maintenant entrer plus en détails dans le fonctionnement d'une condition de type `if... else`. En effet, les conditions font intervenir quelque chose qu'on appelle **les booléens** en informatique.

Quelques petits tests pour bien comprendre

Nous allons commencer par faire quelques petites expériences avant d'introduire cette nouvelle notion. Voici un code source très simple que je vous propose de tester :

```
if (1)
{
    printf("C'est vrai");
}
else
{
    printf("C'est faux");
}
```

Résultat :

```
C'est vrai
```

Mais ? On n'a pas mis de condition dans le `if`, juste un nombre. Qu'est-ce que ça veut dire ? Ça n'a pas de sens.

Si, ça en a, vous allez comprendre. Faites un autre test en remplaçant 1 par 0 :

```
if (0)
{
    printf("C'est vrai");
```

```
}
else
{
    printf("C'est faux");
}
```

Résultat :

```
C'est faux
```

Faites maintenant d'autres tests en remplaçant le 0 par n'importe quel autre nombre entier, comme 4, 15, 226, -10, -36, etc. Qu'est-ce qu'on vous répond à chaque fois ? On vous répond : « C'est vrai ».

Résumé de nos tests : si on met un 0, le test est considéré comme faux, et si on met un 1 ou n'importe quel autre nombre, le test est vrai.

Des explications s'imposent

En fait, à chaque fois que vous faites un test dans un `if`, ce test renvoie la valeur 1 s'il est vrai, et 0 s'il est faux.

Par exemple :

```
if (age >= 18)
```

Ici, le test que vous faites est `age >= 18`.

Supposons que `age` vaille 23. Alors le test est vrai, et l'ordinateur « remplace » en quelque sorte `age >= 18` par 1. Ensuite, l'ordinateur obtient (dans sa tête) un `if (1)`. Quand le nombre est 1, comme on l'a vu, l'ordinateur dit que la condition est vraie, donc il affiche « C'est vrai » !

De même, si la condition est fausse, il remplace `age >= 18` par le nombre 0, et du coup la condition est fausse : l'ordinateur va lire les instructions du `else`.

Un test avec une variable

Testez maintenant un autre truc : envoyez le résultat de votre condition dans une variable, comme si c'était une opération (car pour l'ordinateur, **c'est** une opération !).

```
int age = 20;
int majeur = 0;

majeur = age >= 18;
printf("Majeur vaut : %d\n", majeur);
```

Comme vous le voyez, la condition `age >= 18` a renvoyé le nombre 1 car elle est vraie. Du coup, notre variable `majeur` vaut 1, on vérifie d'ailleurs cela grâce à un `printf` qui montre bien qu'elle a changé de valeur.

Faites le même test en mettant `age == 10` par exemple. Cette fois, `majeur` vaudra 0.

Cette variable `majeur` est un booléen

Retenez bien ceci : on dit qu'une variable à laquelle on fait prendre les valeurs 0 et 1 est **un booléen**.

Et aussi ceci :

- 0 = faux,
- 1 = vrai.[1]

En langage C, il n'existe pas de type de variable « booléen ». En fait, le type booléen n'a été ajouté qu'en C++. En effet, en C++ vous avez un nouveau type `bool` qui a été créé spécialement pour ces variables booléennes.

Comme ici on fait du C, on ne dispose pas de type spécial. Du coup, on est obligé d'utiliser un type entier comme `int` pour gérer les booléens.

Les booléens dans les conditions

Souvent, on fera un test `if` sur une variable booléenne :

```
int majeur = 1;

if (majeur)
{
    printf("Tu es majeur !");
}
else
{
    printf("Tu es mineur");
}
```

Comme majeur vaut 1, la condition est vraie, donc on affiche « Tu es majeur ! ».

Ce qui est très pratique, c'est que la condition peut être lue facilement par un être humain. On voit `if (majeur)`, ce qui peut se traduire par « si tu es majeur ». Les tests sur des booléens sont donc faciles à lire et à comprendre, pour peu que vous ayez donné des noms clairs à vos variables comme je vous ai dit de le faire dès le début.

Tenez, voici un autre test imaginaire :

```
if (majeur && garcon)
```

Ce test signifie « si tu es majeur ET que tu es un garçon ». `garcon` est ici une autre variable booléenne qui vaut 1 si vous êtes un garçon, et 0 si vous êtes... une fille ! Bravo, vous avez tout compris !

[1] Pour être tout à fait exact, 0 = faux et tous les autres nombres valent vrai (on a eu l'occasion de le tester plus tôt). Ceci dit, pour simplifier les choses on va se contenter de n'utiliser que les nombres 0 et 1, pour dire si « quelque chose est faux ou vrai ».

Les booléens permettent donc de dire si quelque chose est vrai ou faux. C'est vraiment utile et ce que je viens de vous expliquer vous permettra de comprendre bon nombre de choses par la suite.

Petite question : si on fait le test if `(majeur == 1)`, ça marche aussi, non ?

Tout à fait. Mais le principe des booléens c'est justement de raccourcir l'expression du `if` et de la rendre plus facilement lisible. Avouez que `if (majeur)` ça se comprend très bien, non ?

Retenez donc : si votre variable est censée contenir un nombre (comme un âge), faites un test sous la forme `if (variable == 1)`. Si au contraire votre variable est censée contenir un booléen (c'est-à-dire soit 1 soit 0 pour dire vrai ou faux), faites un test sous la forme `if (variable)`.

La condition `switch`

La condition `if... else` que l'on vient de voir est le type de condition le plus souvent utilisé. En fait, il n'y a pas 36 façons de faire une condition en C. Le `if... else` permet de gérer tous les cas.

Toutefois, le `if... else` peut s'avérer quelque peu... répétitif. Prenons cet exemple :

```
if (age == 2)
{
    printf("Salut bebe !");
}
else if (age == 6)
{
    printf("Salut gamin !");
}
else if (age == 12)
{
    printf("Salut jeune !");
}
else if (age == 16)
{
    printf("Salut ado !");
}
else if (age == 18)
{
    printf("Salut adulte !");
}
else if (age == 68)
{
    printf("Salut papy !");
```

```
}
else
{
    printf("Je n'ai aucune phrase de prete pour ton age");
}
```

▷ Code web : 964813

Construire un switch

Les informaticiens détestent faire des choses répétitives, on a eu l'occasion de le vérifier plus tôt.

Alors, pour éviter d'avoir à faire des répétitions comme ça quand on teste la valeur d'une seule et même variable, ils ont inventé une autre structure que le `if... else`. Cette structure particulière s'appelle `switch`. Voici un `switch` basé sur l'exemple qu'on vient de voir :

```
switch (age)
{
case 2:
  printf("Salut bebe !");
  break;
case 6:
  printf("Salut gamin !");
  break;
case 12:
  printf("Salut jeune !");
  break;
case 16:
  printf("Salut ado !");
  break;
case 18:
  printf("Salut adulte !");
  break;
case 68:
  printf("Salut papy !");
  break;
default:
  printf("Je n'ai aucune phrase de prete pour ton age  ");
  break;
}
```

▷ Code web : 996988

Imprégnez-vous de mon exemple pour créer vos propres `switch`. On les utilise plus rarement, mais c'est vrai que c'est pratique car ça fait (un peu) moins de code à taper.

L'idée c'est donc d'écrire `switch (maVariable)` pour dire « je vais tester la valeur de la variable `maVariable` ». Vous ouvrez ensuite des accolades que vous refermez tout en bas.

Ensuite, à l'intérieur de ces accolades, vous gérez tous les cas : `case 2`, `case 4`, `case 5`, `case 45`...

> Vous devez mettre une instruction `break ;` obligatoirement à la fin de chaque cas. Si vous ne le faites pas, alors l'ordinateur ira lire les instructions en dessous censées être réservées aux autres cas ! L'instruction `break ;` commande en fait à l'ordinateur de « sortir » des accolades.

Enfin, le cas `default` correspond en fait au `else` qu'on connaît bien maintenant. Si la variable ne vaut aucune des valeurs précédentes, l'ordinateur ira lire le `default`.

Gérer un menu avec un `switch`

Le `switch` est très souvent utilisé pour faire des menus en console. Je crois que le moment est venu de pratiquer un peu !

Au boulot !

En console, pour faire un menu, on fait des `printf` qui affichent les différentes options possibles. Chaque option est numérotée, et l'utilisateur doit entrer le numéro du menu qui l'intéresse. Voici par exemple ce que la console devra afficher :

```
=== Menu ===
1. Royal Cheese
2. Mc Deluxe
3. Mc Bacon
4. Big Mac
Votre choix ?
```

Voici votre mission (si vous l'acceptez) : reproduisez ce menu à l'aide de `printf` (facile), ajoutez un `scanf` pour enregistrer le choix de l'utilisateur dans une variable `choixMenu`, et enfin faites un `switch` pour dire à l'utilisateur « tu as choisi le menu Royal Cheese » par exemple.

Allez, au travail !

Correction

Voici la solution (j'espère que vous l'avez trouvée !) :

```
#include <stdio.h>
#include <stdlib.h>

int main(int argc, char *argv[])
```

```
{
  int choixMenu;

  printf("=== Menu ===\n\n");
  printf("1. Royal Cheese\n");
  printf("2. Mc Deluxe\n");
  printf("3. Mc Bacon\n");
  printf("4. Big Mac\n");
  printf("\nVotre choix ? ");
  scanf("%d", &choixMenu);

  printf("\n");

  switch (choixMenu)
  {
    case 1:
       printf("Vous avez choisi le Royal Cheese. Bon choix !");
       break;
    case 2:
       printf("Vous avez choisi le Mc Deluxe. Berk, trop de sauce...");
       break;
    case 3:
       printf("Vous avez choisi le Mc Bacon. Bon, ca passe encore ca ;o)");
       break;
    case 4:
       printf("Vous avez choisi le Big Mac. Vous devez avoir tres faim !");
       break;
    default:
       printf("Vous n'avez pas rentre un nombre correct. Vous ne mangerez rien
↪ du tout !");
       break;
  }

  printf("\n\n");

  return 0;
}
```

▷ Code web : 534118

Et voilà le travail !

J'espère que vous n'avez pas oublié le `default` à la fin du `switch` ! En effet, quand vous programmez vous devez toujours penser à tous les cas. Vous avez beau dire de taper un nombre entre 1 et 4, vous trouverez toujours un imbécile qui ira taper `10` ou encore `Salut` alors que ce n'est pas ce que vous attendez.

Bref, soyez toujours vigilants de ce côté-ci : ne faites pas confiance à l'utilisateur, il peut parfois entrer n'importe quoi. Prévoyez toujours un cas `default` ou un `else` si vous faites ça avec des `if`.

Je vous conseille de vous familiariser avec le fonctionnement des menus en console, car on en fait souvent dans des programmes console et vous en aurez sûrement besoin.

Les ternaires : des conditions condensées

Il existe une troisième façon de faire des conditions, plus rare.

On appelle cela des **expressions ternaires**. Concrètement, c'est comme un `if... else`, sauf qu'on fait tout tenir sur une seule ligne !

Comme un exemple vaut mieux qu'un long discours, je vais vous donner deux fois la même condition : la première avec un `if... else`, et la seconde, identique, mais sous forme d'une expression ternaire.

Une condition `if... else` bien connue

Supposons qu'on ait une variable booléenne `majeur` qui vaut vrai (1) si on est majeur, et faux (0) si on est mineur. On veut changer la valeur de la variable `age` en fonction du booléen, pour mettre "18" si on est majeur, "17" si on est mineur. C'est un exemple complètement stupide je suis d'accord, mais ça me permet de vous montrer comment on peut se servir des expressions ternaires.

Voici comment faire cela avec un `if... else` :

```
if (majeur)
  age = 18;
else
  age = 17;
```

Notez que j'ai enlevé dans cet exemple les accolades car elles sont facultatives s'il n'y a qu'une instruction, comme je vous l'ai expliqué plus tôt.

La même condition en ternaire

Voici un code qui fait exactement la même chose que le code précédent, mais écrit cette fois sous forme ternaire :

```
age = (majeur) ? 18 : 17;
```

Les ternaires permettent, sur une seule ligne, de changer la valeur d'une variable en fonction d'une condition. Ici la condition est tout simplement `majeur`, mais ça pourrait être n'importe quelle condition plus longue bien entendu[2].

Le point d'interrogation permet de dire « est-ce que tu es majeur ? ». Si oui, alors on met la valeur 18 dans `age`. Sinon (le deux-points `:` signifie `else` ici), on met la valeur 17.

Les ternaires ne sont pas du tout indispensables, personnellement je les utilise peu car ils peuvent rendre la lecture d'un code source un peu difficile. Ceci étant, il vaut mieux que vous les connaissiez pour le jour où vous tomberez sur un code plein de ternaires dans tous les sens !

En résumé

- Les **conditions** sont à la base de tous les programmes. C'est un moyen pour l'ordinateur de **prendre une décision** en fonction de la valeur d'une variable.
- Les mots-clés `if`, `else if`, `else` signifient respectivement « si », « sinon si », « sinon ». On peut écrire autant de `else if` que l'on désire.
- Un **booléen** est une variable qui peut avoir deux états : vrai (1) ou faux (0)[3]. On utilise des `int` pour stocker des booléens car ce ne sont en fait rien d'autre que des nombres.
- Le `switch` est une alternative au `if` quand il s'agit d'analyser la valeur d'une variable. Il permet de rendre un code source plus clair si vous vous apprêtiez à tester de nombreux cas[4].
- Les **ternaires** sont des conditions très concises qui permettent d'affecter rapidement une valeur à une variable en fonction du résultat d'un test. On les utilise avec parcimonie car le code source a tendance à devenir moins lisible avec elles.

[2] Un autre exemple ? `autorisation = (age >= 18) ? 1 : 0;`

[3] Toute valeur différente de 0 est en fait considérée comme « vraie ».

[4] Si vous utilisez de nombreux `else if` c'est en général le signe qu'un `switch` serait plus adapté pour rendre le code source plus lisible.

Chapitre 7

Les boucles

Difficulté :

Après avoir vu comment réaliser des conditions en C, nous allons découvrir les boucles. Qu'est-ce qu'une boucle ? C'est une technique permettant de répéter les mêmes instructions plusieurs fois. Cela nous sera bien utile par la suite, notamment pour le premier TP qui vous attend après ce chapitre.

Relaxez-vous : ce chapitre sera simple. Nous avons vu ce qu'étaient les conditions et les booléens dans le chapitre précédent, c'était un gros morceau à avaler. Maintenant ça va couler de source et le TP ne devrait pas vous poser trop de problèmes.

Enfin profitez-en, parce qu'ensuite nous ne tarderons pas à entrer dans la partie II du cours, et là vous aurez intérêt à être bien réveillés !

Qu'est-ce qu'une boucle ?

Je me répète : une boucle est une structure qui permet de répéter les mêmes instructions plusieurs fois.

Tout comme pour les conditions, il y a plusieurs façons de réaliser des boucles. Au bout du compte, cela revient à faire la même chose : répéter les mêmes instructions un certain nombre de fois. Nous allons voir trois types de boucles courantes en C :

- `while`
- `do... while`
- `for`

Dans tous les cas, le schéma est le même (fig. 7.1).

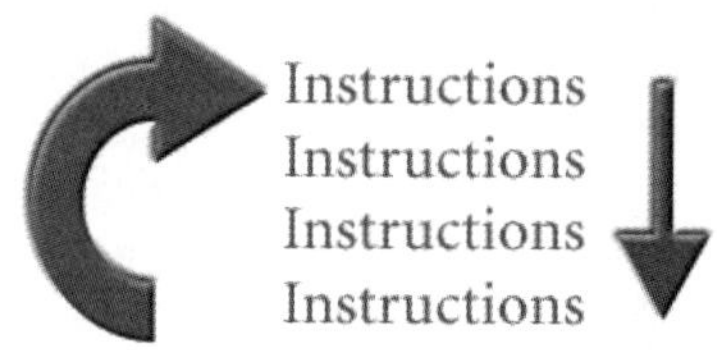

FIG. 7.1 – Schéma d'une boucle

Voici ce qu'il se passe dans l'ordre :

1. l'ordinateur lit les instructions de haut en bas (comme d'habitude) ;
2. puis, une fois arrivé à la fin de la boucle, il repart à la première instruction ;
3. il recommence alors à lire les instructions de haut en bas...
4. ... et il repart au début de la boucle.

Le problème dans ce système c'est que si on ne l'arrête pas, l'ordinateur est capable de répéter les instructions à l'infini ! Il n'est pas du genre à se plaindre, vous savez : il fait ce qu'on lui dit de faire... Il pourrait très bien se bloquer dans une boucle infinie, c'est d'ailleurs une des nombreuses craintes des programmeurs.

Et c'est là qu'on retrouve... les conditions ! Quand on crée une boucle, on indique toujours une condition. Cette condition signifiera « Répète la boucle tant que cette condition est vraie ».

Comme je vous l'ai dit, il y a plusieurs manières de s'y prendre. Voyons voir sans plus tarder comment on réalise une boucle de type `while` en C.

La boucle `while`

Voici comment on construit une boucle `while` :

```
while (/* Condition */)
{
```

```
    // Instructions à répéter
}
```

C'est aussi simple que cela. `while` signifie « Tant que ». On dit donc à l'ordinateur « Tant que la condition est vraie, répète les instructions entre accolades ».

Je vous propose de faire un test simple : on va demander à l'utilisateur de taper le nombre 47. Tant qu'il n'a pas tapé le nombre 47, on lui redemande le nombre. Le programme ne pourra s'arrêter que si l'utilisateur tape le nombre 47 (je sais, je sais, je suis diabolique) :

```
int nombreEntre = 0;

while (nombreEntre != 47)
{
    printf("Tapez le nombre 47 ! ");
    scanf("%d", &nombreEntre);
}
```

Voici maintenant le test que j'ai fait. Notez que j'ai fait exprès de me tromper 2-3 fois avant de taper le bon nombre.

```
Tapez le nombre 47 ! 10
Tapez le nombre 47 ! 27
Tapez le nombre 47 ! 40
Tapez le nombre 47 ! 47
```

Le programme s'est arrêté après avoir tapé le nombre 47. Cette boucle `while` se répète donc tant que l'utilisateur n'a pas tapé 47, c'est assez simple.

Maintenant, essayons de faire quelque chose d'un peu plus intéressant : on veut que notre boucle se répète un certain nombre de fois. On va pour cela créer une variable `compteur` qui vaudra 0 au début du programme et que l'on va **incrémenter** au fur et à mesure. Vous vous souvenez de l'incrémentation ? Ça consiste à ajouter 1 à la variable en faisant `variable++;`.

Regardez attentivement ce bout de code et, surtout, essayez de le comprendre :

```
int compteur = 0;

while (compteur < 10)
{
    printf("Salut les Zeros !\n");
    compteur++;
}
```

Résultat :

```
Salut les Zeros !
Salut les Zeros !
Salut les Zeros !
Salut les Zeros !
Salut les Zeros !
Salut les Zeros !
Salut les Zeros !
Salut les Zeros !
Salut les Zeros !
Salut les Zeros !
```

Ce code répète 10 fois l'affichage de « Salut les Zeros ! ».

Comment ça marche exactement ?

1. Au départ, on a une variable `compteur` initialisée à 0. Elle vaut donc 0 au début du programme.
2. La boucle `while` ordonne la répétition TANT QUE `compteur` est inférieur à 10. Comme `compteur` vaut 0 au départ, on rentre dans la boucle.
3. On affiche la phrase « Salut les Zeros ! » via un `printf`.
4. On **incrémente** la valeur de la variable `compteur`, grâce à `compteur++ ;`. `compteur` valait 0, elle vaut maintenant 1.
5. On arrive à la fin de la boucle (accolade fermante) : on repart donc au début, au niveau du `while`. On refait le test du `while` : « *Est-ce que* `compteur` *est toujours inférieure à 10 ?* ». Ben oui, `compteur` vaut 1 ! Donc on recommence les instructions de la boucle.

Et ainsi de suite... `compteur` va valoir progressivement 0, 1, 2, 3, . . ., 8, 9, et 10. Lorsque `compteur` vaut 10, la condition `compteur < 10` est fausse. Comme l'instruction est fausse, on sort de la boucle.

On pourrait d'ailleurs voir que la variable `compteur` augmente au fur et à mesure dans la boucle, en l'affichant dans le `printf` :

```
int compteur = 0;

while (compteur < 10)
{
    printf("La variable compteur vaut %d\n", compteur);
    compteur++;
}
```

```
La variable compteur vaut 0
La variable compteur vaut 1
La variable compteur vaut 2
La variable compteur vaut 3
La variable compteur vaut 4
La variable compteur vaut 5
La variable compteur vaut 6
La variable compteur vaut 7
La variable compteur vaut 8
La variable compteur vaut 9
```

Voilà : si vous avez compris ça, vous avez tout compris ! Vous pouvez vous amuser à augmenter la limite du nombre de boucles (`< 100` au lieu de `< 10`). Cela m'aurait été d'ailleurs très utile plus jeune pour rédiger les punitions que je devais réécrire 100 fois.

Attention aux boucles infinies

Lorsque vous créez une boucle, **assurez-vous toujours qu'elle peut s'arrêter à un moment** ! Si la condition est toujours vraie, votre programme ne s'arrêtera jamais ! Voici un exemple de boucle infinie :

```
while (1)
{
    printf("Boucle infinie\n");
}
```

Souvenez-vous des booléens : 1 = vrai, 0 = faux. Ici, la condition est toujours vraie, ce programme affichera donc « Boucle infinie » sans arrêt !

Pour arrêter un tel programme sous Windows, vous n'avez pas d'autre choix que de fermer la console en cliquant sur la croix en haut à droite. Sous Linux, faites `Ctrl` + `C`.

Faites donc très attention : évitez à tout prix de tomber dans une boucle infinie. Notez toutefois que les boucles infinies peuvent s'avérer utiles, notamment, nous le verrons plus tard, lorsque nous réaliserons des jeux.

La boucle `do... while`

Ce type de boucle est très similaire à `while`, bien qu'un peu moins utilisé en général. La seule chose qui change en fait par rapport à `while`, c'est la position de la condition. Au lieu d'être au début de la boucle, la condition est à la fin :

```
int compteur = 0;
```

```
do
{
    printf("Salut les Zeros !\n");
    compteur++;
} while (compteur < 10);
```

Qu'est-ce que ça change ? C'est très simple : la boucle `while` pourrait très bien ne jamais être exécutée si la condition est fausse dès le départ. Par exemple, si on avait initialisé le compteur à 50, la condition aurait été fausse dès le début et on ne serait jamais rentré dans la boucle. Pour la boucle `do... while`, c'est différent : **cette boucle s'exécutera toujours au moins une fois**. En effet, le test se fait à la fin comme vous pouvez le voir. Si on initialise `compteur` à 50, la boucle s'exécutera une fois.

Il est donc parfois utile de faire des boucles de ce type, pour s'assurer que l'on rentre au moins une fois dans la boucle.

Il y a une particularité dans la boucle `do... while` qu'on a tendance à oublier quand on débute : il y a un point-virgule tout à la fin ! N'oubliez pas d'en mettre un après le `while`, sinon votre programme plantera à la compilation !

La boucle `for`

En théorie, la boucle `while` permet de réaliser toutes les boucles que l'on veut. Toutefois, tout comme le `switch` pour les conditions, il est dans certains cas utile d'avoir un autre système de boucle plus « condensé », plus rapide à écrire.

Les boucles `for` sont très très utilisées en programmation. Je n'ai pas de statistiques sous la main, mais sachez que vous utiliserez certainement autant de `for` que de `while`, si ce n'est plus, il vous faudra donc savoir manipuler ces deux types de boucles.

Comme je vous le disais, les boucles `for` sont juste une autre façon de faire une boucle `while`. Voici un exemple de boucle `while` que nous avons vu tout à l'heure :

```
int compteur = 0;

while (compteur < 10)
{
    printf("Salut les Zeros !\n");
    compteur++;
}
```

Voici maintenant l'équivalent en boucle `for` :

```
int compteur;

for (compteur = 0 ; compteur < 10 ; compteur++)
{
```

```
    printf("Salut les Zeros !\n");
}
```

Quelles différences ?

- Vous noterez que l'on n'a pas initialisé la variable `compteur` à 0 dès sa déclaration (mais on aurait pu le faire).
- Il y a beaucoup de choses entre les parenthèses après le `for` (nous allons détailler ça après).
- Il n'y a plus de `compteur++ ;` dans la boucle.

Intéressons-nous à ce qui se trouve entre les parenthèses, car c'est là que réside tout l'intérêt de la boucle `for`. Il y a trois instructions condensées, chacune séparée par un point-virgule.

- La première est **l'initialisation** : cette première instruction est utilisée pour préparer notre variable `compteur`. Dans notre cas, on initialise la variable à 0.
- La seconde est **la condition** : comme pour la boucle `while`, c'est la condition qui dit si la boucle doit être répétée ou non. Tant que la condition est vraie, la boucle `for` continue.
- Enfin, il y a **l'incrémentation** : cette dernière instruction est exécutée à la fin de chaque tour de boucle pour mettre à jour la variable `compteur`. La quasi-totalité du temps on fera une incrémentation, mais on peut aussi faire une décrémentation (`variable-- ;`) ou encore n'importe quelle autre opération (`variable += 2 ;` pour avancer de 2 en 2 par exemple).

Bref, comme vous le voyez la boucle `for` n'est rien d'autre qu'un condensé. Sachez vous en servir, vous en aurez besoin plus d'une fois !

En résumé

- Les **boucles** sont des structures qui nous permettent de répéter une série d'instructions plusieurs fois.
- Il existe plusieurs types de boucles : `while`, `do... while` et `for`. Certaines sont plus adaptées que d'autres selon les cas.
- La boucle `for` est probablement celle qu'on utilise le plus dans la pratique. On y fait très souvent des incrémentations ou des décrémentations de variables.

Chapitre 8

TP : Plus ou Moins, votre premier jeu

Difficulté :

Nous arrivons maintenant dans le premier TP. Le but est de vous montrer que vous savez faire des choses avec ce que je vous ai appris. Car en effet, la théorie c'est bien, mais si on ne sait pas mettre tout cela en pratique de manière concrète... ça ne sert à rien d'avoir passé tout ce temps à apprendre.

Croyez-le ou non, vous avez déjà le niveau pour réaliser un premier programme amusant. C'est un petit jeu en mode console (les programmes en fenêtres arriveront plus tard je vous le rappelle). Le principe du jeu est simple et le jeu est facile à programmer. C'est pour cela que j'ai choisi d'en faire le premier TP du cours.

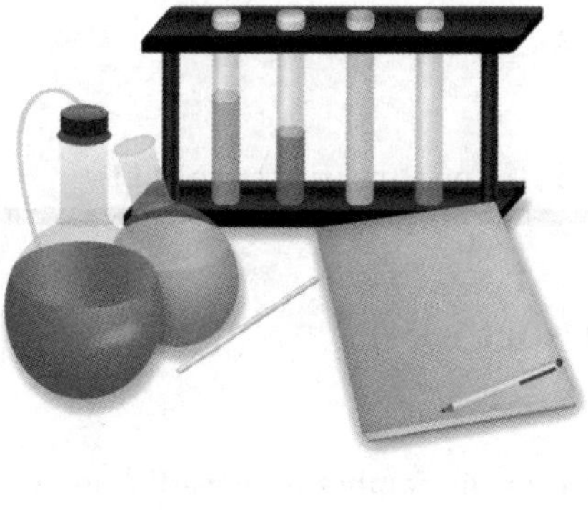

Préparatifs et conseils

Le principe du programme

Avant toute chose, il faut que je vous explique en quoi va consister notre programme. C'est un petit jeu que j'appelle « Plus ou moins ».

Le principe est le suivant.

1. L'ordinateur tire au sort un nombre entre 1 et 100.
2. Il vous demande de deviner le nombre. Vous entrez donc un nombre entre 1 et 100.
3. L'ordinateur compare le nombre que vous avez entré avec le nombre « mystère » qu'il a tiré au sort. Il vous dit si le nombre mystère est supérieur ou inférieur à celui que vous avez entré.
4. Puis l'ordinateur vous redemande le nombre.
5. ... Et il vous indique si le nombre mystère est supérieur ou inférieur.
6. Et ainsi de suite, jusqu'à ce que vous trouviez le nombre mystère.

Le but du jeu, bien sûr, est de trouver le nombre mystère en un minimum de coups.

Voici une « capture d'écran » d'une partie, c'est ce que vous devez arriver à faire :

```
Quel est le nombre ? 50
C'est plus !
Quel est le nombre ? 75
C'est plus !
Quel est le nombre ? 85
C'est moins !
Quel est le nombre ? 80
C'est moins !
Quel est le nombre ? 78
C'est plus !
Quel est le nombre ? 79
Bravo, vous avez trouve le nombre mystere !!!
```

Tirer un nombre au sort

Mais comment tirer un nombre au hasard ? Je ne sais pas le faire !

Certes, nous ne savons pas générer un nombre aléatoire. Il faut dire que demander cela à l'ordinateur n'est pas simple : il sait bien faire des calculs, mais lui demander de choisir un nombre au hasard, ça, il ne sait pas faire !

En fait, pour « essayer » d'obtenir un nombre aléatoire, on doit faire faire des calculs complexes à l'ordinateur... ce qui revient au bout du compte à faire des calculs !

Bon, on a donc deux solutions.

- Soit on demande à l'utilisateur d'entrer le nombre mystère via un `scanf` d'abord. Ça implique qu'il y ait deux joueurs : l'un entre un nombre au hasard et l'autre essaie de le deviner ensuite.
- Soit on tente le tout pour le tout et on essaie quand même de générer un nombre aléatoire automatiquement. L'avantage est qu'on peut jouer tout seul du coup. Le défaut... est qu'il va falloir que je vous explique comment faire !

Nous allons tenter la seconde solution, mais rien ne vous empêche de coder la première ensuite si vous voulez.

Pour générer un nombre aléatoire, on utilise la fonction `rand()`. Cette fonction génère un nombre au hasard. Mais nous, on veut que ce nombre soit compris entre 1 et 100 par exemple (si on ne connaît pas les limites, ça va devenir trop compliqué).

Pour ce faire, on va utiliser la formule suivante[1] :

```
srand(time(NULL));
nombreMystere = (rand() % (MAX - MIN + 1)) + MIN;
```

La première ligne (avec `srand`) permet d'initialiser le générateur de nombres aléatoires. Oui, c'est un peu compliqué, je vous avais prévenus. `nombreMystere` est une variable qui contiendra le nombre tiré au hasard.

L'instruction `srand` ne doit être exécutée qu'une seule fois (au début du programme). Il faut obligatoirement faire un `srand` une fois, et seulement une fois. Vous pouvez ensuite faire autant de `rand()` que vous voulez pour générer des nombres aléatoires, mais il ne faut PAS que l'ordinateur lise l'instruction `srand` deux fois par programme, ne l'oubliez pas.

`MAX` et `MIN` sont des constantes, le premier est le nombre maximal (100) et le second le nombre minimal (1). Je vous recommande de définir ces constantes au début du programme, comme ceci :

```
const int MAX = 100, MIN = 1;
```

Les bibliothèques à inclure

Pour que votre programme fonctionne correctement, vous aurez besoin d'inclure trois bibliothèques : `stdlib`, `stdio` et `time` (la dernière sert pour les nombres aléatoires). Votre programme devra donc commencer par :

[1] Je ne pouvais pas trop vous demander de la deviner !

```
#include <stdio.h>
#include <stdlib.h>
#include <time.h>
```

J'en ai assez dit !

Bon allez, j'arrête là parce que sinon je vais vous donner tout le code du programme si ça continue !

Pour vous faire générer des nombres aléatoires, j'ai été obligé de vous donner des codes « tout prêts », sans vous expliquer totalement comment ils fonctionnent. En général je n'aime pas faire ça mais là, je n'ai pas vraiment le choix car ça compliquerait trop les choses pour le moment. Soyez sûrs toutefois que par la suite vous apprendrez de nouvelles notions qui vous permettront de comprendre cela.

Bref, vous en savez assez. Je vous ai expliqué le principe du programme, je vous ai fait une capture d'écran du programme au cours d'une partie. Avec tout ça, vous êtes tout à fait capables d'écrire le programme.

À vous de jouer ! Bonne chance !

Correction !

Stop ! À partir d'ici je ramasse les copies.

Je vais vous donner une correction (la mienne), mais il y a plusieurs bonnes façons de faire le programme. Si votre code source n'est pas identique au mien et que vous avez trouvé une autre façon de le faire, sachez que c'est probablement aussi bien.

La correction de « Plus ou Moins »

Voici la correction que je vous propose :

```
#include <stdio.h>
#include <stdlib.h>
#include <time.h>

int main ( int argc, char** argv )
{
    int nombreMystere = 0, nombreEntre = 0;
    const int MAX = 100, MIN = 1;

    // Génération du nombre aléatoire
```

```c
    srand(time(NULL));
    nombreMystere = (rand() % (MAX - MIN + 1)) + MIN;

    /* La boucle du programme. Elle se répète tant que l'utilisateur
    n'a pas trouvé le nombre mystère */

    do
    {
        // On demande le nombre
        printf("Quel est le nombre ? ");
        scanf("%d", &nombreEntre);

        // On compare le nombre entré avec le nombre mystère

        if (nombreMystere > nombreEntre)
            printf("C'est plus !\n\n");
        else if (nombreMystere < nombreEntre)
            printf("C'est moins !\n\n");
        else
            printf ("Bravo, vous avez trouve le nombre mystere !!!\n\n");
    } while (nombreEntre != nombreMystere);

}
```

▷ Code web : 589660

Exécutable et sources

Pour ceux qui le désirent, je mets à votre disposition en téléchargement l'exécutable du programme ainsi que les sources.

▷ Code web : 175574

L'exécutable (.exe) est compilé pour Windows, donc si vous êtes sous un autre système d'exploitation il faudra obligatoirement recompiler le programme pour qu'il marche chez vous.

Il y a deux dossiers, l'un avec l'exécutable (compilé sous Windows je le rappelle) et l'autre avec les sources.

Dans le cas de « Plus ou moins », les sources sont très simples : il y a juste un fichier `main.c`. N'ouvrez pas le fichier `main.c` directement. Ouvrez d'abord votre IDE favori (Code::Blocks, Visual, etc.) et créez un nouveau projet de type console, vide. Une fois que c'est fait, demandez à ajouter au projet le fichier `main.c`. Vous pourrez alors compiler le programme pour tester et le modifier si vous le désirez.

Explications

Je vais maintenant vous expliquer mon code, en commençant par le début.

Les directives de préprocesseur

Ce sont les lignes commençant par `#` tout en haut. Elles incluent les bibliothèques dont on a besoin. Je vous les ai données tout à l'heure, donc si vous avez réussi à faire une erreur là, vous êtes très forts.

Les variables

On n'en a pas eu besoin de beaucoup. Juste une pour le nombre entré par l'utilisateur (`nombreEntre`) et une autre qui retient le nombre aléatoire généré par l'ordinateur (`nombreMystere`).

J'ai aussi défini les constantes comme je vous l'ai dit au début de ce chapitre. L'avantage de définir les constantes en haut du programme, c'est que pour changer la difficulté (en mettant 1000 pour `MAX` par exemple) il suffit juste d'éditer cette ligne et de recompiler.

La boucle

J'ai choisi de faire une boucle `do... while`. En théorie, une boucle `while` simple aurait pu fonctionner aussi, mais j'ai trouvé qu'utiliser `do... while` était plus logique.

Pourquoi ? Parce que, souvenez-vous, `do... while` est une boucle qui s'exécute au moins une fois. Et nous, on sait qu'on veut demander le nombre à l'utilisateur au moins une fois (il ne peut pas trouver le résultat en moins d'un coup, ou alors c'est qu'il est super fort !).

À chaque passage dans la boucle, on redemande à l'utilisateur d'entrer un nombre. On stocke le nombre qu'il propose dans `nombreEntre`. Puis, on compare ce `nombreEntre` au `nombreMystere`. Il y a trois possibilités :

- le nombre mystère est supérieur au nombre entré, on indique donc l'indice « C'est plus ! » ;
- le nombre mystère est inférieur au nombre entré, on indique l'indice « C'est moins ! » ;
- et si le nombre mystère n'est ni supérieur ni inférieur ? Eh bien... c'est qu'il est égal, forcément ! D'où le `else`. Dans ce cas, on affiche la phrase « Bravo vous avez trouvé ! ».

Il faut une condition pour la boucle. Celle-ci était facile à trouver : on continue la boucle **TANT QUE le nombre entré n'est pas égal au nombre mystère**. Quand ces deux nombres sont égaux (c'est-à-dire quand on a trouvé), la boucle s'arrête. Le programme est alors terminé.

Idées d'amélioration

Vous ne croyiez tout de même pas qu'on allait s'arrêter là ? Je veux vous inciter à continuer à améliorer ce programme, pour vous entraîner. N'oubliez pas que c'est en vous entraînant comme cela que vous progresserez ! Ceux qui lisent les cours d'une traite sans jamais faire de tests font une grosse erreur, je l'ai dit et je le redirai !

Figurez-vous que j'ai une imagination débordante, et même sur un petit programme comme celui-là je ne manque pas d'idées pour l'améliorer !

Attention : cette fois je ne vous fournis pas de correction, il faudra vous débrouiller tout seuls ! Si vous avez vraiment des problèmes, n'hésitez pas à aller faire un tour sur les forums du Site du Zéro, section langage C. Faites une recherche pour voir si on n'a pas déjà donné la réponse à vos questions, sinon créez un nouveau sujet pour poser ces questions.

▷ Code web : 473573

- **Faites un compteur de « coups »**. Ce compteur devra être une variable que vous incrémenterez à chaque fois que vous passez dans la boucle. Lorsque l'utilisateur a trouvé le nombre mystère, vous lui direz « Bravo, vous avez trouvé le nombre mystère en 8 coups » par exemple.
- Lorsque l'utilisateur a trouvé le nombre mystère, le programme s'arrête. Pourquoi ne pas demander s'il veut faire **une autre partie** ? Si vous faites ça, il vous faudra faire une boucle qui englobera la quasi-totalité de votre programme. Cette boucle devra se répéter TANT QUE l'utilisateur n'a pas demandé à arrêter le programme. Je vous conseille de rajouter une variable booléenne `continuerPartie` initialisée à 1 au départ. Si l'utilisateur demande à arrêter le programme, vous mettrez la variable à 0 et le programme s'arrêtera.
- Implémentez **un mode 2 joueurs** ! Attention, je veux qu'on ait le choix entre un mode 1 joueur et un mode 2 joueurs ! Vous devrez donc faire un menu au début de votre programme qui demande à l'utilisateur le mode de jeu qui l'intéresse. La seule chose qui changera entre les deux modes de jeu, c'est la génération du nombre mystère. Dans un cas ce sera un `rand()` comme on a vu, dans l'autre cas ça sera... un `scanf`.
- Créez **plusieurs niveaux de difficulté**. Au début, faites un menu qui demande le niveau de difficulté. Par exemple :
  - 1 = entre 1 et 100 ;
  - 2 = entre 1 et 1000 ;
  - 3 = entre 1 et 10000.

  Si vous faites ça, vous devrez changer votre constante MAX... Eh oui, ça ne peut plus être une constante si la valeur doit changer au cours du programme ! Renommez donc cette variable en `nombreMaximum` (vous prendrez soin d'enlever le mot-clé `const` sinon ça sera toujours une constante !). La valeur de cette variable dépendra du niveau qu'on aura choisi.

Voilà, ça devrait vous occuper un petit bout de temps. Amusez-vous bien et n'hésitez pas à chercher d'autres idées pour améliorer ce « Plus ou Moins », je suis sûr qu'il y en a ! N'oubliez pas que les forums sont à votre disposition si vous avez des questions.

Chapitre 9

Les fonctions

Difficulté :

Nous terminerons la partie I du cours (« Les bases ») par cette notion fondamentale que sont les fonctions en langage C. Tous les programmes en C se basent sur le principe que je vais vous expliquer dans ce chapitre.

Nous allons apprendre à structurer nos programmes en petits bouts... un peu comme si on jouait aux Legos. Tous les gros programmes en C sont en fait des assemblages de petits bouts de code, et ces petits bouts de code sont justement ce qu'on appelle... des fonctions !

Créer et appeler une fonction

Nous avons vu dans les tout premiers chapitres qu'un programme en C commençait par une fonction appelée `main`. Je vous avais même fait un schéma récapitulatif, pour vous rappeler quelques mots de vocabulaire (fig. 9.1).

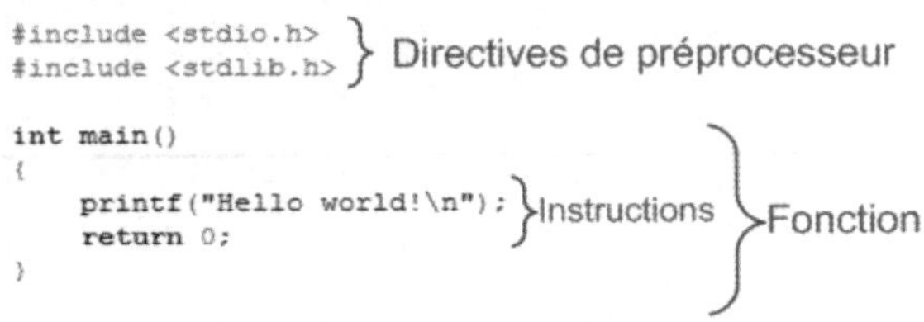

FIG. 9.1 – Le vocabulaire du programme minimal

En haut, on y trouve les directives de préprocesseur (un nom barbare sur lequel on reviendra d'ailleurs). Ces directives sont faciles à identifier : elles commencent par un `#` et sont généralement mises tout en haut des fichiers sources.

Puis en dessous, il y avait ce que j'avais déjà appelé « une fonction ». Ici, sur mon schéma, vous voyez une fonction `main` (pas trop remplie il faut le reconnaître).

Je vous avais dit qu'un programme en langage C commençait par la fonction `main`. Je vous rassure, c'est toujours vrai ! Seulement, jusqu'ici nous sommes restés à l'intérieur de la fonction `main`. Nous n'en sommes jamais sortis. Revoyez vos codes sources et vous verrez : nous sommes toujours restés à l'intérieur des accolades de la fonction `main`.

Eh bien, c'est mal d'avoir fait comme ça ?

Non ce n'est pas « mal », mais ce n'est pas ce que les programmeurs en C font dans la réalité. Quasiment aucun programme n'est écrit uniquement à l'intérieur des accolades de la fonction `main`. Jusqu'ici nos programmes étaient courts, donc ça ne posait pas de gros problèmes, mais imaginez des plus gros programmes qui font des milliers de lignes de code ! Si tout était concentré dans la fonction `main`, bonjour le bazar...

Nous allons donc maintenant apprendre à nous organiser. Nous allons en fait découper nos programmes en petits bouts (souvenez-vous de l'image des Legos que je vous ai donnée tout à l'heure). Chaque « petit bout de programme » sera ce qu'on appelle une fonction.

Une fonction exécute des actions et renvoie un résultat. C'est un **morceau de code** qui sert à faire quelque chose de précis. On dit qu'une fonction possède une entrée et une sortie. La fig. 9.2 représente une fonction schématiquement.

Lorsqu'on appelle une fonction, il y a trois étapes.

1. **L'entrée** : on fait « rentrer » des informations dans la fonction (en lui donnant des informations avec lesquelles travailler).

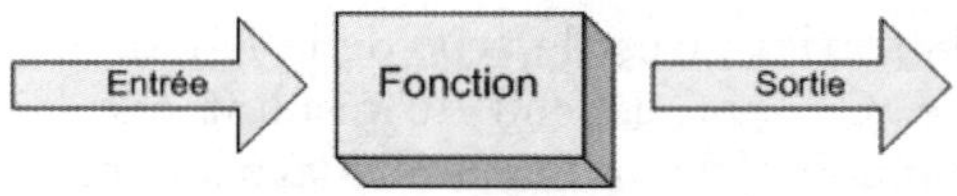

FIG. 9.2 – Une fonction a une entrée et une sortie

2. **Les calculs** : grâce aux informations qu'elle a reçues en entrée, la fonction travaille.
3. **La sortie** : une fois qu'elle a fini ses calculs, la fonction renvoie un résultat. C'est ce qu'on appelle la sortie, ou encore le retour.

Concrètement, on peut imaginer par exemple une fonction appelée `triple` qui calcule le triple du nombre qu'on lui donne, en le multipliant par 3[1] (fig. 9.3).

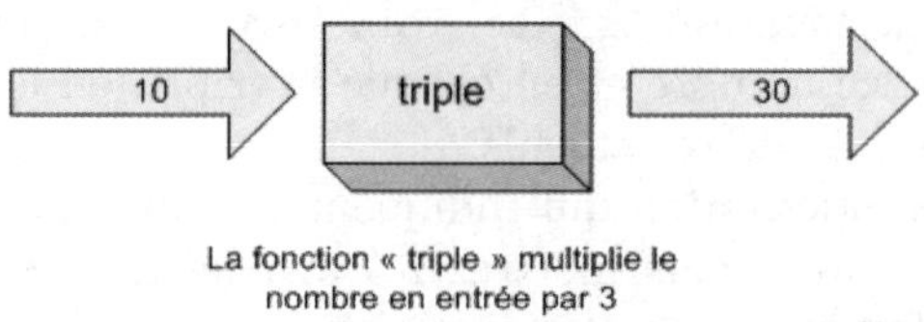

FIG. 9.3 – Entrée et sortie de la fonction `triple`

Le but des fonctions est donc de simplifier le code source, pour ne pas avoir à retaper le même code plusieurs fois d'affilée.

Rêvez un peu : plus tard, nous créerons par exemple une fonction `afficherFenetre` qui ouvrira une fenêtre à l'écran. Une fois la fonction écrite (c'est l'étape la plus difficile), on n'aura plus qu'à dire « Hep ! toi la fonction `afficherFenetre`, ouvre-moi une fenêtre ! ». On pourra aussi écrire une fonction `deplacerPersonnage` dont le but sera de déplacer le personnage d'un jeu à l'écran, etc.

Schéma d'une fonction

Vous avez déjà eu un aperçu de la façon dont est faite une fonction avec la fonction `main`. Cependant pour bien que vous compreniez il va falloir que je vous montre quand même comment on construit une fonction.

Le code suivant représente une fonction schématiquement. C'est un modèle à connaître :

```
type nomFonction(parametres)
{
    // Insérez vos instructions ici
}
```

Vous reconnaissez la forme de la fonction `main`. Voici ce qu'il faut savoir sur ce schéma.

[1]Bien entendu, les fonctions seront en général plus compliquées.

- type (correspond à la sortie) : c'est le type de la fonction. Comme les variables, les fonctions ont un type. Ce type dépend du résultat que la fonction renvoie : si la fonction renvoie un nombre décimal, vous mettrez sûrement `double`, si elle renvoie un entier vous mettrez `int` ou `long` par exemple. Mais il est aussi possible de créer des fonctions qui ne renvoient rien ! Il y a donc deux sortes de fonctions :
  - les fonctions qui renvoient une valeur : on leur met un des types que l'on connaît (`char`, `int`, `double`, etc.) ;
  - les fonctions qui ne renvoient pas de valeur : on leur met un type spécial `void` (qui signifie « vide »).
- `nomFonction` : c'est le nom de votre fonction. Vous pouvez appeler votre fonction comme vous voulez, du temps que vous respectez les mêmes règles que pour les variables (pas d'accents, pas d'espaces, etc.).
- `parametres` (correspond à l'entrée) : entre parenthèses, vous pouvez envoyer des paramètres à la fonction[2]. Ce sont des valeurs avec lesquelles la fonction va travailler. Par exemple, pour une fonction `triple`, vous envoyez un nombre en paramètre. La fonction « récupère » ce nombre et en calcule le triple, en le multipliant par 3. Elle renvoie ensuite le résultat de ses calculs.
- Ensuite vous avez les **accolades** qui indiquent le début et la fin de la fonction. À l'intérieur de ces accolades vous mettrez les instructions que vous voulez. Pour la fonction `triple`, il faudra taper des instructions qui multiplient par 3 le nombre reçu en entrée.

Une fonction, c'est donc un mécanisme qui reçoit des valeurs en entrée (les paramètres) et qui renvoie un résultat en sortie.

Créer une fonction

Voyons un exemple pratique sans plus tarder : la fameuse fonction `triple` dont je vous parle depuis tout à l'heure. On va dire que cette fonction reçoit un nombre entier de type `int` et qu'elle renvoie un nombre entier aussi de type `int`. Cette fonction calcule le triple du nombre qu'on lui donne :

```
int triple(int nombre)
{
    int resultat = 0;

    resultat = 3 * nombre;  // On multiplie le nombre fourni par 3
    return resultat;        // On retourne la variable resultat qui vaut le
↪   triple de nombre
}
```

Voilà notre première fonction ! Une première chose importante : comme vous le voyez, la fonction est de type `int`. Elle doit donc renvoyer une valeur de type `int`.

Entre les parenthèses, vous avez les variables que la fonction reçoit. Ici, notre fonction `triple` reçoit une variable de type `int` appelée `nombre`.

[2] Vous pouvez envoyer autant de paramètres que vous le voulez. Vous pouvez aussi n'envoyer aucun paramètre à la fonction, mais ça se fait plus rarement.

La ligne qui donne pour consigne de « renvoyer une valeur » est celle qui contient le `return`. Cette ligne se trouve généralement à la fin de la fonction, après les calculs.

```
return resultat;
```

Ce code signifie pour la fonction : « Arrête-toi là et renvoie le nombre `resultat` ». Cette variable `resultat` DOIT être de type `int`, car la fonction renvoie un `int` comme on l'a dit plus haut.

La variable `resultat` est déclarée (= créée) dans la fonction `triple`. Cela signifie qu'elle n'est utilisable que dans cette fonction, et pas dans une autre comme la fonction `main` par exemple. C'est donc une variable propre à la fonction `triple`.

Mais est-ce la façon la plus courte d'écrire notre fonction `triple` ? Non, on peut faire tout cela en une ligne en fait :

```
int triple(int nombre)
{
    return 3 * nombre;
}
```

Cette fonction fait exactement la même chose que la fonction de tout à l'heure, elle est juste plus rapide à écrire[3].

Plusieurs paramètres, aucun paramètre

Plusieurs paramètres

Notre fonction `triple` contient un paramètre, mais il est possible de créer des fonctions acceptant plusieurs paramètres. Par exemple, une fonction `addition` qui additionne deux nombres `a` et `b` :

```
int addition(int a, int b)
{
    return a + b;
}
```

Il suffit de séparer les différents paramètres par une virgule comme vous le voyez.

Aucun paramètre

Certaines fonctions, plus rares, ne prennent aucun paramètre en entrée. Ces fonctions feront généralement toujours la même chose. En effet, si elles n'ont pas de nombres sur

[3]Généralement, vos fonctions contiendront plusieurs variables pour effectuer leurs calculs et leurs opérations, rares seront les fonctions aussi courtes que `triple`.

lesquels travailler, vos fonctions serviront juste à effectuer certaines actions, comme afficher du texte à l'écran[4].

Imaginons une fonction `bonjour` qui affiche juste « Bonjour » à l'écran :

```
void bonjour()
{
    printf("Bonjour");
}
```

Je n'ai rien mis entre parenthèses car la fonction ne prend aucun paramètre. De plus, j'ai utilisé le type `void` dont je vous ai parlé plus haut.

En effet, comme vous le voyez ma fonction n'a pas non plus de `return`. Elle ne retourne rien. Une fonction qui ne retourne rien est de type `void`.

Appeler une fonction

On va maintenant tester un code source pour s'entraîner un peu avec ce qu'on vient d'apprendre. Nous allons utiliser notre fonction `triple` (décidément je l'aime bien) pour calculer le triple d'un nombre.

Pour le moment, je vous demande d'écrire la fonction `triple` AVANT la fonction `main`. Si vous la placez après, ça ne marchera pas. Je vous expliquerai pourquoi par la suite.

Voici un code à tester et à comprendre :

```
#include <stdio.h>
#include <stdlib.h>

int triple(int nombre)
{
    return 3 * nombre;
}

int main(int argc, char *argv[])
{
    int nombreEntre = 0, nombreTriple = 0;

    printf("Entrez un nombre... ");
    scanf("%d", &nombreEntre);

    nombreTriple = triple(nombreEntre);
    printf("Le triple de ce nombre est %d\n", nombreTriple);

    return 0;
}
```

[4]Et encore, ce sera forcément toujours le même texte puisque la fonction ne reçoit aucun paramètre susceptible de modifier son comportement !

▷ Code web : 815496

Notre programme commence par la fonction `main` comme vous le savez. On demande à l'utilisateur d'entrer un nombre. On envoie ce nombre qu'il a entré à la fonction `triple`, et on récupère le résultat dans la variable `nombreTriple`. Regardez en particulier cette ligne, c'est la plus intéressante car c'est l'appel de la fonction :

```
nombreTriple = triple(nombreEntre);
```

Entre parenthèses, on envoie une variable en **entrée** à la fonction `triple`, c'est le nombre sur lequel elle va travailler. Cette fonction renvoie une valeur, valeur qu'on récupère dans la variable `nombreTriple`. On ordonne donc à l'ordinateur dans cette ligne : « Demande à la fonction `triple` de me calculer le triple de `nombreEntre`, et stocke le résultat dans la variable `nombreTriple` ».

Les mêmes explications sous forme de schéma

Vous avez encore du mal à comprendre comment ça fonctionne concrètement ? Pas de panique ! Je suis sûr que vous allez comprendre avec mes schémas.

Ce code particulièrement commenté vous indique dans quel ordre le code est lu. Commencez donc par lire la ligne numérotée 1, puis 2, puis 3 (bon vous avez compris je crois !) :

```
#include <stdio.h>
#include <stdlib.h>

int triple(int nombre) // 6
{
    return 3 * nombre; // 7
}

int main(int argc, char *argv[]) // 1
{
    int nombreEntre = 0, nombreTriple = 0; // 2

    printf("Entrez un nombre... "); // 3
    scanf("%d", &nombreEntre); // 4

    nombreTriple = triple(nombreEntre); // 5
    printf("Le triple de ce nombre est %d\n", nombreTriple); // 8

    return 0; // 9
}
```

Voici ce qui se passe, ligne par ligne.

1. Le programme commence par la fonction `main`.

2. Il lit les instructions dans la fonction une par une dans l'ordre.
3. Il lit l'instruction suivante et fait ce qui est demandé (`printf`).
4. De même, il lit l'instruction et fait ce qui est demandé (`scanf`).
5. Il lit l'instruction... Ah ! On appelle la fonction `triple`, on doit donc sauter à la ligne de la fonction `triple` plus haut.
6. On saute à la fonction `triple` et on récupère un paramètre (`nombre`).
7. On fait des calculs sur le nombre et on termine la fonction. `return` signifie la fin de la fonction et permet d'indiquer le résultat à renvoyer.
8. On retourne dans le `main` à l'instruction suivante.
9. Un `return` ! La fonction main se termine et donc le programme est terminé.

Si vous avez compris dans quel ordre l'ordinateur lit les instructions, vous avez déjà compris le principal. Maintenant, il faut bien comprendre qu'une fonction reçoit des paramètres en entrée et renvoie une valeur en sortie (fig. 9.4).

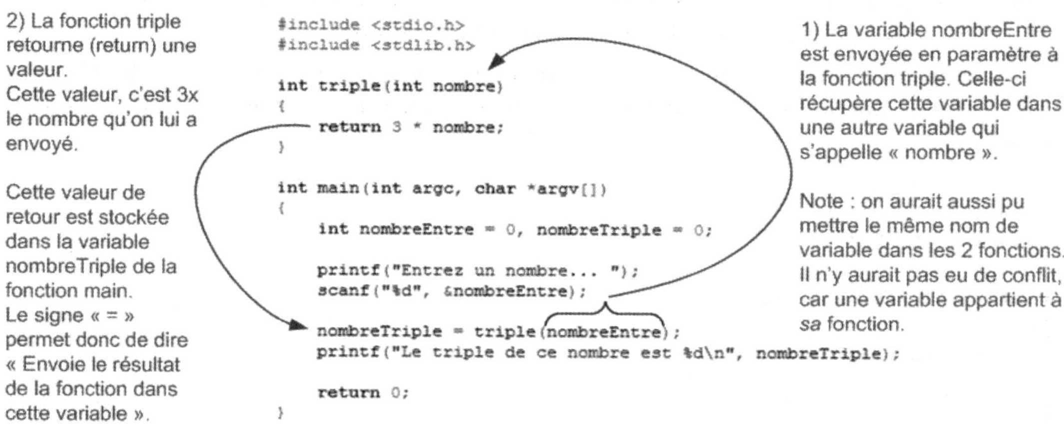

FIG. 9.4 – Fonction et return

Note : ce n'est pas le cas de toutes les fonctions. Parfois, une fonction ne prend aucun paramètre en entrée, ou au contraire elle en prend plusieurs (je vous ai expliqué ça un peu plus haut). De même, parfois une fonction renvoie une valeur, parfois elle ne renvoie rien (dans ce cas il n'y a pas de `return`).

Testons ce programme

Voici un exemple d'utilisation du programme :

```
Entrez un nombre... 10
Le triple de ce nombre est 30
```

Vous n'êtes pas obligés de stocker le résultat d'une fonction dans une variable ! Vous pouvez directement envoyer le résultat de la fonction triple à une autre fonction, comme si `triple(nombreEntre)` était une variable.

Regardez bien ceci, c'est le même code mais il y a un changement au niveau du dernier `printf`. De plus, on n'a pas déclaré de variable `nombreTriple` car on ne s'en sert plus :

```
#include <stdio.h>
#include <stdlib.h>

int triple(int nombre)
{
    return 3 * nombre;
}

int main(int argc, char *argv[])
{
    int nombreEntre = 0;

    printf("Entrez un nombre... ");
    scanf("%d", &nombreEntre);

    // Le résultat de la fonction est directement envoyé au printf et n'est pas
↪    stocké dans une variable
    printf("Le triple de ce nombre est %d\n", triple(nombreEntre));

    return 0;
}
```

Comme vous le voyez, `triple(nombreEntre)` est directement envoyé au `printf`. Que fait l'ordinateur quand il tombe sur cette ligne ?

C'est très simple. Il voit que la ligne commence par `printf`, il va donc appeler la fonction `printf`. Il envoie à la fonction `printf` tous les paramètres qu'on lui donne. Le premier paramètre est le texte à afficher et le second est un nombre. Votre ordinateur voit que pour envoyer ce nombre à la fonction `printf` il doit d'abord appeler la fonction `triple`. C'est ce qu'il fait : il appelle `triple`, il effectue les calculs de `triple` et une fois qu'il a le résultat il l'envoie directement dans la fonction `printf` !

C'est un peu une imbrication de fonctions. Et le plus fin dans tout ça, c'est qu'une fonction peut en appeler une autre à son tour ! Notre fonction `triple` pourrait appeler une autre fonction, qui elle-même appellerait une autre fonction, etc. C'est ça le principe de la programmation en C ! Tout est combiné, comme dans un jeu de Lego.

Au final, le plus dur sera d'écrire vos fonctions. Une fois que vous les aurez écrites, vous n'aurez plus qu'à appeler les fonctions sans vous soucier des calculs qu'elles peuvent bien faire à l'intérieur. Ça va permettre de simplifier considérablement l'écriture de nos programmes et ça croyez-moi on en aura bien besoin !

Des exemples pour bien comprendre

Vous avez dû vous en rendre compte : je suis un maniaque des exemples. La théorie c'est bien, mais si on ne fait que ça on risque de ne pas retenir grand-chose et surtout ne pas comprendre comment s'en servir, ce qui serait un peu dommage...

Je vais donc maintenant vous montrer plusieurs exemples d'utilisation de fonctions, pour que vous ayez une idée de leur intérêt. Je vais m'efforcer de faire des cas différents à chaque fois, pour que vous puissiez avoir des exemples de tous les types de fonctions qui peuvent exister.

Je ne vous apprendrai rien de nouveau, mais ce sera l'occasion de voir des exemples pratiques. Si vous avez déjà compris tout ce que j'ai expliqué avant, c'est très bien et normalement aucun des exemples qui vont suivre ne devrait vous surprendre.

Conversion euros / francs

On commence par une fonction très similaire à `triple`, qui a quand même un minimum d'intérêt cette fois : une fonction qui convertit les euros en francs. Pour ceux d'entre vous qui ne connaîtraient pas ces monnaies sachez que 1 euro = 6,55957 francs.

On va créer une fonction appelée `conversion`. Cette fonction prend une variable en entrée de type `double` et retourne une sortie de type `double` car on va forcément manipuler des nombres décimaux. Lisez-la attentivement :

```
double conversion(double euros)
{
    double francs = 0;

    francs = 6.55957 * euros;
    return francs;
}

int main(int argc, char *argv[])
{
    printf("10 euros = %fF\n", conversion(10));
    printf("50 euros = %fF\n", conversion(50));
    printf("100 euros = %fF\n", conversion(100));
    printf("200 euros = %fF\n", conversion(200));

    return 0;
}
```

▷ Code web : 786549

```
10 euros = 65.595700F
50 euros = 327.978500F
100 euros = 655.957000F
200 euros = 1311.914000F
```

Il n'y a pas grand-chose de différent par rapport à la fonction `triple`, je vous avais prévenus. D'ailleurs, ma fonction `conversion` est un peu longue et pourrait être raccourcie en une ligne, je vous laisse le faire je vous ai déjà expliqué comment faire plus haut.

Dans la fonction `main`, j'ai fait exprès de faire plusieurs `printf` pour vous montrer l'intérêt d'avoir une fonction. Pour obtenir la valeur de 50 euros, je n'ai qu'à écrire `conversion(50)`. Et si je veux avoir la conversion en francs de 100 euros, j'ai juste besoin de changer le paramètre que j'envoie à la fonction (100 au lieu de 50).

À vous de jouer ! Écrivez une seconde fonction (toujours avant la fonction `main`) qui fera elle la conversion inverse : Francs => Euros. Ce ne sera pas bien difficile, il y a juste un signe d'opération à changer.

La punition

On va maintenant s'intéresser à une fonction qui ne renvoie rien (pas de sortie). C'est une fonction qui affiche le même message à l'écran autant de fois qu'on lui demande. Cette fonction prend un paramètre en entrée : le nombre de fois où il faut afficher la punition.

```
void punition(int nombreDeLignes)
{
    int i;

    for (i = 0 ; i < nombreDeLignes ; i++)
    {
        printf("Je ne dois pas recopier mon voisin\n");
    }
}

int main(int argc, char *argv[])
{
    punition(10);

    return 0;
}
```

▷ Code web : 805343

```
Je ne dois pas recopier mon voisin
Je ne dois pas recopier mon voisin
Je ne dois pas recopier mon voisin
Je ne dois pas recopier mon voisin
Je ne dois pas recopier mon voisin
Je ne dois pas recopier mon voisin
Je ne dois pas recopier mon voisin
Je ne dois pas recopier mon voisin
Je ne dois pas recopier mon voisin
Je ne dois pas recopier mon voisin
```

On a ici affaire à une fonction qui ne renvoie aucune valeur. Cette fonction se contente juste d'effectuer des actions (ici, elle affiche des messages à l'écran). Une fonction qui ne renvoie aucune valeur est de type `void`, c'est pour cela qu'on a écrit `void`. À part ça, il n'y a rien de bien différent.

Il aurait été bien plus intéressant de créer une fonction `punition` qui s'adapte à n'importe quelle sanction. On lui aurait envoyé deux paramètres : le texte à répéter et le nombre de fois qu'il doit être répété. Le problème, c'est qu'on ne sait pas encore gérer le texte en C[5]. D'ailleurs à ce sujet, je vous annonce que nous ne tarderons pas à apprendre à utiliser des variables qui retiennent du texte. C'est plus compliqué qu'il n'y paraît et on ne pouvait pas l'apprendre dès le début du cours !

Aire d'un rectangle

L'aire d'un rectangle est facile à calculer : `largeur * hauteur`. Notre fonction nommée `aireRectangle` va prendre deux paramètres : la largeur et la hauteur. Elle renverra l'aire.

```
double aireRectangle(double largeur, double hauteur)
{
    return largeur * hauteur;
}

int main(int argc, char *argv[])
{
    printf("Rectangle de largeur 5 et hauteur 10. Aire = %f\n", aireRectangle(5,
↪  10));
    printf("Rectangle de largeur 2.5 et hauteur 3.5. Aire = %f\n", aireRectangle
↪ (2.5, 3.5));
    printf("Rectangle de largeur 4.2 et hauteur 9.7. Aire = %f\n", aireRectangle
↪ (4.2, 9.7));

    return 0;
}
```

[5]Au cas où vous n'auriez pas vu, je vous rappelle qu'on n'a fait que manipuler des variables contenant des nombres depuis le début du cours !

▷ Code web : 378159

```
Rectangle de largeur 5 et hauteur 10. Aire = 50.000000
Rectangle de largeur 2.5 et hauteur 3.5. Aire = 8.750000
Rectangle de largeur 4.2 et hauteur 9.7. Aire = 40.740000
```

Pourrait-on afficher directement la largeur, la hauteur et l'aire dans la fonction ?

Bien sûr ! Dans ce cas, la fonction ne renverrait plus rien, elle se contenterait de calculer l'aire et de l'afficher immédiatement.

```
void aireRectangle(double largeur, double hauteur)
{
    double aire = 0;

    aire = largeur * hauteur;
    printf("Rectangle de largeur %f et hauteur %f. Aire = %f\n", largeur, hauteur, aire);
}

int main(int argc, char *argv[])
{
    aireRectangle(5, 10);
    aireRectangle(2.5, 3.5);
    aireRectangle(4.2, 9.7);

    return 0;
}
```

Comme vous le voyez, le `printf` est *à l'intérieur* de la fonction `aireRectangle` et produit le même affichage que tout à l'heure. C'est juste une façon différente de procéder.

Un menu

Ce code est plus intéressant et concret. On crée une fonction `menu()` qui ne prend aucun paramètre en entrée. Cette fonction se contente d'afficher le menu et demande à l'utilisateur de faire un choix. La fonction renvoie le choix de l'utilisateur.

```
int menu()
{
    int choix = 0;

    while (choix < 1 || choix > 4)
    {
        printf("Menu :\n");
```

```
        printf("1 : Poulet de dinde aux escargots rotis a la sauce bearnaise\n")
↪       ;
        printf("2 : Concombres sucres a la sauce de myrtilles enrobee de chocola
↪       t\n");
        printf("3 : Escalope de kangourou saignante et sa gelee aux fraises poiv
↪       ree\n");
        printf("4 : La surprise du Chef (j'en salive d'avance...)\n");
        printf("Votre choix ? ");
        scanf("%d", &choix);
    }

    return choix;
}

int main(int argc, char *argv[])
{
    switch (menu())
    {
        case 1:
            printf("Vous avez pris le poulet\n");
            break;
        case 2:
            printf("Vous avez pris les concombres\n");
            break;
        case 3:
            printf("Vous avez pris l'escalope\n");
            break;
        case 4:
            printf("Vous avez pris la surprise du Chef. Vous etes un sacre
↪       aventurier dites donc !\n");
            break;
    }

    return 0;
}
```

▷ Code web : 114045

J'en ai profité pour améliorer le menu (par rapport à ce qu'on faisait habituellement) : la fonction `menu` affiche à nouveau le menu tant que l'utilisateur n'a pas entré un nombre compris entre 1 et 4. Comme ça, aucun risque que la fonction renvoie un nombre qui ne figure pas au menu !

Dans le `main`, vous avez vu qu'on fait un `switch(menu())`. Une fois que la fonction `menu()` est terminée, elle renvoie le choix de l'utilisateur directement dans le `switch`. C'est une méthode rapide et pratique.

À vous de jouer ! Le code est encore améliorable : on pourrait afficher un message d'erreur si l'utilisateur entre un mauvais nombre plutôt que de simplement afficher une nouvelle fois le menu.

En résumé

- Les fonctions s'appellent entre elles. Ainsi, le `main` peut appeler des fonctions toutes prêtes telles que `printf` ou `scanf`, mais aussi des fonctions que nous avons créées.
- Une fonction récupère en entrée des variables qu'on appelle **paramètres**.
- Elle effectue certaines opérations avec ces paramètres puis retourne en général une valeur à l'aide de l'instruction `return`.

Deuxième partie

Techniques « avancées » du langage C

Chapitre 10

La programmation modulaire

Difficulté :

Dans cette seconde partie, nous allons découvrir des concepts plus avancés du langage C. Je ne vous le cache pas, et vous vous en doutiez sûrement, la partie II est d'un cran de difficulté supérieur. Lorsque vous serez arrivés à la fin de cette partie, vous serez capables de vous débrouiller dans la plupart des programmes écrits en C. Dans la partie suivante nous verrons alors comment ouvrir une fenêtre, créer des jeux 2D, etc.

Jusqu'ici nous n'avons travaillé que dans un seul fichier appelé `main.c`. Pour le moment c'était acceptable car nos programmes étaient tout petits, mais ils vont bientôt être composés de dizaines, que dis-je de centaines de fonctions, et si vous les mettez toutes dans un même fichier celui-là va finir par devenir très long ! C'est pour cela que l'on a inventé ce qu'on appelle la programmation modulaire. Le principe est tout bête : plutôt que de placer tout le code de notre programme dans un seul fichier (`main.c`), nous le « séparons » en plusieurs petits fichiers.

Les prototypes

Jusqu'ici, je vous ai demandé de placer votre fonction avant la fonction `main`. Pourquoi ?

Parce que l'ordre a une réelle importance ici : si vous mettez votre fonction avant le `main` dans votre code source, votre ordinateur l'aura lue et la connaîtra. Lorsque vous ferez un appel à la fonction dans le `main`, l'ordinateur connaîtra la fonction et saura où aller la chercher. En revanche, si vous mettez votre fonction après le `main`, ça ne marchera pas car l'ordinateur ne connaîtra pas encore la fonction. Essayez, vous verrez !

Mais... c'est un peu mal fait, non ?

Tout à fait d'accord avec vous ! Mais rassurez-vous, les programmeurs s'en sont rendu compte avant vous et ont prévu le coup.

Grâce à ce que je vais vous apprendre maintenant, vous pourrez positionner vos fonctions dans n'importe quel ordre dans le code source. C'est mieux de ne pas avoir à s'en soucier, croyez-moi.

Le prototype pour annoncer une fonction

Nous allons « annoncer » nos fonctions à l'ordinateur en écrivant ce qu'on appelle des **prototypes**. Ne soyez pas intimidés par ce nom *high-tech*, ça cache en fait quelque chose de très simple.

Regardez la première ligne de notre fonction `aireRectangle` :

```
double aireRectangle(double largeur, double hauteur)
{
    return largeur * hauteur;
}
```

Copiez la première ligne (`double aireRectangle...`) tout en haut de votre fichier source (juste après les `#include`). **Rajoutez un point-virgule** à la fin de cette nouvelle ligne. Et voilà ! Maintenant, vous pouvez placer votre fonction `aireRectangle` après la fonction `main` si vous le voulez !

Vous devriez avoir le code suivant sous les yeux :

```
#include <stdio.h>
#include <stdlib.h>

// La ligne suivante est le prototype de la fonction aireRectangle :
double aireRectangle(double largeur, double hauteur);

int main(int argc, char *argv[])
{
```

```
    printf("Rectangle de largeur 5 et hauteur 10. Aire = %f\n", aireRectangle(5,
↪  10));
    printf("Rectangle de largeur 2.5 et hauteur 3.5. Aire = %f\n", aireRectangle
↪ (2.5, 3.5));
    printf("Rectangle de largeur 4.2 et hauteur 9.7. Aire = %f\n", aireRectangle
↪ (4.2, 9.7));

    return 0;
}

// Notre fonction aireRectangle peut maintenant être mise n'importe où dans le
↪ code source :
double aireRectangle(double largeur, double hauteur)
{
    return largeur * hauteur;
}
```

▷ Code web : 387723

Ce qui a changé ici, c'est l'ajout du prototype en haut du code source. Un prototype, c'est en fait une indication pour l'ordinateur. Cela lui indique qu'il existe une fonction appelée `aireRectangle` qui prend tels paramètres en entrée et renvoie une sortie du type que vous indiquez. Cela permet à l'ordinateur de s'organiser.

Grâce à cette ligne, vous pouvez maintenant placer vos fonctions dans n'importe quel ordre sans vous prendre la tête !

Écrivez toujours les prototypes de vos fonctions. Vos programmes ne vont pas tarder à se complexifier et à utiliser de nombreuses fonctions : mieux vaut prendre dès maintenant la bonne habitude d'écrire le prototype de chacune d'elles.

Comme vous le voyez, la fonction `main` n'a pas de prototype. En fait, c'est la seule qui n'en nécessite pas, parce que l'ordinateur la connaît (c'est toujours la même pour tous les programmes, alors il peut bien la connaître, à force !).

Pour être tout à fait exact, il faut savoir que dans la ligne du prototype il est facultatif d'écrire les noms de variables en entrée. L'ordinateur a juste besoin de connaître les types des variables.

On aurait donc pu simplement écrire :

```
double aireRectangle(double, double);
```

Toutefois, l'autre méthode que je vous ai montrée tout à l'heure fonctionne aussi bien. L'avantage avec ma méthode, c'est que vous avez juste besoin de copier-coller la première ligne de la fonction et de rajouter un point-virgule. Ça va plus vite.

N'oubliez JAMAIS de mettre un point-virgule à la fin d'un prototype. C'est ce qui permet à l'ordinateur de différencier un prototype du véritable début d'une fonction. Si vous ne le faites pas, vous risquez d'avoir des erreurs incompréhensibles lors de la compilation.

Les headers

Jusqu'ici, nous n'avions qu'un seul fichier source dans notre projet. Ce fichier source, je vous avais demandé de l'appeler `main.c`.

Plusieurs fichiers par projet

Dans la pratique, vos programmes ne seront pas tous écrits dans ce même fichier `main.c`. Bien sûr, il est *possible* de le faire, mais ce n'est jamais très pratique de se balader dans un fichier de 10 000 lignes (enfin, personnellement, je trouve !). C'est pour cela qu'en général on crée plusieurs fichiers par projet.

Qu'est-ce qu'un projet, déjà ?

Non, vous n'avez pas déjà oublié ? Bon : je vous le réexplique, parce qu'il est important qu'on soit bien d'accord sur ce terme.

Un projet, c'est l'ensemble des fichiers source de votre programme. Pour le moment, nos projets n'étaient composés que d'un fichier source. Regardez dans votre IDE, généralement c'est sur la gauche (fig. 10.1).

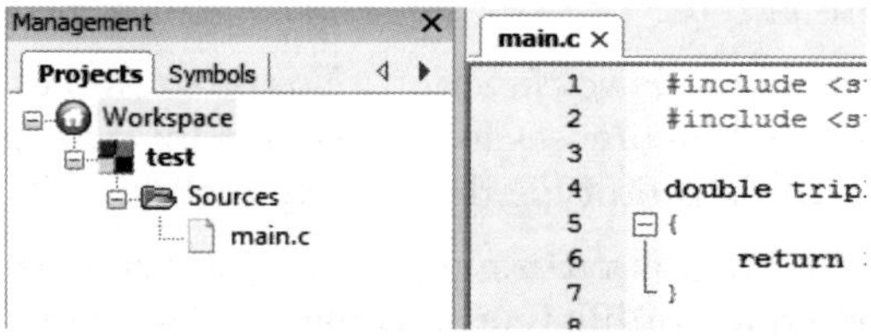

FIG. 10.1 – Liste des fichiers d'un projet simple

Comme vous pouvez le voir à gauche sur cette capture d'écran, ce projet n'est composé que d'un fichier `main.c`.

Laissez-moi maintenant vous montrer un vrai projet que vous réaliserez un peu plus loin dans le cours : un jeu de Sokoban (fig. 10.2).

Comme vous le voyez, il y a plusieurs fichiers. Un vrai projet ressemblera à ça : vous verrez plusieurs fichiers dans la colonne de gauche. Vous reconnaissez dans la liste le fichier `main.c` : c'est celui qui contient la fonction `main`. En général dans mes programmes, je ne mets que le `main` dans `main.c`[1].

Mais pourquoi avoir créé plusieurs fichiers ? Et comment je sais combien de fichiers je dois créer pour mon projet ?

[1]Pour information, ce n'est pas du tout une obligation, chacun s'organise comme il veut. Pour bien me suivre, je vous conseille néanmoins de faire comme moi.

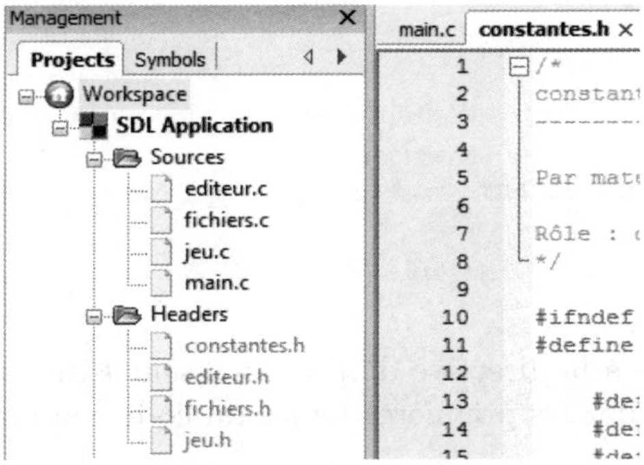

FIG. 10.2 – Liste des fichiers d'un projet plus complexe

Ça, c'est vous qui choisissez. En général, on regroupe dans un même fichier des fonctions ayant le même thème. Ainsi, dans le fichier `editeur.c` j'ai regroupé toutes les fonctions concernant l'éditeur de niveau ; dans le fichier `jeu.c`, j'ai regroupé toutes les fonctions concernant le jeu lui-même, etc.

Fichiers `.h` et `.c`

Comme vous le voyez, il y a deux types de fichiers différents sur la fig. 10.2.

- **Les** `.h`, appelés fichiers *headers*. Ces fichiers contiennent les prototypes des fonctions.
- **Les** `.c` : les fichiers source. Ces fichiers contiennent les fonctions elles-mêmes.

En général, on met donc rarement les prototypes dans les fichiers `.c` comme on l'a fait tout à l'heure dans le `main.c` (sauf si votre programme est tout petit).

Pour chaque fichier `.c`, il y a son équivalent `.h` qui contient les prototypes des fonctions. Jetez un œil plus attentif à la fig. 10.2 :

- il y a `editeur.c` (le code des fonctions) et `editeur.h` (les prototypes des fonctions) ;
- il y a `jeu.c` et `jeu.h` ;
- etc.

Mais comment faire pour que l'ordinateur sache que les prototypes sont dans un autre fichier que le `.c` ?

Il faut inclure le fichier `.h` grâce à une directive de préprocesseur. Attention, préparez-vous à comprendre beaucoup de choses d'un coup !

Comment inclure un fichier header ?... Vous savez le faire, vous l'avez déjà fait !

Regardez par exemple le début de mon fichier `jeu.c` :

```
#include <stdlib.h>
#include <stdio.h>
#include "jeu.h"

void jouer(SDL_Surface* ecran)
{
// ...
```

L'inclusion se fait grâce à la directive de préprocesseur `#include` que vous connaissez bien maintenant. Regardez les premières lignes du code source ci-dessus :

```
#include <stdlib.h>
#include <stdio.h>
#include "jeu.h" // On inclut jeu.h
```

On inclut trois fichiers `.h` : `stdio`, `stdlib` et `jeu`. Notez une différence : les fichiers que vous avez créés et placés dans le répertoire de votre projet doivent être inclus avec des guillemets (`"jeu.h"`) tandis que les fichiers correspondant aux bibliothèques (qui sont généralement installés, eux, dans le répertoire de votre IDE) sont inclus entre chevrons (`<stdio.h>`).

Vous utiliserez donc :

- **les chevrons** `< >` pour inclure un fichier se trouvant dans le répertoire « include » de votre IDE ;
- **les guillemets** `" "` pour inclure un fichier se trouvant dans le répertoire de votre projet (à côté des `.c`, généralement).

La commande `#include` demande d'insérer le contenu du fichier dans le `.c`. C'est donc une commande qui dit « Insère ici le fichier `jeu.h` » par exemple.

Et dans le fichier `jeu.h`, que trouve-t-on ? On trouve simplement les prototypes des fonctions du fichier `jeu.c` !

```
/*
jeu.h
-----

Par mateo21, pour Le Site du Zéro (www.siteduzero.com)

Rôle : prototypes des fonctions du jeu.
*/

    void jouer(SDL_Surface* ecran);
    void deplacerJoueur(int carte[][NB_BLOCS_HAUTEUR], SDL_Rect *pos, int
↪   direction);
    void deplacerCaisse(int *premiereCase, int *secondeCase);
```

Voilà comment fonctionne un vrai projet !

Quel est l'intérêt de mettre les prototypes dans des fichiers `.h` ?

La raison est en fait assez simple. Quand dans votre code vous faites appel à une fonction, votre ordinateur doit déjà la connaître, savoir combien de paramètres elle prend, etc. C'est à ça que sert un prototype : c'est le mode d'emploi de la fonction pour l'ordinateur.

Tout est une question d'ordre : si vous placez vos prototypes dans des `.h` (headers) inclus en haut des fichiers `.c`, votre ordinateur connaîtra le mode d'emploi de toutes vos fonctions *dès* le début de la lecture du fichier.

En faisant cela, vous n'aurez ainsi pas à vous soucier de l'ordre dans lequel les fonctions se trouvent dans vos fichiers `.c`. Si maintenant vous faites un petit programme contenant deux ou trois fonctions, vous vous rendrez peut-être compte que les prototypes semblent facultatifs (ça marche sans). Mais ça ne durera pas longtemps ! Dès que vous aurez un peu plus de fonctions, si vous ne mettez pas vos prototypes de fonctions dans des `.h`, la compilation échouera sans aucun doute.

Lorsque vous appellerez une fonction située dans `fonctions.c` depuis le fichier `main.c`, vous aurez besoin d'inclure les prototypes de `fonctions.c` dans `main.c`. Il faudra donc mettre un `#include "fonctions.h"` en haut de `main.c`. Souvenez-vous de cette règle : à chaque fois que vous faites appel à une fonction X dans un fichier, il faut que vous ayez inclus les prototypes de cette fonction dans votre fichier. Cela permet au compilateur de vérifier si vous l'avez correctement appelée.

Comment puis-je ajouter des fichiers `.c` et `.h` à mon projet ?

Ça dépend de l'IDE que vous utilisez, mais globalement la procédure est la même : `Fichier / Nouveau / Fichier source`. Cela crée un nouveau fichier vide. Ce fichier n'est pas encore de type `.c` ou `.h`, il faut que vous l'enregistriez pour le dire. Enregistrez donc ce nouveau fichier (même s'il est encore vide !). On vous demandera alors quel nom vous voulez donner au fichier. C'est là que vous choisissez si c'est un `.c` ou un `.h` :

- si vous l'appelez `fichier.c`, ce sera un `.c` ;
- si vous l'appelez `fichier.h`, ce sera un `.h`.

C'est aussi simple que cela. Enregistrez votre fichier dans le répertoire dans lequel se trouvent les autres fichiers de votre projet (le même dossier que `main.c`). Généralement, vous enregistrerez tous vos fichiers dans le même répertoire, les `.c` comme les `.h`.

Le dossier du projet ressemble au final à la fig. 10.3. Vous y voyez des `.c` et des `.h` ensemble.

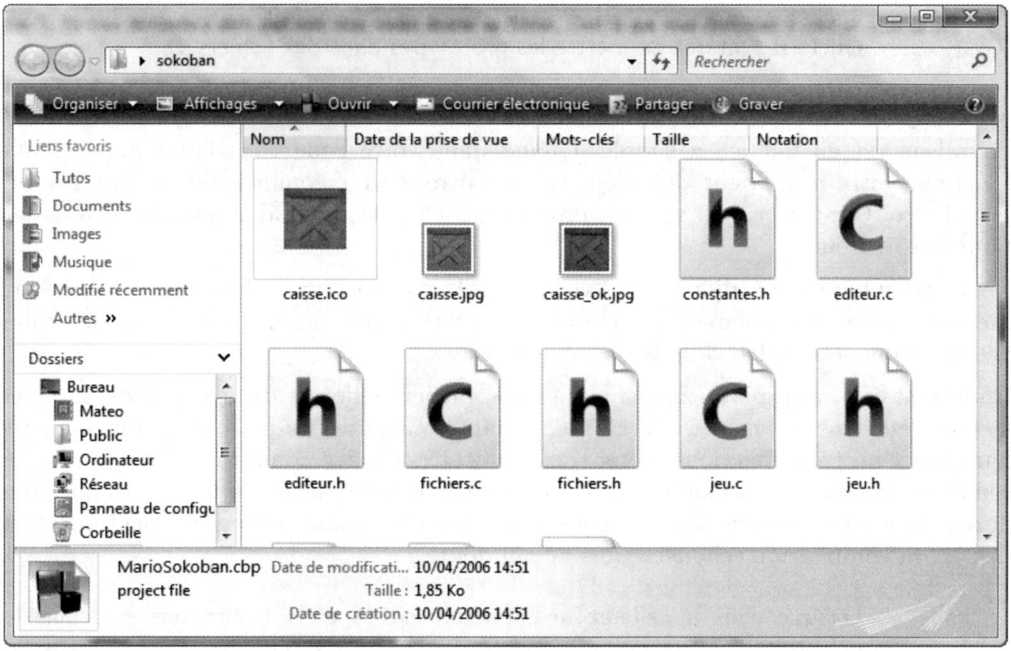

FIG. 10.3 – Un dossier de projet

Votre fichier est maintenant enregistré, mais il n'est pas encore vraiment ajouté au projet ! Pour l'ajouter au projet, faites un clic droit dans la partie à gauche de l'écran (où il y a la liste des fichiers du projet) et choisissez `Add files` (fig. 10.4).

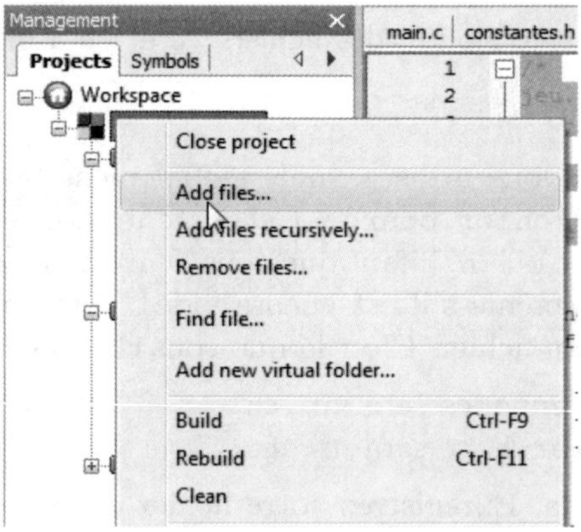

FIG. 10.4 – Ajout de fichiers au projet

Une fenêtre s'ouvre et vous demande quels fichiers ajouter au projet. Sélectionnez le fichier que vous venez de créer et c'est fait. Le fichier fait maintenant partie du projet et apparaît dans la liste à gauche !

Les include des bibliothèques standard

Une question devrait vous trotter dans la tête... Si on inclut les fichiers `stdio.h` et `stdlib.h`, c'est donc qu'ils existent quelque part et qu'on peut aller les chercher, non ?

Oui, bien sûr ! Ils sont normalement installés là où se trouve votre IDE. Dans mon cas sous Code: :Blocks, je les trouve là :

`C:\Program Files\CodeBlocks\MinGW\include`

Il faut généralement chercher un dossier `include`. Là-dedans, vous allez trouver de très nombreux fichiers. Ce sont des headers (`.h`) des bibliothèques standard, c'est-à-dire des bibliothèques disponibles partout (que ce soit sous Windows, Mac, Linux...). Vous y retrouverez donc `stdio.h` et `stdlib.h`, entre autres.

Vous pouvez les ouvrir si vous voulez, mais ça risque de piquer un peu les yeux. En effet, c'est un peu compliqué (il y a pas mal de choses qu'on n'a pas encore vues, notamment certaines directives de préprocesseur). Si vous cherchez bien, vous verrez que ce fichier est rempli de prototypes de fonctions standard, comme `printf` par exemple.

> Ok, je sais maintenant où se trouvent les prototypes des fonctions standard. Mais comment pourrais-je voir le code source de ces fonctions ? Où sont les `.c` ?

Vous ne les avez pas ! En fait, les fichiers `.c` sont déjà compilés (en code binaire, c'est-à-dire en code machine). Il est donc totalement impossible de les lire.

Vous pouvez retrouver les fichiers compilés dans un répertoire appelé `lib`[2]. Chez moi, on peut les trouver dans le répertoire :

`C:\Program Files\CodeBlocks\MinGW\lib`

Les fichiers compilés des bibliothèques ont l'extension `.a` sous Code: :Blocks (qui utilise le compilateur appelé `mingw`) et ont l'extension `.lib` sous Visual C++ (qui utilise le compilateur `Visual`). N'essayez pas de les lire : ce n'est absolument pas comestible pour un humain.

En résumé, dans vos fichiers `.c`, vous incluez les `.h` des bibliothèques standard pour pouvoir utiliser des fonctions standard comme `printf`. Votre ordinateur a ainsi les prototypes sous les yeux et peut vérifier si vous appelez les fonctions correctement, par exemple que vous n'oubliez pas de paramètres.

La compilation séparée

Maintenant que vous savez qu'un projet est composé de plusieurs fichiers source, nous pouvons rentrer plus en détail dans le fonctionnement de la compilation. Jusqu'ici, nous avions vu un schéma très simplifié.

La fig. 10.5 est un schéma bien plus précis de la compilation. C'est le genre de schémas

[2] C'est l'abréviation de `library` qui signifie « bibliothèque » en français.

qu'il est fortement conseillé de comprendre et de connaître par cœur !

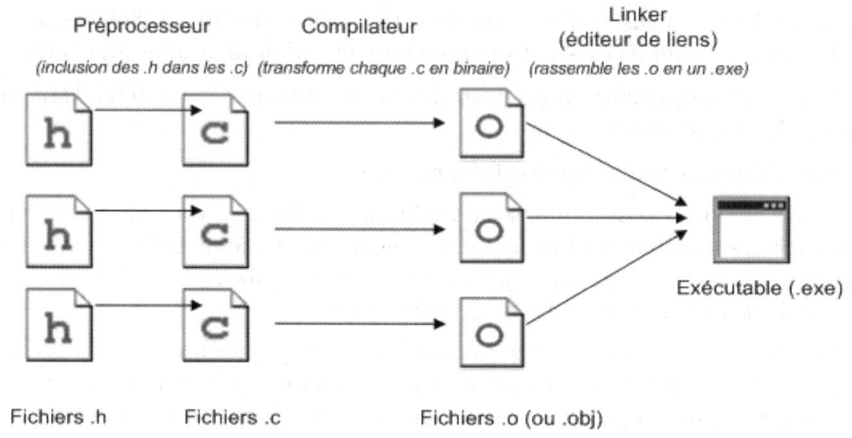

FIG. 10.5 – Schéma d'une compilation

Ça, c'est un vrai schéma de ce qu'il se passe à la compilation. Détaillons-le.

1. **Préprocesseur** : le préprocesseur est un programme qui démarre avant la compilation. Son rôle est d'exécuter les instructions spéciales qu'on lui a données dans des directives de préprocesseur, ces fameuses lignes qui commencent par un `#`. Pour l'instant, la seule directive de préprocesseur que l'on connaît est `#include`, qui permet d'inclure un fichier dans un autre. Le préprocesseur sait faire d'autres choses, mais ça, nous le verrons plus tard. Le `#include` est quand même ce qu'il y a de plus important à connaître. Le préprocesseur « remplace » donc les lignes `#include` par le fichier indiqué. Il met à l'intérieur de chaque fichier `.c` le contenu des fichiers `.h` qu'on a demandé d'inclure. À ce moment-là de la compilation, votre fichier `.c` est complet et contient tous les prototypes des fonctions que vous utilisez (votre fichier `.c` est donc un peu plus gros que la normale).
2. **Compilation** : cette étape très importante consiste à transformer vos fichiers source en code binaire compréhensible par l'ordinateur. Le compilateur compile chaque fichier `.c` un à un. Il compile tous les fichiers source de votre projet, d'où l'importance d'avoir bien ajouté tous vos fichiers au projet (ils doivent tous apparaître dans la fameuse liste à gauche). Le compilateur génère un fichier `.o` (ou `.obj`, ça dépend du compilateur) par fichier `.c` compilé. Ce sont des fichiers binaires temporaires. Généralement, ces fichiers sont supprimés à la fin de la compilation, mais selon les options de votre IDE, vous pouvez choisir de les conserver[3].
3. **Édition de liens** : le *linker* (ou « éditeur de liens » en français) est un programme dont le rôle est d'assembler les fichiers binaires `.o`. Il les assemble en un seul gros

[3]Bien qu'inutiles puisque temporaires, on peut trouver un intérêt à conserver les `.o`. En effet, si parmi les 10 fichiers `.c` de votre projet seul l'un d'eux a changé depuis la dernière compilation, le compilateur n'aura qu'à recompiler seulement ce fichier `.c`. Pour les autres, il possède déjà les `.o` compilés.

fichier : l'exécutable final ! Cet exécutable a l'extension `.exe` sous Windows. Si vous êtes sous un autre OS, il devrait prendre l'extension adéquate.

Maintenant, vous savez comment ça se passe à l'intérieur. Je le dis et je le répète, ce schéma de la fig. 10.5 est très important. Il fait la différence entre un programmeur du dimanche qui copie sans comprendre des codes source et un autre qui sait et comprend ce qu'il fait.

La plupart des erreurs surviennent à la compilation, mais il m'est aussi arrivé d'avoir des erreurs de linker. Cela signifie que le linker n'est pas arrivé à assembler tous les `.o` (il en manquait peut-être).

Notre schéma est par contre encore un peu incomplet. En effet, les bibliothèques n'y apparaissent pas ! Comment cela se passe-t-il quand on utilise des bibliothèques ?

En fait, le début du schéma reste le même, c'est seulement le linker qui va avoir un peu plus de travail. Il va assembler vos `.o` (temporaires) avec les bibliothèques compilées dont vous avez besoin (`.a` ou `.lib` selon le compilateur). La fig. 10.6 est donc une version améliorée de la fig. 10.5.

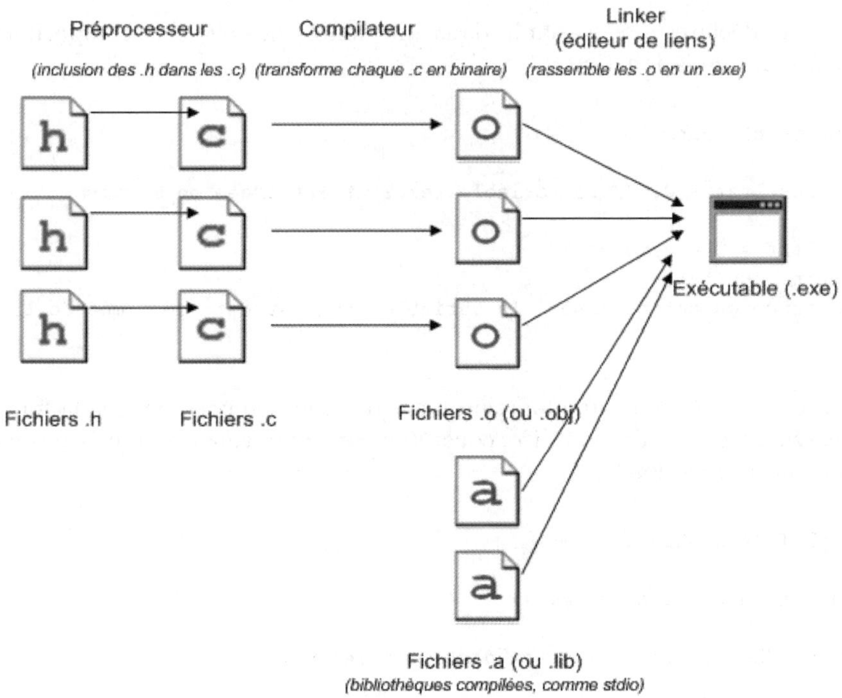

FIG. 10.6 – Schéma d'une compilation avec bibliothèques

Nous y sommes, le schéma est cette fois complet. Vos fichiers de bibliothèques `.a` (ou `.lib`) sont rassemblés dans l'exécutable avec vos `.o`.

C'est comme cela qu'on peut obtenir au final un programme 100 % complet, qui contient toutes les instructions nécessaires à l'ordinateur, même celles qui lui expliquent comment afficher du texte ! Par exemple, la fonction `printf` se trouve dans un `.a`, et sera donc rassemblée avec votre code source dans l'exécutable.

Dans quelque temps, nous apprendrons à utiliser des bibliothèques graphiques. Celles-ci seront là aussi dans des `.a` et contiendront des instructions pour indiquer à l'ordinateur comment ouvrir une fenêtre à l'écran, par exemple. Mais patience, car tout vient à point à qui sait attendre, c'est bien connu.

La portée des fonctions et des variables

Pour clore ce chapitre, il nous faut impérativement découvrir la notion de **portée** des fonctions et des variables. Nous allons voir quand les variables et les fonctions sont accessibles, c'est-à-dire quand on peut faire appel à elles.

Les variables propres aux fonctions

Lorsque vous déclarez une variable dans une fonction, celle-ci est supprimée de la mémoire à la fin de la fonction :

```
int triple(int nombre)
{
    int resultat = 0; // La variable resultat est créée en mémoire

    resultat = 3 * nombre;
    return resultat;
} // La fonction est terminée, la variable resultat est supprimée de la mémoire
```

Une variable déclarée dans une fonction n'existe donc que pendant que la fonction est exécutée. Qu'est-ce que ça veut dire, concrètement ? Que vous ne pouvez pas y accéder depuis une autre fonction !

```
int triple(int nombre);

int main(int argc, char *argv[])
{
    printf("Le triple de 15 est %d\n", triple(15));

    printf("Le triple de 15 est %d", resultat); // Erreur

    return 0;
}

int triple(int nombre)
{
```

```
    int resultat = 0;

    resultat = 3 * nombre;
    return resultat;
}
```

Dans le `main`, j'essaie ici d'accéder à la variable `resultat`. Or, comme cette variable `resultat` a été créée dans la fonction `triple`, elle n'est pas accessible dans la fonction `main` !

Retenez bien : une variable déclarée dans une fonction n'est accessible qu'à l'intérieur de cette fonction. On dit que c'est une variable locale.

Les variables globales : à éviter

Variable globale accessible dans tous les fichiers

Il est possible de déclarer des variables qui seront accessibles dans toutes les fonctions de tous les fichiers du projet. Je vais vous montrer comment faire pour que vous sachiez que ça existe, mais généralement il faut éviter de le faire. Ça aura l'air de simplifier votre code au début, mais ensuite vous risquez de vous retrouver avec de nombreuses variables accessibles partout, ce qui risquera de vous créer des soucis.

Pour déclarer une variable « globale » accessible partout, vous devez faire la déclaration de la variable en dehors des fonctions. Vous ferez généralement la déclaration tout en haut du fichier, après les `#include`.

```
#include <stdio.h>
#include <stdlib.h>

int resultat = 0; // Déclaration de variable globale

void triple(int nombre); // Prototype de fonction

int main(int argc, char *argv[])
{
    triple(15); // On appelle la fonction triple, qui modifie la variable globale
    resultat
    printf("Le triple de 15 est %d\n", resultat); // On a accès à resultat

    return 0;
}

void triple(int nombre)
{
    resultat = 3 * nombre;
}
```

Sur cet exemple, ma fonction `triple` ne renvoie plus rien (`void`). Elle se contente de modifier la variable globale `resultat` que la fonction `main` peut récupérer.

Ma variable `resultat` sera accessible dans tous les fichiers du projet, on pourra donc faire appel à elle dans TOUTES les fonctions du programme.

Ce type de choses est généralement à bannir dans un programme en C. Utilisez plutôt le retour de la fonction (`return`) pour renvoyer un résultat.

Variable globale accessible uniquement dans un fichier

La variable globale que nous venons de voir était accessible dans tous les fichiers du projet. Il est possible de la rendre accessible uniquement dans le fichier dans lequel elle se trouve. Ça reste une variable globale quand même, mais disons qu'elle n'est globale qu'aux fonctions de ce fichier, et non à toutes les fonctions du programme.

Pour créer une variable globale accessible uniquement dans un fichier, rajoutez simplement le mot-clé `static` devant :

```
static int resultat = 0;
```

Variable statique à une fonction

Attention : c'est un peu plus délicat, ici. Si vous rajoutez le mot-clé `static` devant la déclaration d'une variable à l'intérieur d'une fonction, ça n'a pas le même sens que pour les variables globales. En fait, la variable `static` n'est plus supprimée à la fin de la fonction. La prochaine fois qu'on appellera la fonction, la variable aura conservé sa valeur.

Par exemple :

```
int triple(int nombre)
{
    static int resultat = 0; // La variable resultat est créée la première fois que la fonction est appelée

    resultat = 3 * nombre;
    return resultat;
} // La variable resultat n'est PAS supprimée lorsque la fonction est terminée.
```

Qu'est-ce que ça signifie, concrètement ? Qu'on pourra rappeler la fonction plus tard et la variable `resultat` contiendra toujours la valeur de la dernière fois.

Voici un petit exemple pour bien comprendre :

```
int incremente();
```

```
int main(int argc, char *argv[])
{
    printf("%d\n", incremente());
    printf("%d\n", incremente());
    printf("%d\n", incremente());
    printf("%d\n", incremente());

    return 0;
}

int incremente()
{
    static int nombre = 0;

    nombre++;
    return nombre;
}
```

▷ Code web : 925776

```
1
2
3
4
```

Ici, la première fois qu'on appelle la fonction `incremente`, la variable `nombre` est créée. Elle est incrémentée à 1, et une fois la fonction terminée la variable n'est pas supprimée.

Lorsque la fonction est appelée une seconde fois, la ligne de la déclaration de variable est tout simplement « sautée ». On ne recrée pas la variable, on réutilise la variable qu'on avait déjà créée. Comme la variable valait 1, elle vaudra maintenant 2, puis 3, puis 4, etc.

Les fonctions locales à un fichier

Pour en finir avec les portées, nous allons nous intéresser à la portée des fonctions. Normalement, quand vous créez une fonction, celle-ci est globale à tout le programme. Elle est accessible depuis n'importe quel autre fichier `.c`.

Il se peut que vous ayez besoin de créer des fonctions qui ne seront accessibles que dans le fichier dans lequel se trouve la fonction.

Pour faire cela, rajoutez le mot-clé `static` (encore lui) devant la fonction :

```
static int triple(int nombre)
{
    // Instructions
}
```

Pensez à mettre à jour le prototype aussi :

```
static int triple(int nombre);
```

Maintenant, votre fonction `static triple` ne peut être appelée que depuis une autre fonction du même fichier. Si vous essayez d'appeler la fonction `triple` depuis une fonction d'un autre fichier, ça ne marchera pas car `triple` n'y sera pas accessible.

Résumons tous les types de portée qui peuvent exister pour les variables :

- Une variable déclarée dans une fonction est supprimée à la fin de la fonction, elle n'est accessible que dans cette fonction.
- Une variable déclarée dans une fonction avec le mot-clé `static` devant n'est pas supprimée à la fin de la fonction, elle conserve sa valeur au fur et à mesure de l'exécution du programme.
- Une variable déclarée en dehors des fonctions est une variable globale, accessible depuis toutes les fonctions de tous les fichiers source du projet.
- Une variable globale avec le mot-clé `static` devant est globale uniquement dans le fichier dans lequel elle se trouve, elle n'est pas accessible depuis les fonctions des autres fichiers.

De même, voici les types de portée qui peuvent exister pour les fonctions :

- Une fonction est par défaut accessible depuis tous les fichiers du projet, on peut donc l'appeler depuis n'importe quel autre fichier.
- Si on veut qu'une fonction ne soit accessible que dans le fichier dans lequel elle se trouve, il faut rajouter le mot-clé `static` devant.

En résumé

- Un programme contient de nombreux fichiers `.c`. En règle générale, chaque fichier `.c` a un petit frère du même nom ayant l'extension `.h` (qui signifie **header**). Le `.c` contient les fonctions tandis que le `.h` contient les **prototypes**, c'est-à-dire la signature de ces fonctions.
- Le contenu des fichiers `.h` est inclus en haut des `.c` par un programme appelé **préprocesseur**.
- Les `.c` sont transformés en fichiers `.o` binaires par le **compilateur**.
- Les `.o` sont assemblés en un exécutable (`.exe`) par le **linker**, aussi appelé **éditeur de liens**.
- Une variable déclarée dans une fonction n'est pas accessible dans une autre fonction. On parle de **portée des variables**.

Chapitre 11

À l'assaut des pointeurs

Difficulté :

L'heure est venue pour vous de découvrir les pointeurs. Prenez un grand bol d'air avant car ce chapitre ne sera probablement pas une partie de plaisir. Les pointeurs représentent en effet une des notions les plus délicates du langage C. Si j'insiste autant sur leur importance, c'est parce qu'il est impossible de programmer en langage C sans les connaître et bien les comprendre. Les pointeurs sont omniprésents, nous les avons d'ailleurs déjà utilisés sans le savoir.

Nombre de ceux qui apprennent le langage C titubent en général sur les pointeurs. Nous allons faire en sorte que ce ne soit pas votre cas. Redoublez d'attention et prenez le temps de comprendre les nombreux schémas de ce chapitre.

Un problème bien ennuyeux

Un des plus gros problèmes avec les pointeurs, en plus d'être assez délicats à assimiler pour des débutants, c'est qu'on a du mal à comprendre à quoi ils peuvent bien servir.

Alors bien sûr, je pourrais vous dire : « Les pointeurs sont totalement indispensables, on s'en sert tout le temps, croyez-moi ! », mais je sais que cela ne vous suffira pas.

Je vais donc vous poser un problème que vous ne pourrez pas résoudre sans utiliser de pointeurs. Ce sera en quelque sorte le fil rouge du chapitre. Nous en reparlerons à la fin de ce chapitre et verrons quelle est la solution en utilisant ce que vous aurez appris.

Voici le problème : je veux écrire une fonction qui renvoie deux valeurs. « Impossible » me direz-vous ! En effet, on ne peut renvoyer qu'une valeur par fonction :

```
int fonction()
{
    return valeur;
}
```

Si on indique `int`, on renverra un nombre de type `int` (grâce à l'instruction `return`).

On peut aussi écrire une fonction qui ne renvoie aucune valeur avec le mot-clé `void` :

```
void fonction()
{

}
```

Mais renvoyer deux valeurs à la fois... c'est impossible. On ne peut pas faire deux `return`.

Supposons que je veuille écrire une fonction à laquelle on envoie un nombre de minutes. Celle-ci renverrait le nombre d'heures et minutes correspondantes :

1. si on envoie 45, la fonction renvoie 0 heure et 45 minutes ;
2. si on envoie 60, la fonction renvoie 1 heure et 0 minutes ;
3. si on envoie 90, la fonction renvoie 1 heure et 30 minutes.

Soyons fous, tentons le coup :

```
#include <stdio.h>
#include <stdlib.h>

/* Je mets le prototype en haut. Comme c'est un tout
petit programme je ne le mets pas dans un .h, mais
en temps normal (dans un vrai programme), j'aurais placé
le prototype dans un fichier .h bien entendu */

void decoupeMinutes(int heures, int minutes);
```

```
int main(int argc, char *argv[])
{
    int heures = 0, minutes = 90;

    /* On a une variable minutes qui vaut 90.
    Après appel de la fonction, je veux que ma variable
    "heures" vaille 1 et que ma variable "minutes" vaille 30 */

    decoupeMinutes(heures, minutes);

    printf("%d heures et %d minutes", heures, minutes);

    return 0;
}

void decoupeMinutes(int heures, int minutes)
{
    heures = minutes / 60;  // 90 / 60 = 1
    minutes = minutes % 60; // 90 % 60 = 30
}
```

▷ Code web : 341586

Résultat :

```
0 heures et 90 minutes
```

Zut, zut, zut et rezut, ça n'a pas marché. Que s'est-il passé ? En fait, quand vous « envoyez » une variable à une fonction, une copie de la variable est réalisée. Ainsi, la variable `heures` dans la fonction `decoupeMinutes` n'est pas la même que celle de la fonction `main` ! C'est simplement une copie !

Votre fonction `decoupeMinutes` fait son job. À l'intérieur de `decoupeMinutes`, les variables `heures` et `minutes` ont les bonnes valeurs : 1 et 30.

Mais ensuite, la fonction s'arrête lorsqu'on arrive à l'accolade fermante. Comme on l'a appris dans les chapitres précédents, toutes les variables créées dans une fonction sont détruites à la fin de cette fonction. Vos copies de `heures` et de `minutes` sont donc supprimées. On retourne ensuite à la fonction `main`, dans laquelle vos variables `heures` et `minutes` valent toujours 0 et 90. C'est un échec !

> Notez que, comme une fonction fait une copie des variables qu'on lui envoie, vous n'êtes pas du tout obligés d'appeler vos variables de la même façon que dans le `main`. Ainsi, vous pourriez très bien écrire :
>
> ```
> void decoupeMinutes(int h, int m)
> ```
>
> `h` pour heures et `m` pour minutes. Si vos variables ne s'appellent pas de la même façon dans la fonction et dans le `main`, ça ne pose donc aucun problème !

Bref, vous aurez beau retourner le problème dans tous les sens… vous pouvez essayer de renvoyer une valeur avec la fonction (en utilisant un `return` et en mettant le type `int` à la fonction), mais vous n'arriveriez à renvoyer qu'une des deux valeurs. Vous ne pouvez pas renvoyer les deux valeurs à la fois. De plus, vous ne pouvez pas utiliser de variables globales car, comme on l'a vu, cette pratique est fortement déconseillée.

Voilà, le problème est posé. Comment les pointeurs vont-ils nous permettre de le résoudre ?

La mémoire, une question d'adresse

Rappel des faits

Petit flash-back. Vous souvenez-vous du chapitre sur les variables ?

Quelle que soit la réponse, je vous recommande très vivement d'aller relire la première partie de ce chapitre, intitulée « Une affaire de mémoire ». Il y avait un schéma très important que je vous propose ici à nouveau (fig. 11.1).

Adresse	Valeur
0	145
1	3.8028322
2	0.827551
3	3901930
…	…
3 448 765 900 126 (et des poussières)	940.5118

FIG. 11.1 – Organisation de la mémoire vive

C'est un peu comme ça qu'on peut représenter la mémoire vive (RAM) de votre ordinateur.

Il faut lire ce schéma ligne par ligne. La première ligne représente la « cellule » du tout début de la mémoire vive. Chaque cellule a un numéro, c'est **son adresse**[1]. La mémoire comporte un grand nombre d'adresses, commençant à l'adresse numéro 0 et se terminant à l'adresse numéro *(insérez un très grand nombre ici)*[2].

À chaque adresse, on peut stocker un nombre. Un et UN SEUL nombre. On ne peut pas stocker deux nombres par adresse.

Votre mémoire n'est faite que pour stocker des nombres. Elle ne peut stocker ni lettres ni phrases. Pour contourner ce problème, on a inventé une table qui fait la liaison entre les nombres et les lettres. Cette table dit par exemple : « Le nombre 89 représente la lettre Y ». Nous reviendrons dans un prochain chapitre sur la gestion des caractères ; pour l'instant, nous nous concentrons sur le fonctionnement de la mémoire.

Adresse et valeur

Quand vous créez une variable `age` de type `int` par exemple, en tapant ça :

```
int age = 10;
```

... votre programme demande au système d'exploitation (Windows, par exemple) la permission d'utiliser un peu de mémoire. Le système d'exploitation répond en indiquant à quelle adresse en mémoire il vous laisse le droit d'inscrire votre nombre.

C'est d'ailleurs justement là un des rôles principaux d'un système d'exploitation : on dit qu'il alloue de la mémoire aux programmes. C'est un peu lui le chef, il contrôle chaque programme et vérifie que ce dernier a l'autorisation de se servir de la mémoire à l'endroit où il le fait.

C'est d'ailleurs là la cause n°1 de plantage des programmes : si votre programme essaie d'accéder à une zone de la mémoire qui ne lui appartient pas, le système d'exploitation (abrégez « OS ») le refuse et coupe brutalement le programme en guise de punition (« C'est qui le chef ici ? »). L'utilisateur, lui, voit une jolie boîte de dialogue du type « Ce programme va être arrêté parce qu'il a effectué une opération non conforme ».

Revenons à notre variable `age`. La valeur 10 a été inscrite quelque part en mémoire, disons par exemple à l'adresse n°4655. Ce qu'il se passe (et c'est le rôle du compilateur), c'est que le mot `age` dans votre programme est remplacé par l'adresse 4655 à l'exécution. Cela fait que, à chaque fois que vous avez tapé le mot `age` dans votre code source, il est remplacé par 4655, et votre ordinateur voit ainsi à quelle adresse il doit aller chercher en mémoire ! Du coup, l'ordinateur se rend en mémoire à l'adresse 4655 et répond fièrement : « La variable `age` vaut 10 ! ».

[1] Le vocabulaire est très important, retenez-le.

[2] Le nombre d'adresses disponibles dépend en fait de la quantité de mémoire dont dispose votre ordinateur.

On sait donc comment récupérer la valeur de la variable : il suffit tout bêtement de taper `age` dans son code source. Si on veut afficher l'âge, on peut utiliser la fonction `printf` :

```
printf("La variable age vaut : %d", age);
```

Résultat à l'écran :

```
La variable age vaut : 10
```

Rien de bien nouveau jusque-là.

Le scoop du jour

On sait afficher la valeur de la variable, mais saviez-vous que l'on peut aussi afficher l'adresse correspondante ?

Pour afficher l'adresse de la variable, on doit utiliser le symbole `%p` (le p du mot « pointeur ») dans le `printf`. En outre, on doit envoyer à la fonction `printf` non pas la variable `age`, mais son adresse... Et pour faire cela, vous devez mettre le symbole `&` devant la variable `age`, comme je vous avais demandé de le faire pour les `scanf`, il y a quelque temps, sans vous expliquer pourquoi.

Tapez donc :

```
printf("L'adresse de la variable age est : %p", &age);
```

Résultat :

```
L'adresse de la variable age est : 0023FF74
```

Ce que vous voyez là est l'adresse de la variable `age` au moment où j'ai lancé le programme sur mon ordinateur. Oui, oui, 0023FF74 est un nombre, il est simplement écrit dans le système hexadécimal, au lieu du système décimal dont nous avons l'habitude. Si vous remplacez `%p` par `%d`, vous obtiendrez un nombre décimal que vous connaissez.

> Si vous exécutez ce programme sur votre ordinateur, l'adresse sera très certainement différente. Tout dépend de la place que vous avez en mémoire, des programmes que vous avez lancés, etc. Il est totalement impossible de prédire à quelle adresse la variable sera stockée chez vous. Si vous lancez votre programme plusieurs fois d'affilée, il se peut que l'adresse soit identique, la mémoire n'ayant pas beaucoup changé entre temps. Si par contre vous redémarrez votre ordinateur, vous aurez sûrement une valeur différente.

Où je veux en venir avec tout ça ? Eh bien en fait, je veux vous faire retenir ceci :

- `age` : désigne **la valeur** de la variable ;
- `&age` : désigne **l'adresse** de la variable.

Avec `age`, l'ordinateur va lire la valeur de la variable en mémoire et vous renvoie cette valeur. Avec `&age`, votre ordinateur vous dit en revanche à quelle adresse se trouve la variable.

Utiliser des pointeurs

Jusqu'ici, nous avons uniquement créé des variables faites pour contenir des nombres. Maintenant, nous allons apprendre à créer des variables faites pour contenir des adresses : ce sont justement ce qu'on appelle des pointeurs.

> Mais... Les adresses sont des nombres aussi, non ? Ça revient à stocker des nombres encore et toujours !

C'est exact. Mais ces nombres auront une signification particulière : ils indiqueront l'adresse d'une autre variable en mémoire.

Créer un pointeur

Pour créer une variable de type pointeur, on doit rajouter le symbole `*` devant le nom de la variable.

```
int *monPointeur;
```

> Notez qu'on peut aussi écrire...
>
> `int* monPointeur;`
>
> Cela revient exactement au même. Cependant, la première méthode est à préférer. En effet, si vous voulez déclarer plusieurs pointeurs sur la même ligne, vous serez obligés de mettre l'étoile devant le nom :
>
> `int *pointeur1, *pointeur2, *pointeur3;`

Comme je vous l'ai appris, il est important d'initialiser dès le début ses variables, en leur donnant la valeur 0 par exemple. C'est encore plus important de le faire avec les pointeurs ! Pour initialiser un pointeur, c'est-à-dire lui donner une valeur par défaut, on n'utilise généralement pas le nombre 0 mais le mot-clé `NULL`[3] :

```
int *monPointeur = NULL;
```

Là, vous avez un pointeur initialisé à `NULL`. Comme ça, vous saurez dans la suite de votre programme que votre pointeur ne contient aucune adresse.

[3] Veillez à l'écrire en majuscules.

Que se passe-t-il ? Ce code va réserver une case en mémoire comme si vous aviez créé une variable normale. Cependant, et c'est ce qui change, la valeur du pointeur est faite pour contenir une adresse. L'adresse... d'une autre variable.

Pourquoi pas l'adresse de la variable `age` ? Vous savez maintenant comment indiquer l'adresse d'une variable au lieu de sa valeur (en utilisant le symbole `&`), alors allons-y ! Ça nous donne :

```
int age = 10;
int *pointeurSurAge = &age;
```

La première ligne signifie : « Créer une variable de type `int` dont la valeur vaut 10 ». La seconde ligne signifie : « Créer une variable de type pointeur dont la valeur vaut l'adresse de la variable `age` ».

La seconde ligne fait donc deux choses à la fois. Si vous le souhaitez, pour ne pas tout mélanger, sachez qu'on peut la découper en deux temps :

```
int age = 10;
int *pointeurSurAge; // 1) signifie "Je crée un pointeur"
pointeurSurAge = &age; // 2) signifie "pointeurSurAge contient l'adresse de la
↪ variable age"
```

Vous avez remarqué qu'il n'y a pas de type « pointeur » comme il y a un type `int` et un type `double`. On n'écrit donc pas :

```
pointeur pointeurSurAge;
```

Au lieu de ça, on utilise le symbole `*`, mais on continue à écrire `int`. Qu'est-ce que ça signifie ? En fait, on doit indiquer quel est le type de la variable dont le pointeur va contenir l'adresse. Comme notre pointeur `pointeurSurAge` va contenir l'adresse de la variable `age` (qui est de type `int`), alors mon pointeur doit être de type `int*` ! Si ma variable `age` avait été de type `double`, alors j'aurais dû écrire `double *monPointeur`.

Vocabulaire : on dit que le pointeur `pointeurSurAge` pointe sur la variable `age`.

La fig. 11.2 résume ce qu'il s'est passé dans la mémoire.

Dans ce schéma, la variable `age` a été placée à l'adresse 177450 (vous voyez d'ailleurs que sa valeur est 10), et le pointeur `pointeurSurAge` a été placé à l'adresse 3 (c'est tout à fait le fruit du hasard).

Lorsque mon pointeur est créé, le système d'exploitation réserve une case en mémoire comme il l'a fait pour `age`. La différence ici, c'est que la valeur de `pointeurSurAge` est un peu particulière. Regardez bien le schéma : c'est l'adresse de la variable `age` !

Ceci, chers lecteurs, est le secret absolu de tout programme écrit en langage C. On y est, nous venons de rentrer dans le monde merveilleux des pointeurs !

Et... ça sert à quoi ?

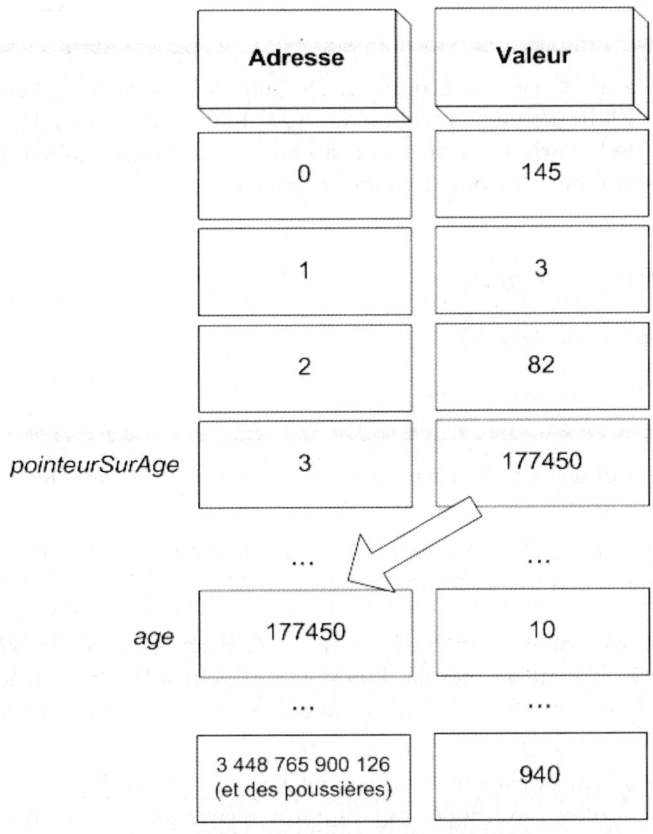

FIG. 11.2 – Mémoire, adresses et pointeurs

Ça ne transforme pas encore votre ordinateur en machine à café, certes. Seulement maintenant, on a un `pointeurSurAge` qui contient l'adresse de la variable `age`. Essayons de voir ce que contient le pointeur à l'aide d'un `printf` :

```
int age = 10;
int *pointeurSurAge = &age;

printf("%d", pointeurSurAge);
```

```
177450
```

Hum. En fait, cela n'est pas très étonnant. On demande la valeur de `pointeurSurAge`, et sa valeur c'est l'adresse de la variable `age` (177450). Comment faire pour demander à avoir la valeur de la variable se trouvant à l'adresse indiquée dans `pointeurSurAge` ? Il faut placer le symbole * devant le nom du pointeur :

```
int age = 10;
int *pointeurSurAge = &age;

printf("%d", *pointeurSurAge);
```

```
10
```

Hourra ! Nous y sommes arrivés ! En plaçant le symbole * devant le nom du pointeur, on accède à la valeur de la variable `age`.

Si au contraire on avait utilisé le symbole & devant le nom du pointeur, on aurait obtenu l'adresse à laquelle se trouve le pointeur (ici, c'est 3).

Qu'est-ce qu'on y gagne ? On a simplement réussi à compliquer les choses ici. On n'avait pas besoin d'un pointeur pour afficher la valeur de la variable age !

Cette question (que vous devez inévitablement vous poser) est légitime. Après tout, qui pourrait vous en vouloir ? Actuellement l'intérêt n'est pas évident, mais petit à petit, tout au long des chapitres suivants, vous comprendrez que tout cela n'a pas été inventé par pur plaisir de compliquer les choses.

Faites l'impasse sur la frustration que vous devez ressentir (« Tout ça pour ça ? »). Si vous avez compris le principe, c'est l'essentiel. Les choses s'éclairciront d'elles-mêmes par la suite.

À retenir absolument

Voici ce qu'il faut avoir compris et ce qu'il faut retenir pour la suite de ce chapitre :

– sur une variable, comme la variable `age` :

  - `age` signifie : « Je veux la valeur de la variable `age` »,
  - `&age` signifie : « Je veux l'adresse à laquelle se trouve la variable `age` » ;
- sur un pointeur, comme `pointeurSurAge` :
  - `pointeurSurAge` signifie : « Je veux la valeur de `pointeurSurAge` » (cette valeur étant une adresse),
  - `*pointeurSurAge` signifie : « Je veux la valeur de la variable qui se trouve à l'adresse contenue dans `pointeurSurAge` ».

Contentez-vous de bien retenir ces quatre points. Faites des tests et vérifiez que ça marche. Le schéma de la fig. 11.3 devrait bien vous aider à situer chacun de ces éléments.

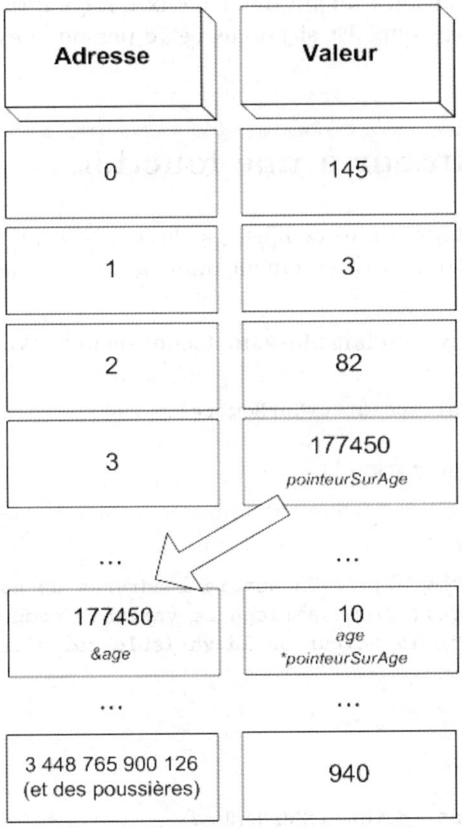

FIG. 11.3 – Désignation des variables et pointeurs

Attention à ne pas confondre les différentes significations de l'étoile ! Lorsque vous déclarez un pointeur, l'étoile sert juste à indiquer qu'on veut créer un pointeur :

```
int *pointeurSurAge ;
```

En revanche, lorsqu'ensuite vous utilisez votre pointeur en écrivant :

```
printf("%d", *pointeurSurAge) ;
```

. . . cela ne signifie pas « Je veux créer un pointeur » mais : « Je veux la valeur de la variable sur laquelle pointe mon `pointeurSurAge` ».

Tout cela est fon-da-men-tal. Il faut connaître cela par cœur et surtout le comprendre. N'hésitez pas à lire et relire ce qu'on vient d'apprendre. Je ne peux pas vous en vouloir si vous n'avez pas compris du premier coup et ce n'est pas une honte non plus, d'ailleurs. Il faut en général quelques jours pour bien comprendre et souvent quelques mois pour en saisir toutes les subtilités.

Si vous vous sentez un peu perdus, pensez à ces gens qui sont aujourd'hui de grands gourous de la programmation : aucun d'entre eux n'a compris tout le fonctionnement des pointeurs du premier coup. Et si jamais cette personne existe, il faudra vraiment me la présenter.

Envoyer un pointeur à une fonction

Le gros intérêt des pointeurs (mais ce n'est pas le seul) est qu'on peut les envoyer à des fonctions pour qu'ils modifient directement une variable en mémoire, et non une copie comme on l'a vu.

Comment ça marche ? Il y a en fait plusieurs façons de faire. Voici un premier exemple :

```
void triplePointeur(int *pointeurSurNombre);

int main(int argc, char *argv[])
{
    int nombre = 5;

    triplePointeur(&nombre); // On envoie l'adresse de nombre à la fonction
    printf("%d", nombre); // On affiche la variable nombre. La fonction a
↪   directement modifié la valeur de la variable car elle connaissait son
↪   adresse

    return 0;
}

void triplePointeur(int *pointeurSurNombre)
{
    *pointeurSurNombre *= 3; // On multiplie par 3 la valeur de nombre
```

```
}
```

▷ Code web : 265254

```
15
```

La fonction `triplePointeur` prend un paramètre de type `int*` (c'est-à-dire un pointeur sur `int`). Voici ce qu'il se passe dans l'ordre, en partant du début du `main` :

1. une variable `nombre` est créée dans le `main`. On lui affecte la valeur 5. Ça, vous connaissez ;
2. on appelle la fonction `triplePointeur`. On lui envoie en paramètre l'adresse de notre variable `nombre` ;
3. la fonction `triplePointeur` reçoit cette adresse dans `pointeurSurNombre`. À l'intérieur de la fonction `triplePointeur`, on a donc un pointeur `pointeurSurNombre` qui contient l'adresse de la variable `nombre` ;
4. maintenant qu'on a un pointeur sur `nombre`, on peut modifier directement la variable `nombre` en mémoire ! Il suffit d'utiliser `*pointeurSurNombre` pour désigner la variable `nombre` ! Pour l'exemple, on fait un simple test : on multiplie la variable `nombre` par 3 ;
5. de retour dans la fonction `main`, notre nombre vaut maintenant 15 car la fonction `triplePointeur` a modifié directement la valeur de `nombre`.

Bien sûr, j'aurais pu faire un simple `return` comme on a appris à le faire dans le chapitre sur les fonctions. Mais l'intérêt, là, c'est que de cette manière, en utilisant des pointeurs, on peut modifier la valeur de plusieurs variables en mémoire (on peut donc « renvoyer plusieurs valeurs »). Nous ne sommes plus limités à une seule valeur !

Quel est l'intérêt maintenant d'utiliser un `return` dans une fonction si on peut se servir des pointeurs pour modifier des valeurs ?

Ça dépendra de vous et de votre programme. C'est à vous de décider. Il faut savoir que les `return` sont bel et bien toujours utilisés en C. Le plus souvent, on s'en sert pour renvoyer ce qu'on appelle un code d'erreur : la fonction renvoie 1 (vrai) si tout s'est bien passé, et 0 (faux) s'il y a eu une erreur pendant le déroulement de la fonction.

Une autre façon d'envoyer un pointeur à une fonction

Dans le code source qu'on vient de voir, il n'y avait pas de pointeur dans la fonction `main`. Juste une variable `nombre`. Le seul pointeur qu'il y avait vraiment était dans la fonction `tripleNombre` (de type `int*`).

Il faut absolument que vous sachiez qu'il y a une autre façon d'écrire le code précédent, en ajoutant un pointeur dans la fonction `main` :

```
void triplePointeur(int *pointeurSurNombre);

int main(int argc, char *argv[])
{
    int nombre = 5;
    int *pointeur = &nombre; // pointeur prend l'adresse de nombre

    triplePointeur(pointeur); // On envoie pointeur (l'adresse de nombre) à la
↪   fonction
    printf("%d", *pointeur); // On affiche la valeur de nombre avec *pointeur

    return 0;
}

void triplePointeur(int *pointeurSurNombre)
{
    *pointeurSurNombre *= 3; // On multiplie par 3 la valeur de nombre
}
```

▷ Code web : 391317

Comparez bien ce code source avec le précédent. Il y a de subtiles différences et pourtant le résultat est strictement le même :

```
15
```

Ce qui compte, c'est d'envoyer l'adresse de la variable `nombre` à la fonction. Or, `pointeur` vaut l'adresse de la variable `nombre`, donc c'est bon de ce côté ! On le fait seulement d'une manière différente en créant un pointeur dans la fonction `main`. Dans le `printf` (et c'est juste pour l'exercice), j'affiche le contenu de la variable `nombre` en tapant `*pointeur`. Notez qu'à la place, j'aurais pu écrire `nombre` : le résultat aurait été identique car `*pointeur` et `nombre` désignent la même chose dans la mémoire.

Dans le programme « Plus ou Moins », nous avons utilisé des pointeurs sans vraiment le savoir. C'était en fait en appelant la fonction `scanf`. En effet, cette fonction a pour rôle de lire ce que l'utilisateur a entré au clavier et de renvoyer le résultat. Pour que la fonction puisse modifier directement le contenu de votre variable afin d'y placer la valeur tapée au clavier, elle a besoin de l'adresse de la variable :

```
int nombre = 0;
scanf("%d", &nombre);
```

La fonction travaille avec un pointeur sur la variable `nombre` et peut ainsi modifier directement le contenu de `nombre`. Comme on vient de le voir, on pourrait créer un pointeur qu'on enverrait à la fonction `scanf` :

```
int nombre = 0;
int *pointeur = &nombre;
scanf("%d", pointeur);
```

Attention à ne pas mettre le symbole `&` devant `pointeur` dans la fonction `scanf` ! Ici, `pointeur` contient lui-même l'adresse de la variable `nombre`, pas besoin de mettre un `&` ! Si vous faisiez ça, vous enverriez l'adresse où se trouve le pointeur : or c'est de l'adresse de `nombre` dont on a besoin.

Qui a dit : « Un problème bien ennuyeux » ?

Le chapitre est sur le point de s'achever, il est temps de retrouver notre fil rouge. Si vous avez compris ce chapitre, vous devriez être capables de résoudre le problème, maintenant. Qu'est-ce que vous en dites ? Essayez !

Voici la solution pour comparer :

```
void decoupeMinutes(int* pointeurHeures, int* pointeurMinutes);

int main(int argc, char *argv[])
{
    int heures = 0, minutes = 90;

    // On envoie l'adresse de heures et minutes
    decoupeMinutes(&heures, &minutes);

    // Cette fois, les valeurs ont été modifiées !
    printf("%d heures et %d minutes", heures, minutes);

    return 0;
}

void decoupeMinutes(int* pointeurHeures, int* pointeurMinutes)
{
    /* Attention à ne pas oublier de mettre une étoile devant le nom
    des pointeurs ! Comme ça, vous pouvez modifier la valeur des variables,
    et non leur adresse ! Vous ne voudriez pas diviser des adresses,
    n'est-ce pas ? ;o) */
    *pointeurHeures = *pointeurMinutes / 60;
    *pointeurMinutes = *pointeurMinutes % 60;
}
```

▷ Code web : 423083

Résultat :

```
1 heures et 30 minutes
```

Rien ne devrait vous surprendre dans ce code source. Toutefois, comme on n'est jamais trop prudent, je vais râbacher une fois de plus ce qui se passe dans ce code afin d'être certain que tout le monde me suit bien[4].

[4] C'est un chapitre important, vous devez faire beaucoup d'efforts pour comprendre : je peux donc bien en faire moi aussi pour vous.

1. Les variables heures et minutes sont créées dans le main.
2. On envoie à la fonction decoupeMinutes l'adresse de heures et minutes.
3. La fonction decoupeMinutes récupère ces adresses dans des pointeurs appelés pointeurHeures et pointeurMinutes. Notez que là encore, le nom importe peu. J'aurais pu les appeler h et m, ou même encore heures et minutes[5].
4. La fonction decoupeMinutes modifie directement les valeurs des variables heures et minutes en mémoire car elle possède leurs adresses dans des pointeurs. La seule contrainte, un peu gênante je dois le reconnaître, c'est qu'il faut impérativement mettre une étoile devant le nom des pointeurs si on veut modifier la valeur de heures et de minutes. Si on n'avait pas fait ça, on aurait modifié l'adresse contenue dans les pointeurs, ce qui n'aurait servi... à rien.

De nombreux lecteurs m'ont fait remarquer qu'il était possible de résoudre le « problème » sans utiliser de pointeurs. Oui, bien sûr c'est possible, mais il faut contourner certaines règles que nous nous sommes fixées : on peut utiliser des variables globales (mais on l'a dit, c'est mal), ou encore faire un printf dans la fonction decoupeMinutes (alors que c'est dans le main qu'on veut faire le printf !). L'exercice est un peu scolaire et peut donc être contourné si vous êtes malins, ce qui vous fait peut-être douter de l'intérêt des pointeurs. Soyez assurés que cet intérêt vous paraîtra de plus en plus évident au cours des chapitres suivants.

En résumé

- Chaque variable est stockée à une **adresse** précise en mémoire.
- Les **pointeurs** sont semblables aux variables, à ceci près qu'au lieu de stocker un nombre ils stockent l'adresse à laquelle se trouve une variable en mémoire.
- Si on place un symbole & devant un nom de variable, on obtient son adresse au lieu de sa valeur (ex. : &age).
- Si on place un symbole * devant un nom de pointeur, on obtient la valeur de la variable stockée à l'adresse indiquée par le pointeur.
- Les pointeurs constituent une notion essentielle du langage C, mais néanmoins un peu complexe au début. Il faut prendre le temps de bien comprendre comment ils fonctionnent car beaucoup d'autres notions sont basées dessus.

[5] Je ne l'ai pas fait car je ne veux pas que vous risquiez de confondre avec les variables heures et minutes du main, qui ne sont pas les mêmes.

Chapitre 12

Les tableaux

Difficulté :

Ce chapitre est la suite directe des pointeurs et va vous faire comprendre un peu plus leur utilité. Vous comptiez y échapper ? C'est raté ! Les pointeurs sont partout en C, vous avez été prévenus !

Dans ce chapitre, nous apprendrons à créer des variables de type « tableaux ». Les tableaux sont très utilisés en C car ils sont vraiment pratiques pour organiser une série de valeurs.

Nous commencerons dans un premier temps par quelques explications sur le fonctionnement des tableaux en mémoire (schémas à l'appui). Ces petites introductions sur la mémoire sont extrêmement importantes : elles vous permettent de comprendre comment cela fonctionne. Un programmeur qui comprend ce qu'il fait, c'est quand même un peu plus rassurant pour la stabilité de ses programmes, non ? ;-)

Les tableaux dans la mémoire

« Les tableaux sont une suite de variables de même type, situées dans un espace contigu en mémoire. »

Bon, je reconnais que ça ressemble un peu à une définition du dictionnaire. Concrètement, il s'agit de « grosses variables » pouvant contenir plusieurs nombres du même type (`long`, `int`, `char`, `double`...).

Un tableau a une dimension bien précise. Il peut occuper 2, 3, 10, 150, 2 500 cases, c'est vous qui décidez. La fig. 12.1 est un schéma d'un tableau de 4 cases en mémoire qui commence à l'adresse 1600.

Adresse	Valeur
1600	10
1601	23
1602	505
1603	8

FIG. 12.1 – Un tableau de 4 cases

Lorsque vous demandez à créer un tableau de 4 cases en mémoire, votre programme demande à l'OS la permission d'utiliser 4 cases en mémoire. Ces 4 cases doivent être contiguës, c'est-à-dire les unes à la suite des autres. Comme vous le voyez, les adresses se suivent : 1600, 1601, 1602, 1603. Il n'y a pas de « trou » au milieu.

Enfin, chaque case du tableau contient un nombre du même type. Si le tableau est de type `int`, alors chaque case du tableau contiendra un `int`. On ne peut pas faire de tableau contenant à la fois des `int` et des `double` par exemple.

En résumé, voici ce qu'il faut retenir sur les tableaux.

- Lorsqu'un tableau est créé, il prend un espace contigu en mémoire : les cases sont les unes à la suite des autres.
- Toutes les cases d'un tableau sont du même type. Ainsi, un tableau de `int` contiendra uniquement des `int`, et pas autre chose.

Définir un tableau

Pour commencer, nous allons voir comment définir un tableau de 4 `int` :

```
int tableau[4];
```

Voilà, c'est tout. Il suffit donc de rajouter entre crochets le nombre de cases que vous voulez mettre dans votre tableau. Il n'y a pas de limite[1].

Maintenant, comment accéder à chaque case du tableau ? C'est simple, il faut écrire `tableau[numeroDeLaCase]`.

Attention : un tableau commence à l'indice n°0 ! Notre tableau de 4 `int` a donc les indices 0, 1, 2 et 3. Il n'y a pas d'indice 4 dans un tableau de 4 cases ! C'est une source d'erreurs très courantes, souvenez-vous-en.

Si je veux mettre dans mon tableau les mêmes valeurs que celles indiquées sur la fig. 12.1, je devrai donc écrire :

```
int tableau[4];

tableau[0] = 10;
tableau[1] = 23;
tableau[2] = 505;
tableau[3] = 8;
```

Je ne vois pas le rapport entre les tableaux et les pointeurs ?

En fait, si vous écrivez juste `tableau`, vous obtenez un pointeur. C'est un pointeur sur la première case du tableau. Faites le test :

```
int tableau[4];

printf("%d", tableau);
```

Résultat, on voit l'adresse où se trouve `tableau` :

```
1600
```

En revanche, si vous indiquez l'indice de la case du tableau entre crochets, vous obtenez la valeur :

```
int tableau[4];

printf("%d", tableau[0]);
```

```
10
```

De même pour les autres indices. Notez que comme `tableau` est un pointeur, on peut utiliser le symbole `*` pour connaître la première valeur :

[1]À part peut-être la taille de votre mémoire, quand même.

```
int tableau[4];

printf("%d", *tableau);
```

```
10
```

Il est aussi possible d'obtenir la valeur de la seconde case avec `*(tableau + 1)` (adresse de tableau + 1). Les deux lignes suivantes sont donc identiques :

```
tableau[1] // Renvoie la valeur de la seconde case (la première case étant 0)
*(tableau + 1) // Identique : renvoie la valeur contenue dans la seconde case
```

En clair, quand vous écrivez `tableau[0]`, vous demandez la valeur qui se trouve à l'adresse tableau + 0 case (c'est-à-dire 1600). Si vous écrivez `tableau[1]`, vous demandez la valeur se trouvant à l'adresse tableau + 1 case (c'est-à-dire 1601). Et ainsi de suite pour les autres valeurs.

Les tableaux à taille dynamique

Le langage C existe en plusieurs versions. Une version récente, appelée le C99, autorise la création de tableaux à taille dynamique, c'est-à-dire de tableaux dont la taille est définie par une variable :

```
int taille = 5;
int tableau[taille];
```

Or cela n'est pas forcément reconnu par tous les compilateurs, certains planteront sur la seconde ligne. Le langage C que je vous enseigne depuis le début (appelé le C89) n'autorise pas ce genre de choses. Nous considèrerons donc que faire cela est interdit.

Nous allons nous mettre d'accord sur ceci : vous n'avez pas le droit d'utiliser une variable entre crochets pour la définition de la taille du tableau, même si cette variable est une constante ! Le tableau doit avoir une dimension fixe, c'est-à-dire que vous devez écrire noir sur blanc le nombre correspondant à la taille du tableau :

```
int tableau[5];
```

Mais alors... il est interdit de créer un tableau dont la taille dépend d'une variable ?

Non, rassurez-vous : c'est possible, même en C89. Mais pour faire cela, nous utiliserons une autre technique (plus sûre et qui marche partout) appelée **l'allocation dynamique**. Nous verrons cela bien plus loin dans ce cours.

Parcourir un tableau

Supposons que je veuille maintenant afficher les valeurs de chaque case du tableau. Je pourrais faire autant de `printf` qu'il y a de cases. Mais bon, ce serait répétitif et lourd[2].

Le mieux est de se servir d'une boucle. Pourquoi pas d'une boucle `for` ? Les boucles `for` sont très pratiques pour parcourir un tableau :

```
int main(int argc, char *argv[])
{
    int tableau[4], i = 0;

    tableau[0] = 10;
    tableau[1] = 23;
    tableau[2] = 505;
    tableau[3] = 8;

    for (i = 0 ; i < 4 ; i++)
    {
        printf("%d\n", tableau[i]);
    }

    return 0;
}
```

▷ Code web : 912292

```
10
23
505
8
```

Notre boucle parcourt le tableau à l'aide d'une variable appelée `i` (c'est le nom très original que les programmeurs donnent en général à la variable qui leur permet de parcourir un tableau !).

Ce qui est particulièrement pratique, c'est qu'on peut mettre une variable entre crochets. En effet, la variable était interdite pour la création du tableau (pour définir sa taille), mais elle est heureusement autorisée pour « parcourir » le tableau, c'est-à-dire afficher ses valeurs ! Ici, on a mis la variable `i`, qui vaut successivement 0, 1, 2, et 3. De cette façon, on va donc afficher la valeur de `tableau[0]`, `tableau[1]`, `tableau[2]` et `tableau[3]` !

[2]Imaginez un peu la taille de notre code si on devait afficher le contenu de chaque case du tableau une à une !

Attention à ne pas tenter d'afficher la valeur de `tableau[4]` ! Un tableau de 4 cases possède les indices 0, 1, 2 et 3, point barre. Si vous tentez d'afficher `tableau[4]`, vous aurez soit n'importe quoi, soit une belle erreur, l'OS coupant votre programme car il aura tenté d'accéder à une adresse ne lui appartenant pas.

Initialiser un tableau

Maintenant que l'on sait parcourir un tableau, nous sommes capables d'initialiser toutes ses valeurs à 0 en faisant une boucle !

Bon, parcourir le tableau pour mettre 0 à chaque case, c'est de votre niveau maintenant :

```
int main(int argc, char *argv[])
{
    int tableau[4], i = 0;

    // Initialisation du tableau
    for (i = 0 ; i < 4 ; i++)
    {
        tableau[i] = 0;
    }

    // Affichage de ses valeurs pour vérifier
    for (i = 0 ; i < 4 ; i++)
    {
        printf("%d\n", tableau[i]);
    }

    return 0;
}
```

▷ Code web : 157889

```
0
0
0
0
```

Une autre façon d'initialiser

Il faut savoir qu'il existe une autre façon d'initialiser un tableau un peu plus automatisée en C. Elle consiste à écrire `tableau[4] = {valeur1, valeur2, valeur3, valeur4}`. En clair, vous placez les valeurs une à une entre accolades, séparées par des virgules :

```
int main(int argc, char *argv[])
{
```

```
    int tableau[4] = {0, 0, 0, 0}, i = 0;

    for (i = 0 ; i < 4 ; i++)
    {
        printf("%d\n", tableau[i]);
    }

    return 0;
}
```

```
0
0
0
0
```

Mais en fait, c'est même mieux que ça : vous pouvez définir les valeurs des premières cases du tableau, toutes celles que vous n'aurez pas renseignées seront automatiquement mises à 0.

Ainsi, si je fais :

```
int tableau[4] = {10, 23}; // Valeurs insérées : 10, 23, 0, 0
```

... la case n°0 prendra la valeur 10, la n°1 prendra 23, et toutes les autres prendront la valeur 0 (par défaut).

Comment initialiser tout le tableau à 0 en sachant ça ? Eh bien il vous suffit d'initialiser au moins la première valeur à 0, et toutes les autres valeurs non indiquées prendront la valeur 0.

```
int tableau[4] = {0}; // Toutes les cases du tableau seront initialisées à 0
```

Cette technique a l'avantage de fonctionner avec un tableau de n'importe quelle taille (là, ça marche pour 4 cases, mais s'il en avait eu 100 ça aurait été bon aussi).

Attention, on rencontre souvent :

```
int tableau[4] = {1}; // Valeurs insérées : 1, 0, 0, 0
```

Contrairement à ce que beaucoup d'entre vous semblent croire, on n'initialise pas toutes les cases à 1 en faisant cela : seule la première case sera à 1, les autres seront à 0. On ne peut donc pas initialiser toutes les cases à 1 automatiquement, à moins de faire une boucle.

Passage de tableaux à une fonction

Vous aurez à coup sûr souvent besoin d'afficher tout le contenu de votre tableau. Pourquoi ne pas écrire une fonction qui fait ça ? Ça va nous permettre de découvrir comment on envoie un tableau à une fonction (ce qui m'arrange).

Il va falloir envoyer deux informations à la fonction : le tableau (enfin, l'adresse du tableau) et aussi et surtout sa taille ! En effet, notre fonction doit être capable d'initialiser un tableau de n'importe quelle taille. Or, dans votre fonction, vous ne connaissez pas la taille de votre tableau. C'est pour cela qu'il faut envoyer en plus une variable que vous appellerez par exemple `tailleTableau`.

Comme je vous l'ai dit, `tableau` peut être considéré comme un pointeur. On peut donc l'envoyer à la fonction comme on l'aurait fait avec un vulgaire pointeur :

```
// Prototype de la fonction d'affichage
void affiche(int *tableau, int tailleTableau);

int main(int argc, char *argv[])
{
    int tableau[4] = {10, 15, 3};

    // On affiche le contenu du tableau
    affiche(tableau, 4);

    return 0;
}

void affiche(int *tableau, int tailleTableau)
{
    int i;

    for (i = 0 ; i < tailleTableau ; i++)
    {
        printf("%d\n", tableau[i]);
    }
}
```

▷ Code web : 571858

```
10
15
3
0
```

La fonction n'est pas différente de celles que l'on a étudiées dans le chapitre sur les pointeurs. Elle prend en paramètre un pointeur sur `int` (notre tableau), ainsi que la taille du tableau (très important pour savoir quand s'arrêter dans la boucle !). Tout le contenu du tableau est affiché par la fonction via une boucle.

Notez qu'il existe une autre façon d'indiquer que la fonction reçoit un tableau. Plutôt que d'indiquer que la fonction attend un `int *tableau`, mettez ceci :

```
void affiche(int tableau[], int tailleTableau)
```

Cela revient exactement au même, mais la présence des crochets permet au programmeur de bien voir que c'est un tableau que la fonction prend, et non un simple pointeur. Cela permet d'éviter des confusions.

J'utilise personnellement tout le temps les crochets dans mes fonctions pour bien montrer que la fonction attend un tableau. Je vous conseille de faire de même. Il n'est pas nécessaire de mettre la taille du tableau entre les crochets cette fois.

Quelques exercices !

Je ne manque pas d'idées d'exercices pour vous entraîner ! Je vous propose de réaliser des fonctions travaillant sur des tableaux.

Je donne juste les énoncés des exercices ici pour vous forcer à réfléchir à vos fonctions. Si vous avez du mal à réaliser ces fonctions, rendez-vous sur les forums pour poser vos questions.

▷ Code web : 473573

Exercice 1

Créez une fonction `sommeTableau` qui renvoie la somme des valeurs contenues dans le tableau (utilisez un `return` pour renvoyer la valeur). Pour vous aider, voici le prototype de la fonction à créer :

```
int sommeTableau(int tableau[], int tailleTableau);
```

Exercice 2

Créez une fonction `moyenneTableau` qui calcule et renvoie la moyenne des valeurs. Prototype :

```
double moyenneTableau(int tableau[], int tailleTableau);
```

La fonction renvoie un `double` car une moyenne est souvent un nombre décimal.

Exercice 3

Créez une fonction `copierTableau` qui prend en paramètre deux tableaux. Le contenu du premier tableau devra être copié dans le second tableau. Prototype :

```
void copie(int tableauOriginal[], int tableauCopie[], int tailleTableau);
```

Exercice 4

Créez une fonction **maximumTableau** qui aura pour rôle de remettre à 0 toutes les cases du tableau ayant une valeur supérieure à un maximum. Cette fonction prendra en paramètres le tableau ainsi que le nombre maximum autorisé (`valeurMax`). Toutes les cases qui contiennent un nombre supérieur à `valeurMax` doivent être mises à 0. Prototype :

```
void maximumTableau(int tableau[], int tailleTableau, int valeurMax);
```

Exercice 5

Cet exercice est plus difficile. Créez une fonction `ordonnerTableau` qui classe les valeurs d'un tableau dans l'ordre croissant. Ainsi, un tableau qui vaut `{15, 81, 22, 13}` doit à la fin de la fonction valoir `{13, 15, 22, 81}`. Prototype :

```
void ordonnerTableau(int tableau[], int tailleTableau);
```

Cet exercice est donc un peu plus difficile que les autres, mais tout à fait réalisable. Ça va vous occuper un petit moment.

Faites-vous un petit fichier de fonctions appelé `tableaux.c` (avec son homologue `tableaux.h` qui contiendra les prototypes, bien sûr !) contenant toutes les fonctions de votre cru réalisant des opérations sur des tableaux.

Au travail ! :-)

En résumé

- Les **tableaux** sont des ensembles de variables du même type stockées côte à côte en mémoire.
- La taille d'un tableau doit être déterminée avant la compilation, elle ne peut pas dépendre d'une variable.
- Chaque case d'un tableau de type `int` contient une variable de type `int`.
- Les cases sont numérotées via des **indices** commençant à 0 : `tableau[0]`, `tableau[1]`, `tableau[2]`, etc.

Chapitre 13

Les chaînes de caractères

Difficulté :

Une « chaîne de caractères », c'est un nom *programmatiquement* correct pour désigner... du texte, tout simplement ! Une chaîne de caractères, c'est donc du texte que l'on peut retenir sous forme de variable en mémoire. On pourrait ainsi stocker le nom de l'utilisateur.

Comme nous l'avons dit plus tôt, notre ordinateur ne peut retenir que des nombres. Les lettres sont exclues. Comment diable les programmeurs font-ils pour manipuler du texte, alors ? Eh bien ils sont malins, vous allez voir !

Le type `char`

Dans ce chapitre, nous allons porter une attention particulière au type `char`. Si vous vous souvenez bien, le type `char` permet de stocker des nombres compris entre -128 et 127.

> Si ce type `char` permet de stocker des nombres, il faut savoir qu'en C on l'utilise rarement pour ça. En général, même si le nombre est petit, on le stocke dans un `int`. Certes, ça prend un peu plus de place en mémoire, mais aujourd'hui, la mémoire, ce n'est vraiment pas ce qui manque sur un ordinateur.

Le type `char` est en fait prévu pour stocker... une lettre ! Attention, j'ai bien dit : UNE lettre.

Comme la mémoire ne peut stocker que des nombres, on a inventé une table qui fait la conversion entre les nombres et les lettres. Cette table indique ainsi par exemple que le nombre 65 équivaut à la lettre A.

Le langage C permet de faire très facilement la traduction lettre <=> nombre correspondant. Pour obtenir le nombre associé à une lettre, il suffit d'écrire cette lettre entre apostrophes, comme ceci : `'A'`. À la compilation, `'A'` sera remplacé par la valeur correspondante.

Testons :

```
int main(int argc, char *argv[])
{
    char lettre = 'A';

    printf("%d\n", lettre);

    return 0;
}
```

```
65
```

On sait donc que la lettre A majuscule est représentée par le nombre 65. B vaut 66, C vaut 67, etc. Testez avec des minuscules et vous verrez que les valeurs sont différentes. En effet, la lettre `'a'` n'est pas identique à la lettre `'A'`, l'ordinateur faisant la différence entre les majuscules et les minuscules[1].

La plupart des caractères « de base » sont codés entre les nombres 0 et 127. Une table fait la conversion entre les nombres et les lettres : la table ASCII (prononcez « Aski »). Le site AsciiTable.com est célèbre pour proposer cette table mais ce n'est pas le seul, on peut aussi la retrouver sur Wikipédia et bien d'autres sites encore.

▷ Code web : 254782

[1] On dit qu'il « respecte la casse ».

Afficher un caractère

La fonction printf, qui n'a décidemment pas fini de nous étonner, peut aussi afficher un caractère. Pour cela, on doit utiliser le symbole %c (c comme caractère) :

```
int main(int argc, char *argv[])
{
    char lettre = 'A';

    printf("%c\n", lettre);

    return 0;
}
```

```
A
```

Hourra ! Nous savons afficher une lettre.

On peut aussi demander à l'utilisateur d'entrer une lettre en utilisant le %c dans un scanf :

```
int main(int argc, char *argv[])
{
    char lettre = 0;

    scanf("%c", &lettre);
    printf("%c\n", lettre);

    return 0;
}
```

Si je tape la lettre B, je verrai[2] :

```
B
B
```

Voici à peu près tout ce qu'il faut savoir sur le type char. Retenez bien :

- le type char permet de stocker des nombres allant de -128 à 127, unsigned char des nombres de 0 à 255 ;
- il y a une table que votre ordinateur utilise pour convertir les lettres en nombres et inversement, la table ASCII ;
- on peut donc utiliser le type char pour stocker UNE lettre ;
- 'A' est remplacé à la compilation par la valeur correspondante (65 en l'occurrence). On utilise donc les apostrophes pour obtenir la valeur d'une lettre.

[2]Le premier des deux B est celui que j'ai tapé au clavier, le second est celui affiché par le printf.

Les chaînes sont des tableaux de `char`

Comme on dit, tout est dans le titre. En effet : une chaîne de caractères n'est rien d'autre qu'un tableau de type `char`. Un bête tableau de rien du tout.

Si on crée un tableau :

```
char chaine[5];
```

et qu'on met dans `chaine[0]` la lettre `'S'`, dans `chaine[1]` la lettre `'a'`... on peut ainsi former une chaîne de caractères, c'est-à-dire du texte.

La fig. 13.1 vous donne une idée de la façon dont la chaîne est stockée en mémoire (attention : je vous préviens de suite, c'est un peu plus compliqué que ça en réalité, je vous explique après pourquoi).

Adresse	Valeur
18000	'S'
18001	'a'
18002	'l'
18003	'u'
18004	't'

FIG. 13.1 – Une chaîne de caractères en mémoire (simplifiée)

Comme on peut le voir, c'est un tableau qui prend 5 cases en mémoire pour représenter le mot « Salut ». Pour la valeur, j'ai volontairement écrit sur le schéma les lettres entre apostrophes pour indiquer que c'est un nombre qui est stocké, et non une lettre. En réalité, dans la mémoire, ce sont bel et bien les nombres correspondant à ces lettres qui sont stockés.

Toutefois, une chaîne de caractères ne contient pas que des lettres ! Le schéma de la fig. 13.1 est en fait incomplet. Une chaîne de caractère **doit impérativement contenir un caractère spécial à la fin de la chaîne**, appelé « caractère de fin de chaîne ». Ce caractère s'écrit `'\0'`.

Pourquoi faut-il que la chaîne de caractères se termine par un \0 ?

Tout simplement pour que votre ordinateur sache quand s'arrête la chaîne ! Le caractère \0 permet de dire : « Stop, c'est fini, y'a plus rien à lire après, circulez ! »

Par conséquent, pour stocker le mot « Salut » (qui comprend 5 lettres) en mémoire, il ne faut pas un tableau de 5 `char`, mais de 6 ! Chaque fois que vous créez une chaîne de caractères, vous allez donc devoir penser à prévoir de la place pour le caractère de fin de chaîne. Il faut toujours toujours toujours ajouter un bloc de plus dans le tableau pour stocker ce caractère \0, c'est impératif !

Oublier le caractère de fin \0 est une source d'erreurs impitoyable du langage C. Je le sais pour en avoir fait les frais plus d'une fois.

La fig. 13.2 est le schéma correct de la représentation de la chaîne de caractères « Salut » en mémoire.

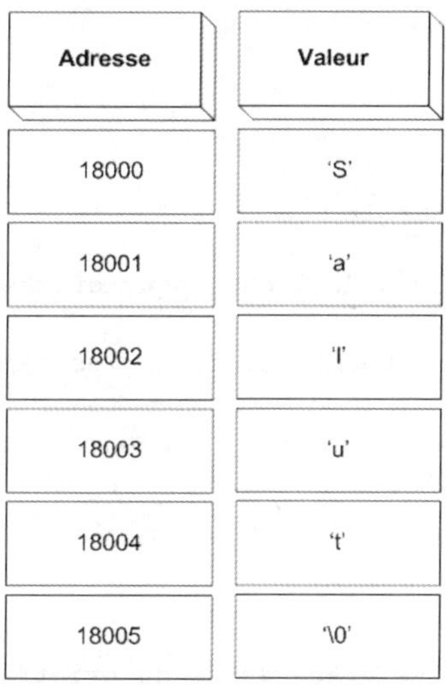

FIG. 13.2 – Une chaîne de caractères en mémoire

Comme vous le voyez, la chaîne prend 6 caractères et non pas 5, il va falloir s'y faire. La chaîne se termine par `'\0'`, le caractère de fin de chaîne qui permet d'indiquer à l'ordinateur que la chaîne se termine là.

Voyez le caractère \0 comme un avantage. Grâce à lui, vous n'aurez pas à retenir la taille de votre tableau car il indique que le tableau s'arrête à cet endroit. Vous pourrez passer votre tableau de `char` à une fonction sans avoir à ajouter à côté une variable indiquant la taille du tableau. Cela n'est valable que pour les chaînes de caractères (c'est-à-dire le type `char*`, qu'on peut aussi écrire `char[]`). Pour les autres types de tableaux, vous êtes toujours obligés de retenir la taille du tableau quelque part.

Création et initialisation de la chaîne

Si on veut initialiser notre tableau `chaine` avec le texte « Salut », on peut utiliser la méthode manuelle mais peu efficace :

```
char chaine[6]; // Tableau de 6 char pour stocker S-a-l-u-t + le \0

chaine[0] = 'S';
chaine[1] = 'a';
chaine[2] = 'l';
chaine[3] = 'u';
chaine[4] = 't';
chaine[5] = '\0';
```

Cette méthode marche. On peut le vérifier avec un `printf`.

Pour faire un `printf` il faut utiliser le symbole `%s` (`s` comme *string*, qui signifie « chaîne » en anglais). Voici le code complet qui crée une chaîne « Salut » en mémoire et qui l'affiche :

```
#include <stdio.h>
#include <stdlib.h>

int main(int argc, char *argv[])
{
    char chaine[6]; // Tableau de 6 char pour stocker S-a-l-u-t + le \0

    // Initialisation de la chaîne (on écrit les caractères un à un en mémoire)
    chaine[0] = 'S';
    chaine[1] = 'a';
    chaine[2] = 'l';
    chaine[3] = 'u';
    chaine[4] = 't';
    chaine[5] = '\0';

    // Affichage de la chaîne grâce au %s du printf
    printf("%s", chaine);

    return 0;
}
```

▷ Code web : 865721

Résultat :

```
Salut
```

Vous remarquerez que c'est un peu fatigant et répétitif de devoir écrire les caractères un à un comme on l'a fait dans le tableau `chaine`. Pour initialiser une chaîne, il existe heureusement une méthode plus simple :

```
int main(int argc, char *argv[])
{
    char chaine[] = "Salut"; // La taille du tableau chaine est automatiquement
↪   calculée
```

```
    printf("%s", chaine);

    return 0;
}
```

▷ Code web : 508057

```
Salut
```

Comme vous le voyez à la première ligne, je crée une variable de type `char[]`. J'aurais pu écrire aussi `char*`, le résultat aurait été le même.

En tapant entre guillemets la chaîne que vous voulez mettre dans votre tableau, le compilateur C calcule automatiquement la taille nécessaire. C'est-à-dire qu'il compte les lettres et ajoute 1 pour placer le caractère `\0`. Il écrit ensuite une à une les lettres du mot « Salut » en mémoire et ajoute le `\0` comme on l'a fait nous-mêmes manuellement quelques instants plus tôt. Bref, c'est bien plus pratique.

Il y a toutefois un défaut : ça ne marche que pour l'initialisation ! Vous ne pouvez pas écrire plus loin dans le code :

```
chaine = "Salut";
```

Cette technique est donc à réserver à l'initialisation. Après cela, il faudra écrire les caractères manuellement un à un en mémoire comme on l'a fait au début.

Récupération d'une chaîne via un `scanf`

Vous pouvez enregistrer une chaîne entrée par l'utilisateur via un `scanf`, en utilisant là encore le symbole `%s`. Seul problème : vous ne savez pas combien de caractères l'utilisateur va entrer. Si vous lui demandez son prénom, il s'appelle peut-être Luc (3 caractères), mais qui vous dit qu'il ne s'appelle pas Jean-Edouard (beaucoup plus de caractères) ?

Pour ça, il n'y a pas 36 solutions. Il va falloir créer un tableau de `char` très grand, suffisamment grand pour pouvoir stocker le prénom. On va donc créer un `char[100]`. Vous avez peut-être l'impression de gâcher de la mémoire, mais souvenez-vous encore une fois que de la place en mémoire, ce n'est pas ce qui manque[3].

```
int main(int argc, char *argv[])
{
    char prenom[100];

    printf("Comment t'appelles-tu petit Zero ? ");
    scanf("%s", prenom);
    printf("Salut %s, je suis heureux de te rencontrer !", prenom);
```

[3]Et il y a des programmes qui gâchent la mémoire de façon bien pire que cela !

```
    return 0;
}
```

▷ Code web : 735780

```
Comment t'appelles-tu petit Zero ? Mateo21

Salut Mateo21, je suis heureux de te rencontrer !
```

Fonctions de manipulation des chaînes

Les chaînes de caractères sont, vous vous en doutez, fréquemment utilisées. Tous les mots, tous les textes que vous voyez sur votre écran sont en fait des tableaux de `char` en mémoire qui fonctionnent comme je viens de vous l'expliquer. Afin de nous aider un peu à manipuler les chaînes, on nous fournit dans la bibliothèque `string.h` une pléthore de fonctions dédiées aux calculs sur des chaînes.

Je ne peux pas vraiment toutes vous les présenter ici, ce serait un peu long et elles ne sont pas toutes indispensables. Je vais me contenter de vous parler des principales dont vous aurez très certainement besoin dans peu de temps.

Pensez à inclure `string.h`

Même si cela devrait vous paraître évident, je préfère vous le préciser encore au cas où : comme on va utiliser une nouvelle bibliothèque appelée `string.h`, vous devez l'inclure en haut des fichiers `.c` où vous en avez besoin :

```
#include <string.h>
```

Si vous ne le faites pas, l'ordinateur ne connaîtra pas les fonctions que je vais vous présenter car il n'aura pas les prototypes, et la compilation plantera. En bref, n'oubliez pas d'inclure cette bibliothèque à chaque fois que vous utilisez des fonctions de manipulation de chaînes.

`strlen` : calculer la longueur d'une chaîne

`strlen` est une fonction qui calcule la longueur d'une chaîne de caractères (sans compter le caractère `\0`). Vous devez lui envoyer un seul paramètre : votre chaîne de caractères. Cette fonction vous retourne la longueur de la chaîne.

Maintenant que vous savez ce qu'est un prototype, je vais vous donner le prototype des fonctions dont je vous parle. Les programmeurs s'en servent comme « mode d'emploi » de la fonction (même si quelques explications à côté ne sont jamais superflues) :

```
size_t strlen(const char* chaine);
```

> size_t est un type spécial qui signifie que la fonction renvoie un nombre correspondant à une taille. Ce n'est pas un type de base comme int, long ou char, c'est un type « inventé ». Nous apprendrons nous aussi à créer nos propres types de variables quelques chapitres plus loin. Pour le moment, on va se contenter de stocker la valeur renvoyée par strlen dans une variable de type int (l'ordinateur convertira de size_t en int automatiquement). En toute rigueur, il faudrait plutôt stocker le résultat dans une variable de type size_t, mais en pratique un int est suffisant pour cela.

La fonction prend un paramètre de type `const char*`. Le `const` (qui signifie constante, rappelez-vous) fait que la fonction `strlen` « s'interdit » en quelque sorte de modifier votre chaîne. Quand vous voyez un `const`, vous savez que la variable n'est pas modifiée par la fonction, elle est juste lue.

Testons la fonction `strlen` :

```
int main(int argc, char *argv[])
{
    char chaine[] = "Salut";
    int longueurChaine = 0;

    // On récupère la longueur de la chaîne dans longueurChaine
    longueurChaine = strlen(chaine);

    // On affiche la longueur de la chaîne
    printf("La chaine %s fait %d caracteres de long", chaine, longueurChaine);

    return 0;
}
```

▷ Code web : 875719

```
La chaine Salut fait 5 caracteres de long
```

Cette fonction `strlen` est d'ailleurs facile à écrire. Il suffit de faire une boucle sur le tableau de `char` qui s'arrête quand on tombe sur le caractère `\0`. Un compteur s'incrémente à chaque tour de boucle, et c'est ce compteur que la fonction retourne.

Tiens, tout ça m'a donné envie d'écrire moi-même une fonction similaire à `strlen`. Ça vous permettra en plus de bien comprendre comment la fonction marche :

```
int longueurChaine(const char* chaine);

int main(int argc, char *argv[])
{
    char chaine[] = "Salut";
```

```
    int longueur = 0;

    longueur = longueurChaine(chaine);

    printf("La chaine %s fait %d caracteres de long", chaine, longueur);


    return 0;
}

int longueurChaine(const char* chaine)
{
    int nombreDeCaracteres = 0;
    char caractereActuel = 0;

    do
    {
        caractereActuel = chaine[nombreDeCaracteres];
        nombreDeCaracteres++;
    }
    while(caractereActuel != '\0'); // On boucle tant qu'on n'est pas arrivé
↪   à l'\0

    nombreDeCaracteres--; // On retire 1 caractère de long pour ne pas compter
↪   le caractère \0

    return nombreDeCaracteres;
}
```

▷ Code web : 150785

La fonction `longueurChaine` fait une boucle sur le tableau `chaine`. Elle stocke les caractères un par un dans `caractereActuel`. Dès que `caractèreActuel` vaut `'\0'`, la boucle s'arrête. À chaque passage dans la boucle, on ajoute 1 au nombre de caractères qu'on a analysés.

À la fin de la boucle, on retire 1 caractère au nombre total de caractères qu'on a comptés. Cela permet de ne pas compter le caractère `\0` dans le lot. Enfin, on retourne `nombreDeCaracteres` et le tour est joué !

`strcpy` : copier une chaîne dans une autre

La fonction `strcpy` (comme « string copy ») permet de copier une chaîne à l'intérieur d'une autre. Son prototype est :

```
char* strcpy(char* copieDeLaChaine, const char* chaineACopier);
```

Cette fonction prend deux paramètres :

- `copieDeLaChaine` : c'est un pointeur vers un `char*` (tableau de `char`). C'est dans ce tableau que la chaîne sera copiée ;
- `chaineACopier` : c'est un pointeur vers un autre tableau de `char`. Cette chaîne sera copiée dans `copieDeLaChaine`.

La fonction renvoie un pointeur sur `copieDeLaChaine`, ce qui n'est pas très utile. En général, on ne récupère pas ce que cette fonction renvoie. Testons cela :

```
int main(int argc, char *argv[])
{
    /* On crée une chaîne "chaine" qui contient un peu de texte
    et une copie (vide) de taille 100 pour être sûr d'avoir la place
    pour la copie */

    char chaine[] = "Texte", copie[100] = {0};

    strcpy(copie, chaine); // On copie "chaine" dans "copie"

    // Si tout s'est bien passé, la copie devrait être identique à chaine
    printf("chaine vaut : %s\n", chaine);
    printf("copie vaut : %s\n", copie);

    return 0;
}
```

▷ Code web : 193903

```
chaine vaut : Texte
copie vaut : Texte
```

On voit que `chaine` vaut « Texte ». Jusque-là, c'est normal. Par contre, on voit aussi que la variable `copie`, qui était vide au départ, a été remplie par le contenu de `chaine`. La chaîne a donc bien été copiée dans `copie`.

Vérifiez que la chaîne `copie` est assez grande pour accueillir le contenu de `chaine`. Si, dans mon exemple, j'avais défini `copie[5]` (ce qui n'est pas suffisant car il n'y aurait pas eu de place pour le \0), la fonction `strcpy` aurait « débordé en mémoire » et probablement fait planter votre programme. À éviter à tout prix, sauf si vous aimez faire planter votre ordinateur, bien sûr.

Schématiquement, la copie a fonctionné comme sur la fig. 13.3.

Chaque caractère de `chaine` a été placé dans `copie`. La chaîne `copie` contient de nombreux caractères inutilisés, vous l'aurez remarqué. Je lui ai donné la taille 100 par sécurité, mais en toute rigueur, la taille 6 aurait suffit. L'avantage de créer un tableau un peu plus grand, c'est que de cette façon la chaîne `copie` sera capable de recevoir d'autres chaînes peut-être plus grandes dans la suite du programme.

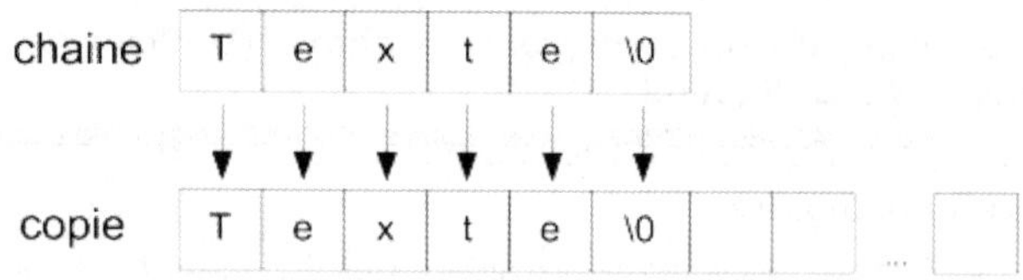

FIG. 13.3 – Copie d'une chaîne de caractères

`strcat` : concaténer 2 chaînes

Cette fonction ajoute une chaîne à la suite d'une autre. On appelle cela la concaténation. Supposons que l'on ait les variables suivantes :

- `chaine1 = "Salut "`
- `chaine2 = "Mateo21"`

Si je concatène `chaine2` dans `chaine1`, alors `chaine1` vaudra `"Salut Mateo21"`. Quant à `chaine2`, elle n'aura pas changé et vaudra donc toujours `"Mateo21"`. Seule `chaine1` est modifiée.

C'est exactement ce que fait `strcat`, dont voici le prototype :

```
char* strcat(char* chaine1, const char* chaine2);
```

Comme vous pouvez le voir, `chaine2` ne peut pas être modifiée car elle est définie comme constante dans le prototype de la fonction. La fonction retourne un pointeur vers `chaine1`, ce qui, comme pour `strcpy`, ne sert pas à grand-chose dans le cas présent : on peut donc ignorer ce que la fonction nous renvoie.

La fonction ajoute à `chaine1` le contenu de `chaine2`. Regardons-y de plus près :

```
int main(int argc, char *argv[])
{
    /* On crée 2 chaînes. chaine1 doit être assez grande pour accueillir
    le contenu de chaine2 en plus, sinon risque de plantage */
    char chaine1[100] = "Salut ", chaine2[] = "Mateo21";

    strcat(chaine1, chaine2); // On concatène chaine2 dans chaine1

    // Si tout s'est bien passé, chaine1 vaut "Salut Mateo21"
    printf("chaine1 vaut : %s\n", chaine1);
    // chaine2 n'a pas changé :
    printf("chaine2 vaut toujours : %s\n", chaine2);

    return 0;
}
```

▷ Code web : 220153

```
chaine1 vaut : Salut Mateo21
chaine2 vaut toujours : Mateo21
```

Vérifiez absolument que `chaine1` est assez grande pour qu'on puisse lui ajouter le contenu de `chaine2`, sinon vous ferez un débordement en mémoire qui peut conduire à un plantage. C'est pour cela que j'ai défini `chaine1` de taille 100. Quant à `chaine2`, j'ai laissé l'ordinateur calculer sa taille (je n'ai donc pas précisé la taille) car cette chaîne n'est pas modifiée, il n'y a donc pas besoin de la rendre plus grande que nécessaire.

La fig. 13.4 résume le fonctionnement de la concaténation.

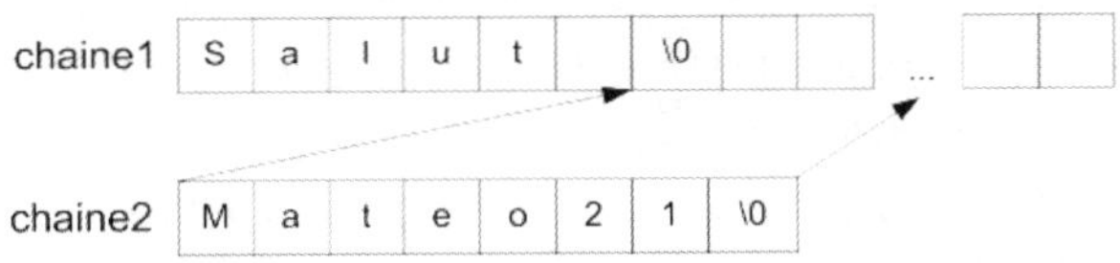

FIG. 13.4 – Concaténation de chaînes

Le tableau `chaine2` a été ajouté à la suite de `chaine1` (qui comprenait une centaine de cases). Le `\0` de `chaine1` a été supprimé (en fait, il a été remplacé par le M de Mateo21). En effet, il ne faut pas laisser un `\0` au milieu de la chaîne, sinon celle-ci aurait été « coupée » au milieu ! On ne met qu'un `\0` à la fin de la chaîne, une fois qu'elle est finie.

`strcmp` : comparer 2 chaînes

`strcmp` compare 2 chaînes entre elles. Voici son prototype :

```
int strcmp(const char* chaine1, const char* chaine2);
```

Les variables `chaine1` et `chaine2` sont comparées. Comme vous le voyez, aucune d'elles n'est modifiée car elles sont indiquées comme constantes.

Il est important de récupérer ce que la fonction renvoie. En effet, `strcmp` renvoie :

- 0 si les chaînes sont identiques ;
- une autre valeur (positive ou négative) si les chaînes sont différentes.

Il aurait été plus logique, je le reconnais, que la fonction renvoie 1 si les chaînes avaient été identiques pour dire « vrai » (rappelez-vous des booléens). La raison est simple : la fonction compare les valeurs de chacun des caractères un à un. Si tous les caractères sont identiques, elle renvoie 0. Si les caractères de la `chaine1` sont supérieurs à ceux de la `chaine2`, la fonction renvoie un nombre positif. Si c'est l'inverse, la fonction renvoie un nombre négatif. Dans la pratique, on se sert surtout de `strcmp` pour vérifier si 2 chaînes sont identiques ou non.

Voici un code de test :

```
int main(int argc, char *argv[])
{
    char chaine1[] = "Texte de test", chaine2[] = "Texte de test";

    if (strcmp(chaine1, chaine2) == 0) // Si chaînes identiques
    {
        printf("Les chaines sont identiques\n");
    }
    else
    {
        printf("Les chaines sont differentes\n");
    }

    return 0;
}
```

▷ Code web : 471948

```
Les chaines sont identiques
```

Les chaînes étant identiques, la fonction `strcmp` a renvoyé le nombre 0. Notez que j'aurais pu stocker ce que renvoie `strcmp` dans une variable de type `int`. Toutefois, ce n'est pas obligatoire, on peut directement mettre la fonction dans le `if` comme je l'ai fait.

Je n'ai pas grand-chose à ajouter à propos de cette fonction. Elle est assez simple à utiliser en fait, mais il ne faut pas oublier que 0 signifie « identique » et une autre valeur signifie « différent ». C'est la seule source d'erreurs possible ici.

`strchr` : rechercher un caractère

La fonction `strchr` recherche un caractère dans une chaîne. Prototype :

```
char* strchr(const char* chaine, int caractereARechercher);
```

La fonction prend 2 paramètres :

- `chaine` : la chaîne dans laquelle la recherche doit être faite ;
- `caractereARechercher` : le caractère que l'on doit rechercher dans la chaîne.

Vous remarquerez que `caractereARechercher` est de type `int` et non de type `char`. Ce n'est pas réellement un problème car, au fond, un caractère est et restera toujours un nombre. Néanmoins, on utilise quand même plus souvent un `char` qu'un `int` pour stocker un caractère en mémoire.

La fonction renvoie un pointeur vers le premier caractère qu'elle a trouvé, c'est-à-dire qu'elle renvoie l'adresse de ce caractère dans la mémoire. Elle renvoie `NULL` si elle n'a rien trouvé. Dans l'exemple suivant, je récupère ce pointeur dans `suiteChaine` :

```
int main(int argc, char *argv[])
{
    char chaine[] = "Texte de test", *suiteChaine = NULL;

    suiteChaine = strchr(chaine, 'd');
    if (suiteChaine != NULL) // Si on a trouvé quelque chose
    {
        printf("Voici la fin de la chaine a partir du premier d : %s",
        suiteChaine);
    }

    return 0;
}
```

▷ Code web : 161896

```
Voici la fin de la chaine a partir du premier d : de test
```

Avez-vous bien compris ce qu'il se passe ici ? C'est un peu particulier. En fait, `suiteChaine` est un pointeur comme `chaine`, sauf que `chaine` pointe sur le premier caractère (le `'T'` majuscule), tandis que `suiteChaine` pointe sur le premier caractère `'d'` qui a été trouvé dans `chaine`.

Le schéma de la fig. 13.5 vous montre où pointe chaque pointeur :

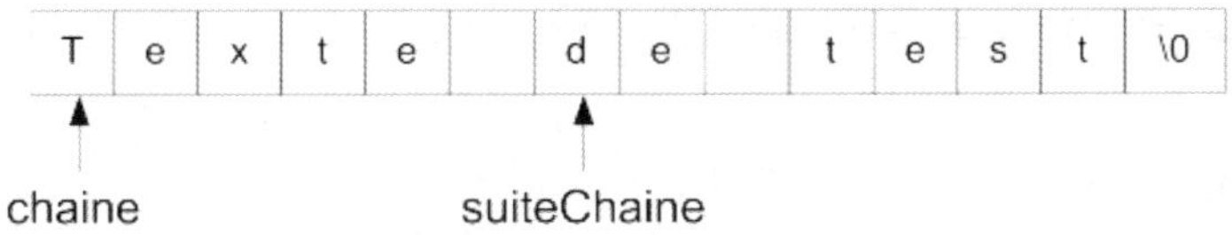

Fig. 13.5 – Pointeurs et chaînes

`chaine` commence au début de la chaine (`'T'` majuscule), tandis que `suiteChaine` pointe sur le `'d'` minuscule.

Lorsque je fais un `printf` de `suiteChaine`, il est donc normal que l'on m'affiche juste « de test ». La fonction `printf` affiche tous les caractères qu'elle rencontre ('d', 'e', ' ', 't', 'e', 's', 't') jusqu'à ce qu'elle tombe sur le `\0` qui lui dit que la chaîne s'arrête là.

Variante

Il existe une fonction `strrchr` strictement identique à `strchr`, sauf que celle-là renvoie un pointeur vers **le dernier caractère** qu'elle a trouvé dans la chaîne plutôt que vers le premier.

strpbrk : premier caractère de la liste

Cette fonction ressemble beaucoup à la précédente. Celle-ci recherche un des caractères dans la liste que vous lui donnez sous forme de chaîne, contrairement à `strchr` qui ne peut rechercher qu'un seul caractère à la fois.

Par exemple, si on forme la chaîne `"xds"` et qu'on en fait une recherche dans `"Texte de test"`, la fonction renvoie un pointeur vers le premier de ces caractères qu'elle y a trouvé. En l'occurrence, le premier caractère de `"xds"` qu'elle trouve dans `"Texte de test"` est le `x`, donc `strpbrk` renverra un pointeur sur `'x'`.

Prototype :

```
char* strpbrk(const char* chaine, const char* lettresARechercher);
```

Testons la fonction :

```
int main(int argc, char *argv[])
{
    char *suiteChaine;

    // On cherche la première occurrence de x, d ou s dans "Texte de test"
    suiteChaine = strpbrk("Texte de test", "xds");

    if (suiteChaine != NULL)
    {
        printf("Voici la fin de la chaine a partir du premier des caracteres
↪       trouves : %s", suiteChaine);
    }

    return 0;
}
```

▷ Code web : 866773

```
Voici la fin de la chaine a partir du premier des caracteres trouves :
xte de test
```

Pour cet exemple, j'ai directement écrit les valeurs à envoyer à la fonction (entre guillemets). Nous ne sommes en effet pas obligés d'employer une variable à tous les coups, on peut très bien écrire la chaîne directement. Il faut simplement retenir la règle suivante :

- si vous utilisez les guillemets `""`, cela signifie **chaîne** ;
- si vous utilisez les apostrophes `''`, cela signifie **caractère**.

strstr : rechercher une chaîne dans une autre

Cette fonction recherche la première occurrence d'une chaîne dans une autre chaîne. Son prototype est :

```
char* strstr(const char* chaine, const char* chaineARechercher);
```

Le prototype est similaire à `strpbrk`, mais attention à ne pas confondre : `strpbrk` recherche UN des caractères, tandis que `strstr` recherche toute la chaîne.

Exemple :

```
int main(int argc, char *argv[])
{
    char *suiteChaine;

    // On cherche la première occurrence de "test" dans "Texte de test" :
    suiteChaine = strstr("Texte de test", "test");
    if (suiteChaine != NULL)
    {
        printf("Premiere occurrence de test dans Texte de test : %s\n",
↪        suiteChaine);
    }

    return 0;
}
```

▷ Code web : 293475

```
Premiere occurrence de test dans Texte de test : test
```

La fonction `strstr` recherche la chaîne "test" dans "Texte de test". Elle renvoie, comme les autres, un pointeur quand elle a trouvé ce qu'elle cherchait. Elle renvoie `NULL` si elle n'a rien trouvé.

Jusqu'ici, je me suis contenté d'afficher la chaîne à partir du pointeur retourné par les fonctions. Dans la pratique, ça n'est pas très utile. Vous ferez juste un `if (resultat != NULL)` pour savoir si la recherche a ou non donné quelque chose, et vous afficherez « Le texte que vous recherchiez a été trouvé ».

`sprintf` : écrire dans une chaîne

Cette fonction se trouve dans `stdio.h` contrairement aux autres fonctions que nous avons étudiées jusqu'ici, qui étaient dans `string.h`.

Ce nom doit vaguement vous rappeler quelque chose. Cette fonction ressemble énormément au `printf` que vous connaissez mais, au lieu d'écrire à l'écran, `sprintf` écrit dans... une chaîne ! D'où son nom d'ailleurs, qui commence par le « s » de « string » (chaîne en anglais).

C'est une fonction très pratique pour mettre en forme une chaîne. Petit exemple :

```
#include <stdio.h>
#include <stdlib.h>

int main(int argc, char *argv[])
{
    char chaine[100];
    int age = 15;

    // On écrit "Tu as 15 ans" dans chaine
    sprintf(chaine, "Tu as %d ans !", age);

    // On affiche chaine pour vérifier qu'elle contient bien cela :
    printf("%s", chaine);

    return 0;
}
```

▷ Code web : 279963

```
Tu as 15 ans !
```

Elle s'utilise de la même manière que `printf`, mis à part le fait que vous devez lui donner en premier paramètre un pointeur vers la chaîne qui doit recevoir le texte.

Dans mon exemple, j'écris dans `chaine` « Tu as %d ans », où `%d` est remplacé par le contenu de la variable `age`. Toutes les règles du `printf` s'appliquent, vous pouvez donc si vous le voulez mettre des `%s` pour insérer d'autres chaînes à l'intérieur de votre chaîne !

Comme d'habitude, vérifiez que votre chaîne est suffisamment grande pour accueillir tout le texte que le `sprintf` va lui envoyer. Sinon, comme on l'a vu, vous vous exposez à des dépassements de mémoire et donc à un plantage de votre programme.

En résumé

- Un ordinateur ne sait pas manipuler du texte, il ne connaît que les nombres. Pour régler le problème, on associe à chaque lettre de l'alphabet un nombre correspondant dans une table appelée la **table ASCII**.
- Le type `char` est utilisé pour stocker une et une seule lettre[4].
- Pour créer un mot ou une phrase, on doit construire une **chaîne de caractères**. Pour cela, on utilise un **tableau de** `char`.
- Toute chaîne de caractère se termine par un caractère spécial appelé `\0` qui signifie « fin de chaîne ».
- Il existe de nombreuses fonctions toutes prêtes de manipulation des chaînes dans la **bibliothèque string**. Il faut inclure `string.h` pour pouvoir les utiliser.

[4]Il stocke en réalité un nombre mais ce nombre est automatiquement traduit par l'ordinateur à l'affichage.

Chapitre 14

Le préprocesseur

Difficulté :

Après ces derniers chapitres harassants sur les pointeurs, tableaux et chaînes de caractères, nous allons faire une pause. Vous avez dû intégrer un certain nombre de nouveautés dans les chapitres précédents, je ne peux donc pas vous refuser de souffler un peu.

Ce chapitre va traiter du préprocesseur, ce programme qui s'exécute juste avant la compilation. Ne vous y trompez pas : les informations contenues dans ce chapitre vous seront utiles. Elles sont en revanche moins complexes que ce que vous avez eu à assimiler récemment.

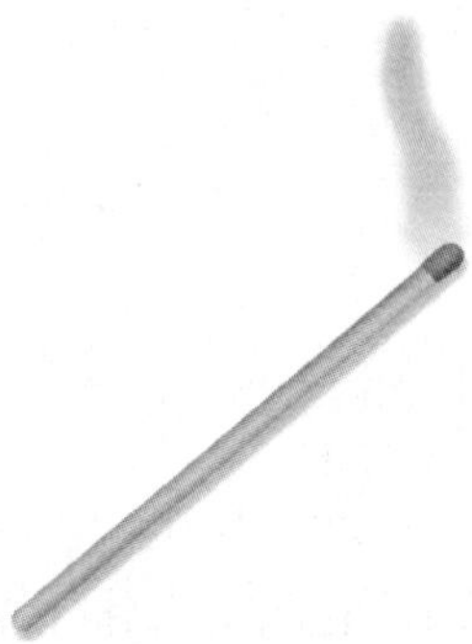

Les `include`

Comme je vous l'ai expliqué dans les tout premiers chapitres du cours, on trouve dans les codes source des lignes un peu particulières appelées **directives de préprocesseur**. Ces directives de préprocesseur ont la caractéristique suivante : elles commencent toujours par le symbole `#`. Elles sont donc faciles à reconnaître.

La première (et seule) directive que nous ayons vue pour l'instant est `#include`. Cette directive permet d'inclure le contenu d'un fichier dans un autre, je vous l'ai dit plus tôt. On s'en sert en particulier pour inclure des fichiers `.h` comme les fichiers `.h` des bibliothèques (`stdlib.h`, `stdio.h`, `string.h`, `math.h`...) et vos propres fichiers `.h`.

Pour inclure un fichier `.h` se trouvant dans le dossier où est installé votre IDE, vous devez utiliser les chevrons `< >` :

```
#include <stdlib.h>
```

Pour inclure un fichier `.h` se trouvant dans le dossier de votre projet, vous devez en revanche utiliser les guillemets :

```
#include "monfichier.h"
```

Concrètement, le préprocesseur est démarré avant la compilation. Il parcourt tous vos fichiers à la recherche de directives de préprocesseur, ces fameuses lignes qui commencent par un `#`. Lorsqu'il rencontre la directive `#include`, il insère littéralement le contenu du fichier indiqué à l'endroit du `#include`.

Supposons que j'aie un `fichier.c` contenant le code de mes fonctions et un `fichier.h` contenant les prototypes des fonctions de `fichier.c`. On pourrait résumer la situation dans le schéma de la fig. 14.1.

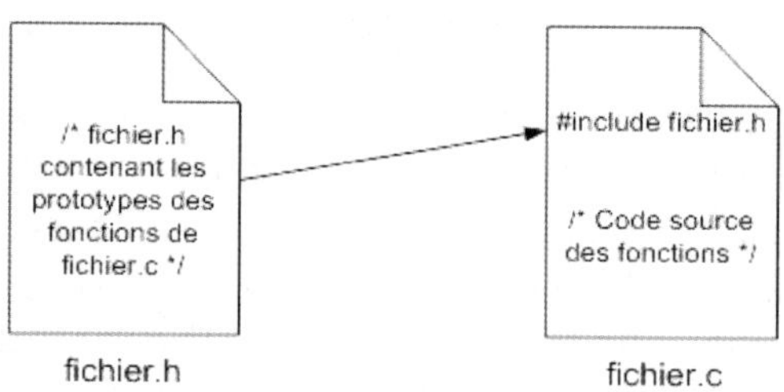

FIG. 14.1 – Inclusion de fichier

Tout le contenu de `fichier.h` est mis à l'intérieur de `fichier.c`, à l'endroit où il y a la directive `#include fichier.h`.

Imaginons qu'on ait dans le `fichier.c` :

```
#include "fichier.h"

```

```
int maFonction(int truc, double bidule)
{
    /* Code de la fonction */
}

void autreFonction(int valeur)
{
    /* Code de la fonction */
}
```

Et dans le `fichier.h` :

```
int maFonction(int truc, double bidule);
void autreFonction(int valeur);
```

Lorsque le préprocesseur passe par là, juste avant la compilation de `fichier.c`, il insère `fichier.h` dans `fichier.c`. Au final, le code source de `fichier.c` *juste avant* la compilation ressemble à ça :

```
int maFonction(int truc, double bidule);
void autreFonction(int valeur);

int maFonction(int truc, double bidule)
{
    /* Code de la fonction */
}

void autreFonction(int valeur)
{
    /* Code de la fonction */
}
```

Le contenu du `.h` est venu se mettre à l'emplacement de la ligne `#include`.

Ce n'est pas bien compliqué à comprendre, je pense d'ailleurs que bon nombre d'entre vous devaient se douter que ça fonctionnait comme ça. Avec ces explications supplémentaires, j'espère avoir mis tout le monde d'accord. Le `#include` ne fait rien d'autre qu'insérer un fichier dans un autre, c'est important de bien le comprendre.

Si on a décidé de mettre les prototypes dans les `.h`, au lieu de tout mettre dans les `.c`, c'est essentiellement par principe. On pourrait a priori mettre les prototypes en haut des `.c` (d'ailleurs, dans certains très petits programmes on le fait parfois), mais pour des questions d'organisation il est vivement conseillé de placer ses prototypes dans des `.h`. Lorsque votre programme grossira et que plusieurs fichiers `.c` feront appel à un même `.h`, vous serez heureux de ne pas avoir à copier-coller les prototypes des mêmes fonctions plusieurs fois !

Les define

Nous allons découvrir maintenant une nouvelle directive de préprocesseur : le **#define**.

Cette directive permet de définir une **constante de préprocesseur**. Cela permet d'associer une valeur à un mot. Voici un exemple :

```
#define NOMBRE_VIES_INITIALES 3
```

Vous devez écrire dans l'ordre :

- le **#define** ;
- le mot auquel la valeur va être associée ;
- la valeur du mot.

Attention : malgré les apparences (notamment le nom que l'on a l'habitude de mettre en majuscules), cela est très différent des constantes que nous avons étudiées jusqu'ici, telles que :

```
const int NOMBRE_VIES_INITIALES = 3;
```

Les constantes occupaient de la place en mémoire. Même si la valeur ne changeait pas, votre nombre 3 était stocké quelque part dans la mémoire. Ce n'est pas le cas des constantes de préprocesseur !

Comment ça fonctionne ? En fait, le **#define** remplace dans votre code source tous les mots par leur valeur correspondante. C'est un peu comme la fonction « Rechercher / Remplacer » de Word si vous voulez. Ainsi, la ligne :

```
#define NOMBRE_VIES_INITIALES 3
```

... remplace dans le fichier chaque `NOMBRE_VIES_INITIALES` par 3.

Voici un exemple de fichier `.c` avant passage du préprocesseur :

```
#define NOMBRE_VIES_INITIALES 3

int main(int argc, char *argv[])
{
    int vies = NOMBRE_VIES_INITIALES;

    /* Code ...*/
```

Après passage du préprocesseur :

```
int main(int argc, char *argv[])
{
    int vies = 3;

    /* Code ...*/
```

Avant la compilation, tous les `#define` auront donc été remplacés par les valeurs correspondantes. Le compilateur « voit » le fichier après passage du préprocesseur, dans lequel tous les remplacements auront été effectués.

Quel intérêt par rapport à l'utilisation de constantes comme on l'a vu jusqu'ici ?

Eh bien, comme je vous l'ai dit, ça ne prend pas de place en mémoire. C'est logique, vu que lors de la compilation il ne reste plus que des nombres dans le code source.

Un autre intérêt est que le remplacement se fait dans tout le fichier dans lequel se trouve le `#define`. Si vous aviez défini une constante en mémoire dans une fonction, celle-ci n'aurait été valable que dans la fonction puis aurait été supprimée. Le `#define` en revanche s'appliquera à toutes les fonctions du fichier, ce qui peut s'avérer parfois pratique selon les besoins.

Un exemple concret d'utilisation des `#define` ? En voici un que vous ne tarderez pas à utiliser. Lorsque vous ouvrirez une fenêtre en C, vous aurez probablement envie de définir des constantes de préprocesseur pour indiquer les dimensions de la fenêtre :

```
#define LARGEUR_FENETRE  800
#define HAUTEUR_FENETRE  600
```

L'avantage est que si plus tard vous décidez de changer la taille de la fenêtre (parce que ça vous semble trop petit), il vous suffira de modifier les `#define` puis de recompiler.

À noter : les `#define` sont généralement placés dans des `.h`, à côté des prototypes (vous pouvez d'ailleurs aller voir les `.h` des bibliothèques comme `stdlib.h`, vous verrez qu'il y a des `#define` !). Les `#define` sont donc « faciles d'accès », vous pouvez changer les dimensions de la fenêtre en modifiant les `#define` plutôt que d'aller chercher au fond de vos fonctions l'endroit où vous ouvrez la fenêtre pour modifier les dimensions. C'est donc du temps gagné pour le programmeur.

En résumé, les constantes de préprocesseur permettent de « configurer » votre programme avant sa compilation. C'est une sorte de mini-configuration.

Un `define` pour la taille des tableaux

On utilise souvent les `define` pour définir la taille des tableaux. On écrit par exemple :

```
#define TAILLE_MAX       1000

int main(int argc, char *argv[])
{
    char chaine1[TAILLE_MAX], chaine2[TAILLE_MAX];
    // ...
```

Mais... je croyais qu'on ne pouvait pas mettre de variable ni de constante entre les crochets lors d'une définition de tableau ?

Oui, mais `TAILLE_MAX` n'est PAS une variable ni une constante. En effet je vous l'ai dit, le préprocesseur transforme le fichier avant compilation en :

```
int main(int argc, char *argv[])
{
    char chaine1[1000], chaine2[1000];
    // ...
```

... et cela est valide !

En définissant `TAILLE_MAX` ainsi, vous pouvez vous en servir pour créer des tableaux d'une certaine taille. Si à l'avenir cela s'avère insuffisant, vous n'aurez qu'à modifier la ligne du `#define`, recompiler, et vos tableaux de `char` prendront tous la nouvelle taille que vous aurez indiquée.

Calculs dans les `define`

Il est possible de faire quelques petits calculs dans les `define`. Par exemple, ce code crée une constante `LARGEUR_FENETRE`, une autre `HAUTEUR_FENETRE`, puis une troisième `NOMBRE_PIXELS` qui contiendra le nombre de pixels affichés à l'intérieur de la fenêtre (le calcul est simple : largeur * hauteur) :

```
#define LARGEUR_FENETRE  800
#define HAUTEUR_FENETRE  600
#define NOMBRE_PIXELS    (LARGEUR_FENETRE * HAUTEUR_FENETRE)
```

La valeur de `NOMBRE_PIXELS` est remplacée avant la compilation par le code suivant : `(LARGEUR_FENETRE * HAUTEUR_FENETRE)`, c'est-à-dire par (800 * 600), ce qui fait 480000. Mettez toujours votre calcul entre parenthèses comme je l'ai fait par sécurité pour bien isoler l'opération.

Vous pouvez faire toutes les opérations de base que vous connaissez : addition (+), soustraction (-), multiplication (*), division (/) et modulo (%).

Les constantes prédéfinies

En plus des constantes que vous pouvez définir vous-mêmes, il existe quelques constantes prédéfinies par le préprocesseur.

Chacune de ces constantes commence et se termine par deux symboles underscore _[1].

[1] Vous trouverez ce symbole sous le chiffre 8, tout du moins si vous avez un clavier AZERTY français. Il faut appuyer sur les touches `Alt Gr` et `8` en même temps.

- __LINE__ : donne le numéro de la ligne actuelle.
- __FILE__ : donne le nom du fichier actuel.
- __DATE__ : donne la date de la compilation.
- __TIME__ : donne l'heure de la compilation.

Ces constantes peuvent être utiles pour gérer des erreurs, en faisant par exemple ceci :

```
printf("Erreur a la ligne %d du fichier %s\n", __LINE__, __FILE__);
printf("Ce fichier a ete compile le %s a %s\n", __DATE__, __TIME__);
```

```
Erreur a la ligne 9 du fichier main.c

Ce fichier a ete compile le Jan 13 2006 a 19:21:10
```

Les définitions simples

Il est aussi possible de faire tout simplement :

```
#define CONSTANTE
```

... sans préciser de valeur. Cela veut dire pour le préprocesseur que le mot CONSTANTE est défini, tout simplement. Il n'a pas de valeur, mais il « existe ».

Quel peut en être l'intérêt ?

L'intérêt est moins évident que tout à l'heure, mais il y en a un et nous allons le découvrir très rapidement.

Les macros

Nous avons vu qu'avec le #define on pouvait demander au préprocesseur de remplacer un mot par une valeur. Par exemple :

```
#define NOMBRE 9
```

... signifie que tous les NOMBRE de votre code seront remplacés par 9. Nous avons vu qu'il s'agissait en fait d'un simple rechercher-remplacer fait par le préprocesseur avant la compilation.

J'ai du nouveau ! En fait, le #define est encore plus puissant que ça. Il permet de remplacer aussi par... un code source tout entier ! Quand on utilise #define pour rechercher-remplacer un mot par un code source, on dit qu'on crée **une macro**.

Macro sans paramètres

Voici un exemple de macro très simple :

```
#define COUCOU() printf("Coucou");
```

Ce qui change ici, ce sont les parenthèses qu'on a ajoutées après le mot-clé (ici COUCOU()). Nous verrons à quoi elles peuvent servir tout à l'heure.

Testons la macro dans un code source :

```
#define COUCOU() printf("Coucou");

int main(int argc, char *argv[])
{
    COUCOU()

    return 0;
}
```

```
Coucou
```

Je vous l'accorde, ce n'est pas original pour le moment. Ce qu'il faut déjà bien comprendre, c'est que les macros ne sont en fait que des bouts de code qui sont directement remplacés dans votre code source juste avant la compilation. Le code qu'on vient de voir ressemblera en fait à ça lors de la compilation :

```
int main(int argc, char *argv[])
{
    printf("Coucou");

    return 0;
}
```

Si vous avez compris ça, vous avez compris le principe de base des macros.

Mais... on ne peut mettre qu'une seule ligne de code par macro ?

Non, heureusement il est possible de mettre plusieurs lignes de code à la fois. Il suffit de placer un \ avant chaque nouvelle ligne, comme ceci :

```
#define RACONTER_SA_VIE()     printf("Coucou, je m'appelle Brice\n"); \
                              printf("J'habite a Nice\n"); \
                              printf("J'aime la glisse\n");
```

```
int main(int argc, char *argv[])
{
    RACONTER_SA_VIE()

    return 0;
}
```

```
Coucou, je m'appelle Brice
J'habite a Nice
J'aime la glisse
```

Remarquez dans le `main` que l'appel de la macro ne prend pas de point-virgule à la fin. En effet, c'est une ligne pour le préprocesseur, elle ne nécessite donc pas d'être terminée par un point-virgule.

Macro avec paramètres

Pour le moment, on a vu comment faire une macro sans paramètre, c'est-à-dire avec des parenthèses vides. Le principal intérêt de ce type de macros, c'est de pouvoir « raccourcir » un code un peu long, surtout s'il est amené à être répété de nombreuses fois dans votre code source.

Cependant, les macros deviennent réellement intéressantes lorsqu'on leur met des paramètres. Cela marche quasiment comme avec les fonctions.

```
#define MAJEUR(age) if (age >= 18) \
                    printf("Vous etes majeur\n");

int main(int argc, char *argv[])
{
    MAJEUR(22)

    return 0;
}
```

```
Vous etes majeur
```

Notez qu'on aurait aussi pu ajouter un `else` pour afficher « Vous êtes mineur ». Essayez de le faire pour vous entraîner, ce n'est pas bien difficile. N'oubliez pas de mettre un antislash \ avant chaque nouvelle ligne.

Le principe de notre macro est assez intuitif :

```
#define MAJEUR(age) if (age >= 18) \
                    printf("Vous etes majeur\n");
```

On met entre parenthèses le nom d'une « variable » qu'on nomme **age**. Dans tout notre code de macro, **age** sera remplacé par le nombre qui est indiqué lors de l'appel à la macro (ici, c'est 22).

Ainsi, notre code source précédent ressemblera à ceci juste après le passage du préprocesseur :

```
int main(int argc, char *argv[])
{
    if (22 >= 18)
    printf("Vous etes majeur\n");

    return 0;
}
```

Le code source a été mis à la place de l'appel de la macro, et la valeur de la « variable » **age** a été mise directement dans le code source de remplacement.

Il est possible aussi de créer une macro qui prend plusieurs paramètres :

```
#define MAJEUR(age, nom) if (age >= 18) \
                    printf("Vous etes majeur %s\n", nom);

int main(int argc, char *argv[])
{
    MAJEUR(22, "Maxime")

    return 0;
}
```

Voilà tout ce qu'on peut dire sur les macros. Il faut donc retenir que c'est un simple remplacement de code source qui a l'avantage de pouvoir prendre des paramètres.

Normalement, vous ne devriez pas avoir besoin d'utiliser très souvent les macros. Toutefois, certaines bibliothèques assez complexes comme wxWidgets ou Qt (bibliothèques de création de fenêtres que nous étudierons bien plus tard) utilisent beaucoup de macros. Il est donc préférable de savoir comment cela fonctionne dès maintenant pour ne pas être perdu plus tard.

Les conditions

Tenez-vous bien : il est possible de réaliser des conditions en langage préprocesseur ! Voici comment cela fonctionne :

```
#if condition
    /* Code source à compiler si la condition est vraie */
```

```
#elif condition2
    /* Sinon si la condition 2 est vraie compiler ce code source */
#endif
```

Le mot-clé `#if` permet d'insérer une condition de préprocesseur. `#elif` signifie `else if` (sinon si). La condition s'arrête lorsque vous insérez un `#endif`. Vous noterez qu'il n'y a pas d'accolades en préprocesseur.

L'intérêt, c'est qu'on peut ainsi faire des **compilations conditionnelles**. En effet, si la condition est vraie, le code qui suit sera compilé. Sinon, il sera tout simplement supprimé du fichier le temps de la compilation. Il n'apparaîtra donc pas dans le programme final.

#ifdef, #ifndef

Nous allons voir maintenant l'intérêt de faire un `#define` d'une constante sans préciser de valeur, comme je vous l'ai montré page 193 :

```
#define CONSTANTE
```

En effet, il est possible d'utiliser `#ifdef` pour dire « Si la constante est définie ». `#ifndef`, lui, sert à dire « Si la constante n'est pas définie ».

On peut alors imaginer ceci :

```
#define WINDOWS

#ifdef WINDOWS
    /* Code source pour Windows */
#endif

#ifdef LINUX
    /* Code source pour Linux */
#endif

#ifdef MAC
    /* Code source pour Mac */
#endif
```

C'est comme ça que font certains programmes multi-plates-formes pour s'adapter à l'OS par exemple. Alors, bien entendu, il faut recompiler le programme pour chaque OS (ce n'est pas magique). Si vous êtes sous Windows, vous écrivez un `#define WINDOWS` en haut, puis vous compilez. Si vous voulez compiler votre programme pour Linux (avec la partie du code source spécifique à Linux), vous devrez alors modifier le `define` et mettre à la place : `#define LINUX`. Recompilez, et cette fois c'est la portion de code source pour Linux qui sera compilée, les autres parties étant ignorées.

#ifndef pour éviter les inclusions infinies

#ifndef est très utilisé dans les .h pour éviter les « inclusions infinies ».

Une inclusion infinie ? C'est-à-dire ?

Imaginez, c'est très simple. J'ai un fichier A.h et un fichier B.h. Le fichier A.h contient un include du fichier B.h. Le fichier B est donc inclus dans le fichier A. Mais, et c'est là que ça commence à coincer, supposez que le fichier B.h contienne à son tour un include du fichier A.h ! Ça arrive quelques fois en programmation ! Le premier fichier a besoin du second pour fonctionner, et le second a besoin du premier.

Si on y réfléchit un peu, on imagine vite ce qu'il va se passer :

1. l'ordinateur lit A.h et voit qu'il faut inclure B.h ;
2. il lit B.h pour l'inclure, et là il voit qu'il faut inclure A.h ;
3. il inclut donc A.h dans B.h, mais dans A.h on lui indique qu'il doit inclure B.h !
4. rebelote, il va voir B.h et voit à nouveau qu'il faut inclure A.h ;
5. etc.

Vous vous doutez bien que tout cela est sans fin ! En fait, à force de faire trop d'inclusions, le préprocesseur s'arrêtera en disant « J'en ai marre des inclusions ! » ce qui fera planter votre compilation.

Comment diable faire pour éviter cet affreux cauchemar ? Voici l'astuce. Désormais, je vous demande de faire comme ça **dans TOUS vos fichiers .h** sans exception :

```
#ifndef DEF_NOMDUFICHIER // Si la constante n'a pas été définie le fichier n'a jamais été inclus
#define DEF_NOMDUFICHIER // On définit la constante pour que la prochaine fois le fichier ne soit plus inclus

/* Contenu de votre fichier .h (autres include, prototypes, define...) */

#endif
```

▷ Code web : 698118

Vous mettrez en fait tout le contenu de votre fichier .h (à savoir vos autres include, vos prototypes, vos define...) *entre* le #ifndef et le #endif.

Comprenez-vous bien comment ce code fonctionne ? La première fois qu'on m'a présenté cette technique, j'étais assez désorienté : je vais essayer de vous l'expliquer.

Imaginez que le fichier .h est inclus pour la première fois. Le préprocesseur lit la condition « Si la constante DEF_NOMDUFICHIER n'a pas été définie ». Comme c'est la première fois que le fichier est lu, la constante n'est pas définie, donc le préprocesseur entre à l'intérieur du if.

La première instruction qu'il rencontre est justement :

```
#define DEF_NOMDUFICHIER
```

Maintenant, la constante est définie. La prochaine fois que le fichier sera inclus, la condition ne sera plus vraie et donc le fichier ne risque plus d'être inclus à nouveau.

Bien entendu, vous appelez votre constante comme vous voulez. Moi, je l'appelle `DEF_NOMDUFICHIER` par habitude.

Ce qui compte en revanche, et j'espère que vous l'aviez bien compris, c'est de changer de nom de constante à chaque fichier `.h` différent. Il ne faut pas que ça soit la même constante pour tous les fichiers `.h`, sinon seul le premier fichier `.h` serait lu et pas les autres ! Vous remplacerez donc `NOMDUFICHIER` par le nom de votre fichier `.h`.

Je vous invite à aller consulter les `.h` des bibliothèques standard sur votre disque dur. Vous verrez qu'ils sont TOUS construits sur le même principe (un `#ifndef` au début et un `#endif` à la fin). Ils s'assurent ainsi qu'il ne pourra pas y avoir d'inclusions infinies.

En résumé

- Le préprocesseur est un programme qui analyse votre code source et y effectue des modifications avant la compilation.
- L'instruction de préprocesseur `#include` insère le contenu d'un autre fichier.
- L'instruction `#define` définit une constante de préprocesseur. Elle permet de remplacer un mot-clé par une valeur dans le code source.
- Les macros sont des morceaux de code tout prêts définis à l'aide d'un `#define`. Ils peuvent accepter des paramètres.
- Il est possible d'écrire des conditions en langage préprocesseur pour choisir ce qui sera compilé. On utilise notamment les mots-clés `#if`, `#elif` et `#endif`.
- Pour éviter qu'un fichier `.h` ne soit inclus un nombre infini de fois, on le protège à l'aide d'une combinaison de constantes de préprocesseur et de conditions. Tous vos futurs fichiers `.h` devront être protégés de cette manière.

Chapitre 15

Créez vos propres types de variables

Difficulté :

Le langage C nous permet de faire quelque chose de très puissant : créer nos propres types de variables. Des « types de variables personnalisés », nous allons en voir deux sortes : les structures et les énumérations.

Créer de nouveaux types de variables devient indispensable quand on cherche à faire des programmes plus complexes.

Ce n'est (heureusement) pas bien compliqué à comprendre et à manipuler. Restez attentifs tout de même parce que nous réutiliserons les structures tout le temps à partir du prochain chapitre. Il faut savoir que les bibliothèques définissent généralement leurs propres types. Vous ne tarderez donc pas à manipuler un type de variable `Fichier` ou encore, un peu plus tard, d'autres de types `Fenetre`, `Audio`, `Clavier`, etc.

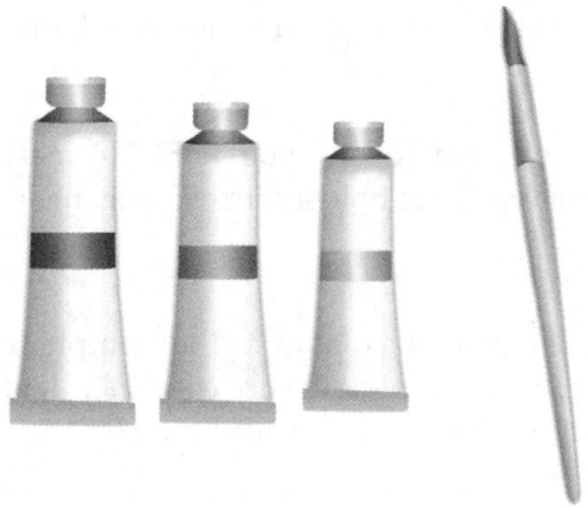

Définir une structure

Une structure est un assemblage de variables qui peuvent avoir différents types. Contrairement aux tableaux qui vous obligent à utiliser le même type dans tout le tableau, vous pouvez créer une structure comportant des variables de types `long`, `char`, `int` et `double` à la fois.

Les structures sont généralement définies dans les fichiers `.h`, au même titre donc que les prototypes et les `define`. Voici un exemple de structure :

```
struct NomDeVotreStructure
{
    int variable1;
    int variable2;
    int autreVariable;
    double nombreDecimal;
};
```

Une définition de structure commence par le mot-clé `struct`, suivi du nom de votre structure (par exemple `Fichier`, ou encore `Ecran`).

J'ai personnellement l'habitude de nommer mes structures en suivant les mêmes règles que pour les noms de variables, excepté que je mets la première lettre en majuscule pour pouvoir faire la différence. Ainsi, quand je vois le mot `ageDuCapitaine` dans mon code, je sais que c'est une variable car cela commence par une lettre minuscule. Quand je vois `MorceauAudio` je sais qu'il s'agit d'une structure (un type personnalisé) car cela commence par une majuscule.

Après le nom de votre structure, vous ouvrez les accolades et les fermez plus loin, comme pour une fonction.

Attention, ici c'est particulier : vous DEVEZ mettre un point-virgule après l'accolade fermante. C'est obligatoire. Si vous ne le faites pas, la compilation plantera.

Et maintenant, que mettre entre les accolades ? C'est simple, vous y placez les variables dont est composée votre structure. Une structure est généralement composée d'au moins deux « sous-variables », sinon elle n'a pas trop d'intérêt.

Comme vous le voyez, la création d'un type de variable personnalisé n'est pas bien complexe. Toutes les structures que vous verrez sont en fait des « assemblages » de variables de type de base, comme `long`, `int`, `double`, etc. Il n'y a pas de miracle, un type `Fichier` n'est donc composé que de nombres de base !

Exemple de structure

Imaginons par exemple que vous vouliez créer une variable qui stocke les coordonnées d'un point à l'écran. Vous aurez très certainement besoin d'une structure comme cela lorsque vous ferez des jeux 2D dans la partie suivante, c'est donc l'occasion de s'avancer un peu.

Pour ceux chez qui le mot « géométrie » provoque des apparitions de boutons inexplicables sur tout le visage, la fig. 15.1 va faire office de petit rappel fondamental sur la 2D.

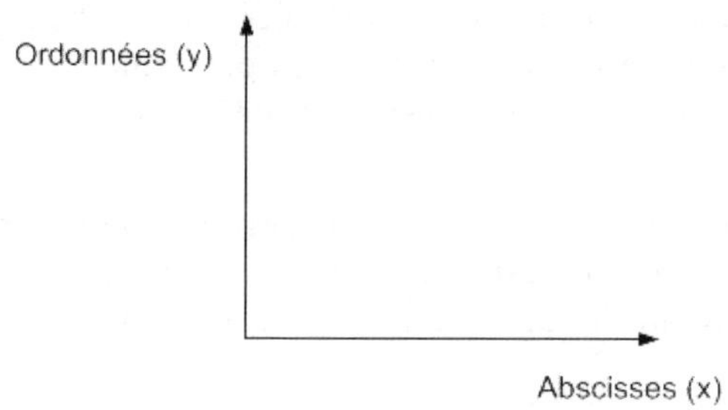

FIG. 15.1 – Abscisses et ordonnées

Lorsqu'on travaille en 2D (2 dimensions), on a deux axes : l'axe des abscisses (de gauche à droite) et l'axe des ordonnées (de bas en haut). On a l'habitude d'exprimer les abscisses par une variable appelée `x`, et les ordonnées par `y`.

Êtes-vous capables d'écrire une structure `Coordonnees` qui permette de stocker à la fois la valeur de l'abscisse (`x`) et celle de l'ordonnée (`y`) d'un point ? Allons, allons, ce n'est pas bien difficile :

```
struct Coordonnees
{
    int x; // Abscisses
    int y; // Ordonnées
};
```

Notre structure s'appelle `Coordonnees` et est composée de deux variables, `x` et `y`, c'est-à-dire de l'abscisse et de l'ordonnée.

Si on le voulait, on pourrait facilement faire une structure `Coordonnees` pour de la 3D : il suffirait d'ajouter une troisième variable (par exemple `z`) qui indiquerait la hauteur. Avec ça, nous aurions une structure faite pour gérer des points en 3D dans l'espace !

Tableaux dans une structure

Les structures peuvent contenir des tableaux. Ça tombe bien, on va pouvoir ainsi placer des tableaux de `char` (chaînes de caractères) sans problème ! Allez, imaginons une structure `Personne` qui stockerait diverses informations sur une personne :

```
struct Personne
{
    char nom[100];
    char prenom[100];
    char adresse[1000];

    int age;
    int garcon; // Booléen : 1 = garçon, 0 = fille
};
```

Cette structure est composée de cinq sous-variables. Les trois premières sont des chaînes qui stockeront le nom, le prénom et l'adresse de la personne. Les deux dernières stockent l'âge et le sexe de la personne. Le sexe est un booléen, 1 = vrai = garçon, 0 = faux = fille.

Cette structure pourrait servir à créer un programme de carnet d'adresses. Bien entendu, vous pouvez rajouter des variables dans la structure pour la compléter si vous le voulez. Il n'y a pas de limite au nombre de variables dans une structure.

Utilisation d'une structure

Maintenant que notre structure est définie dans le `.h`, on va pouvoir l'utiliser dans une fonction de notre fichier `.c`. Voici comment créer une variable de type `Coordonnees` (la structure qu'on a définie plus haut) :

```
#include "main.h" // Inclusion du .h qui contient les prototypes et structures

int main(int argc, char *argv[])
{
    struct Coordonnees point; // Création d'une variable "point" de type
↪   Coordonnees

    return 0;
}
```

Nous avons ainsi créé une variable `point` de type `Coordonnees`. Cette variable est automatiquement composée de deux sous-variables : `x` et `y` (son abscisse et son ordonnée).

> Faut-il obligatoirement écrire le mot-clé `struct` lors de la définition de la variable ?

Oui : cela permet à l'ordinateur de différencier un type de base (comme `int`) d'un type personnalisé, comme `Coordonnees`. Toutefois, les programmeurs trouvent souvent un peu lourd de mettre le mot `struct` à chaque définition de variable personnalisée. Pour régler ce problème, ils ont inventé une instruction spéciale : le `typedef`.

Le typedef

Retournons dans le fichier `.h` qui contient la définition de notre structure de type `Coordonnees`. Nous allons ajouter une instruction appelée `typedef` qui sert à créer un alias de structure, c'est-à-dire à dire qu'écrire telle chose équivaut à écrire telle autre chose.

Nous allons ajouter une ligne commençant par `typedef` juste avant la définition de la structure :

```
typedef struct Coordonnees Coordonnees;
struct Coordonnees
{
    int x;
    int y;
};
```

Cette ligne doit être découpée en trois morceaux (non, je n'ai pas bégayé le mot `Coordonnees` !) :

- `typedef` : indique que nous allons créer un alias de structure ;
- `struct Coordonnees` : c'est le nom de la structure dont vous allez créer un alias (c'est-à-dire un « équivalent ») ;
- `Coordonnees` : c'est le nom de l'équivalent.

En clair, cette ligne dit « Écrire le mot `Coordonnees` est désormais équivalent à écrire `struct Coordonnees` ». En faisant cela, vous n'aurez plus besoin de mettre le mot `struct` à chaque définition de variable de type `Coordonnees`. On peut donc retourner dans notre `main` et écrire tout simplement :

```
int main(int argc, char *argv[])
{
    Coordonnees point; // L'ordinateur comprend qu'il s'agit de "struct
↪   Coordonnees" grâce au typedef
    return 0;
}
```

Je vous recommande de faire un `typedef` comme je l'ai fait ici pour `Coordonnees`. La plupart des programmeurs font comme cela. Ça leur évite d'avoir à écrire le mot `struct` partout[1].

Modifier les composantes de la structure

Maintenant que notre variable `point` est créée, nous voulons modifier ses coordonnées. Comment accéder au `x` et au `y` de `point` ? Comme ceci :

[1] Un bon programmeur est un programmeur fainéant ! Il en écrit le moins possible.

```
int main(int argc, char *argv[])
{
    Coordonnees point;

    point.x = 10;
    point.y = 20;

    return 0;
}
```

On a ainsi modifié la valeur de `point`, en lui donnant une abscisse de 10 et une ordonnée de 20. Notre point se situe désormais à la position (10 ; 20)[2].

Pour accéder donc à chaque composante de la structure, vous devez écrire :

```
variable.nomDeLaComposante
```

Le point fait la séparation entre la variable et la composante.

Si on prend la structure `Personne` que nous avons vue tout à l'heure et qu'on demande le nom et le prénom, on devra faire comme ça :

```
int main(int argc, char *argv[])
{
    Personne utilisateur;

    printf("Quel est votre nom ? ");
    scanf("%s", utilisateur.nom);
    printf("Votre prenom ? ");
    scanf("%s", utilisateur.prenom);

    printf("Vous vous appelez %s %s", utilisateur.prenom, utilisateur.nom);

    return 0;
}
```

```
Quel est votre nom ? Dupont
Votre prenom ? Jean
Vous vous appelez Jean Dupont
```

On envoie la variable `utilisateur.nom` à `scanf` qui écrira directement dans notre variable `utilisateur`. On fait de même pour `prenom`, et on pourrait aussi le faire pour l'adresse, l'âge et le sexe, mais je n'ai guère envie de me répéter[3].

Vous auriez pu faire la même chose sans connaître les structures, en créant juste une variable `nom` et une autre `prenom`. Mais l'intérêt ici est que vous pouvez créer une autre variable de type `Personne` qui aura aussi son propre nom, son propre prénom, etc. On peut donc faire :

[2] C'est la notation mathématique d'une coordonnée.

[3] Je dois être programmeur, c'est pour ça. ;-)

```
Personne joueur1, joueur2;
```

... et stocker ainsi les informations sur chaque joueur. Chaque joueur a son propre nom, son propre prénom, etc.

On peut même faire encore mieux : on peut créer un tableau de `Personne` ! C'est facile à faire :

```
Personne joueurs[2];
```

Et ensuite, vous accédez par exemple au nom du joueur n°0 en tapant :

```
joueurs[0].nom
```

L'avantage d'utiliser un tableau ici, c'est que vous pouvez faire une boucle pour demander les infos du joueur 1 et du joueur 2, sans avoir à répéter deux fois le même code. Il suffit de parcourir le tableau `joueur` et de demander à chaque fois nom, prénom, adresse...

Exercice : créez ce tableau de type `Personne` et demandez les infos de chacun grâce à une boucle (qui se répète tant qu'il y a des joueurs). Faites un petit tableau de 2 joueurs pour commencer, mais si ça vous amuse, vous pourrez agrandir la taille du tableau plus tard. Affichez à la fin du programme les infos que vous avez recueillies sur chacun des joueurs.

Initialiser une structure

Pour les structures comme pour les variables, tableaux et pointeurs, il est vivement conseillé de les initialiser dès leur création pour éviter qu'elles ne contiennent « n'importe quoi ». En effet, je vous le rappelle, une variable qui est créée prend la valeur de ce qui se trouve en mémoire là où elle a été placée. Parfois cette valeur est 0, parfois c'est un résidu d'un autre programme qui est passé par là avant vous et la variable a alors une valeur qui n'a aucun sens, comme -84570.

Pour rappel, voici comment on initialise :

- **une variable** : on met sa valeur à 0 (cas le plus simple) ;
- **un pointeur** : on met sa valeur à `NULL`. `NULL` est en fait un `#define` situé dans `stdlib.h` qui vaut généralement 0, mais on continue à utiliser `NULL`, par convention, sur les pointeurs pour bien voir qu'il s'agit de pointeurs et non de variables ordinaires ;
- **un tableau** : on met chacune de ses valeurs à 0.

Pour les structures, l'initialisation va un peu ressembler à celle d'un tableau. En effet, on peut faire à la déclaration de la variable :

```
Coordonnees point = {0, 0};
```

Cela définira, dans l'ordre, `point.x = 0` et `point.y = 0`.

Revenons à la structure Personne (qui contient des chaînes). Vous avez aussi le droit d'initialiser une chaîne en écrivant juste "" (rien entre les guillemets). Je ne vous ai pas parlé de cette possibilité dans le chapitre sur les chaînes, mais il n'est pas trop tard pour l'apprendre. On peut donc initialiser dans l'ordre nom, prenom, adresse, age et garcon comme ceci :

```
Personne utilisateur = {"", "", "", 0, 0};
```

Toutefois, j'utilise assez peu cette technique, personnellement. Je préfère envoyer par exemple ma variable point à une fonction initialiserCoordonnees qui se charge de faire les initialisations pour moi sur ma variable. Pour faire cela il faut envoyer un pointeur de ma variable. En effet si j'envoie juste ma variable, une copie en sera réalisée dans la fonction (comme pour une variable de base) et la fonction modifiera les valeurs de la copie et non celle de ma vraie variable. Revoyez le fil rouge du chapitre sur les pointeurs si vous avez oublié comment cela fonctionne.

Il va donc falloir apprendre à utiliser des pointeurs sur des structures. Les choses vont commencer à se corser un petit peu !

Pointeur de structure

Un pointeur de structure se crée de la même manière qu'un pointeur de int, de double ou de n'importe quelle autre type de base :

```
Coordonnees* point = NULL;
```

On a ainsi un pointeur de Coordonnees appelé point. Comme un rappel ne fera de mal à personne, je tiens à vous répéter que l'on aurait aussi pu mettre l'étoile devant le nom du pointeur, cela revient exactement au même :

```
Coordonnees *point = NULL;
```

Je fais d'ailleurs assez souvent comme cela, car pour définir plusieurs pointeurs sur la même ligne, nous sommes obligés de placer l'étoile devant chaque nom de pointeur :

```
Coordonnees *point1 = NULL, *point2 = NULL;
```

Envoi de la structure à une fonction

Ce qui nous intéresse ici, c'est de savoir comment envoyer un pointeur de structure à une fonction pour que celle-ci puisse modifier le contenu de la variable.

On va faire ceci pour cet exemple : on va simplement créer une variable de type Coordonnees dans le main et envoyer son adresse à initialiserCoordonnees. Cette fonction aura pour rôle de mettre tous les éléments de la structure à 0.

Notre fonction `initialiserCoordonnees` va prendre un paramètre : un pointeur sur une structure de type `Coordonnees` (un `Coordonnees*`, donc).

```
int main(int argc, char *argv[])
{
    Coordonnees monPoint;

    initialiserCoordonnees(&monPoint);

    return 0;
}

void initialiserCoordonnees(Coordonnees* point)
{
    // Initialisation de chacun des membres de la structure ici
}
```

Ma variable `monPoint` est donc créée dans le `main`. On envoie son adresse à la fonction `initialiserCoordonnees` qui récupère cette variable sous la forme d'un pointeur appelé `point` (on aurait d'ailleurs pu l'appeler n'importe comment dans la fonction, cela n'aurait pas eu d'incidence).

Bien : maintenant que nous sommes dans `initialiserCoordonnees`, nous allons initialiser chacune des valeurs une à une. Il ne faut pas oublier de mettre une étoile devant le nom du pointeur pour accéder à la variable. Si vous ne le faites pas, vous risquez de modifier l'adresse, et ce n'est pas ce que nous voulons faire.

Oui mais voilà, problème... On ne peut pas vraiment faire :

```
void initialiserCoordonnees(Coordonnees* point)
{
    *point.x = 0;
    *point.y = 0;
}
```

Ce serait trop facile... Pourquoi on ne peut pas faire ça ? Parce que le point de séparation s'applique sur le mot `point` et non sur `*point` en entier. Or, nous ce qu'on veut, c'est accéder à `*point` pour en modifier la valeur. Pour régler le problème, il faut placer des parenthèses autour de `*point`. Comme cela, le point de séparation s'appliquera à `*point` et non juste à `point` :

```
void initialiserCoordonnees(Coordonnees* point)
{
    (*point).x = 0;
    (*point).y = 0;
}
```

Ce code fonctionne, vous pouvez tester. La variable de type `Coordonnees` a été transmise à la fonction qui a initialisé `x` et `y` à 0.

En langage C, on initialise généralement nos structures avec la méthode simple qu'on a vue plus haut. En C++ en revanche, les initialisations sont plus souvent faites dans des « fonctions ». Le C++ n'est en fait rien d'autre qu'une sorte de « super-amélioration » des structures. Bien entendu, beaucoup de choses découlent de cela et il faudrait un livre entier pour en parler[4].

Un raccourci pratique et très utilisé

Vous allez voir qu'on manipulera très souvent des pointeurs de structures. Pour être franc, je dois même vous avouer qu'en C, on utilise plus souvent des pointeurs de structures que des structures tout court[5].

Comme les pointeurs de structures sont très utilisés, on sera souvent amené à écrire ceci :

```
(*point).x = 0;
```

Oui mais voilà, encore une fois les programmeurs trouvent ça trop long. Les parenthèses autour de `*point`, quelle plaie ! Alors, comme les programmeurs sont des gens fainéants (mais ça, je l'ai déjà dit, je crois), ils ont inventé le raccourci suivant :

```
point->x = 0;
```

Ce raccourci consiste à former une flèche avec un tiret suivi d'un chevron >.

Écrire `point->x` est donc STRICTEMENT équivalent à écrire `(*point).x`.

N'oubliez pas qu'on ne peut utiliser la flèche que sur un pointeur ! Si vous travaillez directement sur la variable, vous devez utiliser le point comme on l'a vu au début.

Reprenons notre fonction `initialiserCoordonnees`. Nous pouvons donc l'écrire comme ceci :

```
void initialiserCoordonnees(Coordonnees* point)
{
    point->x = 0;
    point->y = 0;
}
```

Retenez bien ce raccourci de la flèche, nous allons le réutiliser un certain nombre de fois. Et surtout, ne confondez pas la flèche avec le « point ». La flèche est réservée aux pointeurs, le « point » est réservé aux variables. Utilisez ce petit exemple pour vous en souvenir :

[4] Chaque chose en son temps.

[5] Quand je vous disais que les pointeurs vous poursuivraient jusque dans votre tombe, je ne le disais presque pas en rigolant !

```
int main(int argc, char *argv[])
{
    Coordonnees monPoint;
    Coordonnees *pointeur = &monPoint;

    monPoint.x = 10; // On travaille sur une variable, on utilise le "point"
    pointeur->x = 10; // On travaille sur un pointeur, on utilise la flèche

    return 0;
}
```

On modifie la valeur du x à 10 de deux manières différentes, ici : la première fois en travaillant directement sur la variable, la seconde fois en passant par le pointeur.

Les énumérations

Les énumérations constituent une façon un peu différente de créer ses propres types de variables.

Une énumération ne contient pas de « sous-variables » comme c'était le cas pour les structures. C'est une liste de « valeurs possibles » pour une variable. Une énumération ne prend donc qu'une case en mémoire et cette case peut prendre une des valeurs que vous définissez (et une seule à la fois).

Voici un exemple d'énumération :

```
typedef enum Volume Volume;
enum Volume
{
    FAIBLE, MOYEN, FORT
};
```

Vous noterez qu'on utilise un `typedef` là aussi, comme on l'a fait jusqu'ici.

Pour créer une énumération, on utilise le mot-clé `enum`. Notre énumération s'appelle ici `Volume`. C'est un type de variable personnalisé qui peut prendre une des trois valeurs qu'on a indiquées : soit `FAIBLE`, soit `MOYEN`, soit `FORT`.

On va pouvoir créer une variable de type `Volume`, par exemple `musique`, qui stockera le volume actuel de la musique. On peut par exemple initialiser la musique au volume `MOYEN` :

```
Volume musique = MOYEN;
```

Voilà qui est fait. Plus tard dans le programme, on pourra modifier la valeur du volume et la mettre soit à `FAIBLE`, soit à `FORT`.

Association de nombres aux valeurs

Vous avez remarqué que j'ai écrit les valeurs possibles de l'énumération en majuscules. Cela devrait vous rappeler les constantes et les `define`, non ?

En effet, c'est assez similaire mais ce n'est pourtant pas exactement la même chose. Le compilateur associe automatiquement un nombre à chacune des valeurs possibles de l'énumération.

Dans le cas de notre énumération `Volume`, `FAIBLE` vaut 0, `MOYEN` vaut 1 et `FORT` vaut 2. L'association est automatique et commence à 0.

Contrairement au `#define`, c'est le compilateur qui associe `MOYEN` à 1 par exemple, et non le préprocesseur. Au bout du compte, ça revient un peu au même. En fait, quand on a initialisé la variable `musique` à `MOYEN`, on a donc mis la case en mémoire à la valeur 1.

En pratique, est-ce utile de savoir que `MOYEN` vaut 1, `FORT` vaut 2, etc. ?

Non. En général ça nous est égal. C'est le compilateur qui associe automatiquement un nombre à chaque valeur. Grâce à ça, vous n'avez plus qu'à écrire :

```
if (musique == MOYEN)
{
    // Jouer la musique au volume moyen
}
```

Peu importe la valeur de `MOYEN`, vous laissez le compilateur se charger de gérer les nombres.

L'intérêt de tout ça ? C'est que de ce fait votre code est très lisible. En effet, tout le monde peut facilement lire le `if` précédent (on comprend bien que la condition signifie « Si la musique est au volume moyen »).

Associer une valeur précise

Pour le moment, c'est le compilateur qui décide d'associer le nombre 0 à la première valeur, puis 1, 2, 3 dans l'ordre. Il est possible de demander d'associer une valeur précise à chaque élément de l'énumération.

Quel intérêt est-ce que ça peut bien avoir ? Eh bien supposons que sur votre ordinateur, le volume soit géré entre 0 et 100 (0 = pas de son, 100 = 100 % du son). Il est alors pratique d'associer une valeur précise à chaque élément :

```
typedef enum Volume Volume;
enum Volume
{
```

```
    FAIBLE = 10, MOYEN = 50, FORT = 100
};
```

Ici, le volume `FAIBLE` correspondra à 10 % de volume, le volume `MOYEN` à 50 %, etc. On pourrait facilement ajouter de nouvelles valeurs possibles comme `MUET`. On associerait dans ce cas `MUET` à la valeur... 0 ! Vous avez compris.

En résumé

- Une structure est un type de variable personnalisé que vous pouvez créer et utiliser dans vos programmes. C'est à vous de la définir, contrairement aux types de base tels que `int` et `double` que l'on retrouve dans tous les programmes.
- Une structure est composée de « sous-variables » qui sont en général des variables de type de base comme `int` et `double`, mais aussi des tableaux.
- On accède à un des composants de la structure en séparant le nom de la variable et la composante d'un point : `joueur.prenom`.
- Si on manipule un pointeur de structure et qu'on veut accéder à une des composantes, on utilise une flèche à la place du point : `pointeurJoueur->prenom`.
- Une énumération est un type de variable personnalisé qui peut seulement prendre une des valeurs que vous prédéfinissez : `FAIBLE`, `MOYEN` ou `FORT` par exemple.

Chapitre 16

Lire et écrire dans des fichiers

Difficulté :

Le défaut avec les variables, c'est qu'elles n'existent que dans la mémoire vive. Une fois votre programme arrêté, toutes vos variables sont supprimées de la mémoire et il n'est pas possible de retrouver ensuite leur valeur. Comment peut-on, dans ce cas-là, enregistrer les meilleurs scores obtenus à son jeu ? Comment peut-on faire un éditeur de texte si tout le texte écrit disparaît lorsqu'on arrête le programme ?

Heureusement, on peut lire et écrire dans des fichiers en langage C. Ces fichiers seront écrits sur le disque dur de votre ordinateur : l'avantage est donc qu'ils restent là, même si vous arrêtez le programme ou l'ordinateur.

Pour lire et écrire dans des fichiers, nous allons avoir besoin de réutiliser tout ce que nous avons appris jusqu'ici : pointeurs, structures, chaînes de caractères, etc.

Ouvrir et fermer un fichier

Pour lire et écrire dans des fichiers, nous allons nous servir de fonctions situées dans la bibliothèque `stdio` que nous avons déjà utilisée. Oui, cette bibliothèque-là contient aussi les fonctions `printf` et `scanf` que nous connaissons bien ! Mais elle ne contient pas que ça : il y a aussi d'autres fonctions, notamment des fonctions faites pour travailler sur des fichiers.

> Toutes les bibliothèques que je vous ai fait utiliser jusqu'ici (`stdlib.h`, `stdio.h`, `math.h`, `string.h`...) sont ce qu'on appelle des bibliothèques standard. Ce sont des bibliothèques automatiquement livrées avec votre IDE qui ont la particularité de fonctionner sur tous les OS. Vous pouvez donc les utiliser partout, que vous soyez sous Windows, Linux, Mac ou autre. Les bibliothèques standard ne sont pas très nombreuses et ne permettent de faire que des choses très basiques, comme ce que nous avons fait jusqu'ici. Pour obtenir des fonctions plus avancées, comme ouvrir des fenêtres, il faudra télécharger et installer de nouvelles bibliothèques. Nous verrons cela bientôt !

Assurez-vous donc, pour commencer, que vous incluez bien au moins les bibliothèques `stdio.h` et `stdlib.h` en haut de votre fichier `.c` :

```
#include <stdlib.h>
#include <stdio.h>
```

Ces bibliothèques sont tellement fondamentales, tellement basiques, que je vous recommande d'ailleurs de les inclure dans tous vos futurs programmes, quels qu'ils soient.

Bien. Maintenant que les bonnes bibliothèques sont incluses, nous allons pouvoir attaquer les choses sérieuses. Voici ce qu'il faut faire à chaque fois dans l'ordre quand on veut ouvrir un fichier, que ce soit pour le lire ou pour y écrire.

1. On appelle la fonction d'**ouverture de fichier `fopen`** qui nous renvoie un pointeur sur le fichier.
2. **On vérifie si l'ouverture a réussi** (c'est-à-dire si le fichier existait) en testant la valeur du pointeur qu'on a reçu. Si le pointeur vaut `NULL`, c'est que l'ouverture du fichier n'a pas fonctionné, dans ce cas on ne peut pas continuer (il faut afficher un message d'erreur).
3. Si l'ouverture a fonctionné (si le pointeur est différent de `NULL` donc), alors on peut s'amuser à **lire et écrire dans le fichier** à travers des fonctions que nous verrons un peu plus loin.
4. Une fois qu'on a **terminé de travailler sur le fichier**, il faut penser à le « fermer » avec la fonction `fclose`.

Nous allons dans un premier temps apprendre à nous servir de `fopen` et `fclose`. Une fois que vous saurez faire cela, nous apprendrons à lire le contenu du fichier et à y écrire du texte.

fopen : ouverture du fichier

Dans le chapitre sur les chaînes, nous nous sommes servis des prototypes des fonctions comme d'un « mode d'emploi ». C'est comme ça que les programmeurs font en général : ils lisent le prototype et comprennent comment ils doivent utiliser la fonction[1].

Voyons justement le prototype de la fonction `fopen` :

```
FILE* fopen(const char* nomDuFichier, const char* modeOuverture);
```

Cette fonction attend deux paramètres :

- le nom du fichier à ouvrir ;
- le mode d'ouverture du fichier, c'est-à-dire une indication qui mentionne ce que vous voulez faire : seulement écrire dans le fichier, seulement le lire, ou les deux à la fois.

Cette fonction renvoie... un pointeur sur `FILE` ! C'est un pointeur sur une structure de type `FILE`. Cette structure est définie dans `stdio.h`. Vous pouvez ouvrir ce fichier pour voir de quoi est constitué le type `FILE`, mais ça n'a aucun intérêt en ce qui nous concerne.

Pourquoi le nom de la structure est-il tout en majuscules (`FILE`) ? Je croyais que les noms tout en majuscules étaient réservés aux constantes et aux `define` ?

Cette « règle », c'est moi qui me la suis fixée (et nombre d'autres programmeurs suivent la même, d'ailleurs). Ça n'a jamais été une obligation. Force est de croire que ceux qui ont programmé `stdio` ne suivaient pas exactement les mêmes règles ! Cela ne doit pas vous perturber pour autant. Vous verrez d'ailleurs que les bibliothèques que nous étudierons ensuite respectent les mêmes règles que moi, à savoir ici mettre juste la première lettre d'une structure en majuscule.

Revenons à notre fonction `fopen`. Elle renvoie un `FILE*`. Il est extrêmement important de récupérer ce pointeur pour pouvoir ensuite lire et écrire dans le fichier. Nous allons donc créer un pointeur de `FILE` au début de notre fonction (par exemple la fonction `main`) :

```
int main(int argc, char *argv[])
{
    FILE* fichier = NULL;

    return 0;
}
```

Le pointeur est initialisé à `NULL` dès le début. Je vous rappelle que c'est une règle fondamentale que d'initialiser ses pointeurs à `NULL` dès le début si on n'a pas d'autre

[1] Je reconnais néanmoins que l'on a toujours besoin de quelques petites explications à côté quand même !

valeur à leur donner. Si vous ne le faites pas, vous augmentez considérablement le risque d'erreur par la suite.

> Vous noterez qu'il n'est pas nécessaire d'écrire `struct FILE* fichier = NULL`. Les créateurs de `stdio` ont donc fait un `typedef` comme je vous ai appris à le faire il n'y a pas longtemps. Notez que la forme de la structure peut changer d'un OS à l'autre (elle ne contient pas forcément les mêmes sous-variables partout). Pour cette raison, on ne modifiera jamais le contenu d'un `FILE` directement (on ne fera pas `fichier.element` par exemple). On passera par des fonctions qui manipulent le `FILE` à notre place.

Maintenant, nous allons appeler la fonction `fopen` et récupérer la valeur qu'elle renvoie dans le pointeur `fichier`. Mais avant ça, il faut que je vous explique comment se servir du second paramètre, le paramètre `modeOuverture`. En effet, il y a un code à envoyer qui indiquera à l'ordinateur si vous ouvrez le fichier en mode de lecture seule, d'écriture seule, ou des deux à la fois. Voici les modes d'ouverture possibles.

- **`"r"` : lecture seule**. Vous pourrez lire le contenu du fichier, mais pas y écrire. *Le fichier doit avoir été créé au préalable.*
- **`"w"` : écriture seule**. Vous pourrez écrire dans le fichier, mais pas lire son contenu. *Si le fichier n'existe pas, il sera créé.*
- **`"a"` : mode d'ajout**. Vous écrirez dans le fichier, en partant de la fin du fichier. Vous ajouterez donc du texte à la fin du fichier. *Si le fichier n'existe pas, il sera créé.*
- **`"r+"` : lecture et écriture**. Vous pourrez lire et écrire dans le fichier. *Le fichier doit avoir été créé au préalable.*
- **`"w+"` : lecture et écriture, avec suppression du contenu au préalable**. Le fichier est donc d'abord vidé de son contenu, vous pouvez y écrire, et le lire ensuite. *Si le fichier n'existe pas, il sera créé.*
- **`"a+"` : ajout en lecture / écriture à la fin**. Vous écrivez et lisez du texte à partir de la fin du fichier. *Si le fichier n'existe pas, il sera créé.*

Pour information, je ne vous ai présenté qu'une partie des modes d'ouverture. Il y en a le double, en réalité ! Pour chaque mode qu'on a vu là, si vous ajoutez un `"b"` après le premier caractère (`"rb"`, `"wb"`, `"ab"`, `"rb+"`, `"wb+"`, `"ab+"`), alors le fichier est ouvert en mode binaire. C'est un mode un peu particulier que nous ne verrons pas ici. En fait, le mode texte est fait pour stocker... du texte comme le nom l'indique (uniquement des caractères affichables), tandis que le mode binaire permet de stocker... des informations octet par octet (des nombres, principalement). C'est sensiblement différent. Le fonctionnement est de toute façon quasiment le même que celui que nous allons voir ici.

Personnellement, j'utilise souvent `"r"` (lecture), `"w"` (écriture) et `"r+"` (lecture et écriture). Le mode `"w+"` est un peu dangereux parce qu'il vide de suite le contenu du fichier, sans demande de confirmation. Il ne doit être utilisé que si vous voulez d'abord réinitialiser le fichier. Le mode d'ajout (`"a"`) peut être utile dans certains cas, si vous voulez seulement ajouter des informations à la fin du fichier.

Si vous avez juste l'intention de lire un fichier, il est conseillé de mettre "r". Certes, le mode "r+" aurait fonctionné lui aussi, mais en mettant "r" vous vous assurez que le fichier ne pourra pas être modifié, ce qui est en quelque sorte une sécurité.

Si vous écrivez une fonction `chargerNiveau` (pour charger le niveau d'un jeu, par exemple), le mode "r" suffit. Si vous écrivez une fonction `enregistrerNiveau`, le mode "w" sera alors adapté.

Le code suivant ouvre le fichier `test.txt` en mode "r+" (lecture / écriture) :

```
int main(int argc, char *argv[])
{
    FILE* fichier = NULL;

    fichier = fopen("test.txt", "r+");

    return 0;
}
```

Le pointeur `fichier` devient alors un pointeur sur `test.txt`.

Où doit être situé `test.txt` ?

Il doit être situé dans le même dossier que votre exécutable (`.exe`). Pour les besoins de ce chapitre, créez un fichier `test.txt` comme moi dans le même dossier que le `.exe` (fig. 16.1).

Comme vous le voyez, je travaille actuellement avec l'IDE Code: :Blocks, ce qui explique la présence d'un fichier de projet `.cbp` (au lieu de `.sln`, si vous avez Visual C++ par exemple). Bref, ce qui compte c'est de bien voir que mon programme (`tests.exe`) est situé dans le même dossier que le fichier dans lequel on va lire et écrire (`test.txt`).

Le fichier doit-il être de type `.txt` ?

Non. C'est vous qui choisissez l'extension lorsque vous ouvrez le fichier. Vous pouvez très bien inventer votre propre format de fichier `.niveau` pour enregistrer les niveaux de vos jeux par exemple.

Le fichier doit-il être obligatoirement dans le même répertoire que l'exécutable ?

Non plus. Il peut être dans un sous-dossier :

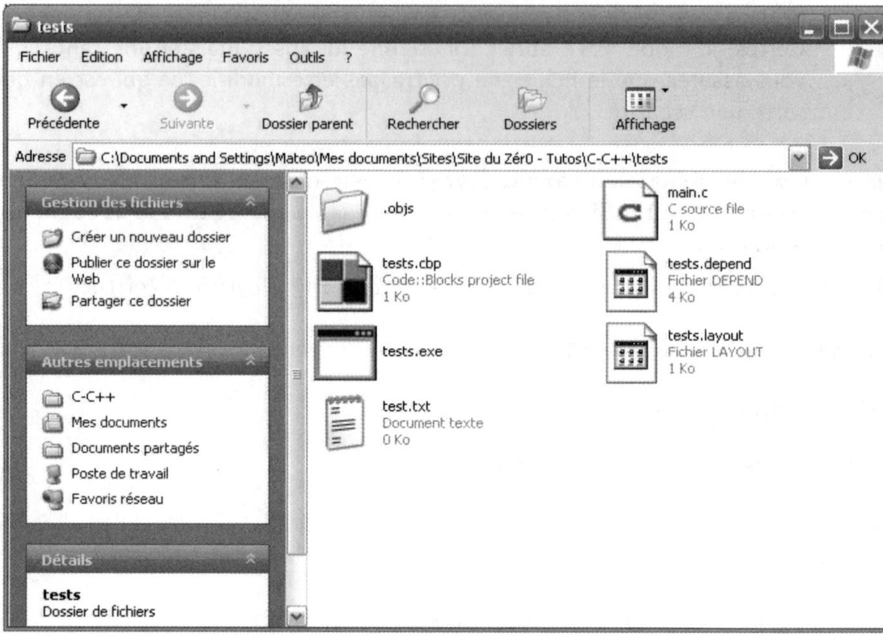

FIG. 16.1 – Le fichier doit être placé dans le même dossier que l'exécutable

```
fichier = fopen("dossier/test.txt", "r+");
```

Ici, le fichier `test.txt` est dans un sous-dossier appelé `dossier`. Cette méthode, que l'on appelle *chemin relatif* est plus pratique. Comme ça, cela fonctionnera peu importe l'endroit où est installé votre programme.

Il est aussi possible d'ouvrir un autre fichier n'importe où ailleurs sur le disque dur. Dans ce cas, il faut écrire le chemin complet (ce qu'on appelle le *chemin absolu*) :

```
fichier = fopen("C:\\Program Files\\Notepad++\\readme.txt", "r+");
```

Ce code ouvre le fichier `readme.txt` situé dans `C:\Program Files\Notepad++`.

J'ai dû mettre deux antislashs \ à chaque fois comme vous l'avez remarqué. En effet, si j'en avais écrit un seul, votre ordinateur aurait cru que vous essayiez d'insérer un symbole spécial comme `\n` ou `\t`. Pour écrire un antislash dans une chaîne, il faut donc l'écrire deux fois ! Votre ordinateur comprend alors que c'est bien le symbole \ que vous vouliez utiliser.

Le défaut des chemins absolus, c'est qu'ils ne fonctionnent que sur un OS précis. Ce n'est pas une solution portable, donc. Si vous aviez été sous Linux, vous auriez dû écrire un chemin à-la-linux, tel que :

```
fichier = fopen("/home/mateo/dossier/readme.txt", "r+");
```

Je vous recommande donc d'utiliser des chemins relatifs plutôt que des chemins absolus. N'utilisez les chemins absolus que si votre programme est fait pour un OS précis et doit modifier un fichier précis quelque part sur votre disque dur.

Tester l'ouverture du fichier

Le pointeur `fichier` devrait contenir l'adresse de la structure de type `FILE` qui sert de descripteur de fichier. Celui-ci a été chargé en mémoire pour vous par la fonction `fopen()`. À partir de là, deux possibilités :

- soit l'ouverture a réussi, et vous pouvez continuer (c'est-à-dire commencer à lire et écrire dans le fichier) ;
- soit l'ouverture a échoué parce que le fichier n'existait pas ou était utilisé par un autre programme. Dans ce cas, vous devez arrêter de travailler sur le fichier.

Juste après l'ouverture du fichier, il faut impérativement vérifier si l'ouverture a réussi ou non. Pour faire ça, c'est très simple : si le pointeur vaut `NULL`, l'ouverture a échoué. S'il vaut autre chose que `NULL`, l'ouverture a réussi. On va donc suivre systématiquement le schéma suivant :

```
int main(int argc, char *argv[])
{
    FILE* fichier = NULL;

    fichier = fopen("test.txt", "r+");

    if (fichier != NULL)
    {
        // On peut lire et écrire dans le fichier
    }
    else
    {
        // On affiche un message d'erreur si on veut
        printf("Impossible d'ouvrir le fichier test.txt");
    }

    return 0;
}
```

Faites toujours cela lorsque vous ouvrez un fichier. Si vous ne le faites pas et que le fichier n'existe pas, vous risquez un plantage du programme par la suite.

`fclose` : fermer le fichier

Si l'ouverture du fichier a réussi, vous pouvez le lire et y écrire (nous allons voir sous peu comment faire). Une fois que vous aurez fini de travailler avec le fichier, il faudra le « fermer ». On utilise pour cela la fonction `fclose` qui a pour rôle de libérer la mémoire, c'est-à-dire supprimer votre fichier chargé dans la mémoire vive.

Son prototype est :

```
int fclose(FILE* pointeurSurFichier);
```

Cette fonction prend un paramètre : votre pointeur sur le fichier. Elle renvoie un `int` qui indique si elle a réussi à fermer le fichier. Cet `int` vaut :

- `0` : si la fermeture a marché ;
- `EOF` : si la fermeture a échoué. `EOF` est un `define` situé dans `stdio.h` qui correspond à un nombre spécial, utilisé pour dire soit qu'il y a eu une erreur, soit que nous sommes arrivés à la fin du fichier. Dans le cas présent cela signifie qu'il y a eu une erreur.

A priori, la fermeture se passe toujours bien : je n'ai donc pas l'habitude de tester si le `fclose` a marché. Vous pouvez néanmoins le faire si vous le voulez.

Pour fermer le fichier, on va donc écrire :

```
fclose(fichier);
```

Au final, le schéma que nous allons suivre pour ouvrir et fermer un fichier sera le suivant :

```
int main(int argc, char *argv[])
{
    FILE* fichier = NULL;

    fichier = fopen("test.txt", "r+");

    if (fichier != NULL)
    {
        // On lit et on écrit dans le fichier

        // ...

        fclose(fichier); // On ferme le fichier qui a été ouvert
    }

    return 0;
}
```

Je n'ai pas mis le `else` ici pour afficher un message d'erreur si l'ouverture a échoué, mais vous pouvez le faire si vous le désirez.

Il faut toujours penser à fermer son fichier une fois que l'on a fini de travailler avec. Cela permet de libérer de la mémoire. Si vous oubliez de libérer la mémoire, votre programme risque à la fin de prendre énormément de mémoire qu'il n'utilise plus. Sur un petit exemple comme ça ce n'est pas flagrant, mais sur un gros programme, bonjour les dégâts !

Oublier de libérer la mémoire, ça arrive. Ça vous arrivera d'ailleurs très certainement. Dans ce cas, vous serez témoins de ce que l'on appelle des *fuites mémoire*. Votre programme se mettra alors à utiliser plus de mémoire que nécessaire sans que vous arriviez à comprendre pourquoi. Bien souvent, il s'agit simplement d'un ou deux « détails » comme des petits `fclose` oubliés.

Différentes méthodes de lecture / écriture

Maintenant que nous avons écrit le code qui ouvre et ferme le fichier, nous n'avons plus qu'à insérer le code qui le lit et y écrit.

Nous allons commencer par voir comment écrire dans un fichier (ce qui est un peu plus simple), puis nous verrons ensuite comment lire dans un fichier.

Écrire dans le fichier

Il existe plusieurs fonctions capables d'écrire dans un fichier. Ce sera à vous de choisir celle qui est la plus adaptée à votre cas. Voici les trois fonctions que nous allons étudier :

- `fputc` : écrit un caractère dans le fichier (UN SEUL caractère à la fois) ;
- `fputs` : écrit une chaîne dans le fichier ;
- `fprintf` : écrit une chaîne « formatée » dans le fichier, fonctionnement quasi-identique à `printf`.

fputc

Cette fonction écrit un caractère à la fois dans le fichier. Son prototype est :

```
int fputc(int caractere, FILE* pointeurSurFichier);
```

Elle prend deux paramètres.

- Le caractère à écrire (de type `int`, ce qui comme je vous l'ai dit revient plus ou moins à utiliser un `char`, sauf que le nombre de caractères utilisables est ici plus grand). Vous pouvez donc écrire directement `'A'` par exemple.
- Le pointeur sur le fichier dans lequel écrire. Dans notre exemple, notre pointeur s'appelle `fichier`. L'avantage de demander le pointeur de fichier à chaque fois, c'est que vous pouvez ouvrir plusieurs fichiers en même temps et donc lire et écrire dans chacun de ces fichiers. Vous n'êtes pas limités à un seul fichier ouvert à la fois.

La fonction retourne un `int`, c'est un code d'erreur. Cet `int` vaut `EOF` si l'écriture a échoué, sinon il a une autre valeur. Comme le fichier a normalement été ouvert avec succès, je n'ai pas l'habitude de tester si chacun de mes `fputc` a réussi, mais vous pouvez le faire encore une fois si vous le voulez.

Le code suivant écrit la lettre `'A'` dans `test.txt` (si le fichier existe, il est remplacé ; s'il n'existe pas, il est créé). Il y a tout dans ce code : ouverture, test de l'ouverture, écriture et fermeture.

```
int main(int argc, char *argv[])
{
    FILE* fichier = NULL;

    fichier = fopen("test.txt", "w");

    if (fichier != NULL)
    {
        fputc('A', fichier); // Écriture du caractère A
        fclose(fichier);
    }

    return 0;
}
```

▷ Code web : 517944

Ouvrez votre fichier `test.txt`. Que voyez-vous ? C'est magique, le fichier contient maintenant la lettre `'A'` comme le montre la fig. 16.2.

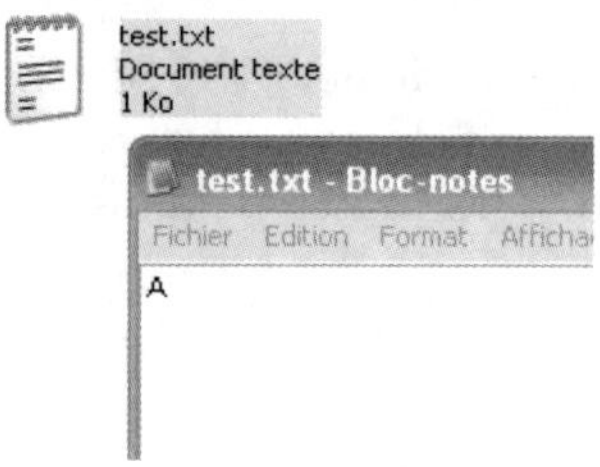

FIG. 16.2 – Le fichier contient désormais la lettre 'A'

`fputs`

Cette fonction est très similaire à `fputc`, à la différence près qu'elle écrit tout une chaîne, ce qui est en général plus pratique que d'écrire caractère par caractère. Cela dit, `fputc` reste utile lorsque vous devez écrire caractère par caractère, ce qui arrive fréquemment.

Prototype de la fonction :

```
char* fputs(const char* chaine, FILE* pointeurSurFichier);
```

Les deux paramètres sont faciles à comprendre.

– `chaine` : la chaîne à écrire. Notez que le type ici est `const char*` : en ajoutant le mot `const` dans le prototype, la fonction indique que pour elle la chaîne sera considérée comme une constante. En un mot comme en cent : elle s'interdit de modifier le contenu de votre chaîne. C'est logique quand on y pense : `fputs` doit juste lire

votre chaîne, pas la modifier. C'est donc pour vous une information (et une sécurité) comme quoi votre chaîne ne subira pas de modification.
- `pointeurSurFichier` : comme pour `fputc`, il s'agit de votre pointeur de type `FILE*` sur le fichier que vous avez ouvert.

La fonction renvoie `EOF` s'il y a eu une erreur, sinon c'est que cela a fonctionné. Là non plus, je ne teste en général pas la valeur de retour.

Testons l'écriture d'une chaîne dans le fichier :

```
int main(int argc, char *argv[])
{
    FILE* fichier = NULL;

    fichier = fopen("test.txt", "w");

    if (fichier != NULL)
    {
        fputs("Salut les Zér0s\nComment allez-vous ?", fichier);
        fclose(fichier);
    }

    return 0;
}
```

▷ Code web : 840687

La fig. 16.3 présente le fichier une fois modifié par le programme.

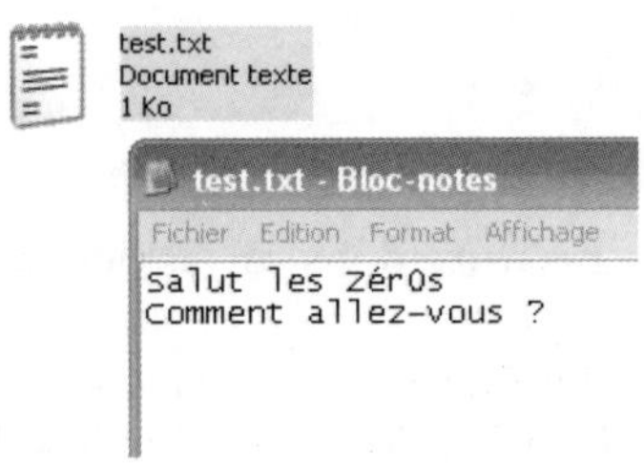

FIG. 16.3 – Le fichier contient désormais notre chaîne

fprintf

Voici un autre exemplaire de la fonction `printf`. Celle-ci peut être utilisée pour écrire dans un fichier. Elle s'utilise de la même manière que `printf` d'ailleurs, excepté le fait que vous devez indiquer un pointeur de `FILE` en premier paramètre.

Ce code demande l'âge de l'utilisateur et l'écrit dans le fichier (résultat fig. 16.4) :

```
int main(int argc, char *argv[])
{
```

```
    FILE* fichier = NULL;
    int age = 0;

    fichier = fopen("test.txt", "w");

    if (fichier != NULL)
    {
        // On demande l'âge
        printf("Quel age avez-vous ? ");
        scanf("%d", &age);

        // On l'écrit dans le fichier
        fprintf(fichier, "Le Monsieur qui utilise le programme, il a %d ans",
↪       age);
        fclose(fichier);
    }

    return 0;
}
```

▷ Code web : 119039

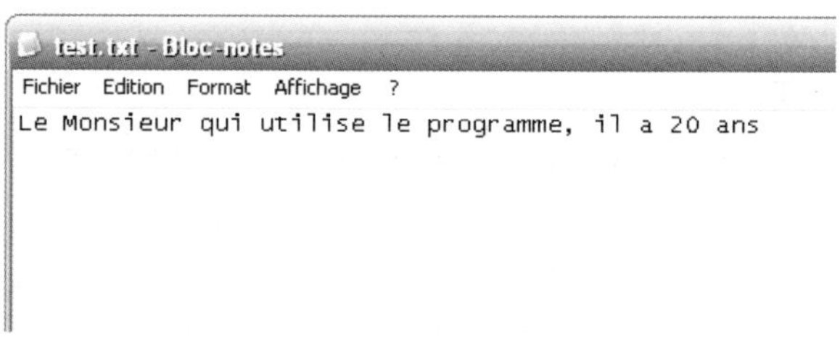

FIG. 16.4 – Écriture dans un fichier avec `fprintf`

Vous pouvez ainsi facilement réutiliser ce que vous savez de `printf` pour écrire dans un fichier ! C'est pour cette raison d'ailleurs que j'utilise le plus souvent `fprintf` pour écrire dans des fichiers.

Lire dans un fichier

Nous pouvons utiliser quasiment les mêmes fonctions que pour l'écriture, le nom change juste un petit peu :

- `fgetc` : lit un caractère ;
- `fgets` : lit une chaîne ;
- `fscanf` : lit une chaîne formatée.

Je vais cette fois aller un peu plus vite dans l'explication de ces fonctions : si vous avez compris ce que j'ai écrit plus haut, ça ne devrait pas poser de problème.

`fgetc`

Tout d'abord le prototype :

```
int fgetc(FILE* pointeurDeFichier);
```

Cette fonction retourne un `int` : c'est le caractère qui a été lu. Si la fonction n'a pas pu lire de caractère, elle retourne `EOF`.

Mais comment savoir quel caractère on lit ? Si on veut lire le troisième caractère, ainsi que le dixième caractère, comment doit-on faire ?

En fait, au fur et à mesure que vous lisez un fichier, vous avez un « curseur » qui avance. C'est un curseur virtuel bien entendu, vous ne le voyez pas à l'écran. Vous pouvez imaginer que ce curseur est comme la barre clignotante lorsque vous éditez un fichier sous Bloc-Notes. Il indique où vous en êtes dans la lecture du fichier.

Nous verrons peu après comment savoir à quelle position le curseur est situé dans le fichier et également comment modifier la position du curseur (pour le remettre au début du fichier par exemple, ou le placer à un caractère précis, comme le dixième caractère).

`fgetc` avance le curseur d'un caractère à chaque fois que vous en lisez un. Si vous appelez `fgetc` une seconde fois, la fonction lira donc le second caractère, puis le troisième et ainsi de suite. Vous pouvez donc faire une boucle pour lire les caractères un par un dans le fichier.

On va écrire un code qui lit tous les caractères d'un fichier un à un et qui les écrit à chaque fois à l'écran. La boucle s'arrête quand `fgetc` renvoie `EOF` (qui signifie « End Of File », c'est-à-dire « fin du fichier »).

```
int main(int argc, char *argv[])
{
    FILE* fichier = NULL;
    int caractereActuel = 0;

    fichier = fopen("test.txt", "r");

    if (fichier != NULL)
    {
        // Boucle de lecture des caractères un à un
        do
        {
            caractereActuel = fgetc(fichier); // On lit le caractère
            printf("%c", caractereActuel); // On l'affiche
        } while (caractereActuel != EOF); // On continue tant que fgetc n'a pas
↪       retourné EOF (fin de fichier)

        fclose(fichier);
```

```
    }

    return 0;
}
```

▷ Code web : 732632

La console affichera tout le contenu du fichier, par exemple :

```
Coucou, je suis le contenu du fichier test.txt !
```

fgets

Cette fonction lit une chaîne dans le fichier. Ça vous évite d'avoir à lire tous les caractères un par un. La fonction **lit au maximum une ligne** (elle s'arrête au premier `\n` qu'elle rencontre). Si vous voulez lire plusieurs lignes, il faudra faire une boucle.

Voici le prototype de `fgets` :

```
char* fgets(char* chaine, int nbreDeCaracteresALire, FILE* pointeurSurFichier);
```

Cette fonction demande un paramètre un peu particulier, qui va en fait s'avérer très pratique : le nombre de caractères à lire. Cela demande à la fonction `fgets` de s'arrêter de lire la ligne si elle contient plus de X caractères. Avantage : ça nous permet de nous assurer que l'on ne fera pas de dépassement de mémoire ! En effet, si la ligne est trop grosse pour rentrer dans `chaine`, la fonction aurait lu plus de caractères qu'il n'y a de place, ce qui aurait probablement provoqué un plantage du programme.

Nous allons d'abord voir comment lire une ligne avec `fgets` (nous verrons ensuite comment lire tout le fichier).

Pour cela, on crée une chaîne suffisamment grande pour stocker le contenu de la ligne qu'on va lire[2]. Vous allez voir là tout l'intérêt d'utiliser un `define` pour définir la taille du tableau :

```
#define TAILLE_MAX 1000 // Tableau de taille 1000

int main(int argc, char *argv[])
{
    FILE* fichier = NULL;
    char chaine[TAILLE_MAX] = ""; // Chaîne vide de taille TAILLE_MAX

    fichier = fopen("test.txt", "r");

    if (fichier != NULL)
    {
        fgets(chaine, TAILLE_MAX, fichier); // On lit maximum TAILLE_MAX
```

[2] Du moins on l'espère, car on ne peut pas en être sûr à 100 %.

```
↪       caractères du fichier, on stocke le tout dans "chaine"
        printf("%s", chaine); // On affiche la chaîne

        fclose(fichier);
    }

    return 0;
}
```

▷ Code web : 830992

Le résultat est le même que pour le code de tout à l'heure, à savoir que le contenu s'écrit dans la console :

```
Coucou, je suis le contenu du fichier test.txt !
```

La différence, c'est qu'ici on ne fait pas de boucle. On affiche toute la chaîne d'un coup.

Vous aurez sûrement remarqué maintenant l'intérêt que peut avoir un `#define` dans son code pour définir la taille maximale d'un tableau par exemple. En effet, `TAILLE_MAX` est ici utilisé à deux endroits du code :

- une première fois pour définir la taille du tableau à créer ;
- une autre fois dans le `fgets` pour limiter le nombre de caractères à lire.

L'avantage ici, c'est que si vous vous rendez compte que la chaîne n'est pas assez grande pour lire le fichier, vous n'avez qu'à changer la ligne du `define` et recompiler. Cela vous évite d'avoir à chercher tous les endroits du code qui indiquent la taille du tableau. Le préprocesseur remplacera tous les `TAILLE_MAX` dans le code par leur nouvelle valeur.

Comme je vous l'ai dit, `fgets` lit au maximum toute une ligne à la fois. Elle s'arrête de lire la ligne si elle dépasse le nombre maximum de caractères que vous autorisez.

Oui mais voilà : pour le moment, on ne sait lire qu'une seule ligne à la fois avec `fgets`. Comment diable lire tout le fichier ? La réponse est simple : avec une boucle !

La fonction `fgets` renvoie `NULL` si elle n'est pas parvenue à lire ce que vous avez demandé. La boucle doit donc s'arrêter dès que `fgets` se met à renvoyer `NULL`.

On n'a plus qu'à faire un `while` pour boucler tant que `fgets` ne renvoie pas `NULL` :

```
#define TAILLE_MAX 1000

int main(int argc, char *argv[])
{
    FILE* fichier = NULL;
    char chaine[TAILLE_MAX] = "";

    fichier = fopen("test.txt", "r");

    if (fichier != NULL)
    {
        while (fgets(chaine, TAILLE_MAX, fichier) != NULL) // On lit le fichier
```

```
↪        tant qu'on ne reçoit pas d'erreur (NULL)
        {
            printf("%s", chaine); // On affiche la chaîne qu'on vient de lire
        }

        fclose(fichier);
    }

    return 0;
}
```

▷ Code web : 499793

Ce code source lit et affiche tout le contenu de mon fichier, ligne par ligne.

La ligne de code la plus intéressante est celle du `while` :

```
while (fgets(chaine, TAILLE_MAX, fichier) != NULL)
```

La ligne du `while` fait deux choses : elle lit une ligne dans le fichier et vérifie si `fgets` ne renvoie pas `NULL`. Elle peut donc se traduire comme ceci : « Lire une ligne du fichier tant que nous ne sommes pas arrivés à la fin du fichier ».

fscanf

C'est le même principe que la fonction `scanf`, là encore. Cette fonction lit dans un fichier qui doit avoir été écrit d'une manière précise.

Supposons que votre fichier contienne trois nombres séparés par un espace, qui sont par exemple les trois plus hauts scores obtenus à votre jeu : `15 20 30`.

Vous voudriez récupérer chacun de ces nombres dans une variable de type `int`. La fonction `fscanf` va vous permettre de faire ça rapidement.

```
int main(int argc, char *argv[])
{
    FILE* fichier = NULL;
    int score[3] = {0}; // Tableau des 3 meilleurs scores

    fichier = fopen("test.txt", "r");

    if (fichier != NULL)
    {
        fscanf(fichier, "%d %d %d", &score[0], &score[1], &score[2]);
        printf("Les meilleurs scores sont : %d, %d et %d", score[0], score[1],
↪        score[2]);

        fclose(fichier);
    }
```

```
    return 0;
}
```

▷ Code web : 530561

```
Les meilleurs scores sont : 15, 20 et 30
```

Comme vous le voyez, la fonction `fscanf` attend trois nombres séparés par un espace (`"%d %d %d"`). Elle les stocke ici dans notre tableau de trois blocs.

On affiche ensuite chacun des nombres récupérés.

Jusqu'ici, je ne vous avais fait mettre qu'un seul %d entre guillemets pour la fonction `scanf`. Vous découvrez aujourd'hui qu'on peut en mettre plusieurs, les combiner. Si votre fichier est écrit d'une façon bien précise, cela permet d'aller plus vite pour récupérer chacune des valeurs.

Se déplacer dans un fichier

Je vous ai parlé d'une espèce de « curseur » virtuel tout à l'heure. Nous allons l'étudier maintenant plus en détails.

Chaque fois que vous ouvrez un fichier, il existe en effet un curseur qui indique votre position dans le fichier. Vous pouvez imaginer que c'est exactement comme le curseur de votre éditeur de texte (tel Bloc-Notes). Il indique où vous êtes dans le fichier, et donc où vous allez écrire.

En résumé, le système de curseur vous permet d'aller lire et écrire à une position précise dans le fichier.

Il existe trois fonctions à connaître :

- `ftell` : indique à quelle position vous êtes actuellement dans le fichier ;
- `fseek` : positionne le curseur à un endroit précis ;
- `rewind` : remet le curseur au début du fichier (c'est équivalent à demander à la fonction `fseek` de positionner le curseur au début).

`ftell` : position dans le fichier

Cette fonction est très simple à utiliser. Elle renvoie la position actuelle du curseur sous la forme d'un `long` :

```
long ftell(FILE* pointeurSurFichier);
```

Le nombre renvoyé indique donc la position du curseur dans le fichier.

fseek : se positionner dans le fichier

Le prototype de fseek est le suivant :

```
int fseek(FILE* pointeurSurFichier, long deplacement, int origine);
```

La fonction fseek permet de déplacer le curseur d'un certain nombre de caractères (indiqué par deplacement) à partir de la position indiquée par origine.

- Le nombre deplacement peut être un nombre positif (pour se déplacer en avant), nul (= 0) ou négatif (pour se déplacer en arrière).
- Quant au nombre origine, vous pouvez mettre comme valeur l'une des trois constantes (généralement des define) listées ci-dessous :
  - SEEK_SET : indique le début du fichier ;
  - SEEK_CUR : indique la position actuelle du curseur ;
  - SEEK_END : indique la fin du fichier.

Voici quelques exemples pour bien comprendre comment on jongle avec deplacement et origine.

- Le code suivant place le curseur deux caractères *après* le début :

  ```
  fseek(fichier, 2, SEEK_SET);
  ```

- Le code suivant place le curseur quatre caractères *avant* la position courante :

  ```
  fseek(fichier, -4, SEEK_CUR);
  ```

  Remarquez que deplacement est négatif car on se déplace en arrière.
- Le code suivant place le curseur à la fin du fichier :

  ```
  fseek(fichier, 0, SEEK_END);
  ```

Si vous écrivez après avoir fait un fseek qui mène à la fin du fichier, cela ajoutera vos informations à la suite dans le fichier (le fichier sera complété). En revanche, si vous placez le curseur au début et que vous écrivez, cela écrasera le texte qui se trouvait là. Il n'y a pas de moyen d'« insérer » de texte dans le fichier[3].

> Mais comment puis-je savoir à quelle position je dois aller lire et écrire dans le fichier ?

C'est à vous de le gérer. Si c'est un fichier que vous avez vous-mêmes écrit, vous savez comment il est construit. Vous savez donc où aller chercher vos informations : par exemple les meilleurs scores sont en position 0, les noms des derniers joueurs sont en position 50, etc.

Nous travaillerons sur un TP un peu plus tard dans lequel vous comprendrez, si ce n'est pas déjà le cas, comment on fait pour aller chercher l'information qui nous intéresse.

[3] À moins de coder soi-même une fonction qui lit les caractères d'après pour s'en souvenir avant de les écraser !

N'oubliez pas que c'est vous qui définissez comment votre fichier est construit. C'est donc à vous de dire : « je place le score du meilleur joueur sur la première ligne, celui du second meilleur joueur sur la seconde ligne, etc. »

La fonction `fseek` peut se comporter bizarrement sur des fichiers ouverts en mode texte. En général, on l'utilise plutôt pour se déplacer dans des fichiers ouverts en mode binaire. Quand on lit et écrit dans un fichier en mode texte, on le fait généralement caractère par caractère. La seule chose qu'on se permet en mode texte avec `fseek` c'est de revenir au début ou de se placer à la fin.

`rewind` : retour au début

Cette fonction est équivalente à utiliser `fseek` pour nous renvoyer à la position 0 dans le fichier.

```
void rewind(FILE* pointeurSurFichier);
```

L'utilisation est aussi simple que le prototype. Vous n'avez pas besoin d'explication supplémentaire !

Renommer et supprimer un fichier

Nous terminerons ce chapitre en douceur par l'étude de deux fonctions très simples :

- `rename` : renomme un fichier ;
- `remove` : supprime un fichier.

La particularité de ces fonctions est qu'elles ne nécessitent pas de pointeur de fichier pour fonctionner. Il suffira simplement d'indiquer le nom du fichier à renommer ou supprimer.

`rename` : renommer un fichier

Voici le prototype de cette fonction :

```
int rename(const char* ancienNom, const char* nouveauNom);
```

La fonction renvoie 0 si elle a réussi à renommer, sinon elle renvoie une valeur différente de 0. Est-il nécessaire de vous donner un exemple ? En voici un :

```
int main(int argc, char *argv[])
{
    rename("test.txt", "test_renomme.txt");

    return 0;
}
```

`remove` : supprimer un fichier

Cette fonction supprime un fichier sans demander son reste :

```
int remove(const char* fichierASupprimer);
```

Faites très attention en utilisant cette fonction ! Elle supprime le fichier indiqué sans demander de confirmation ! Le fichier n'est pas mis dans la corbeille, il est littéralement supprimé du disque dur. Il n'est pas possible de récupérer un tel fichier supprimé[4].

Cette fonction tombe à pic pour la fin du chapitre, je n'ai justement plus besoin du fichier `test.txt`, je peux donc me permettre de le supprimer :

```
int main(int argc, char *argv[])
{
    remove("test.txt");

    return 0;
}
```

[4] À moins de faire appel à des outils spécifiques de récupération de fichiers sur le disque, mais l'opération peut être longue, complexe et ne pas réussir.

Chapitre 17

L'allocation dynamique

Difficulté :

Toutes les variables que nous avons créées jusqu'ici étaient construites automatiquement par le compilateur du langage C. C'était la méthode simple. Il existe cependant une façon plus manuelle de créer des variables que l'on appelle l'allocation dynamique.

Un des principaux intérêts de l'allocation dynamique est de permettre à un programme de réserver la place nécessaire au stockage d'un tableau en mémoire dont il ne connaissait pas la taille avant la compilation. En effet, jusqu'ici, la taille de nos tableaux était fixée « en dur » dans le code source. Après lecture de ce chapitre, vous allez pouvoir créer des tableaux de façon bien plus flexible !

Il est impératif de bien savoir manipuler les pointeurs pour pouvoir lire ce chapitre ! Si vous avez encore des doutes sur les pointeurs, je vous recommande d'aller relire le chapitre correspondant avant de commencer.

Quand on déclare une variable, on dit qu'on **demande à allouer de la mémoire** :

```
int monNombre = 0;
```

Lorsque le programme arrive à une ligne comme celle-ci, il se passe en fait les choses suivantes :

1. votre programme demande au système d'exploitation (Windows, Linux, Mac OS...) la permission d'utiliser un peu de mémoire ;
2. le système d'exploitation répond à votre programme en lui indiquant où il peut stocker cette variable (il lui donne l'adresse qu'il lui a réservée) ;
3. lorsque la fonction est terminée, la variable est automatiquement supprimée de la mémoire. Votre programme dit au système d'exploitation : « Je n'ai plus besoin de l'espace en mémoire que tu m'avais réservé à telle adresse, merci ![1] ».

Jusqu'ici, les choses étaient automatiques. Lorsqu'on déclarait une variable, le système d'exploitation était automatiquement appelé par le programme. Que diriez-vous de faire cela manuellement ? Non pas par pur plaisir de faire quelque chose de compliqué (même si c'est tentant !), mais plutôt parce que nous allons parfois être obligés de procéder comme cela.

Dans ce chapitre, nous allons :

- étudier le fonctionnement de la mémoire (oui, encore !) pour découvrir la taille que prend une variable en fonction de son type ;
- puis attaquer le sujet lui-même : nous verrons comment demander manuellement de la mémoire au système d'exploitation. On fera ce qu'on appelle de l'allocation dynamique de mémoire ;
- enfin, découvrir l'intérêt de faire une allocation dynamique de mémoire en apprenant à créer un tableau dont la taille n'est connue qu'à l'exécution du programme.

La taille des variables

Selon le type de variable que vous demandez de créer (`char`, `int`, `double`, `float`...), vous avez besoin de plus ou moins de mémoire.

En effet, pour stocker un nombre compris entre -128 et 127 (un `char`), on n'a besoin que d'un octet en mémoire. C'est tout petit. En revanche, un `int` occupe généralement 4 octets en mémoire. Quant au `double`, il occupe 8 octets.

Le problème est... que ce n'est pas toujours le cas. Cela dépend des machines : peut-être que chez vous un `int` occupe 8 octets, qui sait ? Notre objectif ici est de vérifier quelle taille occupe chacun des types sur votre ordinateur.

Il y a un moyen très facile pour savoir cela : utiliser l'opérateur `sizeof()`. Contrairement aux apparences, ce n'est pas une fonction mais une fonctionnalité de base du

[1] L'histoire ne précise pas si le programme dit vraiment « merci » à l'OS, mais c'est tout dans son intérêt parce que c'est l'OS qui contrôle la mémoire !

langage C. Vous devez juste indiquer entre parenthèses le type que vous voulez analyser. Pour connaître la taille d'un `int`, on devra donc écrire :

```
sizeof(int)
```

À la compilation, cela sera remplacé par un nombre : le nombre d'octets que prend `int` en mémoire. Chez moi, `sizeof(int)` vaut 4, ce qui signifie que `int` occupe 4 octets. Chez vous, c'est probablement la même valeur, mais ce n'est pas une règle. Testez pour voir, en affichant la valeur à l'aide d'un `printf` par exemple :

```
printf("char : %d octets\n", sizeof(char));
printf("int : %d octets\n", sizeof(int));
printf("long : %d octets\n", sizeof(long));
printf("double : %d octets\n", sizeof(double));
```

Chez moi, cela affiche :

```
char : 1 octets
int : 4 octets
long : 4 octets
double : 8 octets
```

Je n'ai pas mis tous les types que nous connaissons, je vous laisse le soin de tester vous-mêmes la taille des autres types.

Vous remarquerez que `long` et `int` occupent la même place en mémoire. Créer un `long` revient donc ici exactement à créer un `int`, cela prend 4 octets dans la mémoire.

En fait, le type `long` est équivalent à un type appelé `long int`, qui est ici équivalent au type... `int`. Bref, ça fait beaucoup de noms différents pour pas grand-chose, au final ! Avoir de nombreux types différents était utile à une époque où l'on n'avait pas beaucoup de mémoire dans nos ordinateurs. On cherchait à utiliser le minimum de mémoire possible en utilisant le type le plus adapté. Aujourd'hui, cela ne sert plus vraiment car la mémoire d'un ordinateur est très grande[2].

Peut-on afficher la taille d'un type personnalisé qu'on a créé (une structure) ?

Oui ! `sizeof` marche aussi sur les structures !

```
typedef struct Coordonnees Coordonnees;
struct Coordonnees
```

[2] En revanche, tous ces types ont encore de l'intérêt si vous créez des programmes pour de l'informatique embarquée où la mémoire disponible est plus faible. Je pense par exemple aux programmes destinés à des téléphones portables, à des robots, etc.

```
{
    int x;
    int y;
};

int main(int argc, char *argv[])
{
    printf("Coordonnees : %d octets\n", sizeof(Coordonnees));

    return 0;
}
```

```
Coordonnees : 8 octets
```

Plus une structure contient de sous-variables, plus elle prend de mémoire. Terriblement logique, n'est-ce pas ?

Une nouvelle façon de voir la mémoire

Jusqu'ici, mes schémas de mémoire étaient encore assez imprécis. On va enfin pouvoir les rendre vraiment précis et corrects maintenant qu'on connaît la taille de chacun des types de variables.

Si on déclare une variable de type `int` :

```
int nombre = 18;
```

... et que `sizeof(int)` indique 4 octets sur notre ordinateur, alors la variable occupera 4 octets en mémoire !

Supposons que la variable `nombre` soit allouée à l'adresse 1600 en mémoire. On aurait alors le schéma de la fig. 17.1.

Ici, on voit bien que notre variable `nombre` de type `int` qui vaut 18 occupe 4 octets dans la mémoire. Elle commence à l'adresse 1600 (c'est son adresse) et termine à l'adresse 1603. La prochaine variable ne pourra donc être stockée qu'à partir de l'adresse 1604 !

Si on avait fait la même chose avec un `char`, on n'aurait alors occupé qu'un seul octet en mémoire (fig. 17.2).

Imaginez maintenant un tableau de `int` ! Chaque « case » du tableau occupera 4 octets. Si notre tableau fait 100 cases :

```
int tableau[100];
```

on occupera alors en réalité 4 * 100 = 400 octets en mémoire.

Même si le tableau est vide, il prend 400 octets ?

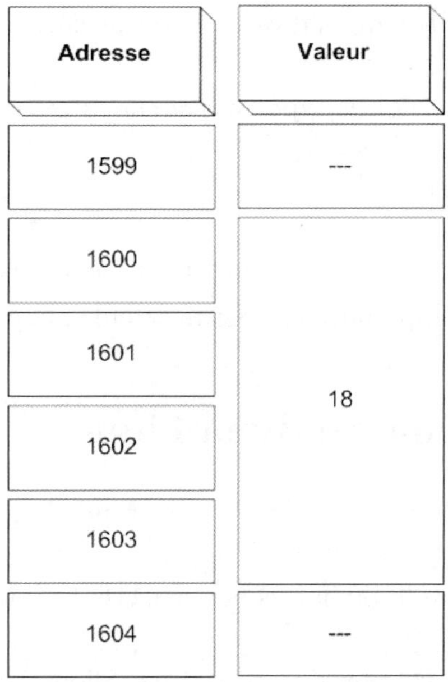

Fig. 17.1 – Un `int` occupant 4 octets en mémoire

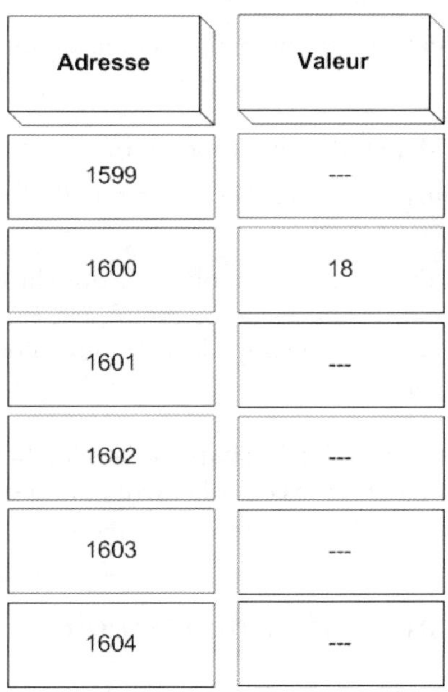

Fig. 17.2 – Un `char` occupant 1 octet en mémoire

Bien sûr ! La place en mémoire est réservée, aucun autre programme n'a le droit d'y toucher (à part le vôtre). Une fois qu'une variable est déclarée, elle prend immédiatement de la place en mémoire.

Notez que si on crée un tableau de type `Coordonnees` :

```
Coordonnees tableau[100];
```

... on utilisera cette fois : 8 * 100 = 800 octets en mémoire.

Il est important de bien comprendre ces petits calculs pour la suite du chapitre.

Allocation de mémoire dynamique

Entrons maintenant dans le vif du sujet. Je vous rappelle notre objectif : apprendre à demander de la mémoire manuellement.

On va avoir besoin d'inclure la bibliothèque `<stdlib.h>`[3]. Cette bibliothèque contient deux fonctions dont nous allons avoir besoin :

- `malloc` (« Memory ALLOCation », c'est-à-dire « Allocation de mémoire ») : demande au système d'exploitation la permission d'utiliser de la mémoire ;
- `free` (« Libérer ») : permet d'indiquer à l'OS que l'on n'a plus besoin de la mémoire qu'on avait demandée. La place en mémoire est libérée, un autre programme peut maintenant s'en servir au besoin.

Quand vous faites une allocation manuelle de mémoire, vous devez toujours suivre ces trois étapes :

1. appeler `malloc` pour demander de la mémoire ;
2. vérifier la valeur retournée par `malloc` pour savoir si l'OS a bien réussi à allouer la mémoire ;
3. une fois qu'on a fini d'utiliser la mémoire, on doit la libérer avec `free`. Si on ne le fait pas, on s'expose à des fuites de mémoire, c'est-à-dire que votre programme risque au final de prendre beaucoup de mémoire alors qu'il n'a en réalité plus besoin de tout cet espace.

Ces trois étapes vous rappellent-elles le chapitre sur les fichiers ? Elles devraient ! Le principe est exactement le même qu'avec les fichiers : on alloue, on vérifie si l'allocation a marché, on utilise la mémoire, puis on la libère quand on a fini de l'utiliser.

`malloc` : demande d'allocation de mémoire

Le prototype de la fonction `malloc` est assez comique, vous allez voir :

[3] Si vous avez suivi mes conseils, vous devriez avoir inclus cette bibliothèque dans tous vos programmes, de toute façon.

```
void* malloc(size_t nombreOctetsNecessaires);
```

La fonction prend un paramètre : le nombre d'octets à réserver. Ainsi, il suffira d'écrire `sizeof(int)` dans ce paramètre pour réserver suffisamment d'espace pour stocker un `int`.

Mais c'est surtout ce que la fonction renvoie qui est curieux : elle renvoie un... `void*` ! Si vous vous souvenez du chapitre sur les fonctions, je vous avais dit que `void` signifiait « vide » et qu'on utilisait ce type pour indiquer que la fonction ne retournait aucune valeur.

Alors ici, on aurait une fonction qui retourne un... « pointeur sur vide » ? En voilà une bien bonne ! Ces programmeurs ont décidément un sens de l'humour très développé.

Rassurez-vous, il y a une raison. En fait, cette fonction renvoie un pointeur indiquant l'adresse que l'OS a réservée pour votre variable. Si l'OS a trouvé de la place pour vous à l'adresse 1600, la fonction renvoie donc un pointeur contenant l'adresse 1600.

Le problème, c'est que la fonction `malloc` ne sait pas quel type de variable vous cherchez à créer. En effet, vous ne lui donnez qu'un paramètre : le nombre d'octets en mémoire dont vous avez besoin. Si vous demandez 4 octets, ça pourrait aussi bien être un `int` qu'un `long` par exemple !

Comme `malloc` ne sait pas quel type elle doit retourner, elle renvoie le type `void*`. Ce sera un pointeur sur *n'importe quel type*. On peut dire que c'est un pointeur universel.

Passons à la pratique. Si je veux m'amuser (hum !) à créer manuellement une variable de type `int` en mémoire, je devrais indiquer à `malloc` que j'ai besoin de `sizeof(int)` octets en mémoire. Je récupère le résultat du `malloc` dans un pointeur sur `int`.

```
int* memoireAllouee = NULL; // On crée un pointeur sur int

memoireAllouee = malloc(sizeof(int)); // La fonction malloc inscrit dans notre
↪ pointeur l'adresse qui a été reservée.
```

À la fin de ce code, `memoireAllouee` est un pointeur contenant une adresse qui vous a été réservée par l'OS, par exemple l'adresse 1600 pour reprendre mes schémas précédents.

Tester le pointeur

La fonction `malloc` a donc renvoyé dans notre pointeur `memoireAllouee` l'adresse qui a été réservée pour vous en mémoire. Deux possibilités :

- si l'allocation a marché, notre pointeur contient une adresse ;
- si l'allocation a échoué, notre pointeur contient l'adresse `NULL`.

Il est peu probable qu'une allocation échoue, mais cela peut arriver. Imaginez que vous demandiez à utiliser 34 Go de mémoire vive, il y a très peu de chances que l'OS vous réponde favorablement.

Il est néanmoins recommandé de toujours tester si l'allocation a marché. On va faire ceci : si l'allocation a échoué, c'est qu'il n'y avait plus de mémoire de libre (c'est un cas critique). Dans un tel cas, le mieux est d'arrêter immédiatement le programme parce que, de toute manière, il ne pourra pas continuer convenablement.

On va utiliser une fonction standard qu'on n'avait pas encore vue jusqu'ici : `exit()`. Elle arrête immédiatement le programme. Elle prend un paramètre : la valeur que le programme doit retourner[4].

```
int main(int argc, char *argv[])
{
    int* memoireAllouee = NULL;

    memoireAllouee = malloc(sizeof(int));
    if (memoireAllouee == NULL) // Si l'allocation a échoué
    {
        exit(0); // On arrête immédiatement le programme
    }

    // On peut continuer le programme normalement sinon

    return 0;
}
```

Si le pointeur est différent de `NULL`, le programme peut continuer, sinon il faut afficher un message d'erreur ou même mettre fin au programme, parce qu'il ne pourra pas continuer correctement s'il n'y a plus de place en mémoire.

`free` : libérer de la mémoire

Tout comme on utilisait la fonction `fclose` pour fermer un fichier dont on n'avait plus besoin, on va utiliser la fonction `free` pour libérer la mémoire dont on ne se sert plus.

```
void free(void* pointeur);
```

La fonction `free` a juste besoin de l'adresse mémoire à libérer. On va donc lui envoyer notre pointeur, c'est-à-dire `memoireAllouee` dans notre exemple. Voici le schéma complet et final, ressemblant à s'y méprendre à ce qu'on a vu dans le chapitre sur les fichiers :

```
int main(int argc, char *argv[])
{
    int* memoireAllouee = NULL;

    memoireAllouee = malloc(sizeof(int));
    if (memoireAllouee == NULL) // On vérifie si la mémoire a été allouée
```

[4] Cela correspond en fait au `return` du `main()`.

```
    {
        exit(0); // Erreur : on arrête tout !
    }

    // On peut utiliser ici la mémoire
    free(memoireAllouee); // On n'a plus besoin de la mémoire, on la libère

    return 0;
}
```

Exemple concret d'utilisation

On va programmer quelque chose qu'on a appris à faire il y a longtemps : demander l'âge de l'utilisateur et le lui afficher. La seule différence avec ce qu'on faisait avant, c'est qu'ici la variable va être allouée manuellement (on dit aussi *dynamiquement*) plutôt qu'automatiquement comme auparavant. Alors oui, du coup, le code est un peu plus compliqué. Mais faites l'effort de bien le comprendre, c'est important :

```
int main(int argc, char *argv[])
{
    int* memoireAllouee = NULL;

    memoireAllouee = malloc(sizeof(int)); // Allocation de la mémoire
    if (memoireAllouee == NULL)
    {
        exit(0);
    }

    // Utilisation de la mémoire
    printf("Quel age avez-vous ? ");
    scanf("%d", memoireAllouee);
    printf("Vous avez %d ans\n", *memoireAllouee);

    free(memoireAllouee); // Libération de mémoire

    return 0;
}
```

▷ Code web : 294774

```
Quel age avez-vous ? 31
Vous avez 31 ans
```

Attention : comme memoireAllouee est un pointeur, on ne l'utilise pas de la même manière qu'une vraie variable. Pour obtenir la valeur de la variable, il faut placer une étoile devant : *memoireAllouee (regardez le printf). Tandis que pour indiquer l'adresse, on a juste besoin d'écrire le nom du pointeur memoireAllouee (regardez le scanf). Tout cela a été expliqué dans le chapitre sur les pointeurs. Toutefois, on met généralement du temps à s'y faire et il est probable que vous confondiez encore. Si c'est votre cas, vous *devez* relire le chapitre sur les pointeurs, qui est fondamental.

Revenons à notre code. On y a alloué dynamiquement une variable de type int. Au final, ce qu'on a écrit revient exactement au même que d'utiliser la méthode « automatique » qu'on connaît bien maintenant :

```
int main(int argc, char *argv[])
{
    int maVariable = 0; // Allocation de la mémoire (automatique)

    // Utilisation de la mémoire
    printf("Quel age avez-vous ? ");
    scanf("%d", &maVariable);
    printf("Vous avez %d ans\n", maVariable);

    return 0;
} // Libération de la mémoire (automatique à la fin de la fonction)
```

```
Quel age avez-vous ? 31
Vous avez 31 ans
```

En résumé, il y a deux façons de créer une variable, c'est-à-dire d'allouer de la mémoire. Soit on le fait :

- automatiquement : c'est la méthode que vous connaissez et qu'on a utilisée jusqu'ici ;
- manuellement (*dynamiquement*) : c'est la méthode que je vous enseigne dans ce chapitre.

Je trouve la méthode dynamique compliquée et inutile !

Un peu plus compliquée... certes. Mais inutile, non ! Nous sommes parfois obligés d'allouer manuellement de la mémoire, comme nous allons le voir maintenant.

Allocation dynamique d'un tableau

Pour le moment, on a utilisé l'allocation dynamique uniquement pour créer une petite variable. Or en général, on ne se sert pas de l'allocation dynamique pour cela. On utilise la méthode automatique qui est plus simple.

Quand a-t-on besoin de l'allocation dynamique, me direz-vous ? Le plus souvent, on s'en sert pour créer un tableau dont on ne connaît pas la taille avant l'exécution du programme.

Imaginons par exemple un programme qui stocke l'âge de tous les amis de l'utilisateur dans un tableau. Vous pourriez créer un tableau de `int` pour stocker les âges, comme ceci :

```
int ageAmis[15];
```

Mais qui vous dit que l'utilisateur a 15 amis ? Peut-être qu'il en a plus que ça ! Lorsque vous écrivez le code source, vous ne connaissez pas la taille que vous devez donner à votre tableau. Vous ne le saurez qu'à l'exécution, lorsque vous demanderez à l'utilisateur combien il a d'amis.

L'intérêt de l'allocation dynamique est là : on va demander le nombre d'amis à l'utilisateur, puis on fera une allocation dynamique pour créer un tableau ayant exactement la taille nécessaire (ni trop petit, ni trop grand). Si l'utilisateur a 15 amis, on créera un tableau de 15 `int` ; s'il en a 28, on créera un tableau de 28 `int`, etc.

Comme je vous l'ai appris, il est interdit en C de créer un tableau en indiquant sa taille à l'aide d'une variable :

```
int amis[nombreDAmis];
```

Ce code fonctionne peut-être sur certains compilateurs mais uniquement dans des cas précis, il est recommandé de ne pas l'utiliser !

L'avantage de l'allocation dynamique, c'est qu'elle nous permet de créer un tableau qui a exactement la taille de la variable `nombreDAmis`, et cela grâce à un code qui fonctionnera partout !

On va demander au `malloc` de nous réserver `nombreDAmis * sizeof(int)` octets en mémoire :

```
amis = malloc(nombreDAmis * sizeof(int));
```

Ce code permet de créer un tableau de type `int` qui a une taille correspondant exactement au nombre d'amis !

Voici ce que fait le programme dans l'ordre :

1. demander à l'utilisateur combien il a d'amis ;
2. créer un tableau de `int` ayant une taille égale à son nombre d'amis (via `malloc`) ;
3. demander l'âge de chacun de ses amis un à un, qu'on stocke dans le tableau ;
4. afficher l'âge des amis pour montrer qu'on a bien mémorisé tout cela ;
5. à la fin, puisqu'on n'a plus besoin du tableau contenant l'âge des amis, le libérer avec la fonction `free`.

```
int main(int argc, char *argv[])
{
    int nombreDAmis = 0, i = 0;
    int* ageAmis = NULL; // Ce pointeur va servir de tableau après l'appel du
↪   malloc

    // On demande le nombre d'amis à l'utilisateur
    printf("Combien d'amis avez-vous ? ");
    scanf("%d", &nombreDAmis);

    if (nombreDAmis > 0) // Il faut qu'il ait au moins un ami (je le plains un
↪   peu sinon :p)
    {
        ageAmis = malloc(nombreDAmis * sizeof(int)); // On alloue de la mémoire
↪       pour le tableau
        if (ageAmis == NULL) // On vérifie si l'allocation a marché ou non
        {
            exit(0); // On arrête tout
        }

        // On demande l'âge des amis un à un
        for (i = 0 ; i < nombreDAmis ; i++)
        {
            printf("Quel age a l'ami numero %d ? ", i + 1);
            scanf("%d", &ageAmis[i]);
        }

        // On affiche les âges stockés un à un
        printf("\n\nVos amis ont les ages suivants :\n");
        for (i = 0 ; i < nombreDAmis ; i++)
        {
            printf("%d ans\n", ageAmis[i]);
        }

        // On libère la mémoire allouée avec malloc, on n'en a plus besoin
        free(ageAmis);
    }

    return 0;
}
```

▷ Code web : 423350

```
Combien d'amis avez-vous ? 5
Quel age a l'ami numero 1 ? 16
Quel age a l'ami numero 2 ? 18
Quel age a l'ami numero 3 ? 20
Quel age a l'ami numero 4 ? 26
Quel age a l'ami numero 5 ? 27

Vos amis ont les ages suivants :
16 ans
18 ans
20 ans
26 ans
27 ans
```

Ce programme est tout à fait inutile : il demande les âges et les affiche ensuite. J'ai choisi de faire cela car c'est un exemple « simple » (enfin, si vous avez compris le `malloc`).

Je vous rassure : dans la suite du cours, nous aurons l'occasion d'utiliser le `malloc` pour des choses bien plus intéressantes que le stockage de l'âge de ses amis !

En résumé

- Une variable occupe plus ou moins d'espace en mémoire en fonction de son type.
- On peut connaître le nombre d'octets occupés par un type à l'aide de l'opérateur `sizeof()`.
- L'allocation dynamique consiste à réserver manuellement de l'espace en mémoire pour une variable ou un tableau.
- L'allocation est effectuée avec `malloc()` et il ne faut surtout pas oublier de libérer la mémoire avec `free()` dès qu'on n'en a plus besoin.
- L'allocation dynamique permet notamment de créer un tableau dont la taille est déterminée par une variable au moment de l'exécution.

Chapitre 18

TP : réalisation d'un Pendu

Difficulté :

Je ne le répéterai jamais assez : pratiquer est essentiel. C'est d'autant plus essentiel pour vous car vous venez de découvrir de nombreux concepts théoriques et, quoi que vous en disiez, vous ne les aurez jamais vraiment compris tant que vous n'aurez pas pratiqué.

Pour ce TP, je vous propose de réaliser un Pendu. C'est un grand classique des jeux de lettres dans lequel il faut deviner un mot caché lettre par lettre. Le Pendu aura donc la forme d'un jeu en console en langage C.

L'objectif est de vous faire manipuler tout ce que vous avez appris jusqu'ici. Au menu : pointeurs, chaînes de caractères, fichiers, tableaux... bref, que des bonnes choses !

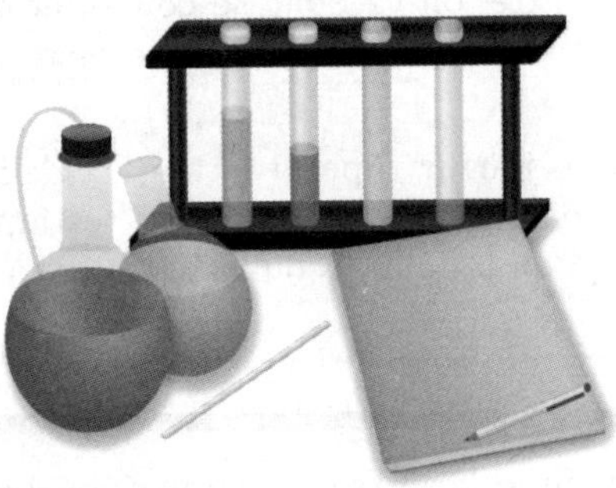

Les consignes

Je tiens à ce qu'on se mette bien d'accord sur les règles du Pendu à réaliser. Je vais donc vous donner ici les consignes, c'est-à-dire vous expliquer comment doit fonctionner précisément le jeu que vous allez créer.

Tout le monde connaît le Pendu, n'est-ce pas ? Allez, un petit rappel ne peut pas faire de mal : le but du Pendu est de retrouver un mot caché en moins de 10 essais[1].

Déroulement d'une partie

Supposons que le mot caché soit ROUGE. Vous proposez une lettre à l'ordinateur, par exemple la lettre A. L'ordinateur vérifie si cette lettre se trouve dans le mot caché.

> Rappelez-vous : il y a une fonction toute prête dans `string.h` pour rechercher une lettre dans un mot ! Notez que vous n'êtes cependant pas obligés de l'utiliser (personnellement, je ne m'en suis pas servi).

À partir de là, deux possibilités :

- la lettre se trouve effectivement dans le mot : dans ce cas, on dévoile le mot avec les lettres qu'on a déjà trouvées ;
- la lettre ne se trouve pas dans le mot (c'est le cas ici, car A n'est pas dans ROUGE) : on indique au joueur que la lettre ne s'y trouve pas et on diminue le nombre de coups restants. Quand il ne nous reste plus de coups (0 coup), le jeu est terminé et on a perdu.

> Dans un « vrai » Pendu, il y aurait normalement le dessin d'un bonhomme qui se fait pendre au fur et à mesure que l'on fait des erreurs. En console, ce serait un peu trop difficile de dessiner un bonhomme qui se fait pendre rien qu'avec du texte, on va donc se contenter d'afficher une simple phrase comme « Il vous reste X coups avant une mort certaine ».

Supposons maintenant que le joueur tape la lettre G. Celle-ci se trouve dans le mot caché, donc on ne diminue pas le nombre de coups restants au joueur. On affiche le mot secret avec les lettres qu'on a déjà découvertes, c'est-à-dire quelque chose comme ça :

```
Mot secret : ***G*
```

Si ensuite on tape un R, comme la lettre s'y trouve, on l'ajoute à la liste des lettres trouvées et on affiche à nouveau le mot avec les lettres déjà découvertes :

```
Mot secret : R**G*
```

[1] Mais vous pouvez changer ce nombre maximal pour corser la difficulté, bien sûr !

Le cas des lettres multiples

Dans certains mots, une même lettre peut apparaître deux ou trois fois, voire plus ! Par exemple, il y a deux Z dans PUZZLE ; de même, il y a trois E dans ELEMENT.

Que fait-on dans un cas comme ça ? Les règles du Pendu sont claires : si le joueur tape la lettre E, toutes les lettres E du mot ELEMENT doivent être découvertes d'un seul coup :

```
Mot secret : E*E*E**
```

Il ne faut donc pas avoir à taper trois fois la lettre E pour que tous les E soient découverts.

Exemple d'une partie complète

Voici à quoi devrait ressembler une partie complète en console lorsque votre programme sera terminé :

```
Bienvenue dans le Pendu !

Il vous reste 10 coups a jouer
Quel est le mot secret ? ******
Proposez une lettre : E

Il vous reste 9 coups a jouer
Quel est le mot secret ? ******
Proposez une lettre : A

Il vous reste 9 coups a jouer
Quel est le mot secret ? *A****
Proposez une lettre : O

Il vous reste 9 coups a jouer
Quel est le mot secret ? *A**O*
Proposez une lettre :
```

Et ainsi de suite jusqu'à ce que le joueur ait découvert toutes les lettres du mot (ou bien qu'il ne lui reste plus de coups à jouer) :

```
Il vous reste 8 coups a jouer
Quel est le mot secret ? MA**ON
Proposez une lettre : R

Gagne ! Le mot secret etait bien : MARRON
```

Saisie d'une lettre en console

La lecture d'une lettre dans la console est plus compliquée qu'il n'y paraît. Intuitivement, pour récupérer un caractère, vous devriez avoir pensé à :

```
scanf("%c", &maLettre);
```

Et effectivement, c'est bien. `%c` indique que l'on attend un caractère, qu'on stockera dans `maLettre` (une variable de type `char`).

Tout se passe très bien... tant qu'on ne refait pas un `scanf`. En effet, vous pouvez tester le code suivant :

```
int main(int argc, char* argv[])
{
        char maLettre = 0;

        scanf("%c", &maLettre);
        printf("%c", maLettre);

        scanf("%c", &maLettre);
        printf("%c", maLettre);

        return 0;
}
```

Normalement, ce code est censé vous demander une lettre et vous l'afficher, et cela deux fois. Testez. Que se passe-t-il ? Vous entrez une lettre, d'accord, mais... le programme s'arrête de suite après, il ne vous demande pas la seconde lettre ! On dirait qu'il ignore le second `scanf`.

Que s'est-il passé ?

En fait, quand vous entrez du texte en console, tout ce que vous tapez est stocké quelque part en mémoire, *y compris l'appui sur la touche Entrée* (`\n`).

Ainsi, la première fois que vous entrez une lettre (par exemple A) puis que vous appuyez sur *Entrée*, c'est la lettre A qui est renvoyée par le `scanf`. Mais la seconde fois, `scanf` renvoie le `\n` correspondant à la touche *Entrée* que vous aviez pressée auparavant !

Pour éviter cela, le mieux c'est de créer notre propre petite fonction `lireCaractere()` :

```
char lireCaractere()
{
    char caractere = 0;

    caractere = getchar(); // On lit le premier caractère
```

```
    caractere = toupper(caractere); // On met la lettre en majuscule si elle ne l'est pas déjà

    // On lit les autres caractères mémorisés un à un jusqu'au \n (pour les effacer)
    while (getchar() != '\n') ;

    return caractere; // On retourne le premier caractère qu'on a lu
}
```

▷ Code web : 764168

Cette fonction utilise `getchar()` qui est une fonction de `stdio` qui revient exactement à écrire `scanf("%c", &lettre) ;`. La fonction `getchar` renvoie le caractère que le joueur a tapé.

Après, j'utilise une fonction standard qu'on n'a pas eu l'occasion d'étudier dans le cours : `toupper()`. Cette fonction transforme la lettre indiquée en majuscule. Comme ça, le jeu fonctionnera même si le joueur tape des lettres minuscules. Il faudra inclure `ctype.h` pour pouvoir utiliser cette fonction (ne l'oubliez pas !).

Vient ensuite la partie la plus intéressante : celle où je vide les autres caractères qui auraient pu avoir été tapés. En effet, en rappelant `getchar` on prend le caractère suivant que l'utilisateur a tapé (par exemple l'*Entrée* `\n`). Ce que je fais est simple et tient en une ligne : j'appelle la fonction `getchar` en boucle jusqu'à tomber sur le caractère `\n`. La boucle s'arrête alors, ce qui signifie qu'on a « lu » tous les autres caractères, ils ont donc été vidés de la mémoire. On dit qu'on **vide le buffer**.

Pourquoi y a-t-il un point-virgule à la fin du `while` et pourquoi ne voit-on pas d'accolades ?

En fait, je fais une boucle qui ne contient pas d'instructions (la seule instruction, c'est le `getchar` entre les parenthèses). Les accolades ne sont pas nécessaires vu que je n'ai rien d'autre à faire qu'un `getchar`. Je mets donc un point-virgule pour remplacer les accolades. Ce point-virgule signifie « ne rien faire à chaque passage dans la boucle ». C'est un peu particulier je le reconnais, mais c'est une technique à connaître, technique qu'utilisent les programmeurs pour faire des boucles très courtes et très simples.

Dites-vous que le `while` aurait aussi pu être écrit comme ceci :

```
while (getchar() != '\n')
{

}
```

Il n'y a rien entre accolades, c'est volontaire, vu qu'on n'a rien d'autre à faire. Ma technique consistant à placer juste un point-virgule est simplement plus courte que celle des accolades.

Enfin, la fonction `lireCaractere` retourne le premier caractère qu'elle a lu : la variable `caractere`.

En résumé, pour récupérer une lettre dans votre code, vous n'utiliserez pas :

```
scanf("%c", &maLettre);
```

... vous utiliserez à la place notre super-fonction :

```
maLettre = lireCaractere();
```

Dictionnaire de mots

Dans un premier temps pour vos tests, je vais vous demander de fixer le mot secret directement dans votre code. Vous écrirez donc par exemple :

```
char motSecret[] = "MARRON";
```

Alors oui, bien sûr, le mot secret sera toujours le même si on laisse ça comme ça, ce qui n'est pas très rigolo. Je vous demande de faire comme ça dans un premier temps pour ne pas mélanger les problèmes. En effet, une fois que votre jeu de Pendu fonctionnera correctement (et seulement à partir de ce moment-là), vous attaquerez la seconde phase : la création du dictionnaire de mots.

Qu'est-ce que c'est, le « dictionnaire de mots » ?

C'est un fichier qui contiendra de nombreux mots pour votre jeu de Pendu. Il doit y avoir un mot par ligne. Exemple :

```
MAISON
BLEU
AVION
XYLOPHONE
ABEILLE
IMMEUBLE
GOURDIN
NEIGE
ZERO
```

À chaque nouvelle partie, votre programme devra ouvrir ce fichier et prendre un des mots au hasard dans la liste. Grâce à cette technique, vous aurez un fichier à part que vous pourrez éditer tant que vous voudrez pour ajouter des mots secrets possibles pour le Pendu.

Vous aurez remarqué que depuis le début je fais exprès d'écrire tous les mots du jeu en majuscules. En effet, dans le Pendu on ne fait pas la distinction entre les majuscules et les minuscules, le mieux est donc de se dire dès le début : « tous mes mots seront en majuscules ». À vous de prévenir le joueur, dans le mode d'emploi du jeu par exemple, qu'il est censé entrer des lettres majuscules et non des minuscules.
Par ailleurs, on fait exprès d'ignorer les accents pour simplifier le jeu[2]. Vous devrez donc écrire vos mots dans le dictionnaire entièrement en majuscules et sans accents.

Le problème qui se posera rapidement à vous sera de savoir combien il y a de mots dans le dictionnaire. En effet, si vous voulez choisir un mot au hasard, il faudra tirer au sort un nombre entre 0 et X, et vous ne savez pas a priori combien de mots contient votre fichier.

Pour résoudre le problème, il y a deux solutions. Vous pouvez indiquer sur la première ligne du fichier le nombre de mots qu'il contient :

```
3
MAISON
BLEU
AVION
```

Cependant cette technique est ennuyeuse, car il faudra recompter manuellement le nombre de mots à chaque fois que vous en ajouterez un[3]. Aussi je vous propose plutôt de compter automatiquement le nombre de mots en lisant une première fois le fichier avec votre programme. Pour savoir combien il y a de mots, c'est simple : vous comptez le nombre de `\n` (retours à la ligne) dans le fichier.

Une fois que vous aurez lu le fichier une première fois pour compter les `\n`, vous ferez un `rewind` pour revenir au début. Vous n'aurez alors plus qu'à tirer un nombre au sort parmi le nombre de mots que vous avez comptés, puis à vous rendre au mot que vous avez choisi et à le stocker dans une chaîne en mémoire.

Je vous laisse un peu réfléchir à tout cela, je ne vais pas trop vous aider quand même, sinon ça ne serait plus un TP ! Sachez que vous avez acquis toutes les connaissances qu'il faut dans les chapitres précédents, vous êtes donc parfaitement capables de réaliser ce jeu. Ça va prendre plus ou moins de temps et c'est moins facile qu'il n'y paraît, mais en vous organisant correctement (et en créant suffisamment de fonctions), vous y arriverez.

Bon courage, et surtout : per-sé-vé-rez !

[2] Si on doit commencer à tester le é, le è, le ê, le ë... on n'a pas fini !

[3] Ou ajouter 1 à ce nombre si vous êtes malins plutôt que de tout recompter, mais ça reste quand même une solution un peu bancale.

La solution (1 : le code du jeu)

Si vous lisez ces lignes, c'est soit que vous avez terminé le programme, soit que vous n'arrivez pas à le terminer.

J'ai personnellement mis plus de temps que je ne le pensais pour réaliser ce petit jeu apparemment tout bête. C'est souvent comme ça : on se dit « bah c'est facile » alors qu'en fait, il y a plusieurs cas à gérer.

Je persiste toutefois à dire que vous êtes tous capables de le faire. Il vous faudra plus ou moins de temps (quelques minutes, quelques heures, quelques jours ?), mais ça n'a jamais été une course. Je préfère que vous y passiez beaucoup de temps et que vous y arriviez, plutôt que vous n'essayiez que 5 minutes et que vous regardiez la solution.

N'allez pas croire que j'ai écrit le programme d'une traite. Moi aussi, comme vous, j'y suis allé pas à pas. J'ai commencé par faire quelque chose de très simple, puis petit à petit j'ai amélioré le code pour arriver au résultat final. J'ai fait plusieurs erreurs en codant : j'ai oublié à un moment d'initialiser une variable correctement, j'ai oublié d'écrire le prototype d'une fonction ou encore de supprimer une variable qui ne servait plus dans mon code. J'ai même – je l'avoue – oublié un bête point-virgule à un moment à la fin d'une instruction.

Tout ça pour dire quoi ? Que je ne suis pas infaillible et que je vis à peu près les mêmes frustrations que vous[4].

Je vais vous présenter la solution en deux temps.

1. D'abord je vais vous montrer comment j'ai fait le code du jeu lui-même, en fixant le mot caché directement dans le code. J'ai choisi le mot MARRON car il me permet de tester si je gère bien les lettres en double, comme le R ici.
2. Ensuite, je vous montrerai comment dans un second temps j'ai ajouté la gestion du dictionnaire de mots pour tirer au sort un mot secret pour le joueur.

Bien sûr, je pourrais vous montrer tout le code d'un coup mais... ça ferait beaucoup à la fois, et nombre d'entre vous n'auraient pas le courage de se pencher sur le code.

Je vais essayer de vous expliquer pas à pas mon raisonnement. Retenez que ce qui compte, ce n'est pas le résultat, mais la façon dont on réfléchit.

Analyse de la fonction `main`

Comme tout le monde le sait, tout commence par un `main`. On n'oublie pas d'inclure les bibliothèques `stdio`, `stdlib` et `ctype` (pour la fonction `toupper()`) dont on aura besoin :

```
#include <stdio.h>
#include <stdlib.h>
```

[4] « ESPÈCE DE PROGRAMME DE ***** TU VAS TE METTRE À MARCHER, OUI OU NON !? ».

```
#include <ctype.h>

int main(int argc, char* argv[])
{

    return 0;
}
```

Ok, jusque-là tout le monde devrait suivre. Notre `main` va gérer la plupart du jeu et faire appel à quelques-unes de nos fonctions quand il en aura besoin.

Commençons par déclarer les variables nécessaires[5] :

```
#include <stdio.h>
#include <stdlib.h>
#include <ctype.h>

int main(int argc, char* argv[])
{
    char lettre = 0; // Stocke la lettre proposée par l'utilisateur (retour du
↪   scanf)
    char motSecret[] = "MARRON"; // C'est le mot à trouver
    int lettreTrouvee[6] = {0}; // Tableau de booléens. Chaque case correspond
↪   à une lettre du mot secret. 0 = lettre non trouvée, 1 = lettre trouvée
    int coupsRestants = 10; // Compteur de coups restants (0 = mort)
    int i = 0; // Une petite variable pour parcourir les tableaux

    return 0;
}
```

J'ai volontairement écrit une déclaration de variable par ligne ainsi que plusieurs commentaires pour que vous compreniez l'intérêt de chaque variable. En pratique, vous n'aurez pas forcément besoin de mettre tous ces commentaires et vous pourrez grouper plusieurs déclarations de variables sur la même ligne.

Je pense que la plupart de ces variables semblent logiques : la variable `lettre` stocke la lettre que l'utilisateur tape à chaque fois, `motSecret` le mot à trouver, `coupsRestants` le nombre de coups, etc. La variable `i` est une petite variable que j'utilise pour parcourir mes tableaux avec des `for`. Elle n'est donc pas extrêmement importante mais nécessaire si on veut faire nos boucles.

Enfin, la variable à laquelle il fallait penser, celle qui fait la différence, c'est mon tableau de booléens `lettreTrouvee`. Vous remarquerez que je lui ai donné pour taille le nombre de lettres du mot secret (6). Ce n'est pas un hasard : chaque case de ce tableau de booléens représente une lettre du mot secret. Ainsi, la première case représente la première lettre, la seconde la seconde lettre, etc. Les cases du tableau sont au départ initialisées à 0, ce qui signifie « Lettre non trouvée ». Au fur et à mesure de l'avancement

[5] Rassurez-vous, je n'ai pas pensé de suite à toutes ces variables, il y en avait un peu moins la première fois que j'ai écrit le code !

du jeu, ce tableau sera modifié. Pour chaque lettre du mot secret trouvée, la case correspondante du tableau `lettreTrouvee` sera mise à 1.

Par exemple, si à un moment du jeu j'ai l'affichage M*RR*N, c'est que mon tableau d'`int` a les valeurs 101101 (1 pour chaque lettre qui a été trouvée). Il est ainsi facile de savoir quand on a gagné : il suffit de vérifier si le tableau de booléens ne contient que des 1. En revanche, on a perdu si le compteur `coupsRestants` tombe à 0.

Passons à la suite :

```
printf("Bienvenue dans le Pendu !\n\n");
```

C'est un message de bienvenue, il n'y a rien de bien palpitant. En revanche, la boucle principale du jeu est plus intéressante :

```
while (coupsRestants > 0 && !gagne(lettreTrouvee))
{
```

Le jeu continue tant qu'il reste des coups (`coupsRestants > 0`) et tant qu'on n'a pas gagné. Si on n'a plus de coups à jouer, c'est qu'on a perdu. Si on a gagné, c'est... qu'on a gagné. Dans les deux cas, il faut arrêter le jeu, donc arrêter la boucle du jeu qui redemande à chaque fois une nouvelle lettre.

`gagne` est une fonction qui analyse le tableau `lettreTrouvee`. Elle renvoie « vrai » (1) si le joueur a gagné (le tableau `lettreTrouvee` ne contient que des 1), « faux » (0) si le joueur n'a pas encore gagné. Je ne vous explique pas ici le fonctionnement de cette fonction en détail, on verra cela plus tard. Pour le moment, vous avez juste besoin de savoir ce que fait la fonction.

La suite :

```
printf("\n\nIl vous reste %d coups a jouer", coupsRestants);
printf("\nQuel est le mot secret ? ");

/* On affiche le mot secret en masquant les lettres non trouvées
        Exemple : *A**ON */
        for (i = 0 ; i < 6 ; i++)
        {
            if (lettreTrouvee[i]) // Si on a trouvé la lettre n° i
                printf("%c", motSecret[i]); // On l'affiche
            else
                printf("*"); // Sinon, on affiche une étoile pour les lettres
↪               non trouvées
        }
```

On affiche à chaque coup le nombre de coups restants ainsi que le mot secret (masqué par des * pour les lettres non trouvées). L'affichage du mot secret masqué par des * se fait grâce à une boucle `for`. On analyse chaque lettre pour savoir si elle a été trouvée (if `lettreTrouvee[i]`). Si c'est le cas, on affiche la lettre. Sinon, on affiche une * de remplacement pour masquer la lettre.

Maintenant qu'on a affiché ce qu'il fallait, on va demander au joueur de saisir une lettre :

```
printf("\nProposez une lettre : ");
lettre = lireCaractere();
```

Je fais appel à notre fonction `lireCaractere()`. Celle-ci lit le premier caractère tapé, le met en majuscule et vide le buffer, c'est-à-dire qu'elle vide les autres caractères qui auraient pu persister dans la mémoire.

```
// Si ce n'était PAS la bonne lettre
if (!rechercheLettre(lettre, motSecret, lettreTrouvee))
    {
        coupsRestants--; // On enlève un coup au joueur
    }
}
```

On vérifie si la lettre entrée se trouve dans `motSecret`. On fait appel pour cela à une fonction maison appelée `rechercheLettre`. Nous verrons peu après le code de cette fonction. Pour le moment, tout ce que vous avez besoin de savoir, c'est que cette fonction renvoie « vrai » si la lettre se trouve dans le mot, « faux » si elle ne s'y trouve pas.

Mon `if`, vous l'aurez remarqué, commence par un point d'exclamation `!` qui signifie « non ». La condition se lit donc « Si la lettre n'a pas été trouvée ». Que fait-on si la lettre n'a pas été trouvée ? On diminue le nombre de coups restants.

Notez que la fonction `rechercheLettre` met aussi à jour le tableau de booléens `lettreTrouvee`. Elle met des 1 dans les cases des lettres qui ont été trouvées.

La boucle principale du jeu s'arrête là. On recommence donc au début de la boucle et on vérifie s'il reste des coups à jouer et si on n'a pas déjà gagné.

Lorsqu'on sort de la boucle principale du jeu, il reste à afficher si on a gagné ou non avant que le programme ne s'arrête :

```
if (gagne(lettreTrouvee))
    printf("\n\nGagne ! Le mot secret etait bien : %s", motSecret);
else
    printf("\n\nPerdu ! Le mot secret etait : %s", motSecret);

return 0;
}
```

On fait appel à la fonction `gagne` pour vérifier si on a gagné. Si c'est le cas, alors on affiche le message « Gagné ! » ; sinon, c'est qu'on n'avait plus de coups à jouer, on a été pendu.

Analyse de la fonction gagne

Voyons maintenant le code de la fonction **gagne** :

```
int gagne(int lettreTrouvee[])
{
    int i = 0;
    int joueurGagne = 1;

    for (i = 0 ; i < 6 ; i++)
    {
        if (lettreTrouvee[i] == 0)
            joueurGagne = 0;
    }

    return joueurGagne;
}
```

Cette fonction prend le tableau de booléens `lettreTrouvee` pour paramètre. Elle renvoie un booléen : « vrai » si on a gagné, « faux » si on a perdu.

Le code de cette fonction est plutôt simple, vous devriez tous le comprendre. On parcourt `lettreTrouvee` et on vérifie si UNE des cases vaut « faux » (0). Si une des lettres n'a pas encore été trouvée, c'est qu'on a perdu : on met alors le booléen `joueurGagne` à « faux » (0). Sinon, si toutes les lettres ont été trouvées, le booléen vaut « vrai » (1) et la fonction renverra donc « vrai ».

Analyse de la fonction rechercheLettre

La fonction `rechercheLettre` a deux missions :

- renvoyer un booléen indiquant si la lettre se trouvait bien dans le mot secret ;
- mettre à jour (à 1) les cases du tableau `lettreTrouvee` correspondant aux positions de la lettre qui a été trouvée.

```
int rechercheLettre(char lettre, char motSecret[], int lettreTrouvee[])
{
    int i = 0;
    int bonneLettre = 0;

    // On parcourt motSecret pour vérifier si la lettre proposée y est
    for (i = 0 ; motSecret[i] != '\0' ; i++)
    {
        if (lettre == motSecret[i]) // Si la lettre y est
        {
            bonneLettre = 1; // On mémorise que c'était une bonne lettre
            lettreTrouvee[i] = 1; // On met à 1 la case du tableau de booléens
↪           correspondant à la lettre actuelle
        }
```

```
    }

    return bonneLettre;
}
```

On parcourt donc la chaîne `motSecret` caractère par caractère. À chaque fois, on vérifie si la lettre que le joueur a proposée est une lettre du mot. Si la lettre correspond, alors on fait deux choses :

- on change la valeur du booléen `bonneLettre` à 1, pour que la fonction retourne 1 car la lettre se trouvait effectivement dans `motSecret` ;
- on met à jour le tableau `lettreTrouvee` à la position actuelle pour indiquer que cette lettre a été trouvée.

L'avantage de cette technique, c'est qu'ainsi on parcourt tout le tableau (on ne s'arrête pas à la première lettre trouvée). Cela nous permet de bien mettre à jour le tableau `lettreTrouvee`, au cas où une lettre serait présente en plusieurs exemplaires dans le mot secret, comme c'est le cas pour les deux R de MARRON.

La solution (2 : la gestion du dictionnaire)

Nous avons fait le tour des fonctionnalités de base de notre programme. Il contient tout ce qu'il faut pour gérer une partie, mais il ne sait pas sélectionner un mot au hasard dans un dictionnaire de mots. Vous pouvez voir à quoi ressemble mon code source au complet à ce stade de son écriture[6] sur le web. Je ne l'ai pas placé ici car il prend déjà plusieurs pages et ferait doublon avec le code source final complet que vous verrez un peu plus bas.

▷ Code web : 300532

Avant d'aller plus loin, la première chose à faire maintenant est de créer ce fameux dictionnaire de mots. Même s'il est court ce n'est pas grave, il conviendra pour les tests.

Je vais donc créer un fichier `dico.txt` **dans le même répertoire que mon projet**. Pour le moment, j'y mets les mots suivants :

```
MAISON
BLEU
AVION
XYLOPHONE
ABEILLE
IMMEUBLE
GOURDIN
NEIGE
ZERO
```

[6] Donc sans la gestion du dictionnaire.

Une fois que j'aurai terminé de coder le programme, je reviendrai bien sûr sur ce dictionnaire et j'y ajouterai évidemment des tooonnes de mots tordus comme XYLOPHONE, ou à rallonge comme ANTICONSTITUTIONNELLEMENT. Mais pour le moment, retournons à nos instructions.

Préparation des nouveaux fichiers

La lecture du « dico » va demander pas mal de lignes de code[7]. Je prends donc les devants en ajoutant un nouveau fichier à mon projet : `dico.c` (qui sera chargé de la lecture du dico). Dans la foulée, je crée le `dico.h` qui contiendra les prototypes des fonctions contenues dans `dico.c`.

Dans `dico.c`, je commence par inclure les bibliothèques dont j'aurai besoin ainsi que mon `dico.h`. A priori, comme souvent, j'aurai besoin de `stdio` et `stdlib` ici. En plus de cela, je vais être amené à piocher un nombre au hasard dans le dico, je vais donc inclure `time.h` comme on l'avait fait pour notre premier projet « Plus ou Moins ». Je vais aussi avoir besoin de `string.h` pour faire un `strlen` vers la fin de la fonction :

```
#include <stdio.h>
#include <stdlib.h>
#include <time.h>
#include <string.h>

#include "dico.h"
```

La fonction `piocherMot`

Cette fonction va prendre un paramètre : un pointeur sur la zone en mémoire où elle pourra écrire le mot. Ce pointeur sera fourni par le `main()`. La fonction renverra un `int` qui sera un booléen : 1 = tout s'est bien passé, 0 = il y a eu une erreur.

Voici le début de la fonction :

```
int piocherMot(char *motPioche)
{
    FILE* dico = NULL; // Le pointeur de fichier qui va contenir notre fichier
    int nombreMots = 0, numMotChoisi = 0, i = 0;
    int caractereLu = 0;
```

Je définis quelques variables qui me seront indispensables. Comme pour le `main()`, je n'ai pas pensé à mettre toutes ces variables dès le début, il y en a certaines que j'ai ajoutées par la suite lorsque je me suis rendu compte que j'en avais besoin.

Les noms des variables parlent d'eux-mêmes. On a notre pointeur sur fichier `dico` dont on va se servir pour lire le fichier `dico.txt`, des variables temporaires qui vont stocker les caractères, etc. Notez que j'utilise ici un `int` pour stocker un caractère

[7] Du moins, j'en ai le pressentiment.

(caractereLu) car la fonction fgetc que je vais utiliser renvoie un int. Il est donc préférable de stocker le résultat dans un int.

Passons à la suite :

```
dico = fopen("dico.txt", "r"); // On ouvre le dictionnaire en lecture seule

// On vérifie si on a réussi à ouvrir le dictionnaire
if (dico == NULL) // Si on n'a PAS réussi à ouvrir le fichier
{
    printf("\nImpossible de charger le dictionnaire de mots");
    return 0; // On retourne 0 pour indiquer que la fonction a échoué
    // À la lecture du return, la fonction s'arrête immédiatement.
}
```

Je n'ai pas grand-chose à ajouter ici. J'ouvre le fichier dico.txt en lecture seule ("r") et je vérifie si j'ai réussi en testant si dico vaut NULL ou non. Si dico vaut NULL, le fichier n'a pas pu être ouvert (fichier introuvable ou utilisé par un autre programme). Dans ce cas, j'affiche une erreur et je fais un return 0.

Pourquoi un return là ? En fait, l'instruction return commande l'arrêt de la fonction. Si le dico n'a pas pu être ouvert, la fonction s'arrête là et l'ordinateur n'ira pas lire plus loin. On retourne 0 pour indiquer au main que la fonction a échoué.

Dans la suite de la fonction, on suppose donc que le fichier a bien été ouvert.

```
// On compte le nombre de mots dans le fichier (il suffit de compter les
↪ entrées \n
do
{
    caractereLu = fgetc(dico);
    if (caractereLu == '\n')
        nombreMots++;
} while(caractereLu != EOF);
```

Là, on parcourt tout le fichier à coups de fgetc (caractère par caractère). On compte le nombre de \n (entrées) qu'on détecte. À chaque fois qu'on tombe sur un \n, on incrémente la variable nombreMots. Grâce à ce bout de code, on obtient dans nombreMots le nombre de mots dans le fichier[8].

```
numMotChoisi = nombreAleatoire(nombreMots); // On pioche un mot au hasard
```

Ici, je fais appel à une fonction de mon cru qui va génèrer un nombre aléatoire entre 1 et nombreMots (le paramètre qu'on envoie à la fonction). C'est une fonction toute simple que j'ai placée aussi dans dico.c (je vous la détaillerai tout à l'heure). Bref, elle renvoie un nombre (correspondant à un numéro de ligne du fichier) au hasard qu'on stocke dans numMotChoisi.

[8]Rappelez-vous que le fichier contient un mot par ligne.

```
// On recommence à lire le fichier depuis le début. On s'arrête lorsqu'on est
↪ arrivé au bon mot
rewind(dico);
while (numMotChoisi > 0)
{
    caractereLu = fgetc(dico);
    if (caractereLu == '\n')
        numMotChoisi--;
}
```

Maintenant qu'on a le numéro du mot qu'on veut piocher, on repart au début grâce à un appel à `rewind()`. On parcourt là encore le fichier caractère par caractère en comptant les `\n`. Cette fois, on décrémente la variable `numMotChoisi`. Si par exemple on a choisi le mot numéro 5, à chaque entrée la variable va être décrémentée de 1. Elle va donc valoir 5, puis 4, 3, 2, 1... et 0. Lorsque la variable vaut 0, on sort du `while`, la condition `numMotChoisi > 0` n'étant plus remplie.

Ce bout de code, que vous devez impérativement comprendre, vous montre donc comment on parcourt un fichier pour se placer à la position voulue. Ce n'est pas bien compliqué, mais ce n'est pas non plus « évident ». Assurez-vous donc de bien comprendre ce que je fais là.

Maintenant, on devrait avoir un curseur positionné juste devant le mot secret qu'on a choisi de piocher. On va le stocker dans `motPioche` (le paramètre que la fonction reçoit) grâce à un simple `fgets` qui va lire le mot :

```
/* Le curseur du fichier est positionné au bon endroit.
On n'a plus qu'à faire un fgets qui lira la ligne */
fgets(motPioche, 100, dico);

// On vire le \n à la fin
motPioche[strlen(motPioche) - 1] = '\0';
```

On demande au `fgets` de ne pas lire plus de 100 caractères (c'est la taille du tableau `motPioche`, qu'on a défini dans le `main`). N'oubliez pas que `fgets` lit toute une ligne, y compris le `\n`. Comme on ne veut pas garder ce `\n` dans le mot final, on le supprime en le remplaçant par un `\0`. Cela aura pour effet de couper la chaîne juste avant le `\n`.

Et... voilà qui est fait ! On a écrit le mot secret dans la mémoire à l'adresse de `motPioche`.

On n'a plus qu'à fermer le fichier, à retourner 1 pour que la fonction s'arrête et pour dire que tout s'est bien passé :

```
fclose(dico);

    return 1; // Tout s'est bien passé, on retourne 1
}
```

Pas besoin de plus pour la fonction `piocherMot` !

La fonction nombreAleatoire

C'est la fonction dont j'avais promis de vous parler tout à l'heure. On tire un nombre au hasard et on le renvoie :

```
int nombreAleatoire(int nombreMax)
{
    srand(time(NULL));
    return (rand() % nombreMax);
}
```

La première ligne initialise le générateur de nombres aléatoires, comme on a appris à le faire dans le premier TP « Plus ou Moins ». La seconde ligne prend un nombre au hasard entre 0 et `nombreMax` et le renvoie[9].

Le fichier dico.h

Il s'agit juste des prototypes des fonctions. Vous remarquerez qu'il y a la « protection » `#ifndef` que je vous avais demandé d'inclure dans tous vos fichiers `.h` (revoyez le chapitre sur le préprocesseur au besoin).

```
#ifndef DEF_DICO
#define DEF_DICO

int piocherMot(char *motPioche);
int nombreAleatoire(int nombreMax);

#endif
```

▷ Code web : 544019

Le fichier dico.c

Voici le fichier `dico.c` en entier :

```
/*
Jeu du Pendu

dico.c
------

Ces fonctions piochent au hasard un mot dans un fichier dictionnaire
pour le jeu du Pendu
*/
```

[9]Notez que j'ai fait tout ça en une ligne, c'est tout à fait possible, bien que peut-être parfois moins lisible.

```
#include <stdio.h>
#include <stdlib.h>
#include <time.h>
#include <string.h>

#include "dico.h"

int piocherMot(char *motPioche)
{
    FILE* dico = NULL; // Le pointeur de fichier qui va contenir notre fichier
    int nombreMots = 0, numMotChoisi = 0, i = 0;
    int caractereLu = 0;
    dico = fopen("dico.txt", "r"); // On ouvre le dictionnaire en lecture seule

    // On vérifie si on a réussi à ouvrir le dictionnaire
    if (dico == NULL) // Si on n'a PAS réussi à ouvrir le fichier
    {
        printf("\nImpossible de charger le dictionnaire de mots");
        return 0; // On retourne 0 pour indiquer que la fonction a échoué
        // À la lecture du return, la fonction s'arrête immédiatement.
    }

    // On compte le nombre de mots dans le fichier (il suffit de compter les
    // entrées \n
    do
    {
        caractereLu = fgetc(dico);
        if (caractereLu == '\n')
            nombreMots++;
    } while(caractereLu != EOF);

    numMotChoisi = nombreAleatoire(nombreMots); // On pioche un mot au hasard

    // On recommence à lire le fichier depuis le début. On s'arrête lorsqu'on
↪   est arrivé au bon mot
    rewind(dico);
    while (numMotChoisi > 0)
    {
        caractereLu = fgetc(dico);
        if (caractereLu == '\n')
            numMotChoisi--;
    }

    /* Le curseur du fichier est positionné au bon endroit.
    On n'a plus qu'à faire un fgets qui lira la ligne */
    fgets(motPioche, 100, dico);

    // On vire le \n à la fin
    motPioche[strlen(motPioche) - 1] = '\0';
```

```
    fclose(dico);

    return 1; // Tout s'est bien passé, on retourne 1
}

int nombreAleatoire(int nombreMax)
{
    srand(time(NULL));
    return (rand() % nombreMax);
}
```

▷ Code web : 366334

Il va falloir modifier le main !

Maintenant que le fichier `dico.c` est prêt, on retourne dans le `main()` pour l'adapter un petit peu aux quelques changements qu'on vient de faire.

Déjà, on commence par inclure `dico.h` si on veut pouvoir faire appel aux fonctions de `dico.c`. De plus, on va aussi inclure `string.h` car on va devoir faire un `strlen` :

```
#include <string.h>
#include "dico.h"
```

Pour commencer, les définitions de variables vont un peu changer. Déjà, on n'initialise plus la chaîne `motSecret`, on crée juste un grand tableau de `char` (100 cases).

Quant au tableau `lettreTrouvee`... sa taille dépendra de la longueur du mot secret qu'on aura pioché. Comme on ne connaît pas encore cette taille, on crée un simple pointeur. Tout à l'heure, on fera un `malloc` et pointer ce pointeur vers la zone mémoire qu'on aura allouée. Ceci est un exemple parfait de l'absolue nécessité de l'allocation dynamique : on ne connaît pas la taille du tableau avant la compilation, on est donc obligé de créer un pointeur et de faire un `malloc`.

Je ne dois pas oublier de libérer la mémoire ensuite quand je n'en ai plus besoin, d'où la présence d'un `free()` à la fin du `main`.

On va aussi avoir besoin d'une variable `tailleMot` qui va stocker... la taille du mot. En effet, si vous regardez le `main()` tel qu'il était dans la première partie, on supposait que le mot faisait 6 caractères partout (et c'était vrai car MARRON comporte 6 lettres). Mais maintenant que le mot peut changer de taille, il va falloir être capable de s'adapter à tous les mots !

Voici donc les définitions de variables du `main` en version finale :

```
int main(int argc, char* argv[])
{
    char lettre = 0; // Stocke la lettre proposée par l'utilisateur (retour du
↪   scanf)
```

```
    char motSecret[100] = {0}; // Ce sera le mot à trouver
    int *lettreTrouvee = NULL; // Un tableau de booléens. Chaque case correspond
↪   à une lettre du mot secret. 0 = lettre non trouvée, 1 = lettre trouvée
    int coupsRestants = 10; // Compteur de coups restants (0 = mort)
    int i = 0; // Une petite variable pour parcourir les tableaux
    int tailleMot = 0;
```

C'est principalement le début du `main` qui va changer, donc analysons-le de plus près :

```
if (!piocherMot(motSecret))
    exit(0);
```

On fait d'abord appel à `piocherMot` directement dans le `if`. `piocherMot` va placer dans `motSecret` le mot qu'elle aura pioché.

De plus, `piocherMot` va renvoyer un booléen pour nous dire si la fonction a réussi ou échoué. Le rôle du `if` est d'analyser ce booléen. Si ça n'a PAS marché (le `!` permet d'exprimer la négation), alors on arrête tout (`exit(0)`).

```
tailleMot = strlen(motSecret);
```

On stocke la taille du `motSecret` dans `tailleMot` comme je vous l'ai dit tout à l'heure.

```
lettreTrouvee = malloc(tailleMot * sizeof(int)); // On alloue dynamiquement le
↪ tableau lettreTrouvee (dont on ne connaissait pas la taille au départ)
if (lettreTrouvee == NULL)
    exit(0);
```

Maintenant on doit allouer la mémoire pour le tableau `lettreTrouvee`. On lui donne la taille du mot (`tailleMot`). On vérifie ensuite si le pointeur n'est pas `NULL`. Si c'est le cas, c'est que l'allocation a échoué. Dans ce cas, on arrête immédiatement le programme (on fait appel à `exit()`).

Si les lignes suivantes sont lues, c'est donc que tout s'est bien passé.

Voilà tous les préparatifs qu'il vous fallait faire ici. J'ai dû ensuite modifier le reste du fichier `main.c` pour remplacer tous les nombres 6 (l'ancienne longueur de MARRON qu'on avait fixée) par la variable `tailleMot`. Par exemple :

```
for (i = 0 ; i < tailleMot ; i++)
    lettreTrouvee[i] = 0;
```

Ce code met toutes les cases du tableau `lettreTrouvee` à 0, en s'arrêtant lorsqu'on a parcouru `tailleMot` cases.

J'ai dû aussi remanier le prototype de la fonction `gagne` pour ajouter la variable `tailleMot`. Sans cela, la fonction n'aurait pas su quand arrêter sa boucle.

Voici le fichier `main.c` final en entier :

```
/*
Jeu du Pendu

main.c
------

Fonctions principales de gestion du jeu
*/

#include <stdio.h>
#include <stdlib.h>
#include <ctype.h>
#include <string.h>

#include "dico.h"

int gagne(int lettreTrouvee[], long tailleMot);
int rechercheLettre(char lettre, char motSecret[], int lettreTrouvee[]);
char lireCaractere();

int main(int argc, char* argv[])
{
    char lettre = 0; // Stocke la lettre proposée par l'utilisateur (retour du
↪   scanf)
    char motSecret[100] = {0}; // Ce sera le mot à trouver
    int *lettreTrouvee = NULL; // Un tableau de booléens. Chaque case correspond
↪   à une lettre du mot secret. 0 = lettre non trouvée, 1 = lettre trouvée
    long coupsRestants = 10; // Compteur de coups restants (0 = mort)
    long i = 0; // Une petite variable pour parcourir les tableaux
    long tailleMot = 0;

    printf("Bienvenue dans le Pendu !\n\n");

    if (!piocherMot(motSecret))
        exit(0);

    tailleMot = strlen(motSecret);

    lettreTrouvee = malloc(tailleMot * sizeof(int)); // On alloue dynamiquement
↪   le tableau lettreTrouvee (dont on ne connaissait pas la taille au départ)
    if (lettreTrouvee == NULL)
        exit(0);

    for (i = 0 ; i < tailleMot ; i++)
        lettreTrouvee[i] = 0;

    /* On continue à jouer tant qu'il reste au moins un coup à jouer ou qu'on
     n'a pas gagné */
    while (coupsRestants > 0 && !gagne(lettreTrouvee, tailleMot))
    {
```

```
        printf("\n\nIl vous reste %ld coups a jouer", coupsRestants);
        printf("\nQuel est le mot secret ? ");

        /* On affiche le mot secret en masquant les lettres non trouvées
        Exemple : *A**ON */
        for (i = 0 ; i < tailleMot ; i++)
        {
            if (lettreTrouvee[i]) // Si on a trouvé la lettre n° i
                printf("%c", motSecret[i]); // On l'affiche
            else
                printf("*"); // Sinon, on affiche une étoile pour les lettres
↪               non trouvées
        }

        printf("\nProposez une lettre : ");
        lettre = lireCaractere();

        // Si ce n'était PAS la bonne lettre
        if (!rechercheLettre(lettre, motSecret, lettreTrouvee))
        {
            coupsRestants--; // On enlève un coup au joueur
        }
    }

    if (gagne(lettreTrouvee, tailleMot))
        printf("\n\nGagne ! Le mot secret etait bien : %s", motSecret);
    else
        printf("\n\nPerdu ! Le mot secret etait : %s", motSecret);

    free(lettreTrouvee); // On libère la mémoire allouée manuellement (par
↪   malloc)

        return 0;
}

char lireCaractere()
{
    char caractere = 0;

    caractere = getchar(); // On lit le premier caractère
    caractere = toupper(caractere); // On met la lettre en majuscule si elle ne
↪   l'est pas déjà

    // On lit les autres caractères mémorisés un à un jusqu'au \n
    while (getchar() != '\n') ;

    return caractere; // On retourne le premier caractère qu'on a lu
}

int gagne(int lettreTrouvee[], long tailleMot)
```

```
{
    long i = 0;
    int joueurGagne = 1;

    for (i = 0 ; i < tailleMot ; i++)
    {
        if (lettreTrouvee[i] == 0)
            joueurGagne = 0;
    }

    return joueurGagne;
}

int rechercheLettre(char lettre, char motSecret[], int lettreTrouvee[])
{
    long i = 0;
    int bonneLettre = 0;

    // On parcourt motSecret pour vérifier si la lettre proposée y est
    for (i = 0 ; motSecret[i] != '\0' ; i++)
    {
        if (lettre == motSecret[i]) // Si la lettre y est
        {
            bonneLettre = 1; // On mémorise que c'était une bonne lettre
            lettreTrouvee[i] = 1; // On met à 1 la case du tableau de booléens
↪           correspondant à la lettre actuelle
        }
    }

    return bonneLettre;
}
```

▷ Code web : 105550

Idées d'amélioration

Télécharger le projet

Pour commencer, je vous invite à télécharger le projet complet du Pendu.

▷ Code web : 587545

Si vous êtes sous Linux ou sous Mac, supprimez le fichier `dico.txt` et recréez-en un. Les fichiers sont enregistrés de manière différente sous Windows : donc si vous utilisez le mien, vous risquez d'avoir des bugs. N'oubliez pas qu'il faut qu'il y ait une *Entrée* après chaque mot du dictionnaire. Pensez en particulier à mettre une *Entrée* après le dernier mot de la liste.

Cela va vous permettre de tester par vous-mêmes le fonctionnement du projet, de procéder à des améliorations personnelles, etc. Bien entendu, le mieux serait que vous ayez déjà réussi le Pendu par vous-mêmes et que vous n'ayez même pas besoin de voir mon projet pour voir comment j'ai fait mais... je suis réaliste, je sais que ce TP a dû être assez délicat pour bon nombre d'entre vous.

Vous trouverez dans ce .zip les fichiers `.c` et `.h` ainsi que le fichier `.cbp` du projet. C'est un projet fait sous Code: :Blocks. Si vous utilisez un autre IDE, pas de panique. Vous créez un nouveau projet console et vous y ajoutez manuellement les `.c` et `.h` que vous trouverez dans le .zip.

Vous trouverez aussi l'exécutable (`.exe` Windows) ainsi qu'un dictionnaire (`dico.txt`).

Améliorez le Pendu !

Mine de rien, le Pendu est déjà assez évolué comme ça. On a un jeu qui lit un fichier de dictionnaire et qui prend à chaque fois un mot au hasard.

Voici quand même quelques idées d'amélioration que je vous invite à implémenter.

- Actuellement, on ne vous propose de jouer qu'une fois. Il serait bien de pouvoir boucler à nouveau à la fin du `main` pour **lancer une nouvelle partie** si le joueur le désire.
- Vous pourriez créer **un mode deux joueurs** dans lequel le premier joueur entre un mot que le deuxième joueur doit deviner.
- Ce n'est pas utile (donc c'est indispensable) : pourquoi ne pas **dessiner**[10] **un bonhomme qui se fait pendre** à chaque fois que l'on fait une erreur ?

Prenez bien le temps de comprendre ce TP et améliorez-le au maximum. Il faut que vous soyez capables de refaire ce petit jeu de Pendu les yeux fermés !

Allez, courage.

[10] À coups de `printf` bien sûr : on est en console, rappelez-vous !

Chapitre 19

La saisie de texte sécurisée

Difficulté :

La saisie de texte est un des aspects les plus délicats du langage C. Vous connaissez la fonction `scanf`, que vous avez vue au début du cours. Vous vous dites : quoi de plus simple et de plus naturel ? Eh bien figurez-vous que non, en fait, c'est tout sauf simple.

Ceux qui vont utiliser votre programme sont des humains. Tout humain qui se respecte fait des erreurs et peut avoir des comportements inattendus. Si vous lui demandez : « Quel âge avez-vous ? », qu'est-ce qui vous garantit qu'il ne va pas vous répondre « Je m'appelle François je vais bien merci » ?

Le but de ce chapitre est de vous faire découvrir les problèmes que l'on peut rencontrer en utilisant la fonction `scanf` et de vous montrer une alternative plus sûre avec la fonction `fgets`.

Les limites de la fonction `scanf`

La fonction `scanf()`, que je vous ai présentée dès le début du cours de C, est une fonction à double tranchant :

- elle est facile à utiliser quand on débute (c'est pour ça que je vous l'ai présentée)...
- ... mais son fonctionnement interne est complexe et elle peut même être dangereuse dans certains cas.

C'est un peu contradictoire, n'est-ce pas ? En fait, `scanf` *a l'air* facile à utiliser, mais elle ne l'est pas en pratique. Je vais vous montrer ses limites par deux exemples concrets.

Entrer une chaîne de caractères avec des espaces

Supposons qu'on demande une chaîne de caractères à l'utilisateur, mais que celui-ci insère un espace dans sa chaîne :

```
#include <stdio.h>
#include <stdlib.h>

int main(int argc, char *argv[])
{
    char nom[20] = {0};

    printf("Quel est votre nom ? ");
    scanf("%s", nom);
    printf("Ah ! Vous vous appelez donc %s !\n\n", nom);

    return 0;
}
```

▷ Code web : 115729

```
Quel est votre nom ? Jean Dupont
Ah ! Vous vous appelez donc Jean !
```

Pourquoi le « Dupont » a disparu ?

Parce que la fonction `scanf` s'arrête si elle tombe au cours de sa lecture sur un espace, une tabulation ou une entrée.

Vous ne pouvez donc pas récupérer la chaîne si celle-ci comporte un espace.

En fait, le mot `"Dupont"` se trouve toujours en mémoire, dans ce qu'on appelle le *buffer*. La prochaine fois qu'on appellera `scanf`, la fonction lira toute seule le mot « Dupont » qui était resté en attente dans la mémoire.

On peut utiliser la fonction `scanf` de telle sorte qu'elle lise les espaces, mais c'est assez compliqué. Si vous voulez apprendre à bien vous servir de `scanf`, on peut trouver des cours très détaillés sur le web[1].

▷ Code web : 486440

Entrer une chaîne de caractères trop longue

Il y a un autre problème, beaucoup plus grave encore : celui du **dépassement de mémoire**.

Dans le code que nous venons de voir, il y a la ligne suivante :

```
char nom[5] = {0};
```

Vous voyez que j'ai alloué 5 cases pour mon tableau de `char` appelé `nom`. Cela signifie qu'il y a la place d'écrire 4 caractères, le dernier étant toujours réservé au caractère de fin de chaîne `\0`. Revoyez absolument le cours sur les chaînes de caractères (page 169) si vous avez oublié tout cela.

La fig. 19.1 vous présente l'espace qui a été alloué pour `nom`.

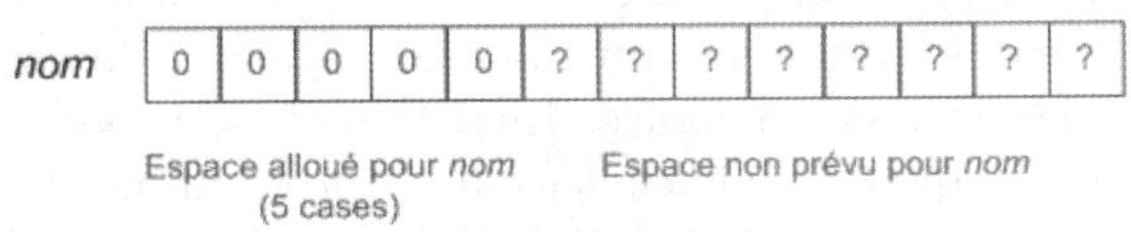

FIG. 19.1 – Allocation de mémoire

Que se passe-t-il si vous écrivez plus de caractères qu'il n'y a d'espace prévu pour les stocker ?

```
Quel est votre nom ? Patrice
Ah ! Vous vous appelez donc Patrice !
```

A priori, il ne s'est rien passé. Et pourtant, ce que vous voyez là est un véritable cauchemar de programmeur !

On dit qu'on vient de faire un *dépassement de mémoire*, aussi appelé *buffer overflow* en anglais.

Comme vous le voyez sur la fig. 19.2, on avait alloué 5 cases pour stocker le nom, mais en fait il en fallait 8. Qu'a fait la fonction `scanf` ? Elle a continué à écrire à la suite en mémoire comme si de rien n'était ! Elle a écrit dans des zones mémoire qui n'étaient pas prévues pour cela.

Les caractères en trop ont « écrasé » d'autres informations en mémoire. C'est ce qu'on appelle un *buffer overflow* (fig. 19.3).

[1] Attention, c'est assez difficile.

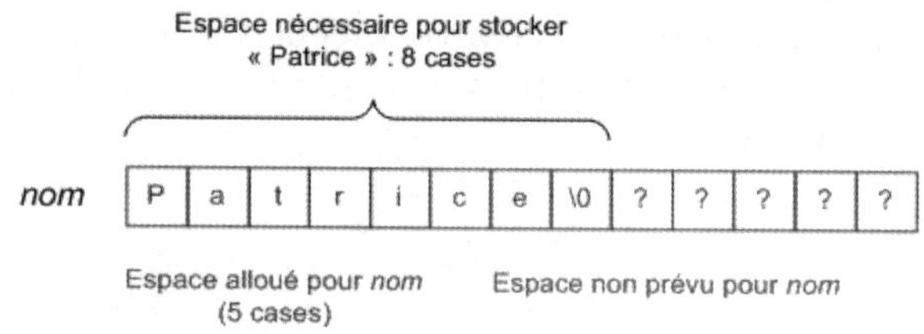

FIG. 19.2 – Dépassement dans la mémoire

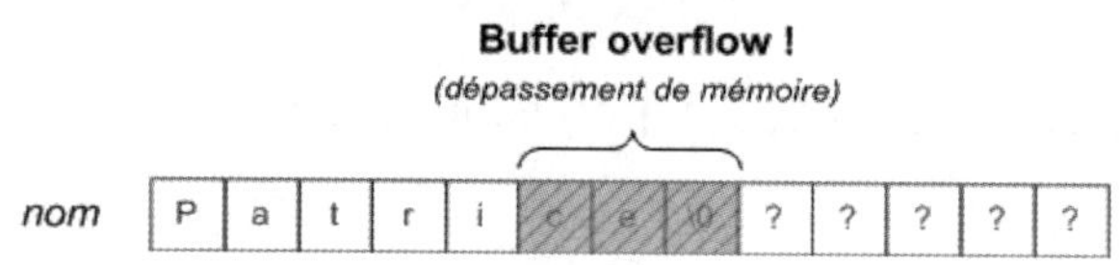

FIG. 19.3 – Le buffer overflow

En quoi cela est-il dangereux ?

Sans entrer dans les détails, car on pourrait en parler pendant 50 pages sans avoir fini[2], il faut savoir que si le programme ne contrôle pas ce genre de cas, l'utilisateur peut écrire ce qu'il veut à la suite en mémoire. En particulier, il peut insérer du code en mémoire et faire en sorte qu'il soit exécuté par le programme. C'est l'**attaque par buffer overflow**, une attaque de pirate célèbre mais difficile à réaliser.

Le but de ce chapitre sera de sécuriser la saisie de nos données, en empêchant l'utilisateur de faire déborder et de provoquer un buffer overflow. Bien sûr, on pourrait allouer un très grand tableau (10 000 caractères), mais ça ne changerait rien au problème : une personne qui *veut* faire dépasser de la mémoire n'aura qu'à envoyer plus de 10 000 caractères et son attaque marchera tout aussi bien.

Aussi bête que cela puisse paraître, tous les programmeurs n'ont pas toujours fait attention à cela. S'ils avaient fait les choses proprement depuis le début, une bonne partie des failles de sécurité dont on entend parler encore aujourd'hui ne serait jamais apparue !

Récupérer une chaîne de caractères

Il existe plusieurs fonctions standards en C qui permettent de récupérer une chaîne de texte. Hormis la fonction `scanf` (trop compliquée pour être étudiée ici), il existe :

- `gets` : une fonction qui lit toute une chaîne de caractères, mais très dangereuse car elle ne permet pas de contrôler les buffer overflow !

[2]Si l'attaque par buffer overflow vous intéresse, vous pouvez lire l'article « Dépassement de tampon » de Wikipédia (code web : 251507). Attention c'est quand même assez compliqué.

- `fgets` : l'équivalent de `gets` mais en version sécurisée, permettant de contrôler le nombre de caractères écrits en mémoire.

Vous l'aurez compris : bien que ce soit une fonction standard du C, `gets` est très dangereuse. Tous les programmes qui l'utilisent sont susceptibles d'être victimes de buffer overflow.

Nous allons donc voir comment fonctionne `fgets` et comment on peut l'utiliser en pratique dans nos programmes en remplacement de `scanf`.

La fonction fgets

Le prototype de la fonction `fgets`, situé dans `stdio.h`, est le suivant :

```
char *fgets( char *str, int num, FILE *stream );
```

Il est important de bien comprendre ce prototype. Les paramètres sont les suivants.

- `str` : un pointeur vers un tableau alloué en mémoire où la fonction va pouvoir écrire le texte entré par l'utilisateur.
- `num` : la taille du tableau `str` envoyé en premier paramètre. Notez que si vous avez alloué un tableau de 10 `char`, `fgets` lira 9 caractères au maximum (il réserve toujours un caractère d'espace pour pouvoir écrire le \0 de fin de chaîne).
- `stream` : un pointeur sur le fichier à lire. Dans notre cas, le « fichier à lire » est l'entrée standard, c'est-à-dire le clavier. Pour demander à lire l'entrée standard, on enverra le pointeur `stdin`, qui est automatiquement défini dans les headers de la bibliothèque standard du C pour représenter le clavier. Toutefois, il est aussi possible d'utiliser `fgets` pour lire des fichiers, comme on a pu le voir dans le chapitre sur les fichiers.

La fonction `fgets` retourne le même pointeur que `str` si la fonction s'est déroulée sans erreur, ou `NULL` s'il y a eu une erreur. Il suffit donc de tester si la fonction a renvoyé `NULL` pour savoir s'il y a eu une erreur.

Testons !

```
#include <stdio.h>
#include <stdlib.h>

int main(int argc, char *argv[])
{
    char nom[10];

    printf("Quel est votre nom ? ");
    fgets(nom, 10, stdin);
    printf("Ah ! Vous vous appelez donc %s !\n\n", nom);

    return 0;
}
```

▷ Code web : 769987

```
Quel est votre nom ? Mateo
Ah ! Vous vous appelez donc Mateo
 !
```

Ça fonctionne très bien, à un détail près : quand vous pressez « Entrée », `fgets` conserve le `\n` correspondant à l'appui sur la touche « Entrée ». Cela se voit dans la console car il y a un saut à la ligne après « Mateo » dans mon exemple.

On ne peut rien faire pour empêcher `fgets` d'écrire le caractère `\n`, la fonction est faite comme ça. En revanche, rien ne nous interdit de créer notre propre fonction de saisie qui va appeler `fgets` et supprimer automatiquement à chaque fois les `\n` !

Créer sa propre fonction de saisie utilisant `fgets`

Il n'est pas très difficile de créer sa propre petite fonction de saisie qui va faire quelques corrections à chaque fois pour nous.

Nous appellerons cette fonction `lire`. Elle renverra 1 si tout s'est bien passé, 0 s'il y a eu une erreur.

Éliminer le saut de ligne \n

La fonction `lire` va appeler `fgets` et, si tout s'est bien passé, elle va rechercher le caractère `\n` à l'aide de la fonction `strchr` que vous devriez déjà connaître. Si un `\n` est trouvé, elle le remplace par un `\0` (fin de chaîne) pour éviter de conserver une « Entrée ».

Voici le code, commenté pas à pas :

```
#include <stdio.h>
#include <stdlib.h>
#include <string.h> // Penser à inclure string.h pour strchr()

int lire(char *chaine, int longueur)
{
    char *positionEntree = NULL;

    // On lit le texte saisi au clavier
    if (fgets(chaine, longueur, stdin) != NULL)  // Pas d'erreur de saisie ?
    {
        positionEntree = strchr(chaine, '\n'); // On recherche l'"Entrée"
        if (positionEntree != NULL) // Si on a trouvé le retour à la ligne
        {
            *positionEntree = '\0'; // On remplace ce caractère par \0
        }
        return 1; // On renvoie 1 si la fonction s'est déroulée sans erreur
    }
    else
    {
```

```
        return 0; // On renvoie 0 s'il y a eu une erreur
    }
}
```

▷ Code web : 519318

Vous noterez que je me permets d'appeler la fonction `fgets` directement dans un `if`. Ça m'évite d'avoir à récupérer la valeur de `fgets` dans un pointeur juste pour tester si celui-ci est `NULL` ou non.

À partir du premier `if`, je sais si `fgets` s'est bien déroulée ou s'il y a eu un problème (l'utilisateur a rentré plus de caractères qu'il n'était autorisé).

Si tout s'est bien passé, je peux alors partir à la recherche du `\n` avec `strchr` et remplacer cet `\n` par un `\0` (fig. 19.4).

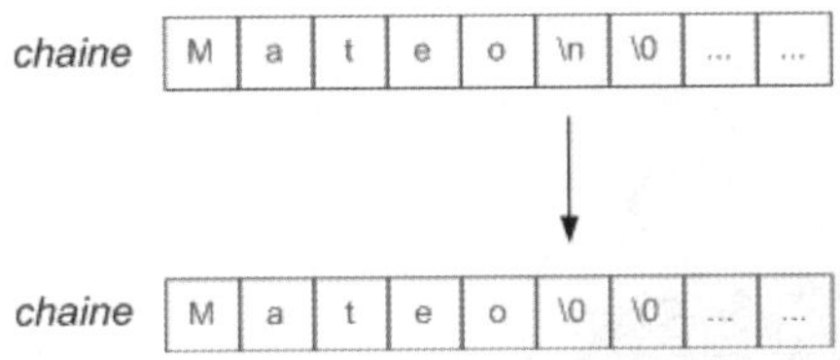

FIG. 19.4 – Remplacement du saut de ligne

Ce schéma montre que la chaîne écrite par `fgets` était « `Mateo\n\0` ». Nous avons remplacé le `\n` par un `\0`, ce qui a donné au final : « `Mateo\0\0` ». Ce n'est pas grave d'avoir deux `\0` d'affilée. L'ordinateur s'arrête au premier `\0` qu'il rencontre et considère que la chaîne de caractères s'arrête là.

Le résultat ? Eh bien ça marche.

```
int main(int argc, char *argv[])
{
    char nom[10];

    printf("Quel est votre nom ? ");
    lire(nom, 10);
    printf("Ah ! Vous vous appelez donc %s !\n\n", nom);

    return 0;
}
```

```
Quel est votre nom ? Mateo
Ah ! Vous vous appelez donc Mateo !
```

Vider le buffer

Nous ne sommes pas encore au bout de nos ennuis. Nous n'avons pas étudié ce qui se passait si l'utilisateur tentait de mettre plus de caractères qu'il n'y avait de place !

```
Quel est votre nom ? Jean Edouard Albert 1er
Ah ! Vous vous appelez donc Jean Edou !
```

La fonction `fgets` étant sécurisée, elle s'est arrêtée de lire au bout du 9e caractère car nous avions alloué un tableau de 10 `char` (il ne faut pas oublier le caractère de fin de chaîne `\0` qui occupe la 10e position).

Le problème, c'est que le reste de la chaîne qui n'a pas pu être lu, à savoir « ard Albert 1er », n'a pas disparu ! Il est toujours dans le *buffer*. Le buffer est une sorte de zone mémoire qui reçoit directement l'entrée clavier et qui sert d'intermédiaire entre le clavier et votre tableau de stockage. En C, on dispose d'un pointeur vers le buffer, c'est ce fameux `stdin` dont je vous parlais un peu plus tôt.

Je crois qu'un petit schéma ne sera pas de refus pour mettre les idées au clair (fig. 19.5).

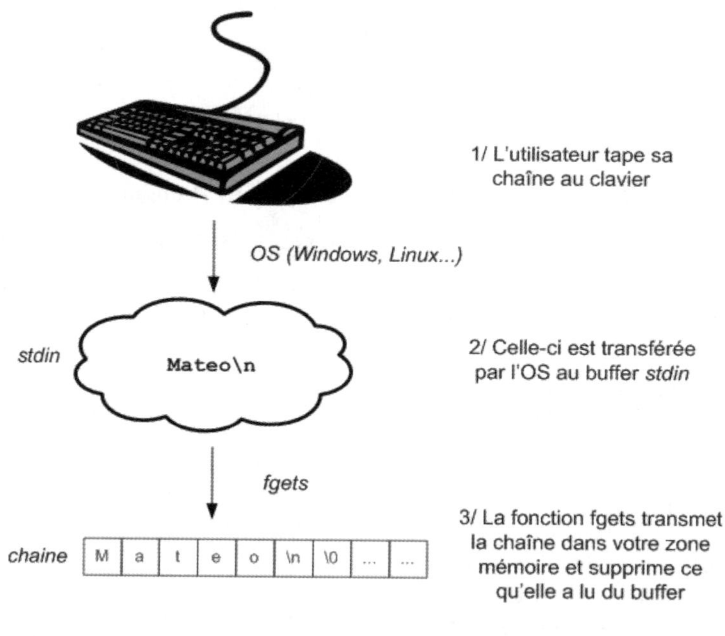

FIG. 19.5 – Lecture du buffer du clavier

Lorsque l'utilisateur tape du texte au clavier, le système d'exploitation (Windows, par exemple) copie directement le texte tapé dans le buffer `stdin`. Ce buffer est là pour recevoir temporairement l'entrée du clavier.

Le rôle de la fonction `fgets` est justement d'extraire du buffer les caractères qui s'y trouvent et de les copier dans la zone mémoire que vous lui indiquez (votre tableau `chaine`). Après avoir effectué son travail de copie, `fgets` enlève du buffer tout ce qu'elle a pu copier.

Si tout s'est bien passé, `fgets` a donc pu copier tout le buffer dans votre chaîne, et ainsi le buffer se retrouve vide à la fin de l'exécution de la fonction. Mais si l'utilisateur entre beaucoup de caractères, et que la fonction `fgets` ne peut copier qu'une partie d'entre eux (parce que vous avez alloué un tableau de 10 `char` seulement), seuls les caractères lus seront supprimés du buffer. Tous ceux qui n'auront pas été lus y resteront !

Testons avec une longue chaîne :

```
int main(int argc, char *argv[])
{
    char nom[10];

    printf("Quel est votre nom ? ");
    lire(nom, 10);
    printf("Ah ! Vous vous appelez donc %s !\n\n", nom);

    return 0;
}
```

```
Quel est votre nom ? Jean Edouard Albert 1er
Ah ! Vous vous appelez donc Jean Edou !
```

La fonction `fgets` n'a pu copier que les 9 premiers caractères comme prévu. Le problème, c'est que les autres se trouvent toujours dans le buffer (fig. 19.6) !

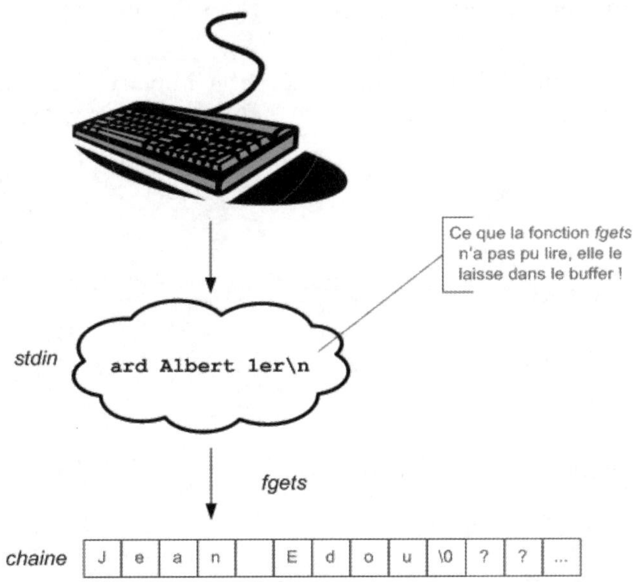

FIG. 19.6 – Lecture du buffer du clavier avec débordement

Cela signifie que si vous faites un autre `fgets` ensuite, celui-ci va aller récupérer ce qui était resté en mémoire dans le buffer !

Testons ce code :

```
int main(int argc, char *argv[])
{
    char nom[10];

    printf("Quel est votre nom ? ");
    lire(nom, 10);
    printf("Ah ! Vous vous appelez donc %s !\n\n", nom);
    lire(nom, 10);
    printf("Ah ! Vous vous appelez donc %s !\n\n", nom);

    return 0;
}
```

Nous appelons deux fois la fonction `lire`. Pourtant, vous allez voir qu'on ne vous laisse pas taper deux fois votre nom : en effet, la fonction `fgets` ne demande pas à l'utilisateur de taper du texte la seconde fois car elle trouve du texte à récupérer dans le buffer !

```
Quel est votre nom ? Jean Edouard Albert 1er
Ah ! Vous vous appelez donc Jean Edou !

Ah ! Vous vous appelez donc ard Alber !
```

Si l'utilisateur tape trop de caractères, la fonction `fgets` nous protège contre le débordement de mémoire, mais il reste toujours des traces du texte en trop dans le buffer. Il faut vider le buffer.

On va donc améliorer notre petite fonction `lire` et appeler — si besoin est — une sous-fonction `viderBuffer` pour faire en sorte que le buffer soit vidé si on a rentré trop de caractères :

```
void viderBuffer()
{
    int c = 0;
    while (c != '\n' && c != EOF)
    {
        c = getchar();
    }
}

int lire(char *chaine, int longueur)
{
    char *positionEntree = NULL;

    if (fgets(chaine, longueur, stdin) != NULL)
    {
        positionEntree = strchr(chaine, '\n');
        if (positionEntree != NULL)
        {
            *positionEntree = '\0';
        }
```

```
        else
        {
            viderBuffer();
        }
        return 1;
    }
    else
    {
        viderBuffer();
        return 0;
    }
}
```

▷ Code web : 468967

La fonction `lire` appelle `viderBuffer` dans deux cas :

- si la chaîne était trop longue (on le sait parce qu'on n'a pas trouvé de caractère `\n` dans la chaîne copiée) ;
- s'il y a eu une erreur (peu importe laquelle), il faut vider là aussi le buffer par sécurité pour qu'il n'y ait plus rien.

La fonction `viderBuffer` est courte mais dense. Elle lit dans le buffer caractère par caractère grâce à `getchar`. Cette fonction renvoie un `int`[3]. On se contente de récupérer ce `int` dans la variable temporaire `c`. On boucle tant qu'on n'a pas récupéré le caractère `\n` ou le symbole `EOF` (fin de fichier), qui signifient tous deux « vous êtes arrivé à la fin du buffer ». On s'arrête donc de boucler dès que l'on tombe sur l'un de ces deux caractères.

C'est un peu compliqué au premier abord et assez technique, mais ça fait son travail. N'hésitez pas à relire ces explications plusieurs fois si nécessaire pour comprendre comment ça fonctionne.

Convertir la chaîne en nombre

Notre fonction `lire` est maintenant efficace et robuste, mais elle ne sait lire que du texte. Vous devez vous demander : « Mais comment fait-on pour récupérer un nombre ? »

En fait, `lire` est une fonction de base. Avec `fgets`, vous ne pouvez récupérer que du texte, mais il existe d'autres fonctions qui permettent de convertir ensuite un texte en nombre.

`strtol` : convertir une chaîne en `long`

Le prototype de la fonction `strtol` est un peu particulier :

[3] Et non un `char`, allez savoir pourquoi, peu importe.

```
long strtol( const char *start, char **end, int base );
```

La fonction lit la chaîne de caractères que vous lui envoyez (`start`) et essaie de la convertir en `long` en utilisant la `base` indiquée (généralement, on travaille en base 10 car on utilise 10 chiffres différents de 0 à 9, donc vous mettrez 10). Elle retourne le nombre qu'elle a réussi à lire. Quant au pointeur de pointeur `end`, la fonction s'en sert pour renvoyer la position du premier caractère qu'elle a lu et qui n'était pas un nombre. On ne s'en servira pas, on peut donc lui envoyer `NULL` pour lui faire comprendre qu'on ne veut rien récupérer.

La chaîne doit commencer par un nombre, tout le reste est ignoré. Elle peut être précédée d'espaces. Quelques exemples d'utilisation pour bien comprendre le principe :

```
long i;

i = strtol( "148", NULL, 10 ); // i = 148
i = strtol( "148.215", NULL, 10 ); // i = 148
i = strtol( "   148.215", NULL, 10 ); // i = 148
i = strtol( "   148+34", NULL, 10 ); // i = 148
i = strtol( "   148 feuilles mortes", NULL, 10 ); // i = 148
i = strtol( "   Il y a 148 feuilles mortes", NULL, 10 ); // i = 0 (erreur : la
↪ chaîne ne commence pas par un nombre)
```

Toutes les chaînes qui commencent par un nombre (ou éventuellement par des espaces suivis d'un nombre) seront converties en `long` jusqu'à la première lettre ou au premier caractère invalide (., +, etc.).

La dernière chaîne de la liste ne commençant pas par un nombre, elle ne peut pas être convertie. La fonction `strtol` renverra donc 0.

On peut créer une fonction `lireLong` qui va appeler notre première fonction `lire` (qui lit du texte) et ensuite convertir le texte saisi en nombre :

```
long lireLong()
{
    char nombreTexte[100] = {0}; // 100 cases devraient suffire

    if (lire(nombreTexte, 100))
    {
        // Si lecture du texte ok, convertir le nombre en long et le retourner
        return strtol(nombreTexte, NULL, 10);
    }
    else
    {
        // Si problème de lecture, renvoyer 0
        return 0;
    }
}
```

▷ Code web : 220809

Vous pouvez tester dans un `main` très simple :

```
int main(int argc, char *argv[])
{
    long age = 0;

    printf("Quel est votre age ? ");
    age = lireLong();
    printf("Ah ! Vous avez donc %d ans !\n\n", age);

    return 0;
}
```

```
Quel est votre age ? 18
Ah ! Vous avez donc 18 ans !
```

`strtod` : convertir une chaîne en `double`

La fonction `strtod` est identique à `strtol`, à la différence près qu'elle essaie de lire un nombre décimal et renvoie un `double` :

```
double strtod( const char *start, char **end );
```

Vous noterez que le troisième paramètre `base` a disparu ici, mais il y a toujours le pointeur de pointeur `end` qui ne nous sert à rien.

Contrairement à `strtol`, la fonction prend cette fois en compte le « point » décimal. Attention, en revanche : elle ne connaît pas la virgule[4].

À vous de jouer ! Écrivez la fonction `lireDouble`. Vous ne devriez avoir aucun mal à le faire, c'est exactement comme `lireLong` à part que cette fois, on appelle `strtod` et on retourne un `double`.

Vous devriez alors pouvoir faire ceci dans la console :

```
Combien pesez-vous ? 67.4
Ah ! Vous pesez donc 67.400000 kg !
```

Essayez ensuite de modifier votre fonction `lireDouble` pour qu'elle accepte aussi le symbole virgule comme séparateur décimal. La technique est simple : remplacez la virgule par un point dans la chaîne de texte lue (grâce à la fonction de recherche `strchr`), puis envoyez la chaîne modifiée à `strtod`.

En résumé

- La fonction `scanf`, bien qu'en apparence simple d'utilisation, est en fait très complexe et nous oppose certaines limites. On ne peut pas, par exemple, écrire plusieurs mots

[4]Ça se voit que ça a été codé par des Anglais.

à la fois facilement.
- Un *buffer overflow* survient lorsqu'on dépasse l'espace réservé en mémoire, par exemple si l'utilisateur entre 10 caractères alors qu'on n'avait réservé que 5 cases en mémoire.
- L'idéal est de faire appel à la fonction `fgets` pour récupérer du texte saisi par l'utilisateur.
- Il faut en revanche éviter à tout prix d'utiliser la fonction `gets` qui n'offre pas de protection contre le buffer overflow.
- Vous pouvez écrire votre propre fonction de saisie du texte qui fait appel à `fgets` comme on l'a fait afin d'améliorer son fonctionnement.

Troisième partie

Création de jeux 2D en SDL

Chapitre 20

Installation de la SDL

Difficulté :

À partir de maintenant, fini la théorie : nous allons enfin passer au concret ! Dans cette nouvelle et importante partie, nous allons nous faire plaisir et pratiquer grâce à une bibliothèque que l'on appelle la SDL.

Vous avez déjà découvert la plupart des fonctionnalités du langage C, bien qu'il y ait toujours des petits détails complexes et croustillants à découvrir. Ce livre pourrait donc s'arrêter là en annonçant fièrement : « C'est bon, vous avez appris à programmer en C ! ». Pourtant, quand on débute, on n'a en général pas le sentiment de savoir programmer tant qu'on n'est pas « sorti » de la console.

La SDL est une bibliothèque particulièrement utilisée pour créer des jeux en 2D. Nous allons dans ce premier chapitre en apprendre plus sur cette bibliothèque et découvrir comment l'installer.

On dit que la SDL est une « bibliothèque tierce ». Il faut savoir qu'il existe deux types de bibliothèques.

- **La bibliothèque standard** : c'est la bibliothèque de base qui fonctionne sur tous les OS (d'où le mot « standard ») et qui permet de faire des choses très basiques comme des `printf`. Elle a été automatiquement installée lorsque vous avez téléchargé votre IDE et votre compilateur. Au long des parties I et II, nous avons uniquement utilisé la bibliothèque standard[1] (`stdlib.h`, `stdio.h`, `string.h`, `time.h`...).
- **Les bibliothèques tierces** : ce sont des bibliothèques qui ne sont pas installées par défaut. Vous devez les télécharger sur Internet et les installer sur votre ordinateur. Contrairement à la bibliothèque standard, qui est relativement simple et qui contient assez peu de fonctions, il existe des milliers de bibliothèques tierces écrites par d'autres programmeurs. Certaines sont bonnes, d'autres moins, certaines sont payantes, d'autres gratuites, etc. l'idéal étant de trouver des bibliothèques de bonne qualité et gratuites à la fois !

Je ne peux pas faire un cours pour toutes les bibliothèques tierces qui existent. Même en y passant toute ma vie 24h / 24, je ne pourrais pas ! J'ai donc fait le choix de vous présenter une et une seule bibliothèque écrite en C et donc utilisable par des programmeurs en langage C tels que vous.

Cette bibliothèque a pour nom *SDL*. Pourquoi ai-je choisi cette bibliothèque plutôt qu'une autre ? Que permet-elle de faire ? Autant de questions auxquelles je vais commencer par répondre.

Pourquoi avoir choisi la SDL ?

Choisir une bibliothèque : pas facile !

Comme je vous l'ai dit à l'instant, il existe des milliers et des milliers de bibliothèques à télécharger. Certaines d'entre elles sont simples, d'autres plus complexes. Certaines sont tellement grosses que même tout un cours comme celui que vous êtes en train de lire ne suffirait pas !

Faire un choix est donc dur. De plus, c'est la première bibliothèque que vous allez apprendre à utiliser (si on ne compte pas la bibliothèque standard), il vaut donc mieux commencer par une bibliothèque simple.

J'ai rapidement constaté que la majorité de mes lecteurs souhaitait découvrir comment ouvrir des fenêtres, créer des jeux, etc.[2] Quant à moi, non seulement j'ai bien envie de vous montrer comment on peut faire tout ça, mais en plus je tiens absolument à vous faire pratiquer. En effet, nous avons bien fait quelques TP dans les parties I et II, mais

[1]Nous n'avons pas étudié la bibliothèque standard dans son intégralité mais nous en avons vu un assez gros morceau. Si vous voulez tout savoir sur la bibliothèque standard, faites une recherche sur Google, par exemple, en tapant « C standard library », et vous aurez la liste des prototypes ainsi qu'une brève explication de chacune des fonctions.

[2]Enfin, si vous aimez la console on peut continuer longtemps, si vous voulez... Non ? Ah bon, tiens c'est curieux !

ce n'est pas assez. C'est en forgeant que l'on devient forgeron, et c'est en programmant que euh... Bref, vous m'avez compris !

Je suis donc parti pour vous à la recherche d'une bibliothèque à la fois simple et puissante pour que vous puissiez rapidement réaliser vos rêves les plus fous (presque) sans douleur[3].

La SDL est un bon choix !

Nous allons étudier la bibliothèque SDL (fig. 20.1). Pourquoi celle-ci et non pas une autre ?

FIG. 20.1 – Logo de la SDL

- C'est **une bibliothèque écrite en C**, elle peut donc être utilisée par des programmeurs en C tels que vous[4].
- C'est **une bibliothèque libre et gratuite** : cela vous évitera d'avoir à investir pour lire la suite du livre. Contrairement à ce que l'on pourrait penser, trouver des bibliothèques libres et gratuites n'est pas très difficile, il en existe beaucoup aujourd'hui. Une bibliothèque libre est tout simplement une bibliothèque dont vous pouvez obtenir le code source. En ce qui nous concerne, voir le code source de la SDL ne nous intéressera pas. Toutefois, le fait que la bibliothèque soit libre vous garantit plusieurs choses, notamment sa pérennité (si le développeur principal arrête de s'en occuper, d'autres personnes pourront la continuer à sa place) ainsi que sa gratuité le plus souvent. La bibliothèque ne risque donc pas de disparaître du jour au lendemain.
- **Vous pouvez réaliser des programmes commerciaux et propriétaires avec**. Certes, c'est peut-être un peu trop vouloir anticiper, mais autant choisir une bibliothèque gratuite qui vous laisse un maximum de libertés. En effet, il existe deux types de bibliothèques libres :
  - les bibliothèques sous **license GPL** : elles sont gratuites et vous pouvez avoir le code source, mais vous êtes obligés en contrepartie de fournir le code source des programmes que vous réalisez avec ;
  - les bibliothèques sous **license LGPL** : c'est la même chose, sauf que cette fois vous n'êtes pas obligés de fournir le code source de vos programmes. Vous pouvez donc réaliser des programmes propriétaires avec.

[3]Tout est relatif, bien sûr !

[4]Notez que comme la plupart des bibliothèques écrites en C, il est possible de les utiliser en C++ ainsi que dans d'autres langages.

Bien qu'il soit possible juridiquement de ne pas diffuser votre code source, je vous invite à le faire quand même. Vous pourrez ainsi obtenir des conseils de programmeurs plus expérimentés que vous. Cela vous permettra de vous améliorer. Après, c'est vous qui choisirez de réaliser des programmes libres ou propriétaires, c'est surtout une question de mentalité. Je ne rentrerai pas dans le débat ici, pas plus que je ne prendrai position : on peut tirer du bon comme du mauvais dans chacun de ces deux types de programmes.

- C'est **une bibliothèque multi-plates-formes**. Que vous soyez sous Windows, Mac ou Linux, la SDL fonctionnera chez vous. C'est même d'ailleurs ce qui fait que cette bibliothèque est impressionnante aux yeux des programmeurs : elle fonctionne sur un très grand nombre de systèmes d'exploitation. Il y a Windows, Mac et Linux certes, mais elle peut aussi fonctionner sur Atari, Amiga, Symbian, Dreamcast, etc. En clair, vos programmes pourraient très bien fonctionner sur de vieilles machines comme l'Atari[5] !
- Enfin, la bibliothèque permet de **faire des choses amusantes**. Je ne dis pas qu'une bibliothèque mathématique capable de résoudre des équations du quatrième degré n'est pas intéressante, mais je tiens à ce que ce cours soit ludique autant que possible afin de vous motiver à programmer.

La SDL n'est pas une bibliothèque spécialement conçue pour créer des jeux vidéo. Je l'admets, la plupart des programmes utilisant la SDL sont des jeux vidéo, mais cela ne veut pas dire que vous êtes forcément obligés d'en créer. A priori, tout est possible avec plus ou moins de travail, j'ai déjà eu l'occasion de voir des éditeurs de texte développés à l'aide de la SDL, bien qu'il y ait plus adapté[6].

Les possibilités offertes par la SDL

La SDL est une bibliothèque bas niveau. Vous vous souvenez de ce que je vous avais dit au tout début du cours à propos des langages haut niveau et bas niveau ? Eh bien ça s'applique aussi aux bibliothèques.

- **Une bibliothèque bas niveau** : c'est une bibliothèque disposant de fonctions très basiques. Il y a en général peu de fonctions car on peut tout faire avec elles. Comme les fonctions restent basiques, elles sont très rapides. Les programmes réalisés à l'aide d'une telle bibliothèque sont donc en général ce qui se fait de plus rapide.
- **Une bibliothèque haut niveau** : elle possède beaucoup de fonctions capables d'exécuter de nombreuses actions. Cela la rend plus simple d'utilisation. Toutefois, une bibliothèque de ce genre est généralement « grosse », donc plus difficile à étudier et à connaître intégralement. En outre, elle est souvent plus lente qu'une bibliothèque bas niveau (bien que parfois, ça ne soit pas vraiment visible).

Bien entendu, il faut nuancer. On ne peut pas dire « une bibliothèque bas niveau est mieux qu'une bibliothèque haut niveau » ou l'inverse. Chacun des deux types présente

[5] Il faudrait néanmoins faire quelques petites adaptations et peut-être utiliser un compilateur spécial. Nous n'en parlerons pas ici.

[6] Si vous souhaitez développer des interfaces graphiques classiques sous forme de fenêtres (boutons, menus, etc.), je vous invite à vous renseigner plutôt sur GTK+.

des qualités et des défauts. La SDL que nous allons étudier fait plutôt partie des bibliothèques bas niveau.

Il faut donc retenir que la SDL propose surtout des fonctions basiques. Vous avez par exemple la possibilité de dessiner pixel par pixel, de dessiner des rectangles ou encore d'afficher des images. C'est tout, et c'est suffisant.

- En faisant bouger une image, vous pouvez faire se déplacer un personnage.
- En affichant plusieurs images d'affilée, vous pouvez créer une animation.
- En combinant plusieurs images côte à côte, vous pouvez créer un véritable jeu.

Pour vous donner une idée de jeu réalisable avec la SDL, sachez que l'excellent « Civilization : Call to power » a été adapté pour Linux à l'aide de la bibliothèque SDL (fig. 20.2).

FIG. 20.2 – Le jeu Civilization : Call to power utilise la SDL

Ce qu'il faut bien comprendre, c'est qu'en fait tout dépend de vous et éventuellement de votre équipe. Vous pouvez faire des jeux encore plus beaux si vous avez un graphiste doué sous la main.

La seule limite de la SDL, c'est la 2D. Elle n'est en effet pas conçue pour la 3D. Voici une liste de jeux que l'on peut parfaitement concevoir en SDL (ce n'est qu'une petite liste, tout est possible a priori tant que ça reste de la 2D) :

- Casse-briques ;
- Bomberman ;
- Tetris ;
- jeux de plate-forme : Super Mario Bros, Sonic, Rayman...
- RPG 2D : Zelda, les premiers Final Fantasy, etc.

Il m'est impossible de faire une liste complète, la seule limite ici étant l'imagination. J'ai d'ailleurs vu un des lecteurs de ce cours réaliser un croisement osé entre un casse-briques et un Tetris.

Redescendons sur Terre et reprenons le fil de ce cours. Nous allons maintenant installer la SDL sur notre ordinateur avant d'aller plus loin.

Téléchargement de la SDL

Le site de la SDL (`www.libsdl.org`) devrait bientôt devenir incontournable pour vous. Là-bas, vous trouverez tout ce dont vous avez besoin, en particulier la bibliothèque elle-même à télécharger ainsi que sa documentation.

▷ Code web : 480724

Sur le site de la SDL, rendez-vous dans le menu à gauche, section `Download`. Téléchargez la version de la SDL la plus récente que vous voyez[7].

La page de téléchargement est séparée en plusieurs parties.

- **Source code** : vous pouvez télécharger le code source de la SDL. Comme je vous l'ai dit, le code source ne nous intéresse pas. Je sais que vous êtes curieux et que vous voudriez savoir comment c'est fait à l'intérieur, mais actuellement ça ne vous apportera rien. Pire, ça vous embrouillera et ce n'est pas le but.
- **Runtime libraries** : ce sont les fichiers que vous aurez besoin de distribuer en même temps que votre exécutable lorsque vous donnerez votre programme à d'autres personnes. Sous Windows, il s'agit tout simplement d'un fichier SDL.dll. Celui-ci devra se trouver :
  - soit dans le même dossier que l'exécutable (ce que je recommande[8]) ;
  - soit dans le dossier `c:\Windows`.
- **Development libraries** : ce sont les fichiers `.a` (ou `.lib` sous Visual) et `.h` vous permettant de créer des programmes SDL. Ces fichiers ne sont nécessaires que pour vous, le programmeur. Vous n'aurez donc pas à les distribuer avec votre programme une fois qu'il sera fini. Si vous êtes sous Windows, on vous propose trois versions dépendant de votre compilateur :
  - VC6 : pour ceux qui utilisent Visual Studio payant dans une vieille version (ce qui a peu de chances de vous concerner) ; vous y trouverez des fichiers `.lib` ;
  - VC8 : pour ceux qui utilisent Visual Studio 2005 Express ou ultérieur ; vous y trouverez des fichiers .lib ;
  - mingw32 : pour ceux qui utilisent Code::Blocks (il y aura donc des fichiers `.a`).

La particularité, c'est que les « Development libraries » contiennent tout ce qu'il faut : les `.h` et `.a` (ou `.lib`) bien sûr, mais aussi la `SDL.dll` à distribuer avec votre application ainsi que la documentation de la SDL ! Bref, tout ce que vous avez à faire au final est

[7] SDL 1.2 au moment où j'écris ces lignes.

[8] L'idéal est de toujours donner la DLL avec votre exécutable et de la laisser dans le même dossier. Si vous placez la DLL dans le dossier de Windows, vous n'aurez plus besoin de joindre une DLL dans chaque dossier contenant un programme SDL. Toutefois, cela peut poser des problèmes de conflits de version si vous écrasez une DLL plus récente.

de télécharger les « Development libraries ». Tout ce dont vous avez besoin s'y trouve.

Ne vous trompez pas de lien ! Prenez bien la SDL dans la section « Development libraries » et non le code source de la section « Source code » !

Qu'est-ce que la documentation ?

Une documentation, c'est la liste complète des fonctions d'une bibliothèque. Toutes les documentations sont écrites en anglais (oui, même les bibliothèques écrites par des Français ont leur documentation en anglais). Voilà une raison de plus pour progresser dans la langue de Shakespeare !

La documentation n'est pas un cours, elle est en général assez austère. L'avantage par rapport à un cours, c'est qu'elle est complète. Elle contient la liste de *toutes* les fonctions, c'est donc LA référence du programmeur. Bien souvent, vous rencontrerez des bibliothèques pour lesquelles il n'y a pas de cours. Vous aurez uniquement la « doc' » comme on l'appelle, et vous devrez être capables de vous débrouiller avec seulement ça (même si parfois c'est un peu dur de démarrer sans aide). Un vrai bon programmeur peut donc découvrir le fonctionnement d'une bibliothèque uniquement en lisant sa doc'.

A priori, vous n'aurez pas besoin de la doc' de la SDL de suite car je vais moi-même vous expliquer comment elle fonctionne. Toutefois, c'est comme pour la bibliothèque standard : je ne pourrai pas vous parler de toutes les fonctions. Vous aurez donc certainement besoin de lire la doc' plus tard.

La documentation se trouve déjà dans le package « Development libraries », mais si vous le voulez vous pouvez la télécharger à part en vous rendant dans le menu `Documentation` / `Downloadable`. Je vous recommande de placer les fichiers HTML de la documentation dans un dossier spécial (intitulé par exemple `Doc SDL`) et de faire un raccourci vers le sommaire `index.html`. Le but est que vous puissiez accéder rapidement à la documentation lorsque vous en avez besoin.

Créer un projet SDL

L'installation d'une bibliothèque est en général un petit peu plus compliquée que les installations dont vous avez l'habitude. Ici, il n'y a pas d'installeur automatique qui vous demande simplement de cliquer sur `Suivant - Suivant - Suivant - Terminer`.

En général, installer une bibliothèque est assez difficile pour un débutant. Pourtant, si ça peut vous remonter le moral, l'installation de la SDL est beaucoup plus simple que bien d'autres bibliothèques que j'ai eu l'occasion d'utiliser (en général on ne vous donne que le code source de la bibliothèque, et c'est à vous de la recompiler !).

En fait, le mot « installer » n'est peut-être pas celui qui convient le mieux. Nous n'allons rien installer du tout : nous voulons simplement arriver à créer un nouveau projet de type SDL avec notre IDE. Or, selon l'IDE que vous utilisez la manipulation sera un peu différente. Je vais présenter la manipulation pour chacun des IDE que je vous ai présentés au début du cours pour que tout le monde puisse suivre.

Je vais maintenant vous montrer comment créer un projet SDL sous chacun de ces trois IDE.

Création d'un projet SDL sous Code: :Blocks

1/ Extraction des fichiers de la SDL

Ouvrez le fichier compressé de « Development Libraries » que vous avez téléchargé. Ce fichier est un `.zip` pour Visual et un `.tar.gz` pour mingw32 (il vous faudra un logiciel comme Winrar ou 7-Zip pour décompresser le `.tar.gz`).

Le fichier compressé contient plusieurs sous-dossiers. Ceux qui nous intéressent sont les suivants :

- `bin` : contient la `.dll` de la SDL ;
- `docs` : contient la documentation de la SDL ;
- `include` : contient les `.h` ;
- `lib` : contient les `.a` (ou `.lib` pour Visual).

Vous devez extraire tous ces fichiers et dossiers quelque part sur votre disque dur. Vous pouvez par exemple les placer dans le dossier de Code: :Blocks, dans un sous-dossier `SDL` (fig. 20.3).

Dans mon cas, la SDL sera installée dans le dossier :

`C:\Program Files\CodeBlocks\SDL-1.2.13`

Retenez bien le nom du dossier dans lequel vous l'avez installée, vous allez en avoir besoin pour configurer Code: :Blocks.

Maintenant, il va falloir faire une petite manipulation pour simplifier la suite. Allez dans le sous-dossier `include/SDL`[9]. Vous devriez y voir de nombreux petits fichiers `.h`. Copiez-les dans le dossier parent, c'est-à-dire dans :

`C:\Program Files\CodeBlocks\SDL-1.2.13\include`

La SDL est installée ! Il faut maintenant configurer Code: :Blocks.

2/ Création du projet SDL

Ouvrez maintenant Code: :Blocks et demandez à créer un nouveau projet.

Au lieu de créer un projet `Console Application` comme vous aviez l'habitude de faire, vous allez demander à créer un projet de type `SDL project`.

La première fenêtre de l'assistant qui apparaît ne sert à rien, cliquez sur `Next`. On vous

[9] Dans mon cas, il se trouve dans `C:\Program Files\CodeBlocks\SDL-1.2.13\include\SDL`.

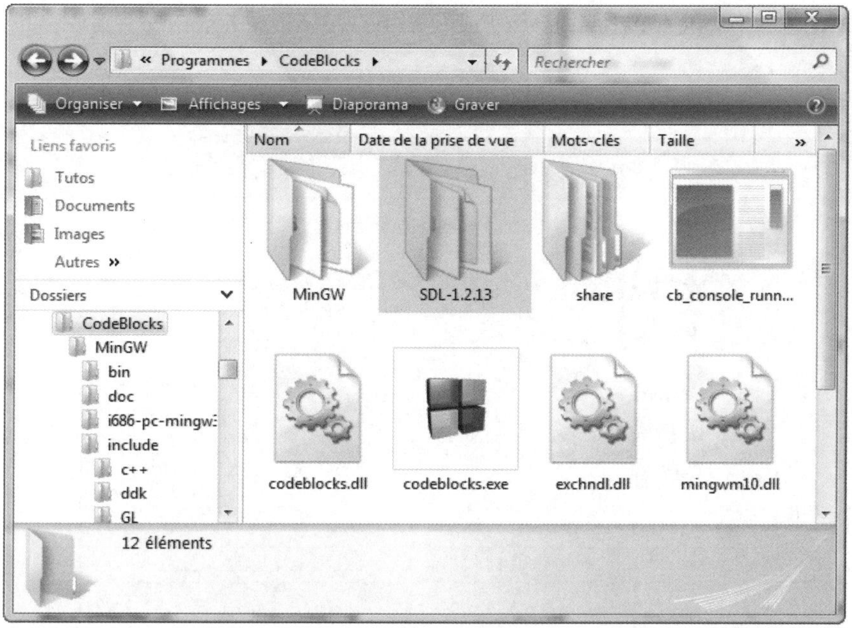

FIG. 20.3 – Le dossier de la SDL dézippé

demande ensuite le nom de votre projet et le dossier dans lequel il doit être placé, comme vous l'avez toujours fait (fig. 20.4).

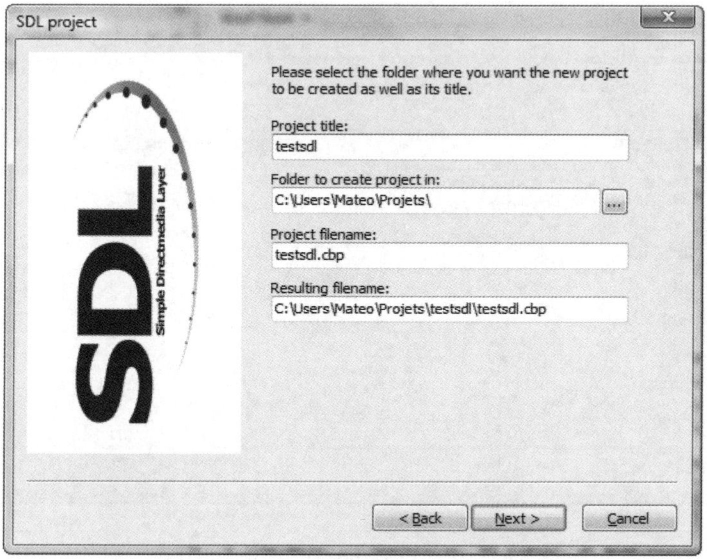

FIG. 20.4 – Assistant SDL et nom de projet

Vient ensuite la partie où vous devez indiquer où se trouve installée la SDL (fig. 20.5).

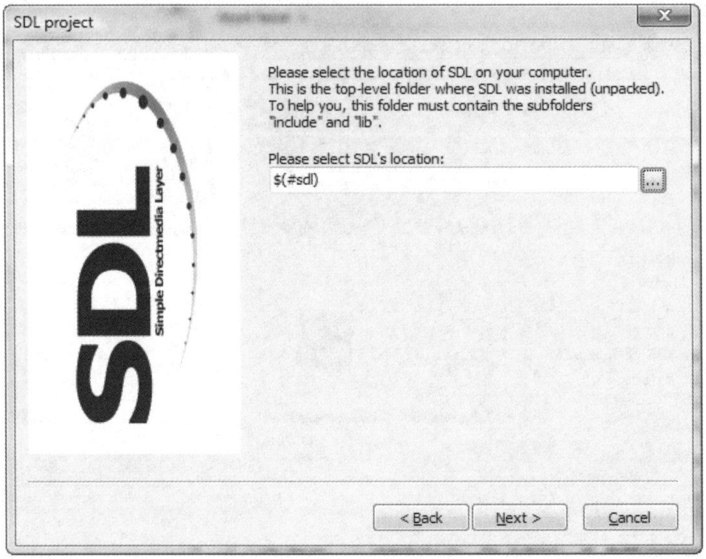

FIG. 20.5 – Assistant SDL et configuration

Cliquez sur le bouton ... à droite. Une nouvelle fenêtre un peu complexe s'ouvre (fig. 20.6).

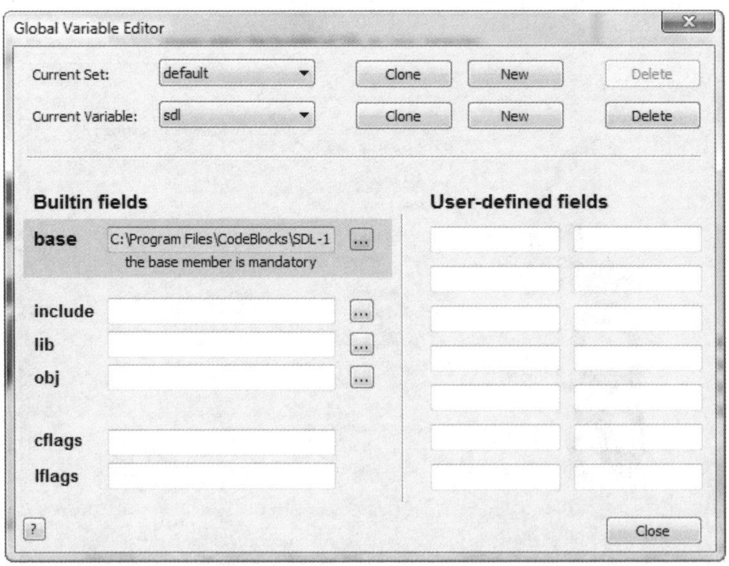

FIG. 20.6 – Localisation de la SDL

Vous devez simplement remplir le champ nommé `base`. Indiquez le dossier où vous avez décompressé la SDL. Dans mon cas, c'est :

`C:\Program Files\CodeBlocks\SDL-1.2.13`

Cliquez sur `Close`. Une nouvelle fenêtre apparaît. C'est une fenêtre-piège (dont je n'ai toujours pas saisi l'intérêt). Elle vous demande un dossier. Cliquez sur `Annuler` pour ne rien faire.

Cliquez ensuite sur `Next` dans l'assistant, puis choisissez de compiler en mode `Release` ou `Debug` (peu importe) et enfin, choisissez `Finish`.

Code: :Blocks va créer un petit projet SDL de test comprenant un `main.c` et un fichier `.bmp`. Avant d'essayer de le compiler, copiez la DLL de la SDL[10] dans le dossier de votre projet.

Essayez ensuite de compiler : une fenêtre avec une image devrait s'afficher. Bravo, ça fonctionne !

> Si on vous dit « Cette application n'a pas pu démarrer car SDL.dll est introuvable », c'est que vous n'avez pas copié le fichier `SDL.dll` dans le dossier de votre projet ! Il faudra penser à fournir cette `.dll` en plus de votre `.exe` à vos amis si vous voulez qu'ils puissent eux aussi exécuter le programme. En revanche, vous n'avez pas besoin de leur joindre les `.h` et `.a` qui n'intéressent que vous.

Vous pouvez supprimer le `.bmp` du programme, on n'en aura pas besoin. Quant au fichier `main.c`, il est un peu long, on ne va pas démarrer avec ça. Supprimez tout son contenu et remplacez-le par :

```
#include <stdlib.h>
#include <stdio.h>
#include <SDL/SDL.h>

int main(int argc, char *argv[])
{

    return 0;
}
```

▷ Code web : 578930

C'est en fait un code de base très similaire à ceux que l'on connaît (un `include` de `stdlib`, un autre de `stdio`, un `main`...). La seule chose qui change, c'est le `include` d'un fichier `SDL.h`. C'est le fichier `.h` de base de la SDL qui se chargera d'inclure tous les autres fichiers `.h` de la SDL.

[10] Vous devriez l'avoir copiée dans `C:\Program Files\CodeBlocks\SDL-1.2.13\bin\SDL.dll`.

Création d'un projet SDL sous Visual C++

1/ Extraction des fichiers de la SDL

Sur le site de la SDL, téléchargez la dernière version de la SDL. Dans la section « Development Libraries », prenez la version pour Visual C++ 2005 Service Pack 1.

Ouvrez le fichier zip. Il contient la doc' (dossier `docs`), les `.h` (dossier `include`), et les `.lib` (dossier `lib`) qui sont l'équivalent des `.a` pour le compilateur de Visual. Vous trouverez aussi le fichier `SDL.dll` dans ce dossier `lib`.

- Copiez `SDL.dll` dans le dossier de votre projet.
- Copiez les `.lib` dans le dossier `lib` de Visual C++. Par exemple chez moi il s'agit du dossier : `C:\Program Files\Microsoft Visual Studio 8\VC\lib`.
- Copiez les `.h` dans le dossier `includes` de Visual C++. Créez un dossier `SDL` dans ce dossier `includes` pour regrouper les `.h` de la `SDL` entre eux. Chez moi, je mets donc les `.h` dans : `C:\Program Files\Microsoft Visual Studio 8\VC\include\SDL`.

2/ Création d'un nouveau projet SDL

Sous Visual C++, créez un nouveau projet de type `Application console Win32`. Appelez votre projet `testsdl` par exemple. Cliquez sur OK.

Un assistant va s'ouvrir. Allez dans `Paramètres de l'application` et vérifiez que `Projet vide` est coché (fig. 20.7).

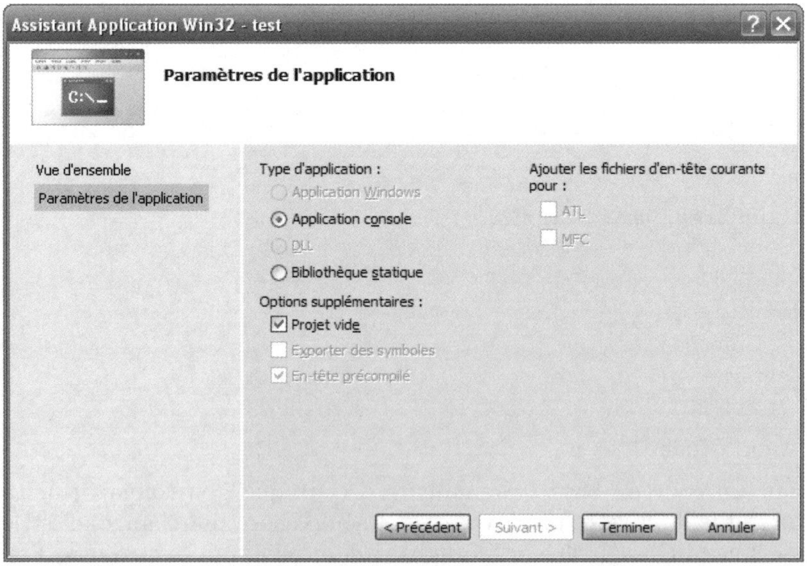

FIG. 20.7 – Cochez `Projet vide`

Le projet est alors créé. Il est vide. Ajoutez-y un nouveau fichier en faisant un clic droit sur `Fichiers sources`, `Ajouter / Nouvel élément` (fig. 20.8).

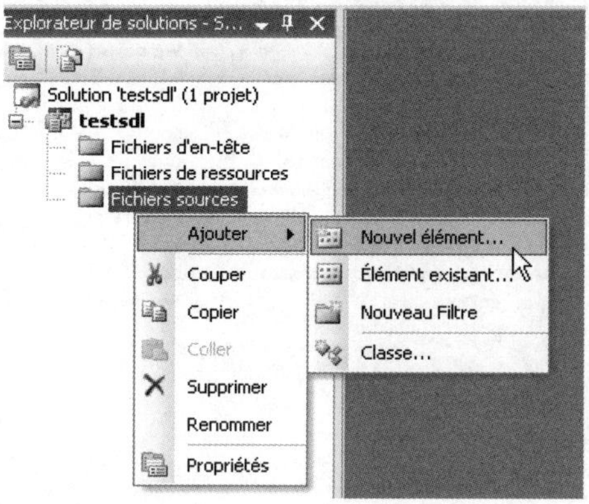

FIG. 20.8 – Ajout d'un nouveau fichier

Dans la fenêtre qui s'ouvre, demandez à créer un nouveau fichier de type `Fichier C++ (.cpp)` que vous appellerez `main.c`. En utilisant l'extension `.c` dans le nom du fichier, Visual créera un fichier `.c` et non un fichier `.cpp`.

Écrivez (ou copiez-collez) le code « de base » mentionné précédemment dans votre nouveau fichier vide.

3/ Configuration du projet SDL sous Visual C++

La configuration du projet est un peu plus délicate que pour Code::Blocks, mais elle reste humainement faisable. Allez dans les propriétés de votre projet : `Projet / Propriétés de testsdl`.

- Dans la section `C / C++ => Génération de code`, mettez le champ `Bibliothèque runtime` à `DLL multithread (/MD)`.
- Dans la section `C/C++ => Avancé`, sélectionnez `Compilation sous` et optez pour la valeur `Compiler comme code C (/TC)` (sinon Visual vous compilera votre projet comme étant du C++).
- Dans la section `Éditeur de liens => Entrée`, modifiez la valeur de `Dépendances supplémentaires` pour y ajouter `SDL.lib SDLmain.lib`.
- Dans la section `Éditeur de liens => Système`, modifiez la valeur de `Sous-système` et mettez-la à `Windows` (fig. 20.9).

Validez ensuite vos modifications en cliquant sur `OK` et enregistrez le tout. Vous pouvez maintenant compiler en allant dans le menu `Générer / Générer la solution`.

Rendez-vous dans le dossier de votre projet pour y trouver votre exécutable (il sera peut-être dans un sous-dossier `Debug`). N'oubliez pas que le fichier `SDL.dll` doit se trouver dans le même dossier que l'exécutable. Double-cliquez sur votre `.exe` : si tout va bien, il ne devrait rien se passer. Sinon, s'il y a une erreur c'est probablement que le fichier `SDL.dll` ne se trouve pas dans le même dossier.

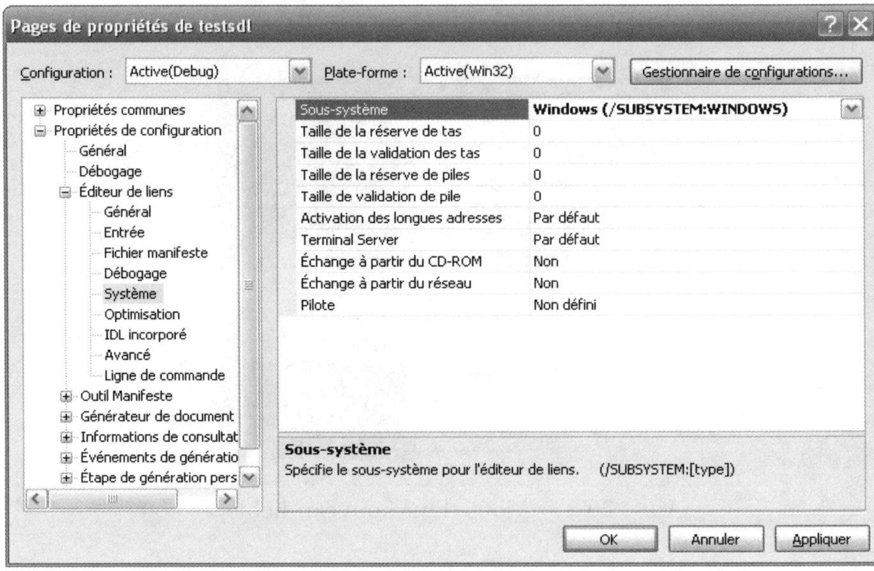

FIG. 20.9 – Configuration de Visual pour la SDL

Création d'un projet SDL avec Xcode (Mac OS X)

Cette section a été à l'origine rédigée par guimers8 du Site du Zéro, que je remercie à nouveau au passage.

Commencez par télécharger la version de la SDL sur le site officiel. Le fichier doit avoir l'extension `.dmg`. Montez (chargez) ce fichier `.dmg`, prenez le dossier `.framework` (par exemple : `SDL.framework`) et placez-le dans le dossier :

`<Racine Disque>/Bibliothèque/Frameworks`

Un dossier `.framework` est un dossier contenant tous les fichiers nécessaires, comme les binaires de la SDL et les headers (fig. 20.10).

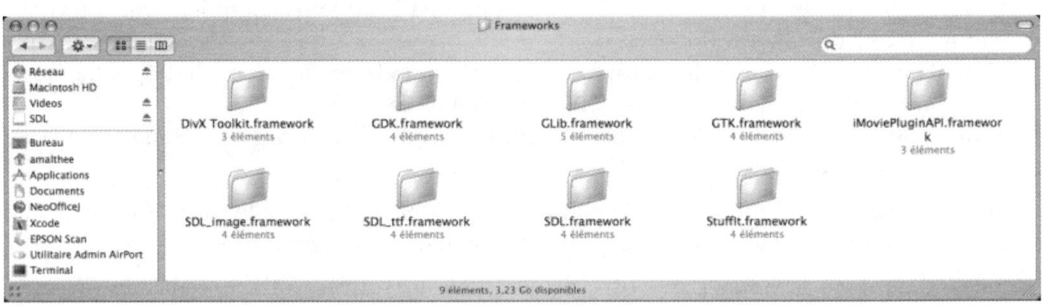

FIG. 20.10 – Les frameworks dans leur dossier

Allez dans l'archive de la SDL (`SDL-1.2.11.dmg`), puis dans le dossier `devel-lite` et prenez les fichiers `SDLMain.m` et `SDLMain.h`. Placez-les en lieu sûr.

Il va falloir récupérer un fichier supplémentaire, maintenant : `SDL-1.2.12-extras.dmg` que vous trouverez sur le site de la SDL. Il est composé de deux dossiers :

- `TemplatesForProjectBuilder`
- `TemplatesForXcode`

Copiez-les dans :

`Macintosh HD/Developer/Library/Xcode/Project Templates/`

L'assistant de création de nouveau projet de XCode vous proposera alors de créer une SDL Application (fig. 20.11).

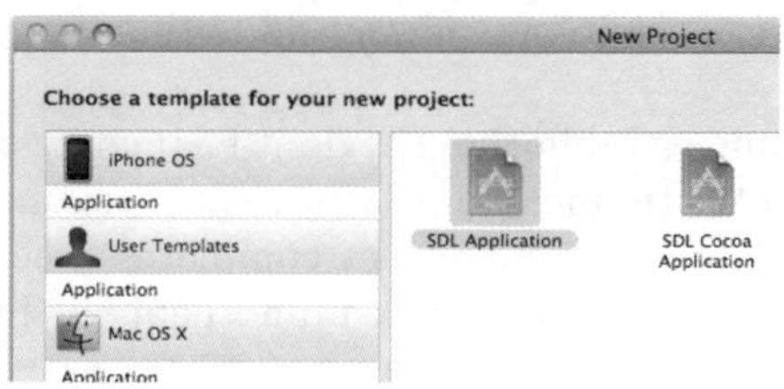

FIG. 20.11 – XCode propose de créer un projet SDL

Et voilà, votre projet est créé !

Et sous Linux ?

Si vous compilez sous Linux avec un IDE, il faudra modifier les propriétés du projet (la manipulation sera quasiment la même). Si vous utilisez Code: :Blocks (qui existe aussi en version Linux) vous pouvez suivre la même procédure que celle que j'ai décrite plus haut.

Et pour ceux qui compilent à la main ?

Il y en a peut-être parmi vous qui ont pris l'habitude de compiler à la main sous Linux à l'aide d'un *Makefile* (fichier commandant la compilation). Si c'est votre cas, je vous invite à télécharger un *Makefile* que vous pouvez utiliser pour compiler des projets SDL.

▷ Code web : 619525

La seule chose un peu particulière, c'est l'ajout de la bibliothèque SDL pour le linker (`LDFLAGS`). Il faudra que vous ayez téléchargé la SDL version Linux et que vous l'ayez installée dans le dossier de votre compilateur, de la même manière qu'on le fait sous Windows (dossiers `include/SDL` et `lib`)

Ensuite, vous pourrez utiliser les commandes suivantes dans la console :

```
make           #Pour compiler le projet
make clean     #Pour effacer les fichiers de compilation (.o inutiles)
make mrproper #Pour tout supprimer sauf les fichiers source
```

En résumé

- La SDL est une bibliothèque de bas niveau qui permet d'ouvrir des fenêtres et d'y faire des manipulations graphiques en 2D.
- Elle n'est pas installée par défaut, il faut la télécharger et configurer votre IDE pour l'utiliser.
- Elle est libre et gratuite, ce qui vous permet de l'utiliser rapidement et vous garantit sa pérennité.
- Il existe des milliers d'autres bibliothèques dont beaucoup sont de très bonne qualité. C'est la SDL qui a été sélectionnée pour la suite de ce cours pour son aspect ludique. Si vous souhaitez développer des interfaces complètes avec menus et boutons par la suite, je vous invite à vous pencher sur la bibliothèque GTK+ par exemple.

Chapitre 21

Création d'une fenêtre et de surfaces

Difficulté :

Dans le chapitre précédent, nous avons fait un petit tour d'horizon de la SDL pour découvrir les possibilités que cette bibliothèque nous offre. Vous l'avez normalement téléchargée et vous êtes capables de créer un nouveau projet SDL valide sans aucun problème. Celui-ci est toutefois encore très vide.

Nous attaquons le vif du sujet dès ce chapitre. Nous allons poser les bases de la programmation en C avec la SDL. Comment charger la SDL ? Comment ouvrir une fenêtre aux dimensions désirées ? Comment dessiner à l'intérieur de la fenêtre ?

Nous avons du pain sur la planche. Allons-y !

Charger et arrêter la SDL

Un grand nombre de bibliothèques écrites en C nécessitent d'être initialisées et fermées par des appels à des fonctions. La SDL n'échappe pas à la règle.

En effet, la bibliothèque doit charger un certain nombre d'informations dans la mémoire pour pouvoir fonctionner correctement. Ces informations sont chargées en mémoire dynamiquement par des `malloc` (ils sont très utiles ici !). Or, comme vous le savez, qui dit `malloc` dit... `free` ! Vous *devez* libérer la mémoire que vous avez allouée manuellement et dont vous n'avez plus besoin. Si vous ne le faites pas, votre programme va prendre plus de place en mémoire que nécessaire, et dans certains cas ça peut être carrément catastrophique[1].

Voici donc les deux premières fonctions de la SDL à connaître :

- `SDL_Init` : charge la SDL en mémoire (des `malloc` y sont faits) ;
- `SDL_Quit` : libère la SDL de la mémoire (des `free` y sont faits).

La toute première chose que vous devrez faire dans votre programme sera donc un appel à `SDL_Init`, et la dernière un appel à `SDL_Quit`.

`SDL_Init` : chargement de la SDL

La fonction `SDL_Init` prend un paramètre. Vous devez indiquer quelles parties de la SDL vous souhaitez charger.

Ah bon, la SDL est composée de plusieurs parties ?

Eh oui ! Il y a une partie de la SDL qui gère l'affichage à l'écran, une autre qui gère le son, etc.

La SDL met à votre disposition plusieurs constantes pour que vous puissiez indiquer quelle partie vous avez besoin d'utiliser dans votre programme (tab. 21.1).

Si vous appelez la fonction comme ceci :

```
SDL_Init(SDL_INIT_VIDEO);
```

... alors le système vidéo sera chargé et vous pourrez ouvrir une fenêtre, y dessiner, etc. En fait, tout ce que vous faites c'est envoyer un nombre à `SDL_Init` à l'aide d'une constante. Vous ne savez pas de quel nombre il s'agit, et justement c'est ça qui est bien. Vous avez juste besoin d'écrire la constante, c'est plus facile à lire et à retenir.

La fonction `SDL_Init` regardera le nombre qu'elle reçoit et en fonction de cela, elle saura quels systèmes elle doit charger.

[1] Imaginez que vous fassiez une boucle infinie de `malloc` sans le faire exprès : en quelques secondes, vous saturerez toute votre mémoire !

Constante	Description
SDL_INIT_VIDEO	Charge le système d'affichage (vidéo). C'est la partie que nous chargerons le plus souvent.
SDL_INIT_AUDIO	Charge le système de son. Vous permettra donc par exemple de jouer de la musique.
SDL_INIT_CDROM	Charge le système de CD-ROM. Vous permettra de manipuler votre lecteur de CD-ROM
SDL_INIT_JOYSTICK	Charge le système de gestion du joystick.
SDL_INIT_TIMER	Charge le système de timer. Cela vous permet de gérer le temps dans votre programme (très pratique).
SDL_INIT_EVERYTHING	Charge tous les systèmes listés ci-dessus à la fois.

TAB. 21.1 – Liste des constantes de chargement de la SDL

Maintenant, si vous faites :

```
SDL_Init(SDL_INIT_EVERYTHING);
```

... vous chargez tous les sytèmes de la SDL. Ne faites cela que si vous avez vraiment besoin de tout, il est inutile de surcharger votre ordinateur en chargeant des modules dont vous ne vous servirez pas.

Supposons que je veuille charger l'audio et la vidéo seulement. Dois-je utiliser `SDL_INIT_EVERYTHING` ?

Vous n'allez pas utiliser `SDL_INIT_EVERYTHING` juste parce que vous avez besoin de deux modules, pauvres fous ! Heureusement, on peut combiner les options à l'aide du symbole `|` (la barre verticale).

```
// Chargement de la vidéo et de l'audio
SDL_Init(SDL_INIT_VIDEO | SDL_INIT_AUDIO);
```

Vous pouvez aussi en combiner trois sans problème :

```
// Chargement de la vidéo, de l'audio et du timer
SDL_Init(SDL_INIT_VIDEO | SDL_INIT_AUDIO | SDL_INIT_TIMER);
```

Ces « options » que l'on envoie à `SDL_Init` sont aussi appelées *flags*. C'est quelque chose que vous rencontrerez assez souvent. Retenez bien qu'on utilise la barre verticale `|` pour combiner les options. Ça agit un peu comme une addition.

SDL_Quit : arrêt de la SDL

La fonction SDL_Quit est très simple à utiliser vu qu'elle ne prend pas de paramètre :

```
SDL_Quit();
```

Tous les systèmes initialisés seront arrêtés et libérés de la mémoire. Bref, c'est un moyen de quitter la SDL proprement, à faire à la fin de votre programme.

Canevas de programme SDL

En résumé, voici à quoi va ressembler votre programme SDL dans sa version la plus simple :

```
#include <stdlib.h>
#include <stdio.h>
#include <SDL/SDL.h>

int main(int argc, char *argv[])
{
    SDL_Init(SDL_INIT_VIDEO); // Démarrage de la SDL (ici : chargement du
↪    système vidéo)

    /*
    La SDL est chargée.
    Vous pouvez mettre ici le contenu de votre programme
    */

    SDL_Quit(); // Arrêt de la SDL (libération de la mémoire).

    return 0;
}
```

▷ Code web : 357096

Bien entendu, aucun programme « sérieux » ne tiendra dans le main. Ce que je fais là est schématique. Dans la réalité, votre main contiendra certainement de nombreux appels à des fonctions qui feront elles aussi plusieurs appels à d'autres fonctions. Ce qui compte au final, c'est que la SDL soit chargée au début et qu'elle soit fermée à la fin quand vous n'en avez plus besoin.

Gérer les erreurs

La fonction SDL_Init renvoie une valeur :

- -1 en cas d'erreur ;
- 0 si tout s'est bien passé.

Vous n'y êtes pas obligés, mais vous pouvez vérifier la valeur retournée par `SDL_Init`. Ça peut être un bon moyen de traiter les erreurs de votre programme et donc de vous aider à les résoudre.

Mais comment afficher l'erreur qui s'est produite ?

Excellente question ! On n'a plus de console maintenant, donc comment faire pour stocker et afficher des messages d'erreurs ?

Deux possibilités :

- soit on modifie les options du projet pour qu'il affiche à nouveau la console. On pourra alors faire des `printf` ;
- soit on écrit dans un fichier les erreurs. On utilisera `fprintf`.

J'ai choisi d'écrire dans un fichier. Cependant, écrire dans un fichier implique de faire un `fopen`, un `fclose`... bref, c'est un peu moins facile qu'un `printf`. Heureusement, il y a une solution plus simple : utiliser la sortie d'erreur standard.

Il y a une variable `stderr` qui est définie par `stdio.h` et qui pointe vers un endroit où l'erreur peut être écrite[2]. Cette variable est automatiquement créée au début du programme et supprimée à la fin. Vous n'avez donc pas besoin de faire de `fopen` ou de `fclose`. Vous pouvez donc faire un `fprintf` sur `stderr` sans utiliser `fopen` ou `fclose` :

```
#include <stdlib.h>
#include <stdio.h>
#include <SDL/SDL.h>

int main(int argc, char *argv[])
{
    if (SDL_Init(SDL_INIT_VIDEO) == -1) // Démarrage de la SDL. Si erreur :
    {
        fprintf(stderr, "Erreur d'initialisation de la SDL : %s\n", SDL_GetError()); // Écriture de l'erreur
        exit(EXIT_FAILURE); // On quitte le programme
    }


    SDL_Quit();

    return EXIT_SUCCESS;
}
```

▷ Code web : 712690

Quoi de neuf dans ce code ?

[2]Généralement sous Windows, ce sera un fichier `stderr.txt` tandis que sous Linux, l'erreur apparaîtra le plus souvent dans la console.

- On écrit dans `stderr` notre erreur. Le `%s` permet de laisser la SDL indiquer les détails de l'erreur : la fonction `SDL_GetError()` renvoie en effet la dernière erreur de la SDL.
- On quitte en utilisant `exit()`. Jusque-là, rien de nouveau. Toutefois, vous aurez remarqué que j'utilise une constante (`EXIT_FAILURE`) pour indiquer la valeur que renvoie le programme. De plus, à la fin j'utilise `EXIT_SUCCESS` au lieu de 0. Qu'est-ce que j'ai changé ? En fait j'améliore petit à petit nos codes source. En effet, le nombre qui signifie « erreur » par exemple peut être différent selon les ordinateurs ! Cela dépend là encore de l'OS. Pour pallier ce problème, `stdlib.h` nous fournit deux constantes (des `define`) :
  - `EXIT_FAILURE` : valeur à renvoyer en cas d'échec du programme ;
  - `EXIT_SUCCESS` : valeur à renvoyer en cas de réussite du programme.

  En utilisant ces constantes au lieu de nombres, vous êtes certains de renvoyer une valeur correcte quel que soit l'OS. Pourquoi ? Parce que le fichier `stdlib.h` change selon l'OS sur lequel vous êtes, donc les valeurs des constantes sont adaptées. Votre code source, lui, n'a pas besoin d'être modifié ! C'est ce qui rend le langage C compatible avec tous les OS[3].

Cela n'a pas de grandes conséquences pour nous pour le moment, mais c'est plus sérieux d'utiliser ces constantes. C'est donc ce que nous ferons à partir de maintenant.

Ouverture d'une fenêtre

Bon : la SDL est initialisée et fermée correctement, maintenant. La prochaine étape, si vous le voulez bien, et je suis sûr que vous le voulez bien, c'est l'ouverture d'une fenêtre !

Pour commencer déjà, assurez-vous d'avoir un `main` qui ressemble à ceci :

```
int main(int argc, char *argv[])
{
    if (SDL_Init(SDL_INIT_VIDEO) == -1)
    {
        fprintf(stderr, "Erreur d'initialisation de la SDL");
        exit(EXIT_FAILURE);
    }

    SDL_Quit();

    return EXIT_SUCCESS;
}
```

Cela devrait être le cas si vous avez bien suivi le début du chapitre. Pour le moment donc, on initialise juste la vidéo (`SDL_INIT_VIDEO`), c'est tout ce qui nous intéresse.

[3] Pour peu que vous programmiez correctement en utilisant les outils fournis, comme ici.

Choix du mode vidéo

La première chose à faire après `SDL_Init()`, c'est indiquer le mode vidéo que vous voulez utiliser, c'est-à-dire la résolution, le nombre de couleurs et quelques autres options.

On va utiliser pour cela la fonction `SDL_SetVideoMode()` qui prend quatre paramètres :

- la largeur de la fenêtre désirée (en pixels) ;
- la hauteur de la fenêtre désirée (en pixels) ;
- le nombre de couleurs affichables (en bits / pixel) ;
- des options (des *flags*).

Pour la largeur et la hauteur de la fenêtre, je crois que je ne vais pas vous faire l'affront de vous expliquer ce que c'est. Par contre, les deux paramètres suivants sont plus intéressants.

- **Le nombre de couleurs** : c'est le nombre maximal de couleurs affichables dans votre fenêtre. Si vous jouez aux jeux vidéo, vous devriez avoir l'habitude de cela. Une valeur de 32 bits / pixel permet d'afficher des milliards de couleurs (c'est le maximum). C'est cette valeur que nous utiliserons le plus souvent car désormais tous les ordinateurs gèrent les couleurs en 32 bits[4].
- **Les options** : comme pour `SDL_Init` on doit utiliser des flags pour définir des options. Voici les principaux flags que vous pouvez utiliser (et combiner avec le symbole `|`).
  - `SDL_HWSURFACE` : les données seront chargées dans la mémoire vidéo, c'est-à-dire dans la mémoire de votre carte 3D. Avantage : cette mémoire est plus rapide. Défaut : il y a en général moins d'espace dans cette mémoire que dans l'autre (`SDL_SWSURFACE`).
  - `SDL_SWSURFACE` : les données seront chargées dans la mémoire système (c'est-à-dire la RAM, a priori). Avantage : il y a beaucoup d'espace dans cette mémoire. Défaut : c'est moins rapide et moins optimisé.
  - `SDL_RESIZABLE` : la fenêtre sera redimensionnable. Par défaut elle ne l'est pas.
  - `SDL_NOFRAME` : la fenêtre n'aura pas de barre de titre ni de bordure.
  - `SDL_FULLSCREEN` : mode plein écran. Dans ce mode, aucune fenêtre n'est ouverte. Votre programme prendra toute la place à l'écran, en changeant automatiquement la résolution de celui-ci au besoin.
  - `SDL_DOUBLEBUF` : mode *double buffering*. C'est une technique très utilisée dans les jeux 2D, et qui permet de faire en sorte que les déplacements des objets à l'écran soient fluides, sinon ça scintille et c'est assez laid. Je vous expliquerai les détails de cette technique très intéressante plus loin.

Donc, si je fais :

```
SDL_SetVideoMode(640, 480, 32, SDL_HWSURFACE);
```

... cela ouvre une fenêtre de taille 640 x 480 en 32 bits / pixel (milliards de couleurs) qui sera chargée en mémoire vidéo (c'est la plus rapide, on préfèrera utiliser celle-là).

[4]Sachez aussi que vous pouvez mettre des valeurs plus faibles comme 16 bits / pixel (65536 couleurs), ou 8 bits / pixel (256 couleurs). Cela peut être utile surtout si vous faites un programme pour un petit appareil genre PDA ou téléphone portable.

Autre exemple, si je fais :

```
SDL_SetVideoMode(400, 300, 32, SDL_HWSURFACE | SDL_RESIZABLE | SDL_DOUBLEBUF);
```

... cela ouvre une fenêtre redimensionnable de taille initiale 400 x 300 (32 bits / pixel) en mémoire vidéo, avec le double buffering activé.

Voici un premier code source très simple[5] que vous pouvez essayer :

```
#include <stdlib.h>
#include <stdio.h>
#include <SDL/SDL.h>

int main(int argc, char *argv[])
{
    SDL_Init(SDL_INIT_VIDEO);

    SDL_SetVideoMode(640, 480, 32, SDL_HWSURFACE);

    SDL_Quit();

    return EXIT_SUCCESS;
}
```

▷ Code web : 194049

Testez. Que se passe-t-il ? La fenêtre apparaît et disparaît à la vitesse de la lumière. En effet, la fonction `SDL_SetVideoMode` est immédiatement suivie de `SDL_Quit`, donc tout s'arrête immédiatement.

Mettre en pause le programme

Comment faire en sorte que la fenêtre se maintienne ?

Il faut faire comme le font tous les programmes, que ce soit des jeux vidéo ou autre : une boucle infinie. En effet, à l'aide d'une bête boucle infinie on empêche notre programme de s'arrêter. Le problème est que cette solution est trop efficace car du coup, il n'y a pas de moyen d'arrêter le programme[6].

Voici un code qui fonctionne mais **à ne pas tester**, je vous le donne juste à titre explicatif :

[5] J'ai volontairement retiré la gestion d'erreur pour rendre le code plus lisible et plus court, mais vous devriez dans un vrai programme prendre toutes les précautions nécessaires et gérer les erreurs.

[6] À part un bon vieux `CTRL + ALT + SUPPR` à la rigueur mais c'est... brutal.

```
int main(int argc, char *argv[])
{
    SDL_Init(SDL_INIT_VIDEO);

    SDL_SetVideoMode(640, 480, 32, SDL_HWSURFACE);

    while(1);

    SDL_Quit();

    return EXIT_SUCCESS;
}
```

Vous reconnaissez le `while(1) ;` : c'est la boucle infinie. Comme 1 signifie « vrai » (rappelez-vous les booléens), la boucle est toujours vraie et tourne en rond indéfiniment sans qu'il y ait moyen de l'arrêter. Ce n'est donc pas une très bonne solution.

Pour mettre en pause notre programme afin de pouvoir admirer notre belle fenêtre sans faire de boucle interminable, on va utiliser une petite fonction à moi, la fonction `pause()` :

```
void pause()
{
    int continuer = 1;
    SDL_Event event;

    while (continuer)
    {
        SDL_WaitEvent(&event);
        switch(event.type)
        {
            case SDL_QUIT:
                continuer = 0;
        }
    }
}
```

▷ Code web : 157722

Je ne vous explique pas le détail de cette fonction pour le moment. C'est volontaire, car cela fait appel à la gestion des événements que je vous expliquerai seulement dans un prochain chapitre. Si je vous explique tout à la fois maintenant, vous risquez de tout mélanger ! Faites donc pour l'instant confiance à ma fonction de pause, nous ne tarderons pas à l'expliquer.

Voici un code source complet et correct que vous pouvez (enfin !) tester :

```
#include <stdlib.h>
#include <stdio.h>
#include <SDL/SDL.h>
```

```
void pause();

int main(int argc, char *argv[])
{
    SDL_Init(SDL_INIT_VIDEO); // Initialisation de la SDL

    SDL_SetVideoMode(640, 480, 32, SDL_HWSURFACE); // Ouverture de la fenêtre

    pause(); // Mise en pause du programme

    SDL_Quit(); // Arrêt de la SDL

    return EXIT_SUCCESS; // Fermeture du programme
}

void pause()
{
    int continuer = 1;
    SDL_Event event;

    while (continuer)
    {
        SDL_WaitEvent(&event);
        switch(event.type)
        {
            case SDL_QUIT:
                continuer = 0;
        }
    }
}
```

▷ Code web : 918671

Vous remarquerez que j'ai mis le prototype de ma fonction `pause()` en haut pour tout vous présenter sur un seul fichier. Je fais appel à la fonction `pause()` qui fait une boucle infinie un peu plus intelligente que tout à l'heure. Cette boucle s'arrêtera en effet si vous cliquez sur la croix pour fermer la fenêtre !

La fig. 21.1 vous donne une idée de ce à quoi devrait ressembler la fenêtre que vous avez sous les yeux (ici, une fenêtre 640 x 480).

Pfiou ! Nous y sommes enfin arrivés !

Si vous voulez, vous pouvez mettre le flag « redimensionnable » pour autoriser le redimensionnement de votre fenêtre. Toutefois, dans la plupart des jeux on préfère avoir une fenêtre de taille fixe (c'est plus simple à gérer !), nous garderons donc notre fenêtre fixe pour le moment.

FIG. 21.1 – Une fenêtre vide en 640 x 480

Attention au mode plein écran (`SDL_FULLSCREEN`) et au mode sans bordure (`SDL_NOFRAME`). Comme il n'y a pas de barre de titre dans ces deux modes, vous ne pourrez pas fermer le programme et vous serez alors obligés d'utiliser la commande `CTRL + ALT + SUPPR`. Attendez d'apprendre à manipuler les événements SDL (dans quelques chapitres) et vous pourrez alors coder un moyen de sortir de votre programme avec une technique un peu moins brutale que le `CTRL + ALT + SUPPR`.

Changer le titre de la fenêtre

Pour le moment, notre fenêtre a un titre par défaut : (`SDL_app` sur la fig. 21.1). Que diriez-vous de changer cela ?

C'est extrêmement simple, il suffit d'utiliser la fonction `SDL_WM_SetCaption`. Cette fonction prend deux paramètres. Le premier est le titre que vous voulez donner à la fenêtre, le second est le titre que vous voulez donner à l'icône.

Contrairement à ce qu'on pourrait croire, donner un titre à l'icône ne correspond pas à charger une icône qui s'afficherait dans la barre de titre en haut à gauche. Cela ne fonctionne pas partout[7]. Personnellement, j'envoie la valeur `NULL` à la fonction. Sachez qu'il est possible de changer l'icône de la fenêtre, mais nous verrons comment le faire dans le chapitre suivant seulement, car ce n'est pas encore de notre niveau.

Voici donc le même `main` que tout à l'heure avec la fonction `SDL_WM_SetCaption` en plus :

[7] À ma connaissance, cela donne un résultat sous Gnome sous Linux.

```
int main(int argc, char *argv[])
{
    SDL_Init(SDL_INIT_VIDEO);

    SDL_SetVideoMode(640, 480, 32, SDL_HWSURFACE);
    SDL_WM_SetCaption("Ma super fenêtre SDL !", NULL);

    pause();

    SDL_Quit();

    return EXIT_SUCCESS;
}
```

▷ Code web : 121572

Vous aurez remarqué que j'ai mis NULL pour le fameux second paramètre peu utile. En C, il est obligatoire de renseigner tous les paramètres même si certains ne vous intéressent pas, quitte à envoyer NULL comme je l'ai fait ici. Le C++ permet, lui, de ne pas renseigner certains paramètres facultatifs lors des appels de fonctions.

La fenêtre a maintenant un titre (cf fig. 21.2).

FIG. 21.2 – Une fenêtre avec un titre

Manipulation des surfaces

Pour le moment nous avons une fenêtre avec un fond noir. C'est la fenêtre de base. Ce qu'on veut faire, c'est la remplir, c'est-à-dire « dessiner » dedans.

La SDL, je vous l'ai dit dans le chapitre précédent, est une bibliothèque bas niveau. Cela veut dire qu'elle ne nous propose que des fonctions de base, très simples. Et en effet, la seule forme que la SDL nous permet de dessiner, c'est le rectangle ! Tout ce que vous allez faire, c'est assembler des rectangles dans la fenêtre. On appelle ces rectangles **des surfaces**. La surface est la brique de base de la SDL.

Il est bien sûr possible de dessiner d'autres formes, comme des cercles, des triangles, etc. Mais pour le faire, il faudra écrire nous-mêmes des fonctions, en dessinant pixel par pixel la forme, ou bien utiliser une bibliothèque supplémentaire avec la SDL. C'est un peu compliqué et de toute manière, vous verrez que nous n'en aurons pas vraiment besoin dans la pratique.

Votre première surface : l'écran

Dans tout programme SDL, il y a au moins une surface que l'on appelle généralement `ecran` (ou `screen` en anglais). C'est une surface qui correspond à toute la fenêtre, c'est-à-dire à toute la zone noire de la fenêtre que vous voyez.

Dans notre code source, chaque surface sera mémorisée dans une variable de type `SDL_Surface`. Oui, c'est un type de variable créé par la SDL (une structure, en l'occurrence).

Comme la première surface que nous devons créer est l'écran, allons-y :

```
SDL_Surface *ecran = NULL;
```

Vous remarquerez que je crée un pointeur. Pourquoi je fais ça ? Parce que c'est la SDL qui va allouer de l'espace en mémoire pour notre surface. Une surface n'a en effet pas toujours la même taille et la SDL est obligée de faire une allocation dynamique pour nous (ici, ça dépendra de la taille de la fenêtre que vous avez ouverte).

Je ne vous l'ai pas dit tout à l'heure, mais la fonction `SDL_SetVideoMode` renvoie une valeur ! Elle renvoie un pointeur sur la surface de l'écran qu'elle a créée en mémoire pour nous. Parfait, on va donc pouvoir récupérer ce pointeur dans `ecran` :

```
ecran = SDL_SetVideoMode(640, 480, 32, SDL_HWSURFACE);
```

Notre pointeur peut maintenant valoir :

- `NULL` : `ecran` vaut `NULL` si la `SDL_SetVideoMode` n'a pas réussi à charger le mode vidéo demandé. Cela arrive si vous demandez une trop grande résolution ou un trop grand nombre de couleurs que ne supporte pas votre ordinateur ;

– une autre valeur : si la valeur est différente de NULL, c'est que la SDL a pu allouer la surface en mémoire, donc que tout est bon !

Il serait bien ici de gérer les erreurs, comme on a appris à le faire tout à l'heure pour l'initialisation de la SDL. Voici donc notre `main` avec la gestion de l'erreur pour `SDL_SetVideoMode` :

```
int main(int argc, char *argv[])
{
    SDL_Surface *ecran = NULL; // Le pointeur qui va stocker la surface de
↪   l'écran

    SDL_Init(SDL_INIT_VIDEO);

    ecran = SDL_SetVideoMode(640, 480, 32, SDL_HWSURFACE); // On tente d'ouvrir
↪   une fenêtre
    if (ecran == NULL) // Si l'ouverture a échoué, on le note et on arrête
    {
        fprintf(stderr, "Impossible de charger le mode vidéo : %s\n",
↪       SDL_GetError());
        exit(EXIT_FAILURE);
    }

    SDL_WM_SetCaption("Ma super fenêtre SDL !", NULL);

    pause();

    SDL_Quit();

    return EXIT_SUCCESS;
}
```

▷ Code web : 788134

Le message que nous laissera `SDL_GetError()` nous sera très utile pour savoir ce qui n'a pas marché.

Petite anecdote : une fois, je me suis trompé en voulant faire du plein écran. Au lieu de demander une résolution de 1024 * 768, j'ai écrit 10244 * 768. Je ne comprenais pas au départ pourquoi ça ne voulait pas charger, car je ne voyais pas le double 4 dans mon code (oui, je devais être un peu fatigué). Un petit coup d'œil au fichier `stderr.txt` qui contenait l'erreur et j'ai tout de suite compris que c'était ma résolution qui avait été rejetée (tiens, comme c'est curieux !).

Colorer une surface

Il n'y a pas 36 façons de remplir une surface... En fait, il y en a deux :

- soit vous remplissez la surface avec une couleur unie ;
- soit vous remplissez la surface en chargeant une image.

Il est aussi possible de dessiner pixel par pixel dans la surface mais c'est assez compliqué, nous ne le verrons pas ici.

Nous allons dans un premier temps voir comment remplir une surface avec une couleur unie. Dans le chapitre suivant, nous apprendrons à charger une image.

La fonction qui permet de colorer une surface avec une couleur unie s'appelle `SDL_FillRect` (*FillRect* = « remplir rectangle » en anglais). Elle prend trois paramètres, dans l'ordre :

- un pointeur sur la surface dans laquelle on doit dessiner (par exemple `ecran`) ;
- la partie de la surface qui doit être remplie. Si vous voulez remplir toute la surface (et c'est ce qu'on veut faire), envoyez `NULL` ;
- la couleur à utiliser pour remplir la surface.

En résumé :

```
SDL_FillRect(surface, NULL, couleur);
```

La gestion des couleurs en SDL

En SDL, une couleur est stockée dans un nombre de type `Uint32`.

Si c'est un nombre, pourquoi ne pas avoir utilisé le type de variable `int` ou `long`, tout simplement ?

La SDL est une bibliothèque multi-plates-formes. Or, comme vous le savez maintenant, la taille occupée par un `int` ou un `long` peut varier selon votre OS. Pour s'assurer que le nombre occupera toujours la même taille en mémoire, la SDL a donc « inventé » des types pour stocker des entiers qui ont la même taille sur tous les systèmes. Il y a par exemple :

- `Uint32` : un entier de longueur 32 bits (soit 4 octets[8]) ;
- `Uint16` : un entier codé sur 16 bits (2 octets) ;
- `Uint8` : un entier codé sur 8 bits (1 octet).

La SDL ne fait qu'un simple `typedef` qui changera selon l'OS que vous utilisez. Regardez de plus près le fichier `SDL_types.h` si vous êtes curieux.

On ne va pas s'attarder là-dessus plus longtemps car les détails de tout cela ne sont pas importants. Vous avez juste besoin de retenir que `Uint32` est un type qui stocke un entier, comme un `int`.

[8] Je rappelle que 1 octet = 8 bits.

D'accord, mais comment je sais quel nombre je dois mettre pour utiliser la couleur verte, azur, gris foncé ou encore jaune pâle à points roses avec des petites fleurs violettes[9] ?

Il existe une fonction qui sert à ça : `SDL_MapRGB`. Elle prend quatre paramètres :

- le format des couleurs. Ce format dépend du nombre de bits / pixel que vous avez demandé avec `SDL_SetVideoMode`. Vous pouvez le récupérer, il est stocké dans la sous-variable `ecran->format` ;
- la quantité de rouge de la couleur ;
- la quantité de vert de la couleur ;
- la quantité de bleu de la couleur.

Certains d'entre vous ne le savent peut-être pas, mais toute couleur sur un ordinateur est construite à partir de trois couleurs de base : le rouge, le vert et le bleu. Chaque quantité peut varier de 0 (pas de couleur) à 255 (toute la couleur). Donc, si on écrit :

```
SDL_MapRGB(ecran->format, 255, 0, 0)
```

. . . on crée une couleur rouge. Il n'y a pas de vert ni de bleu.

Autre exemple, si on écrit :

```
SDL_MapRGB(ecran->format, 0, 0, 255)
```

. . . cette fois, c'est une couleur bleue.

```
SDL_MapRGB(ecran->format, 255, 255, 255)
```

. . . là, il s'agit d'une couleur blanche (toutes les couleurs s'additionnent). Si vous voulez du noir, il faut donc écrire `0, 0, 0`.

On ne peut que mettre du rouge, du vert, du bleu, du noir et du blanc ?

Non, c'est à vous de combiner intelligemment les quantités de couleurs. Pour vous aider, ouvrez par exemple le logiciel `Paint`. Allez dans le menu `Couleurs / Modifier les couleurs`. Cliquez sur le bouton `Définir les couleurs personnalisées`. Là, choisissez la couleur qui vous intéresse (fig. 21.3).

Les composantes de la couleur sont affichées en bas à droite. Ici, j'ai sélectionné un bleu-vert. Comme l'indique la fenêtre, il se crée à l'aide de 17 de rouge, 206 de vert et 112 de bleu.

[9] Bien entendu, cette dernière couleur n'existe pas.

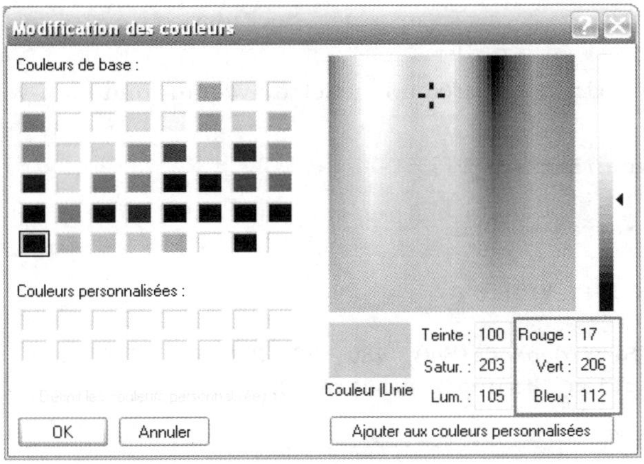

FIG. 21.3 – Sélection d'une couleur et de ses composantes

Coloration de l'écran

La fonction `SDL_MapRGB` renvoie un `Uint32` qui correspond à la couleur demandée. On peut donc créer une variable `bleuVert` qui contiendra le code de la couleur bleu-vert :

```
Uint32 bleuVert = SDL_MapRGB(ecran->format, 17, 206, 112);
```

Toutefois, ce n'est pas toujours la peine de passer par une variable pour stocker la couleur (à moins que vous en ayez besoin très souvent dans votre programme). Vous pouvez tout simplement envoyer directement la couleur donnée par `SDL_MapRGB` à `SDL_FillRect`.

Si on veut remplir notre écran de bleu-vert, on peut donc écrire :

```
SDL_FillRect(ecran, NULL, SDL_MapRGB(ecran->format, 17, 206, 112));
```

On combine ici deux fonctions, mais comme vous devriez maintenant le savoir, ça ne pose aucun problème au langage C.

Mise à jour de l'écran

Nous y sommes presque. Toutefois il manque encore une petite chose : demander la mise à jour de l'écran. En effet, l'instruction `SDL_FillRect` colorie bien l'écran mais cela ne se fait que dans la mémoire. Il faut ensuite demander à l'ordinateur de mettre à jour l'écran avec les nouvelles données.

Pour cela, on va utiliser la fonction `SDL_Flip`, dont nous reparlerons plus longuement plus loin dans le cours. Cette fonction prend un paramètre : l'écran.

```
SDL_Flip(ecran); /* Mise à jour de l'écran */
```

On résume !

Voici une fonction `main()` qui crée une fenêtre avec un fond bleu-vert :

```
int main(int argc, char *argv[])
{
    SDL_Surface *ecran = NULL;

    SDL_Init(SDL_INIT_VIDEO);

    ecran = SDL_SetVideoMode(640, 480, 32, SDL_HWSURFACE);
    SDL_WM_SetCaption("Ma super fenêtre SDL !", NULL);

    // Coloration de la surface ecran en bleu-vert
    SDL_FillRect(ecran, NULL, SDL_MapRGB(ecran->format, 17, 206, 112));

    SDL_Flip(ecran); /* Mise à jour de l'écran avec sa nouvelle couleur */

    pause();

    SDL_Quit();

    return EXIT_SUCCESS;
}
```

▷ Code web : 266841

Le résultat est présenté sur la fig. 21.4.

FIG. 21.4 – La fenêtre est remplie d'un fond bleu-vert

Dessiner une nouvelle surface à l'écran

C'est bien, mais ne nous arrêtons pas en si bon chemin. Pour le moment on n'a qu'une seule surface, c'est-à-dire l'écran. On aimerait pouvoir y dessiner, c'est-à-dire « coller » des surfaces avec une autre couleur par-dessus.

Pour commencer, nous allons avoir besoin de créer une variable de type SDL_Surface pour cette nouvelle surface :

```
SDL_Surface *rectangle = NULL;
```

Nous devons ensuite demander à la SDL de nous allouer de l'espace en mémoire pour cette nouvelle surface. Pour l'écran, nous avons utilisé SDL_SetVideoMode. Toutefois, cette fonction ne marche que pour l'écran (la surface globale), on ne va pas créer une fenêtre différente pour chaque rectangle que l'on veut dessiner !

Il existe donc une autre fonction pour créer une surface : SDL_CreateRGBSurface. C'est celle que nous utiliserons à chaque fois que nous voudrons créer une surface unie comme ici.

Cette fonction prend... beaucoup de paramètres (huit !). D'ailleurs, peu d'entre eux nous intéressent pour l'instant, je vais donc éviter de vous détailler ceux qui ne nous serviront pas de suite. Comme en C nous sommes obligés d'indiquer tous les paramètres, nous enverrons la valeur 0 quand le paramètre ne nous intéresse pas.

Regardons de plus près les quatre premiers paramètres, les plus intéressants (ils devraient vous rappeler la création de l'écran).

- Une liste de flags (des options). Vous avez le choix entre :
  - SDL_HWSURFACE : la surface sera chargée en mémoire vidéo. Il y a moins d'espace dans cette mémoire que dans la mémoire système[10], mais cette mémoire est plus optimisée et accélérée ;
  - SDL_SWSURFACE : la surface sera chargée en mémoire système où il y a beaucoup de place, mais cela obligera votre processeur à faire plus de calculs. Si vous aviez chargé la surface en mémoire vidéo, c'est la carte 3D qui aurait fait la plupart des calculs.
- La largeur de la surface (en pixels).
- La hauteur de la surface (en pixels).
- Le nombre de couleurs (en bits / pixel).

Voici donc comment on alloue notre nouvelle surface en mémoire :

```
rectangle = SDL_CreateRGBSurface(SDL_HWSURFACE, 220, 180, 32, 0, 0, 0, 0);
```

Les quatre derniers paramètres sont mis à 0, comme je vous l'ai dit, car ils ne nous intéressent pas.

Comme notre surface a été allouée manuellement, il faudra penser à la libérer de la mémoire avec la fonction SDL_FreeSurface(), à utiliser juste avant SDL_Quit() :

[10] Quoique, avec les cartes 3D qu'on sort de nos jours, il y a de quoi se poser des questions...

```
SDL_FreeSurface(rectangle);
SDL_Quit();
```

> La surface ecran n'a pas besoin d'être libérée avec SDL_FreeSurface(), cela est fait automatiquement lors de SDL_Quit().

On peut maintenant colorer notre nouvelle surface en la remplissant par exemple de blanc :

```
SDL_FillRect(rectangle, NULL, SDL_MapRGB(ecran->format, 255, 255, 255));
```

Coller la surface à l'écran

Allez, c'est presque fini, courage ! Notre surface est prête, mais si vous testez le programme vous verrez qu'elle ne s'affichera pas ! En effet, la SDL n'affiche à l'écran que la surface `ecran`. Pour que l'on puisse voir notre nouvelle surface, il va falloir **blitter la surface**, c'est-à-dire la coller sur l'écran. On utilisera pour cela la fonction `SDL_BlitSurface`.

Cette fonction attend :

- la surface à coller (ici, ce sera `rectangle`) ;
- une information sur la partie de la surface à coller (facultative). Ça ne nous intéresse pas car on veut coller toute la surface, donc on enverra `NULL` ;
- la surface sur laquelle on doit coller, c'est-à-dire `ecran` dans notre cas ;
- un pointeur sur une variable contenant des coordonnées. Ces coordonnées indiquent où devra être collée notre surface sur l'écran, c'est-à-dire sa position.

Pour indiquer les coordonnées, on doit utiliser une variable de type `SDL_Rect`. C'est une structure qui contient plusieurs sous-variables, dont deux qui nous intéressent ici :

- `x` : l'abscisse ;
- `y` : l'ordonnée.

Il faut savoir que le point de coordonnées (0, 0) est situé tout en haut à gauche. En bas à droite, le point a les coordonnées (640, 480) si vous avez ouvert une fenêtre de taille 640 x 480 comme moi.

Aidez-vous du schéma de la fig. 21.5 pour vous situer.

Si vous avez déjà fait des maths une fois dans votre vie, vous ne devriez pas être trop perturbés. Créons donc une variable `position`. On va mettre `x` et `y` à 0 pour coller la surface en haut à gauche de l'écran :

```
SDL_Rect position;

position.x = 0;
position.y = 0;
```

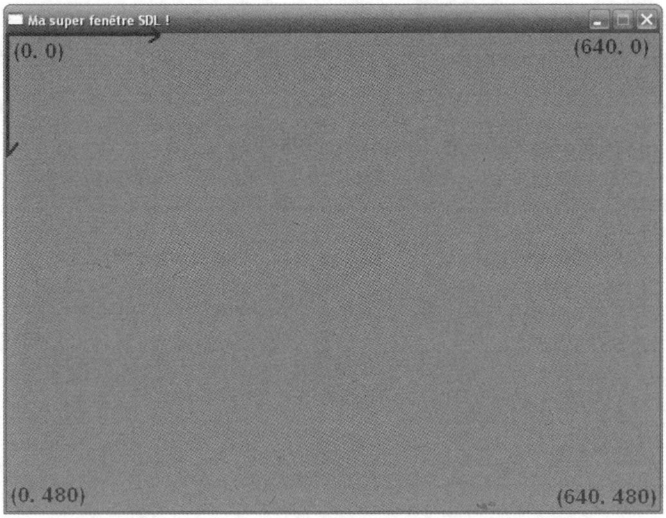

FIG. 21.5 – Coordonnées sur la fenêtre

Maintenant qu'on a notre variable `position`, on peut blitter notre rectangle sur l'écran :

```
SDL_BlitSurface(rectangle, NULL, ecran, &position);
```

Remarquez le symbole `&`, car il faut envoyer l'adresse de notre variable `position`.

Résumé du code source

Je crois qu'un petit code pour résumer tout ça ne sera pas superflu !

```
int main(int argc, char *argv[])
{
    SDL_Surface *ecran = NULL, *rectangle = NULL;
    SDL_Rect position;

    SDL_Init(SDL_INIT_VIDEO);

    ecran = SDL_SetVideoMode(640, 480, 32, SDL_HWSURFACE);
    // Allocation de la surface
    rectangle = SDL_CreateRGBSurface(SDL_HWSURFACE, 220, 180, 32, 0, 0, 0, 0);
    SDL_WM_SetCaption("Ma super fenêtre SDL !", NULL);

    SDL_FillRect(ecran, NULL, SDL_MapRGB(ecran->format, 17, 206, 112));

    position.x = 0; // Les coordonnées de la surface seront (0, 0)
    position.y = 0;
    // Remplissage de la surface avec du blanc
```

```
    SDL_FillRect(rectangle, NULL, SDL_MapRGB(ecran->format, 255, 255, 255));
    SDL_BlitSurface(rectangle, NULL, ecran, &position); // Collage de la surface
↪   sur l'écran

    SDL_Flip(ecran); // Mise à jour de l'écran

    pause();

    SDL_FreeSurface(rectangle); // Libération de la surface
    SDL_Quit();

    return EXIT_SUCCESS;
}
```

▷ Code web : 687265

Et voilà le travail (fig. 21.6) !

FIG. 21.6 – Une surface blanche en haut à gauche de la fenêtre

Centrer la surface à l'écran

On sait afficher la surface en haut à gauche. Il serait aussi facile de la placer en bas à droite. Les coordonnées seraient (640 - 220, 480 - 180), car il faut retrancher la taille de notre rectangle pour qu'il s'affiche entièrement.

Mais... comment faire pour centrer le rectangle blanc ? Si vous réfléchissez bien deux secondes, c'est *mathématique*[11].

[11] C'est là qu'on comprend l'intérêt des maths et de la géométrie ! Et encore, tout ceci est d'un niveau très simple ici.

```
position.x = (640 / 2) - (220 / 2);
position.y = (480 / 2) - (180 / 2);
```

L'abscisse du rectangle sera la moitié de la largeur de l'écran (640 / 2). Mais, en plus de ça, il faut retrancher la moitié de la largeur du rectangle (220 / 2), car sinon ça ne sera pas parfaitement centré (essayez de ne pas le faire, vous verrez ce que je veux dire). C'est la même chose pour l'ordonnée avec la hauteur de l'écran et du rectangle.

Résultat : la surface blanche est parfaitement centrée (fig. 21.7).

FIG. 21.7 – Une surface blanche au centre de la fenêtre

Exercice : créer un dégradé

On va finir le chapitre par un petit exercice (corrigé) suivi d'une série d'autres exercices (non corrigés pour vous forcer à travailler !).

L'exercice corrigé n'est vraiment pas difficile : on veut créer un dégradé vertical allant du noir au blanc. Vous allez devoir créer 255 surfaces de 1 pixel de hauteur. Chacune aura une couleur différente, de plus en plus noire.

Voici ce que vous devez arriver à obtenir au final, une image similaire à la fig. 21.8.

C'est mignon, non ? Et le pire c'est qu'il suffit de quelques petites boucles seulement pour y arriver.

Pour faire ça, on va devoir créer 256 surfaces (256 lignes) ayant les composantes rouge-vert-bleu suivantes :

```
(0, 0, 0) // Noir
(1, 1, 1) // Gris très très proche du noir
```

FIG. 21.8 – Dégradé du noir au blanc

```
(2, 2, 2) // Gris très proche du noir
...
(128, 128, 128) // Gris moyen (à 50 %)
...
(253, 253, 253) // Gris très proche du blanc
(254, 254, 254) // Gris très très proche du blanc
(255, 255, 255) // Blanc
```

Tout le monde devrait avoir vu venir une boucle pour faire ça (on ne va pas faire 256 copier-coller !). Vous allez devoir créer un tableau de type `SDL_Surface*` de 256 cases pour stocker chacune des lignes.

Allez au boulot, je vous donne 5 minutes !

Correction !

D'abord, il fallait créer notre tableau de 256 `SDL_Surface*`. On l'initialise à `NULL` :

```
SDL_Surface *lignes[256] = {NULL};
```

On crée aussi une variable `i` dont on aura besoin pour nos `for`.

On change aussi la hauteur de la fenêtre pour qu'elle soit plus adaptée dans notre cas. On lui donne donc 256 pixels de hauteur, pour chacune des 256 lignes à afficher.

Ensuite, on fait un `for` pour allouer une à une chacune des 256 surfaces. Le tableau recevra 256 pointeurs vers chacune des surfaces créées :

```
for (i = 0 ; i <= 255 ; i++)
    lignes[i] = SDL_CreateRGBSurface(SDL_HWSURFACE, 640, 1, 32, 0, 0, 0, 0);
```

Ensuite, on remplit et on blitte chacune de ces surfaces une par une.

```
for (i = 0 ; i <= 255 ; i++)
{
    position.x = 0; // Les lignes sont à gauche (abscisse de 0)
    position.y = i; // La position verticale dépend du numéro de la ligne

    SDL_FillRect(lignes[i], NULL, SDL_MapRGB(ecran->format, i, i, i)); // Dessin
    SDL_BlitSurface(lignes[i], NULL, ecran, &position); // Collage
}
```

Notez que j'utilise la même variable `position` tout le temps. Pas besoin d'en créer 256 en effet, car la variable ne sert que pour être envoyée à `SDL_BlitSurface`. On peut donc la réutiliser sans problème. Chaque fois, je mets à jour l'ordonnée (`y`) pour blitter la ligne à la bonne hauteur. La couleur à chaque passage dans la boucle dépend de `i` (ce sera 0, 0, 0 la première fois, et 255, 255, 255 la dernière fois).

Mais pourquoi `x` est toujours à 0 ? Comment se fait-il que toute la ligne soit remplie si `x` est tout le temps à 0 ?

Notre variable `position` indique à quel endroit est placé le coin en haut à gauche de notre surface (ici, notre ligne). Elle n'indique pas la largeur de la surface, juste sa position sur l'écran. Comme toutes nos lignes commencent à gauche de la fenêtre (le plus à gauche possible), on met une abscisse de 0. Essayez de mettre une abscisse de 50 pour voir ce que ça fait : toutes les lignes seront décalées vers la droite. Comme la surface fait 640 pixels de largeur, la SDL dessine 640 pixels vers la droite (de la même couleur) en partant des coordonnées indiquées dans la variable `position`.

Sur le schéma de la fig. 21.9, je vous montre les coordonnées du point en haut à gauche de l'écran (position de la première ligne) et celui du point en bas à droite de l'écran (position de la dernière ligne).

FIG. 21.9 – Coordonnées sur la fenêtre de dégradé

Comme vous le voyez, de haut en bas l'abscisse ne change pas (`x` reste égal à 0 tout le long). C'est seulement `y` qui change pour chaque nouvelle ligne, d'où le `position.y =`

`i ;`.

Enfin, il ne faut pas oublier de libérer la mémoire pour chacune des 256 surfaces créées, le tout à l'aide d'une petite boucle bien entendu.

```
for (i = 0 ; i <= 255 ; i++) // N'oubliez pas de libérer les 256 surfaces
    SDL_FreeSurface(lignes[i]);
```

Résumé du `main`

Voici donc la fonction `main` au complet :

```
int main(int argc, char *argv[])
{
    SDL_Surface *ecran = NULL, *lignes[256] = {NULL};
    SDL_Rect position;
    int i = 0;

    SDL_Init(SDL_INIT_VIDEO);

    ecran = SDL_SetVideoMode(640, 256, 32, SDL_HWSURFACE);

    for (i = 0 ; i <= 255 ; i++)
        lignes[i] = SDL_CreateRGBSurface(SDL_HWSURFACE, 640, 1, 32, 0, 0, 0, 0);

    SDL_WM_SetCaption("Mon dégradé en SDL !", NULL);

    SDL_FillRect(ecran, NULL, SDL_MapRGB(ecran->format, 0, 0, 0));

    for (i = 0 ; i <= 255 ; i++)
    {
        position.x = 0; // Les lignes sont à gauche (abscisse de 0)
        position.y = i; // La position verticale dépend du numéro de la ligne
        SDL_FillRect(lignes[i], NULL, SDL_MapRGB(ecran->format, i, i, i));
        SDL_BlitSurface(lignes[i], NULL, ecran, &position);
    }

    SDL_Flip(ecran);
    pause();

    for (i = 0 ; i <= 255 ; i++) // N'oubliez pas de libérer les 256 surfaces
        SDL_FreeSurface(lignes[i]);
    SDL_Quit();

    return EXIT_SUCCESS;
}
```

▷ Code web : 263960

« Je veux des exercices pour m'entraîner ! »

Pas de problème, générateur d'exercices activé !

- Créez le dégradé inverse, du blanc au noir. Cela ne devrait pas être trop difficile pour commencer !
- Vous pouvez aussi faire un double dégradé, en allant du noir au blanc comme on a fait ici, puis du blanc au noir (la fenêtre fera alors le double de hauteur).
- Guère plus difficile, vous pouvez aussi vous entraîner à faire un dégradé horizontal au lieu d'un dégradé vertical.
- Faites des dégradés en utilisant d'autres couleurs que le blanc et le noir. Essayez pour commencer du rouge au noir, du vert au noir et du bleu au noir, puis du rouge au blanc, etc.

En résumé

- La SDL doit être chargée avec `SDL_Init` au début du programme et déchargée avec `SDL_Quit` à la fin.
- Les flags sont des constantes que l'on peut additionner entre elles avec le symbole « `|` ». Elles jouent le rôle d'options.
- La SDL vous fait manipuler des surfaces qui ont la forme de rectangles avec le type `SDL_Surface`. Le dessin sur la fenêtre se fait à l'aide de ces surfaces.
- Il y a toujours au moins une surface qui prend toute la fenêtre, que l'on appelle en général `ecran`.
- Le remplissage d'une surface se fait avec `SDL_FillRect` et le collage sur l'écran à l'aide de `SDL_BlitSurface`.
- Les couleurs sont définies à l'aide d'un mélange de rouge, de vert et de bleu.

Chapitre 22

Afficher des images

Difficulté :

Nous venons d'apprendre à charger la SDL, à ouvrir une fenêtre et gérer des surfaces. C'est vraiment la base de ce qu'il faut connaître sur cette bibliothèque. Cependant, pour le moment nous ne pouvons créer que des surfaces unies, c'est-à-dire ayant la même couleur, ce qui est un peu monotone.

Dans ce chapitre, nous allons apprendre à charger des images dans des surfaces, que ce soit des BMP, des PNG, des GIF ou des JPG. La manipulation d'images est souvent très motivante car c'est en assemblant ces images (aussi appelées « sprites ») que l'on fabrique les premières briques d'un jeu vidéo.

Charger une image BMP

La SDL est une bibliothèque très simple. Elle ne propose à la base que le chargement d'images de type « bitmap » (extension `.bmp`). Ne paniquez pas pour autant, car grâce à une extension de la SDL (la bibliothèque `SDL_Image`), nous verrons qu'il est possible de charger de nombreux autres types.

Pour commencer, nous allons nous contenter de ce que la SDL offre à la base. Nous allons donc étudier le chargement de BMP.

Le format BMP

Un BMP (abréviation de « Bitmap ») est un format d'image. Les images que vous voyez sur votre ordinateur sont stockées dans des fichiers. Il existe plusieurs formats d'images, c'est-à-dire plusieurs façons de coder l'image dans un fichier. Selon le format, l'image prend plus ou moins d'espace disque et se trouve être de plus ou moins bonne qualité.

Le Bitmap est un format non compressé (contrairement aux JPG, PNG, GIF, etc.). Concrètement, cela signifie les choses suivantes :

- le fichier est très rapide à lire, contrairement aux formats compressés qui doivent être décompressés, ce qui prend un peu plus de temps ;
- la qualité de l'image est parfaite. Certains formats compressés[1] détériorent la qualité de l'image, ce n'est pas le cas du BMP ;
- mais le fichier est aussi bien plus gros puisqu'il n'est pas compressé !

Il a donc des qualités et des défauts. Pour la SDL, l'avantage c'est que ce type de fichier est simple et rapide à lire. Si vous avez souvent besoin de charger des images au cours de l'exécution de votre programme, il vaut mieux utiliser des BMP : certes le fichier est plus gros, mais il se chargera plus vite qu'un GIF par exemple. Cela peut se révéler utile si votre programme doit charger de très nombreuses images en peu de temps.

Charger un Bitmap

Téléchargement du pack d'images

Nous allons travailler avec plusieurs images dans ce chapitre. Si vous voulez faire les tests en même temps que vous lisez (et vous devriez !), je vous recommande de télécharger un pack qui contient toutes les images dont on va avoir besoin.

▷ Code web : 864175

Bien entendu, vous pouvez utiliser vos propres images. Il faudra en revanche adapter la taille de votre fenêtre à celles-ci.

Placez toutes les images dans le dossier de votre projet. Nous allons commencer par

[1] Je pense au JPG plus particulièrement, car les PNG et GIF n'altèrent pas l'image.

travailler avec le fichier lac_en_montagne.bmp[2].

Charger l'image dans une surface

Nous allons utiliser une fonction qui va charger l'image BMP et la mettre dans une surface. Cette fonction a pour nom SDL_LoadBMP. Vous allez voir à quel point c'est simple :

```
maSurface = SDL_LoadBMP("image.bmp");
```

La fonction SDL_LoadBMP remplace deux fonctions que vous connaissez :

- SDL_CreateRGBSurface : elle se chargeait d'allouer de la mémoire pour stocker une surface de la taille demandée (équivalent au malloc) ;
- SDL_FillRect : elle remplissait la structure d'une couleur unie.

Pourquoi est-ce que ça remplace ces deux fonctions ? C'est très simple :

- la taille à allouer en mémoire pour la surface dépend de la taille de l'image : si l'image a une taille de 250 x 300, alors votre surface aura une taille de 250 x 300 ;
- d'autre part, votre surface sera remplie pixel par pixel par le contenu de votre image BMP.

Codons sans plus tarder :

```
int main(int argc, char *argv[])
{
    SDL_Surface *ecran = NULL, *imageDeFond = NULL;
    SDL_Rect positionFond;

    positionFond.x = 0;
    positionFond.y = 0;

    SDL_Init(SDL_INIT_VIDEO);

    ecran = SDL_SetVideoMode(800, 600, 32, SDL_HWSURFACE);
    SDL_WM_SetCaption("Chargement d'images en SDL", NULL);

    /* Chargement d'une image Bitmap dans une surface */
    imageDeFond = SDL_LoadBMP("lac_en_montagne.bmp");
    /* On blitte par-dessus l'écran */
    SDL_BlitSurface(imageDeFond, NULL, ecran, &positionFond);

    SDL_Flip(ecran);
    pause();

    SDL_FreeSurface(imageDeFond); /* On libère la surface */
```

[2] C'est une scène 3D d'exemple tirée de l'excellent logiciel de modélisation de paysages Vue d'Esprit 4, qui n'est aujourd'hui plus commercialisé. Depuis, le logiciel a été renommé en « Vue » et a beaucoup évolué. Si vous voulez en savoir plus, rendez-vous sur e-onsoftware.com.

```
    SDL_Quit();

    return EXIT_SUCCESS;
}
```

▷ Code web : 312775

J'ai donc créé un pointeur vers une surface (`imageDeFond`) ainsi que les coordonnées correspondantes (`positionFond`). La surface est créée en mémoire et remplie par la fonction `SDL_LoadBMP`. On la blitte ensuite sur la surface `ecran` et c'est tout ! Admirez le résultat sur la fig. 22.1.

FIG. 22.1 – Une image BMP chargée dans la fenêtre

Comme vous voyez ce n'était pas bien difficile !

Associer une icône à son application

Maintenant que nous savons charger des images, nous pouvons découvrir comment associer une icône à notre programme. L'icône sera affichée en haut à gauche de la fenêtre (ainsi que dans la barre des tâches). Pour le moment nous avons une icône par défaut.

Mais, les icônes des programmes ne sont-elles pas des `.ico`, normalement ?

Non, pas forcément ! D'ailleurs les `.ico` n'existent que sous Windows. La SDL réconcilie tout le monde en utilisant un système bien à elle : une surface ! Eh oui, l'icône d'un programme SDL n'est rien d'autre qu'une simple surface.

> Votre icône doit normalement être de taille 16 x 16 pixels. Toutefois, sous Windows il faut que l'icône soit de taille 32 x 32 pixels, sinon elle sera déformée. Ne vous en faites pas, la SDL « réduira » les dimensions de l'image pour qu'elle rentre dans 16 x 16 pixels.

Pour ajouter l'icône à la fenêtre, on utilise la fonction `SDL_WM_SetIcon`. Cette fonction prend deux paramètres : la surface qui contient l'image à afficher ainsi que des informations sur la transparence (`NULL` si on ne veut pas de transparence). La gestion de la transparence d'une icône est un peu compliquée (il faut préciser un à un quels sont les pixels transparents), nous ne l'étudierons donc pas.

On va combiner deux fonctions en une :

```
SDL_WM_SetIcon(SDL_LoadBMP("sdl_icone.bmp"), NULL);
```

L'image est chargée en mémoire par `SDL_LoadBMP` et l'adresse de la surface est directement envoyée à `SDL_WM_SetIcon`.

> La fonction `SDL_WM_SetIcon` doit être appelée avant que la fenêtre ne soit ouverte, c'est-à-dire qu'elle doit se trouver avant `SDL_SetVideoMode` dans votre code source.

Voici le code source complet. Vous noterez que j'ai simplement ajouté le `SDL_WM_SetIcon` par rapport au code précédent :

```
int main(int argc, char *argv[])
{
    SDL_Surface *ecran = NULL, *imageDeFond = NULL;
    SDL_Rect positionFond;

    positionFond.x = 0;
    positionFond.y = 0;

    SDL_Init(SDL_INIT_VIDEO);

    /* Chargement de l'icône AVANT SDL_SetVideoMode */
    SDL_WM_SetIcon(SDL_LoadBMP("sdl_icone.bmp"), NULL);

    ecran = SDL_SetVideoMode(800, 600, 32, SDL_HWSURFACE);
    SDL_WM_SetCaption("Chargement d'images en SDL", NULL);

    imageDeFond = SDL_LoadBMP("lac_en_montagne.bmp");
    SDL_BlitSurface(imageDeFond, NULL, ecran, &positionFond);
```

```
    SDL_Flip(ecran);
    pause();

    SDL_FreeSurface(imageDeFond);
    SDL_Quit();

    return EXIT_SUCCESS;
}
```

Résultat, l'icône est chargée et affichée sur la fenêtre (fig. 22.2).

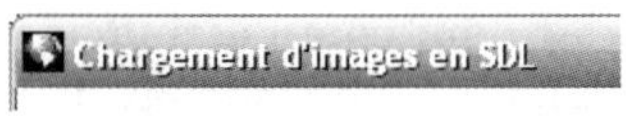

FIG. 22.2 – Une icône associée au programme

Gestion de la transparence

Le problème de la transparence

Nous avons tout à l'heure chargé une image bitmap dans notre fenêtre. Supposons que l'on veuille blitter une image par-dessus. Ça vous arrivera très fréquemment car dans un jeu, en général, le personnage que l'on déplace est un Bitmap et il se déplace sur une image de fond.

On va blitter l'image de Zozor[3] sur la scène :

```
int main(int argc, char *argv[])
{
    SDL_Surface *ecran = NULL, *imageDeFond = NULL, *zozor = NULL;
    SDL_Rect positionFond, positionZozor;

    positionFond.x = 0;
    positionFond.y = 0;
    positionZozor.x = 500;
    positionZozor.y = 260;

    SDL_Init(SDL_INIT_VIDEO);

    SDL_WM_SetIcon(SDL_LoadBMP("sdl_icone.bmp"), NULL);

    ecran = SDL_SetVideoMode(800, 600, 32, SDL_HWSURFACE);
    SDL_WM_SetCaption("Chargement d'images en SDL", NULL);

    imageDeFond = SDL_LoadBMP("lac_en_montagne.bmp");
    SDL_BlitSurface(imageDeFond, NULL, ecran, &positionFond);
```

[3] Il s'agit de la bonne vieille mascotte du Site du Zéro pour ceux qui ne le connaîtraient pas.

```
    /* Chargement et blittage de Zozor sur la scène */
    zozor = SDL_LoadBMP("zozor.bmp");
    SDL_BlitSurface(zozor, NULL, ecran, &positionZozor);

    SDL_Flip(ecran);
    pause();

    SDL_FreeSurface(imageDeFond);
    SDL_FreeSurface(zozor);
    SDL_Quit();

    return EXIT_SUCCESS;
}
```

On a juste rajouté une surface pour y stocker Zozor, que l'on blitte ensuite à un endroit sur la scène (fig. 22.3).

FIG. 22.3 – Zozor blitté par-dessus l'image de fond

C'est plutôt laid, non ?

Je sais pourquoi, c'est parce que tu as mis un fond bleu tout moche sur l'image de Zozor !

Parce que vous croyez qu'avec un fond noir ou un fond marron derrière Zozor, ça aurait été plus joli ? Eh bien non, le problème ici c'est que notre image est forcément rectangulaire, donc si on la colle sur la scène on voit son fond, ce qui ne rend pas très bien.

Heureusement, la SDL gère la transparence !

Rendre une image transparente

Étape 1 : préparer l'image

Pour commencer, il faut préparer l'image que vous voulez blitter sur la scène. Le format BMP ne gère pas la transparence, contrairement aux GIF et PNG. Il va donc falloir utiliser une astuce.

Il faut mettre la même couleur de fond sur toute l'image. Celle-ci sera rendue transparente par la SDL au moment du blit. Observez à quoi ressemble mon `zozor.bmp` de plus près (fig. 22.4).

FIG. 22.4 – L'image `zozor.bmp` a un fond bleu

Le fond bleu derrière est donc volontaire. Notez que j'ai choisi le bleu au hasard, j'aurais très bien pu mettre un fond vert ou rouge par exemple. Ce qui compte, c'est que cette couleur soit *unique et unie*. J'ai choisi le bleu parce qu'il n'y en avait pas dans l'image de Zozor. Si j'avais choisi le vert, j'aurais pris le risque que l'herbe que machouille Zozor (en bas à gauche de l'image) soit rendue transparente.

À vous donc de vous débrouiller avec votre logiciel de dessin (Paint, Photoshop, The Gimp, chacun ses goûts) pour donner un fond uni à votre image.

Étape 2 : indiquer la couleur transparente

Pour indiquer à la SDL la couleur qui doit être rendue transparente, vous devez utiliser la fonction `SDL_SetColorKey`. Cette fonction doit être appelée avant de blitter l'image. Voici comment je m'en sers pour rendre le bleu derrière Zozor transparent :

```
SDL_SetColorKey(zozor, SDL_SRCCOLORKEY, SDL_MapRGB(zozor->format, 0, 0, 255));
```

Il y a trois paramètres :

- la surface qui doit être rendue transparente (ici, c'est `zozor`) ;
- une liste de flags : utilisez `SDL_SRCCOLORKEY` pour activer la transparence, 0 pour la désactiver ;

– indiquez ensuite la couleur qui doit être rendue transparente. J'ai utilisé SDL_MapRGB pour créer la couleur au format nombre (Uint32) comme on l'a déjà fait par le passé. Comme vous le voyez, c'est le bleu pur (0, 0, 255) que je rends transparent.

En résumé, on charge d'abord l'image avec SDL_LoadBMP, on indique la couleur transparente avec SDL_SetColorKey, puis on peut blitter avec SDL_BlitSurface :

```
/* On charge l'image : */
zozor = SDL_LoadBMP("zozor.bmp");
/* On rend le bleu derrière Zozor transparent : */
SDL_SetColorKey(zozor, SDL_SRCCOLORKEY, SDL_MapRGB(zozor->format, 0, 0, 255));
/* On blitte l'image maintenant transparente sur le fond : */
SDL_BlitSurface(zozor, NULL, ecran, &positionZozor);
```

Résultat : Zozor est parfaitement intégré à la scène (fig. 22.5) !

FIG. 22.5 – Zozor transparent sur l'image de fond

Voilà LA technique de base que vous réutiliserez tout le temps dans vos futurs programmes. Apprenez à bien manier la transparence car c'est fondamental pour réaliser un jeu un minimum réaliste.

La transparence Alpha

C'est un autre type de transparence. Jusqu'ici, on se contentait de définir UNE couleur de transparence (par exemple le bleu). Cette couleur n'apparaissait pas une fois l'image blittée.

La transparence Alpha correspond à tout autre chose. Elle permet de réaliser un « mélange » entre une image et le fond. C'est une sorte de fondu.

La transparence Alpha d'une surface peut être activée par la fonction SDL_SetAlpha :

```
SDL_SetAlpha(zozor, SDL_SRCALPHA, 128);
```

Il y a là encore trois paramètres :

- la surface en question (zozor) ;
- une liste de flags : mettez SDL_SRCALPHA pour activer la transparence, 0 pour la désactiver ;
- très important : la valeur *Alpha* de la transparence. C'est un nombre compris entre 0 (image totalement transparente, donc invisible) et 255 (image totalement opaque, comme s'il n'y avait pas de transparence Alpha).

Plus le nombre *Alpha* est petit, plus l'image est transparente et fondue.

Voici par exemple un code qui applique une transparence Alpha de 128 à notre Zozor :

```
zozor = SDL_LoadBMP("zozor.bmp");
SDL_SetColorKey(zozor, SDL_SRCCOLORKEY, SDL_MapRGB(zozor->format, 0, 0, 255));
/* Transparence Alpha moyenne (128) : */
SDL_SetAlpha(zozor, SDL_SRCALPHA, 128);
SDL_BlitSurface(zozor, NULL, ecran, &positionZozor);
```

Vous noterez que j'ai conservé la transparence de SDL_SetColorKey. Les deux types de transparence sont en effet combinables.

La fig. 22.6 vous montre à quoi ressemble Zozor selon la valeur *Alpha*.

La transparence Alpha 128 (transparence moyenne) est une valeur spéciale qui est optimisée par la SDL. Ce type de transparence est plus rapide à calculer pour votre ordinateur que les autres. C'est peut être bon à savoir si vous utilisez beaucoup de transparence Alpha dans votre programme.

Charger plus de formats d'image avec SDL_Image

La SDL ne gère que les Bitmap (BMP) comme on l'a vu. A priori, ce n'est pas un très gros problème parce que la lecture des BMP est rapide pour la SDL, mais il faut reconnaître qu'aujourd'hui on a plutôt l'habitude d'utiliser d'autres formats. En particulier, nous sommes habitués aux formats d'images « compressés » comme le PNG, le GIF et le JPEG. Ça tombe bien, il existe justement une bibliothèque SDL_Image qui gère tous les formats suivants :

- TGA ;

Alpha	Aperçu
255 (entièrement opaque)	
190	
128 (transparence moyenne)	
75	
0 (entièrement transparente)	

FIG. 22.6 – Niveaux de transparence Alpha

- BMP ;
- PNM ;
- XPM ;
- XCF ;
- PCX ;
- GIF ;
- JPG ;
- TIF ;
- LBM ;
- PNG.

Il est en fait possible de rajouter des extensions à la SDL. Ce sont des bibliothèques qui ont besoin de la SDL pour fonctionner. On peut voir ça comme des *add-ons*[4]. `SDL_Image` est l'une d'entre elles.

Installer `SDL_image` sous Windows

Téléchargement

Une page spéciale du site de la SDL référence les bibliothèques utilisant la SDL. Cette page s'intitule `Libraries`, vous trouverez un lien dans le menu de gauche. Vous pourrez voir qu'il y a beaucoup de bibliothèques disponibles. Celles-ci ne proviennent généralement pas des auteurs de la SDL, ce sont plutôt des utilisateurs de la SDL qui proposent leurs bibliothèques pour améliorer la SDL.

Certaines sont très bonnes et méritent le détour, d'autres sont moins bonnes et encore boguées. Il faut arriver à faire le tri.

Cherchez `SDL_Image` dans la liste... vous arriverez sur la page dédiée à `SDL_Image`.

▷ Code web : 434672

Téléchargez la version de `SDL_Image` qui vous correspond dans la section `Binary` (ne prenez PAS la source, on n'en a pas besoin !). Si vous êtes sous Windows, téléchargez `SDL_image-devel-1.2.7-VC9.zip`, et ce même si vous n'utilisez pas Visual C++ !

Installation

Dans ce .zip, vous trouverez :

- `SDL_image.h` : le seul header dont a besoin la bibliothèque `SDL_Image`. Placez-le dans `C:\Program Files\CodeBlocks\SDL-1.2.13\include`, c'est-à-dire à côté des autres headers de la SDL ;
- `SDL_image.lib` : copiez dans `C:\Program Files\CodeBlocks\SDL-1.2.13\lib`. Oui, je sais, je vous ai dit que normalement les `.lib` étaient des fichiers réservés à Visual, mais ici exceptionnellement le `.lib` fonctionnera même avec le compilateur `mingw` ;

[4]On emploie aussi parfois le mot « greffon », plus français.

– plusieurs DLL : placez-les toutes dans le dossier de votre projet (à côté de `SDL.dll`, donc).

Ensuite, vous devez modifier les options de votre projet pour « linker » avec le fichier `SDL_image.lib`.

Si vous êtes sous Code::Blocks par exemple, allez dans le menu `Projects / Build options`. Dans l'onglet `Linker`, cliquez sur le bouton `Add` et indiquez où se trouve le fichier `SDL_image.lib` (fig. 22.7).

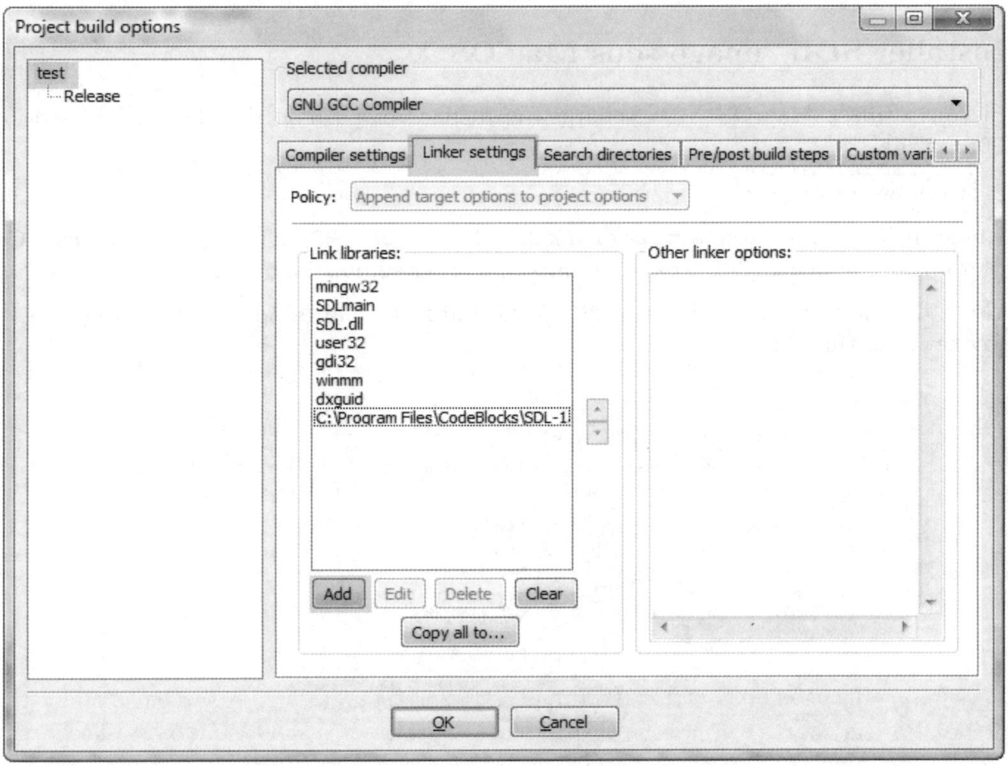

FIG. 22.7 – Sélection de `SDL_image.lib`

Si on vous demande *Keep as a relative path ?*, répondez ce que vous voulez, ça ne changera rien dans l'immédiat. Je recommande de répondre par la négative, personnellement.

Ensuite, vous n'avez plus qu'à inclure le header `SDL_image.h` dans votre code source. Selon l'endroit où vous avez placé le fichier `SDL_image.h`, vous devrez soit utiliser ce code :

```
#include <SDL/SDL_image.h>
```

. . . soit celui-ci :

```
#include <SDL_image.h>
```

Essayez les deux, l'un des deux devrait fonctionner.

> Si vous êtes sous Visual Studio, la manipulation est quasiment la même. Si vous avez réussi à installer la SDL, vous n'aurez aucun problème pour installer `SDL_image`.

Installer SDL_image sous Mac OS X

Si vous utilisez Mac OS X, téléchargez le fichier `.dmg` sur le site de la SDL, section `SDL_image`.

▷ Code web : 434672

Copiez le fichier `SDL_image.framework` dans `Macintosh HD/Library/Frameworks`. Copiez ensuite le fichier `SDL_image.h` dans `SDL.framework/Headers`.

Créez un nouveau projet de type `SDL Application` et faites `Add / Existing Frameworks` (fig. 22.8).

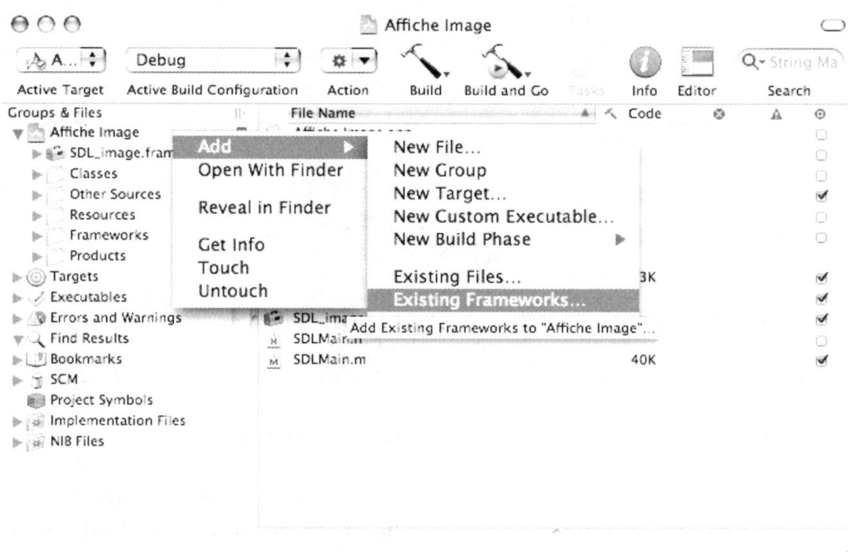

FIG. 22.8 – Ajout de `SDL_image` sous Xcode

Là, sélectionnez le fichier `SDL_image.framework` que vous venez de télécharger. C'est tout !

Il faudra en revanche inclure le fichier `.h` dans votre code comme ceci :

```
#include "SDL_image.h"
```

. . . au lieu d'utiliser des chevrons < >. Remplacez donc la ligne d'`include` de `SDL_image` dans le code qui va suivre par celle que je viens de vous donner.

Charger les images

En fait, installer `SDL_image` est 100 fois plus compliqué que de l'utiliser, c'est vous dire la complexité de la bibliothèque !

Il y a UNE seule fonction à connaître : `IMG_Load`. Elle prend un paramètre : le nom du fichier à ouvrir.

Ce qui est pratique, c'est que cette fonction est capable d'ouvrir tous les types de fichiers que gère `SDL_image` (GIF, PNG, JPG, mais aussi BMP, TIF. . .). Elle détectera toute seule le type du fichier en fonction de son extension.

Comme `SDL_image` peut aussi ouvrir les BMP, vous pouvez même oublier maintenant la fonction `SDL_LoadBMP` et ne plus utiliser que `IMG_Load` pour le chargement de n'importe quelle image.

Autre bon point : si l'image que vous chargez gère la transparence (comme c'est le cas des PNG et des GIF), alors `SDL_image` activera automatiquement la transparence pour cette image ! Cela vous évite donc d'avoir à appeler `SDL_SetColorKey`.

Je vais vous présenter le code source qui charge `sapin.png` et l'affiche[5]. Notez bien que j'inclue `SDL/SDL_image.h` et que je ne fais pas appel à `SDL_SetColorKey` car mon PNG est naturellement transparent. Vous allez voir que j'utilise `IMG_Load` partout dans ce code en remplacement de `SDL_LoadBMP`.

```
#include <stdlib.h>
#include <stdio.h>
#include <SDL/SDL.h>
#include <SDL/SDL_image.h> /* Inclusion du header de SDL_image (adapter le
↪ dossier au besoin) */

int main(int argc, char *argv[])
{
    SDL_Surface *ecran = NULL, *imageDeFond = NULL, *sapin = NULL;
    SDL_Rect positionFond, positionSapin;

    /* [...] Chargement de la SDL et d'une image de fond */

    /* Chargement d'un PNG avec IMG_Load
    Celui-ci est automatiquement rendu transparent car les informations de
    transparence sont codées à l'intérieur du fichier PNG */
    sapin = IMG_Load("sapin.png");
    SDL_BlitSurface(sapin, NULL, ecran, &positionSapin);
```

[5]Je l'ai un peu raccourci pour ne pas encombrer le livre de codes source répétitifs que vous avez déjà vus plusieurs fois. Si vous voulez obtenir le code source complet, n'hésitez pas à vous rendre au code web indiqué.

```
    SDL_Flip(ecran);
    pause();

    SDL_FreeSurface(imageDeFond);
    SDL_FreeSurface(sapin);
    SDL_Quit();

    return EXIT_SUCCESS;
}
```

▷ Code web : 528548

Comme on peut le voir sur la fig. 22.9, l'image PNG a été insérée avec la transparence sur l'image de fond !

FIG. 22.9 – Une image PNG transparente insérée à l'aide de SDL_image

En résumé

- La SDL permet de charger des images dans des surfaces. Par défaut, elle ne gère que les BMP avec SDL_LoadBMP.
- On peut définir une couleur transparente avec SDL_SetColorKey.
- On peut rendre l'ensemble de l'image plus ou moins transparent avec la fonction SDL_SetAlpha .

- La bibliothèque `SDL_image` permet d'insérer n'importe quel type d'image (PNG, JPEG...) avec `IMG_Load`. Il faut cependant l'installer en plus de la SDL.

Chapitre 23

La gestion des événements

Difficulté :

La gestion des événements est une des fonctionnalités les plus importantes de la SDL. C'est probablement une des sections les plus passionnantes à découvrir. C'est à partir de là que vous allez vraiment être capables de contrôler votre application.

Chacun de vos périphériques (clavier, souris...) peut produire des événements. Nous allons apprendre à intercepter ces événements et à réagir en conséquence. Votre application va donc devenir enfin réellement dynamique !

Concrètement, qu'est-ce qu'un événement ? C'est un « signal » envoyé par un périphérique (ou par le système d'exploitation) à votre application. Voici quelques exemples d'événements courants :

- quand l'utilisateur appuie sur une touche du clavier ;
- quand il clique avec la souris ;
- quand il bouge la souris ;
- quand il réduit la fenêtre ;
- quand il demande à fermer la fenêtre ;
- etc.

Le rôle de ce chapitre sera de vous apprendre à traiter ces événements. Vous serez capables de dire à l'ordinateur « Si l'utilisateur clique à cet endroit, fais ça, sinon fais cela... S'il bouge la souris, fais ceci. S'il appuie sur la touche Q, arrête le programme... », etc.

Le principe des événements

Pour nous habituer aux événements, nous allons apprendre à traiter le plus simple d'entre eux : **la demande de fermeture du programme**. C'est un événement qui se produit lorsque l'utilisateur clique sur la croix pour fermer la fenêtre (fig. 23.1).

FIG. 23.1 – La croix permettant de fermer la fenêtre

C'est vraiment l'événement le plus simple. En plus, c'est un événement que vous avez utilisé jusqu'ici sans vraiment le savoir, car il était situé dans la fonction `pause()` ! En effet, le rôle de la fonction `pause` était d'attendre que l'utilisateur demande à fermer le programme. Si on n'avait pas créé cette fonction, la fenêtre se serait affichée et fermée en un éclair !

> À partir de maintenant, vous pouvez oublier la fonction pause. Supprimez-la de votre code source, car nous allons apprendre à la reproduire.

La variable d'événement

Pour traiter des événements, vous aurez besoin de déclarer une variable (juste une seule, rassurez-vous) de type `SDL_Event`. Appelez-la comme vous voulez : moi, je vais l'appeler `event`, ce qui signifie « événement » en anglais.

```
SDL_Event event;
```

Pour nos tests nous allons nous contenter d'un `main` très basique qui affiche juste une fenêtre, comme on l'a vu quelques chapitres plus tôt. Voici à quoi doit ressembler votre `main` :

```
int main(int argc, char *argv[])
{
    SDL_Surface *ecran = NULL;
    SDL_Event event; // Cette variable servira plus tard à gérer les événements

    SDL_Init(SDL_INIT_VIDEO);

    ecran = SDL_SetVideoMode(640, 480, 32, SDL_HWSURFACE);
    SDL_WM_SetCaption("Gestion des événements en SDL", NULL);

    SDL_Quit();

    return EXIT_SUCCESS;
}
```

▷ Code web : 842265

C'est donc un code très basique, il ne contient qu'une nouveauté : la déclaration de la variable `event` dont nous allons bientôt nous servir.

Testez ce code : comme prévu, la fenêtre va s'afficher et se fermer immédiatement après.

La boucle des événements

Lorsqu'on veut attendre un événement, on fait généralement une boucle. Cette boucle se répètera tant qu'on n'a pas eu l'événement voulu. On va avoir besoin d'utiliser un booléen qui indiquera si on doit continuer la boucle ou non. Créez donc ce booléen que vous appellerez par exemple `continuer` :

```
int continuer = 1;
```

Ce booléen est mis à 1 au départ car on veut que la boucle se répète TANT QUE la variable `continuer` vaut 1 (vrai). Dès qu'elle vaudra 0 (faux), alors on sortira de la boucle et le programme s'arrêtera.

Voici la boucle à créer :

```
while (continuer)
{
    /* Traitement des événements */
}
```

Voilà : on a pour le moment une boucle infinie qui ne s'arrêtera que si on met la variable `continuer` à 0. C'est ce que nous allons écrire à l'intérieur de cette boucle qui est le plus intéressant.

Récupération de l'événement

Maintenant, faisons appel à une fonction de la SDL pour demander si un événement s'est produit. On dispose de deux fonctions qui font cela, mais d'une manière différente :

- `SDL_WaitEvent` : elle attend qu'un événement se produise. Cette fonction est dite bloquante car elle suspend l'exécution du programme tant qu'aucun événement ne s'est produit ;
- `SDL_PollEvent` : cette fonction fait la même chose mais n'est pas bloquante. Elle vous dit si un événement s'est produit ou non. Même si aucun événement ne s'est produit, elle rend la main à votre programme de suite.

Ces deux fonctions sont utiles, mais dans des cas différents. Pour faire simple, si vous utilisez `SDL_WaitEvent` votre programme utilisera très peu de processeur car il attendra qu'un événement se produise. En revanche, si vous utilisez `SDL_PollEvent`, votre programme va parcourir votre boucle `while` et rappeler `SDL_PollEvent` indéfiniment jusqu'à ce qu'un événement se soit produit. À tous les coups, vous utiliserez 100 % du processeur.

Mais alors, il faut tout le temps utiliser `SDL_WaitEvent` si cette fonction utilise moins le processeur, non ?

Non, car il y a des cas où `SDL_PollEvent` se révèle indispensable. C'est le cas des jeux dans lesquels l'écran se met à jour même quand il n'y a pas d'événement. Prenons par exemple Tetris : les blocs descendent tout seuls, il n'y a pas besoin que l'utilisateur crée d'événement pour ça ! Si on avait utilisé `SDL_WaitEvent`, le programme serait resté « bloqué » dans cette fonction et vous n'auriez pas pu mettre à jour l'écran pour faire descendre les blocs !

Comment fait `SDL_WaitEvent` pour ne pas consommer de processeur ? Après tout, la fonction est bien obligée de faire une boucle infinie pour tester tout le temps s'il y a un événement ou non, n'est-ce pas ?

C'est une question que je me posais il y a encore peu de temps. La réponse est un petit peu compliquée car ça concerne la façon dont l'OS gère les processus (les programmes). Si vous voulez – mais je vous en parle rapidement –, avec `SDL_WaitEvent`, le processus de votre programme est mis « en pause ». Votre programme n'est donc plus traité par le processeur. Il sera « réveillé » par l'OS au moment où il y aura un événement. Du coup, le processeur se remettra à travailler sur votre programme à ce moment-là. Cela explique pourquoi votre programme ne consomme pas de processeur pendant qu'il attend l'événement.

Je comprends que ce soit un peu abstrait pour vous pour le moment. Et à dire vrai, vous n'avez pas besoin de comprendre ça maintenant. Vous assimilerez mieux toutes les différences plus loin en pratiquant. Pour le moment, nous allons utiliser `SDL_WaitEvent` car notre programme reste très simple. Ces deux fonctions s'utilisent de toute façon de la même manière.

Vous devez envoyer à la fonction l'adresse de votre variable `event` qui stocke l'événement. Comme cette variable n'est pas un pointeur (regardez la déclaration à nouveau), nous allons mettre le symbole `&` devant le nom de la variable afin de donner l'adresse :

```
SDL_WaitEvent(&event);
```

Après appel de cette fonction, la variable `event` contient obligatoirement un événement.

Cela n'aurait pas forcément été le cas si on avait utilisé `SDL_PollEvent` : cette fonction aurait pu renvoyer « Pas d'événement ».

Analyse de l'événement

Maintenant, nous disposons d'une variable `event` qui contient des informations sur l'événement qui s'est produit. Il faut regarder la sous-variable `event.type` et faire un test sur sa valeur. Généralement on utilise un `switch` pour tester l'événement.

Mais comment sait-on quelle valeur correspond à l'événement « Quitter », par exemple ?

La SDL nous fournit des constantes, ce qui simplifie grandement l'écriture du programme. Il en existe beaucoup (autant qu'il y a d'événements possibles). Nous les verrons au fur et à mesure tout au long de ce chapitre.

```
while (continuer)
{
    SDL_WaitEvent(&event); /* Récupération de l'événement dans event */
    switch(event.type) /* Test du type d'événement */
    {
        case SDL_QUIT: /* Si c'est un événement de type "Quitter" */
            continuer = 0;
            break;
    }
}
```

Voici comment ça fonctionne.

1. Dès qu'il y a un événement, la fonction `SDL_WaitEvent` renvoie cet événement dans `event`.
2. On analyse le type d'événement grâce à un `switch`. Le type de l'événement se trouve dans `event.type`
3. On teste à l'aide de `case` dans le `switch` le type de l'événement. Pour le moment, on ne teste que l'événement `SDL_QUIT` (demande de fermeture du programme), car c'est le seul qui nous intéresse.

- Si c'est un événement SDL_QUIT, c'est que l'utilisateur a demandé à quitter le programme. Dans ce cas on met le booléen continuer à 0. Au prochain tour de boucle, la condition sera fausse et donc la boucle s'arrêtera. Le programme s'arrêtera ensuite.
- Si ce n'est pas un événement SDL_QUIT, c'est qu'il s'est passé autre chose : l'utilisateur a appuyé sur une touche, a cliqué ou tout simplement bougé la souris dans la fenêtre. Comme ces autres événements ne nous intéressent pas, on ne les traite pas. On ne fait donc rien : la boucle recommence et on attend à nouveau un événement (on repart à l'étape 1).

Ce que je viens de vous expliquer ici est extrêmement important. Si vous avez compris ce code, vous avez tout compris et le reste du chapitre sera très facile pour vous.

Le code complet

```
int main(int argc, char *argv[])
{
    SDL_Surface *ecran = NULL;
    SDL_Event event; /* La variable contenant l'événement */
    int continuer = 1; /* Notre booléen pour la boucle */

    SDL_Init(SDL_INIT_VIDEO);

    ecran = SDL_SetVideoMode(640, 480, 32, SDL_HWSURFACE);
    SDL_WM_SetCaption("Gestion des événements en SDL", NULL);

    while (continuer) /* TANT QUE la variable ne vaut pas 0 */
    {
        SDL_WaitEvent(&event); /* On attend un événement qu'on récupère dans
↪       event */
        switch(event.type) /* On teste le type d'événement */
        {
            case SDL_QUIT: /* Si c'est un événement QUITTER */
                continuer = 0; /* On met le booléen à 0, donc la boucle va
↪               s'arrêter */
                break;
        }
    }

    SDL_Quit();

    return EXIT_SUCCESS;
}
```

▷ Code web : 859823

Voilà le code complet. Il n'y a rien de bien difficile : si vous avez suivi jusqu'ici, ça ne devrait pas vous surprendre. D'ailleurs, vous remarquerez qu'on n'a fait que reproduire ce que faisait la fonction pause[1].

Le clavier

Nous allons maintenant étudier les événements produits par le clavier.

Si vous avez compris le début du chapitre, vous n'aurez aucun problème pour traiter les autres types d'événements. Il n'y a rien de plus facile.

Pourquoi est-ce si simple ? Parce que maintenant que vous avez compris le fonctionnement de la boucle infinie, tout ce que vous allez avoir à faire, c'est d'ajouter d'autres `case` dans le `switch` pour traiter d'autres types d'événements. Ça ne devrait pas être trop dur.

Les événements du clavier

Il existe deux événements différents qui peuvent être générés par le clavier :

- `SDL_KEYDOWN` : quand une touche du clavier est enfoncée ;
- `SDL_KEYUP` : quand une touche du clavier est relâchée.

Pourquoi y a-t-il ces deux événements ? Parce que quand vous appuyez sur une touche, il se passe deux choses : vous enfoncez la touche (`SDL_KEYDOWN`), puis vous la relâchez (`SDL_KEYUP`). La SDL vous permet de traiter ces deux événements à part, ce qui sera bien pratique, vous verrez.

Pour le moment, nous allons nous contenter de traiter l'événement `SDL_KEYDOWN` (appui de la touche) :

```
while (continuer)
{
    SDL_WaitEvent(&event);
    switch(event.type)
    {
        case SDL_QUIT:
            continuer = 0;
            break;
        case SDL_KEYDOWN: /* Si appui sur une touche */
            continuer = 0;
            break;
    }
}
```

Si on appuie sur une touche, le programme s'arrête. Testez, vous verrez !

[1]Comparez avec le code de la fonction `pause` : c'est le même, sauf qu'on a cette fois tout mis dans le `main`. Bien entendu, il est préférable de placer ce code dans une fonction à part, comme `pause`, car cela allège la fonction `main` et la rend plus lisible.

Récupérer la touche

Savoir qu'une touche a été enfoncée c'est bien, mais savoir laquelle, c'est quand même mieux !

On peut obtenir la nature de la touche enfoncée grâce à une sous-sous-sous-variable (ouf) qui s'appelle `event.key.keysym.sym`. Cette variable contient la valeur de la touche qui a été enfoncée[2].

> L'avantage, c'est que la SDL permet de récupérer la valeur de toutes les touches du clavier. Il y a les lettres et les chiffres, bien sûr (ABCDE0123...), mais aussi la touche `Echap`, ou encore `Impr. Ecran`, `Suppr`, `Entrée`, etc.

Il y a une constante pour chacune des touches du clavier. Vous trouverez cette liste dans la documentation de la SDL, que vous avez très probablement téléchargée avec la bibliothèque quand vous avez dû l'installer. Si tel n'est pas le cas, je vous recommande fortement de retourner sur le site de la SDL et d'y télécharger la documentation, car elle est très utile.

Vous trouverez la liste des touches du clavier dans la section `Keysym definitions`. Cette liste est trop longue pour être présentée ici (voir un aperçu fig. 23.2), aussi je vous propose pour cela de consulter la documentation sur le web directement.

▷ Code web : 235529

SDLKey	ASCII value	Common name
SDLK_BACKSPACE	'\b'	backspace
SDLK_TAB	'\t'	tab
SDLK_CLEAR		clear
SDLK_RETURN	'\r'	return
SDLK_PAUSE		pause
SDLK_ESCAPE	'^['	escape
SDLK_SPACE	' '	space
SDLK_EXCLAIM	'!'	exclaim

FIG. 23.2 – Aperçu de la documentation des constantes du clavier

Bien entendu, la documentation est en anglais et donc... la liste aussi. Si vous voulez vraiment programmer, il est important d'être capable de lire l'anglais car toutes les documentations sont dans cette langue, et vous ne pouvez pas vous en passer !

Il y a deux tableaux dans cette liste : un grand (au début) et un petit (à la fin). Nous nous intéresserons au grand tableau. Dans la première colonne vous avez la constante, dans la seconde la représentation équivalente en ASCII[3] et enfin, dans la troisième colonne, vous avez une description de la touche.

Prenons par exemple la touche `Echap` (« Escape » en anglais). On peut vérifier si la touche enfoncée est `Echap` comme ceci :

[2]Elle fonctionne aussi lors d'un relâchement de la touche `SDL_KEYUP`.

[3]Notez que certaines touches comme `Maj` (ou `Shift`) n'ont pas de valeur ASCII correspondante.

```
switch (event.key.keysym.sym)
{
    case SDLK_ESCAPE: /* Appui sur la touche Echap, on arrête le programme */
        continuer = 0;
        break;
}
```

J'utilise un `switch` pour faire mon test mais j'aurais aussi bien pu utiliser un `if`. Toutefois, j'ai plutôt tendance à me servir des `switch` quand je traite les événements car je teste beaucoup de valeurs différentes (en pratique, j'ai beaucoup de case dans un `switch`, contrairement à ici).

Voici une boucle d'événement complète que vous pouvez tester :

```
while (continuer)
{
    SDL_WaitEvent(&event);
    switch(event.type)
    {
        case SDL_QUIT:
            continuer = 0;
            break;
        case SDL_KEYDOWN:
            switch (event.key.keysym.sym)
            {
                case SDLK_ESCAPE: /* Appui sur la touche Echap, on arrête le
↪               programme */
                    continuer = 0;
                    break;
            }
            break;
    }
}
```

Cette fois, le programme s'arrête si on appuie sur `Echap` ou si on clique sur la croix de la fenêtre.

Maintenant que vous savez comment arrêter le programme en appuyant sur une touche, vous êtes autorisés à faire du plein écran si ça vous amuse[4]. Auparavant, je vous avais demandé d'éviter de le faire car on ne savait pas comment arrêter un programme en plein écran (il n'y a pas de croix sur laquelle cliquer pour arrêter !).

[4]Flag `SDL_FULLSCREEN` dans `SDL_SetVideoMode`, pour rappel.

Exercice : diriger Zozor au clavier

Vous êtes maintenant capables de déplacer une image dans la fenêtre à l'aide du clavier ! C'est un exercice très intéressant qui va d'ailleurs nous permettre de voir comment utiliser le double buffering et la répétition de touches. De plus, ce que je vais vous apprendre là est la base de tous les jeux réalisés en SDL, donc **ce n'est pas un exercice facultatif** ! Je vous invite à le lire et à le faire très soigneusement.

Charger l'image

Pour commencer, nous allons charger une image. On va faire simple : on va reprendre l'image de Zozor utilisée dans le chapitre précédent. Créez donc la surface `zozor`, chargez l'image et rendez-la transparente (c'était un BMP, je vous le rappelle).

```
zozor = SDL_LoadBMP("zozor.bmp");
SDL_SetColorKey(zozor, SDL_SRCCOLORKEY, SDL_MapRGB(zozor->format, 0, 0, 255));
```

Ensuite, et c'est certainement le plus important, vous devez créer une variable de type `SDL_Rect` pour retenir les coordonnées de Zozor :

```
SDL_Rect positionZozor;
```

Je vous recommande d'initialiser les coordonnées, en mettant soit $x = 0$ et $y = 0$ (position en haut à gauche de la fenêtre), soit en centrant Zozor dans la fenêtre comme vous avez appris à le faire il n'y a pas si longtemps.

```
/* On centre Zozor à l'écran */
positionZozor.x = ecran->w / 2 - zozor->w / 2;
positionZozor.y = ecran->h / 2 - zozor->h / 2;
```

Vous devez initialiser `positionZozor` *après* avoir chargé les surfaces `ecran` et `zozor`. En effet, j'utilise la largeur (`w`) et la hauteur (`h`) de ces deux surfaces pour calculer la position centrée de Zozor à l'écran, il faut donc que ces surfaces aient été initialisées auparavant.

Si vous vous êtes bien débrouillés, vous devriez avoir réussi à afficher Zozor au centre de l'écran (fig. 25.1).

J'ai choisi de mettre le fond en blanc cette fois (en faisant un `SDL_FillRect` sur `ecran`), mais ce n'est pas une obligation.

Schéma de la programmation événementielle

Quand vous codez un programme qui réagit aux événements (comme on va le faire ici), vous devez suivre la plupart du temps le même « schéma » de code. Ce schéma est *à*

FIG. 23.3 – Zozor centré dans la fenêtre

connaître par cœur. Le voici :

```
while (continuer)
{
    SDL_WaitEvent(&event);
    switch(event.type)
    {
        case SDL_TRUC: /* Gestion des événements de type TRUC */
        case SDL_BIDULE: /* Gestion des événements de type BIDULE */
    }

    /* On efface l'écran (ici fond blanc) : */
    SDL_FillRect(ecran, NULL, SDL_MapRGB(ecran->format, 255, 255, 255));

    /* On fait tous les SDL_BlitSurface nécessaires pour coller les surfaces à
↪   l'écran */

    /* On met à jour l'affichage : */
    SDL_Flip(ecran);
}
```

Voilà dans les grandes lignes la forme de la boucle principale d'un programme SDL. On boucle tant qu'on n'a pas demandé à arrêter le programme.

1. **On attend un événement** (SDL_WaitEvent) ou bien on vérifie s'il y a un événement mais on n'attend pas qu'il y en ait un (SDL_PollEvent). Pour le moment on se contente de SDL_WaitEvent.
2. On fait un (grand) switch pour savoir de quel type d'événement il s'agit (événement de type TRUC, de type BIDULE, comme ça vous chante !). **On traite l'événement qu'on a reçu** : on effectue certaines actions, certains calculs.
3. Une fois sorti du switch, on prépare un nouvel affichage :
   (a) première chose à faire : **on efface l'écran** avec un SDL_FillRect. Si on ne le faisait pas, on aurait des « traces » de l'ancien écran qui subsisteraient, et forcément, ce ne serait pas très joli ;
   (b) ensuite, on fait tous les **blits** nécessaires pour coller les surfaces sur l'écran ;
   (c) enfin, une fois que c'est fait, **on met à jour l'affichage** aux yeux de l'utilisateur, en appelant la fonction SDL_Flip(ecran).

Traiter l'événement SDL_KEYDOWN

Voyons maintenant comment on va traiter l'événement SDL_KEYDOWN. Notre but est de diriger Zozor au clavier avec les flèches directionnelles. On va donc modifier ses coordonnées à l'écran en fonction de la flèche sur laquelle on appuie :

```
switch(event.type)
{
    case SDL_QUIT:
        continuer = 0;
        break;
    case SDL_KEYDOWN:
        switch(event.key.keysym.sym)
        {
            case SDLK_UP: // Flèche haut
                positionZozor.y--;
                break;
            case SDLK_DOWN: // Flèche bas
                positionZozor.y++;
                break;
            case SDLK_RIGHT: // Flèche droite
                positionZozor.x++;
                break;
            case SDLK_LEFT: // Flèche gauche
                positionZozor.x--;
                break;
        }
        break;
}
```

Comment j'ai trouvé ces constantes ? Dans la doc' ! Je vous ai donné tout à l'heure un lien vers la page de la doc' qui liste toutes les touches du clavier : c'est là que je me suis servi.

▷ Code web : 235529

Ce qu'on fait là est très simple :

- si on appuie sur la flèche « haut », on diminue l'ordonnée (y) de la position de Zozor d'un pixel[5] pour le faire « monter » ;
- si on va vers le bas, on doit au contraire augmenter (incrémenter) l'ordonnée de Zozor (y) ;
- si on va vers la droite, on augmente la valeur de l'abscisse (x) ;
- si on va vers la gauche, on doit diminuer l'abscisse (x).

Et maintenant ? En vous aidant du schéma de code donné précédemment, vous devriez être capables de diriger Zozor au clavier !

```
int main(int argc, char *argv[])
{
    SDL_Surface *ecran = NULL, *zozor = NULL;
    SDL_Rect positionZozor;
    SDL_Event event;
    int continuer = 1;

    SDL_Init(SDL_INIT_VIDEO);

    ecran = SDL_SetVideoMode(640, 480, 32, SDL_HWSURFACE);
    SDL_WM_SetCaption("Gestion des événements en SDL", NULL);

    /* Chargement de Zozor */
    zozor = SDL_LoadBMP("zozor.bmp");
    SDL_SetColorKey(zozor, SDL_SRCCOLORKEY, SDL_MapRGB(zozor->format, 0, 0, 255));

    /* On centre Zozor à l'écran */
    positionZozor.x = ecran->w / 2 - zozor->w / 2;
    positionZozor.y = ecran->h / 2 - zozor->h / 2;

    while (continuer)
    {
        SDL_WaitEvent(&event);
        switch(event.type)
        {
            case SDL_QUIT:
                continuer = 0;
                break;
            case SDL_KEYDOWN:
                switch(event.key.keysym.sym)
                {
                    case SDLK_UP: // Flèche haut
                        positionZozor.y--;
                        break;
                    case SDLK_DOWN: // Flèche bas
```

[5] Notez que nous ne sommes pas obligés de le déplacer d'un pixel, on pourrait très bien le déplacer de 10 pixels en 10 pixels.

```
                        positionZozor.y++;
                        break;
                    case SDLK_RIGHT: // Flèche droite
                        positionZozor.x++;
                        break;
                    case SDLK_LEFT: // Flèche gauche
                        positionZozor.x--;
                        break;
                }
                break;
        }

        /* On efface l'écran */
        SDL_FillRect(ecran, NULL, SDL_MapRGB(ecran->format, 255, 255, 255));
        /* On place Zozor à sa nouvelle position */
        SDL_BlitSurface(zozor, NULL, ecran, &positionZozor);
        /* On met à jour l'affichage */
        SDL_Flip(ecran);
    }

    SDL_FreeSurface(zozor);
    SDL_Quit();

    return EXIT_SUCCESS;
}
```

▷ Code web : 252188

Il est primordial de bien comprendre comment est composée la boucle principale du programme. Il faut être capable de la refaire de tête. Relisez le schéma de code que vous avez vu plus haut, au besoin.

Donc en résumé, on a une grosse boucle appelée « Boucle principale du programme ». Elle ne s'arrêtera que si on le demande en mettant le booléen `continuer` à 0. Dans cette boucle, on récupère d'abord un événement à traiter. On fait un `switch` pour déterminer de quel type d'événement il s'agit. En fonction de l'événement, on effectue différentes actions. Ici, je mets à jour les coordonnées de Zozor pour donner l'impression qu'on le déplace.

Ensuite, après le `switch` vous devez mettre à jour votre écran comme suit.

1. Premièrement, vous effacez l'écran via un `SDL_FillRect` (de la couleur de fond que vous voulez).
2. Ensuite, vous blittez vos surfaces sur l'écran. Ici, je n'ai eu besoin de blitter que Zozor car il n'y a que lui. Vous noterez, et c'est très important, que je blitte Zozor à `positionZozor` ! C'est là que la différence se fait : si j'ai mis à jour `positionZozor` auparavant, alors Zozor apparaîtra à un autre endroit et on aura l'impression qu'on l'a déplacé !
3. Enfin, toute dernière chose à faire : `SDL_Flip`. Cela ordonne la mise à jour de l'écran aux yeux de l'utilisateur.

On peut donc déplacer Zozor où l'on veut sur l'écran, maintenant (fig. 23.4) !

FIG. 23.4 – Zozor en balade

Quelques optimisations

Répétition des touches

Pour l'instant, notre programme fonctionne mais on ne peut se déplacer que d'un pixel à la fois. Nous sommes obligés d'appuyer à nouveau sur les flèches du clavier si on veut encore se déplacer d'un pixel. Je ne sais pas vous, mais moi ça m'amuse moyennement de m'exciter frénétiquement sur la même touche du clavier juste pour déplacer le personnage de 200 pixels.

Heureusement, il y a `SDL_EnableKeyRepeat` ! Cette fonction permet d'activer la répétition des touches. Elle fait en sorte que la SDL régénère un événement de type `SDL_KEYDOWN` si une touche est maintenue enfoncée un certain temps.

Cette fonction peut être appelée quand vous voulez, mais je vous conseille de l'appeler de préférence avant la boucle principale du programme. Elle prend deux paramètres :

- la durée (en millisecondes) pendant laquelle une touche doit rester enfoncée avant d'activer la répétition des touches ;
- le délai (en millisecondes) entre chaque génération d'un événement `SDL_KEYDOWN` une fois que la répétition a été activée.

Le premier paramètre indique au bout de combien de temps on génère une répétition la première fois, et le second indique le temps qu'il faut ensuite pour que l'événement se répète. Personnellement, pour des raisons de fluidité, je mets la même valeur à ces deux paramètres, le plus souvent.

Essayez avec une répétition de 10 ms :

```
SDL_EnableKeyRepeat(10, 10);
```

Maintenant, vous pouvez laisser une touche du clavier enfoncée. Vous allez voir, c'est quand même mieux !

Travailler avec le double buffer

À partir de maintenant, il serait bon d'activer l'option de **double buffering** de la SDL.

Le double buffering est une technique couramment utilisée dans les jeux. Elle permet d'éviter un scintillement de l'image. Pourquoi l'image scintillerait-elle ? Parce que quand vous dessinez à l'écran, l'utilisateur « voit » quand vous dessinez et donc quand l'écran s'efface. Même si ça va très vite, notre cerveau perçoit un clignotement et c'est très désagréable.

La technique du double buffering consiste à utiliser deux « écrans » : l'un est réel (celui que l'utilisateur est en train de voir sur son moniteur), l'autre est virtuel (c'est une image que l'ordinateur est en train de construire en mémoire).

Ces deux écrans alternent : l'écran A est affiché pendant que l'autre (l'écran B) en « arrière-plan » prépare l'image suivante (fig. 23.5).

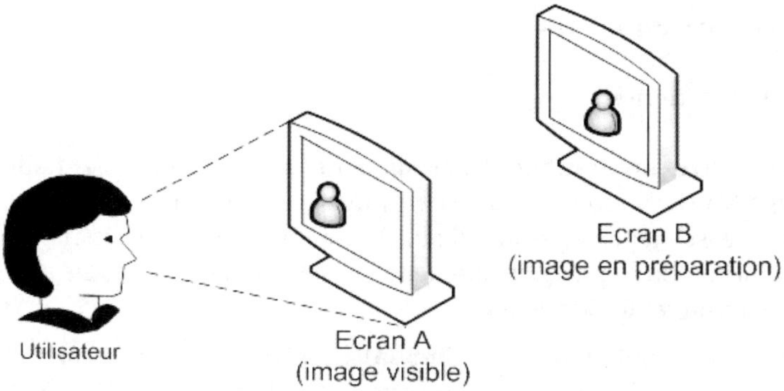

FIG. 23.5 – En double buffering, l'image suivante est préparée en tâche de fond

Une fois que l'image en arrière-plan (l'écran B) a été dessinée, on intervertit les deux écrans en appelant la fonction `SDL_Flip` (fig. 23.6).

L'écran A part en arrière-plan préparer l'image suivante, tandis que l'image de l'écran B s'affiche directement et instantanément aux yeux de l'utilisateur. Résultat : aucun scintillement !

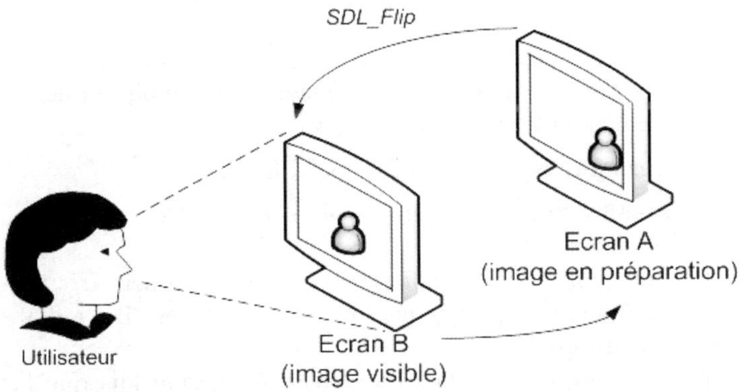

FIG. 23.6 – `SDL_Flip` intervertit les écrans pour afficher la nouvelle image

Pour réaliser cela, tout ce que vous avez à faire est de charger le mode vidéo en ajoutant le flag `SDL_DOUBLEBUF` :

```
ecran = SDL_SetVideoMode(640, 480, 32, SDL_HWSURFACE | SDL_DOUBLEBUF);
```

Vous n'avez rien d'autre à changer dans votre code.

Le double buffering est une technique bien connue de votre carte graphique. C'est donc directement géré par le matériel et ça va très très vite.

Vous vous demandez peut-être pourquoi on a déjà utilisé `SDL_Flip` auparavant sans le double buffering ? En fait, cette fonction a deux utilités :

- si le double buffering est activé, elle sert à commander « l'échange » des écrans qu'on vient de voir ;
- si le double buffering n'est pas activé, elle commande un rafraîchissement manuel de la fenêtre. Cette technique est valable dans le cas d'un programme qui ne bouge pas beaucoup, mais pour la plupart des jeux, je recommande de l'activer.

Dorénavant, j'aurai toujours le double buffering activé dans mes codes source[6].

Si vous le souhaitez, vous pouvez récupérer le code source complet qui fait usage du double buffering et de la répétition des touches. Il est très similaire à celui que l'on a vu précédemment, on y a seulement ajouté les nouvelles instructions qu'on vient d'apprendre.

▷ Code web : 618870

[6]Ça ne coûte pas plus cher et c'est mieux : de quoi se plaint-on ?

La souris

Vous vous dites peut-être que gérer la souris est plus compliqué que le clavier ? Que nenni ! C'est même plus simple, vous allez voir !

La souris peut générer trois types d'événements différents.

- SDL_MOUSEBUTTONDOWN : lorsqu'on clique avec la souris. Cela correspond au moment où le bouton de la souris est enfoncé.
- SDL_MOUSEBUTTONUP : lorsqu'on relâche le bouton de la souris. Tout cela fonctionne exactement sur le même principe que les touches du clavier : il y a d'abord un appui, puis un relâchement du bouton.
- SDL_MOUSEMOTION : lorsqu'on déplace la souris. À chaque fois que la souris bouge dans la fenêtre (ne serait-ce que d'un pixel !), un événement SDL_MOUSEMOTION est généré !

Nous allons d'abord travailler avec les clics de la souris et plus particulièrement avec SDL_MOUSEBUTTONUP. On ne travaillera pas avec SDL_MOUSEBUTTONDOWN ici, mais vous savez de toute manière que c'est exactement pareil sauf que cela se produit plus tôt, au moment de l'enfoncement du bouton de la souris. Nous verrons un peu plus loin comment traiter l'événement SDL_MOUSEMOTION.

Gérer les clics de la souris

Nous allons donc capturer un événement de type SDL_MOUSEBUTTONUP (clic de la souris) puis voir quelles informations on peut récupérer. Comme d'habitude, on va devoir ajouter un case dans notre switch de test, alors allons-y gaiement :

```
switch(event.type)
{
    case SDL_QUIT:
        continuer = 0;
        break;
    case SDL_MOUSEBUTTONUP: /* Clic de la souris */
        break;
}
```

Jusque-là, pas de difficulté majeure.

Quelles informations peut-on récupérer lors d'un clic de la souris ? Il y en a deux :

- **le bouton de la souris** avec lequel on a cliqué (clic gauche ? clic droit ? clic bouton du milieu ?) ;
- **les coordonnées de la souris** au moment du clic (x et y).

Récupérer le bouton de la souris

On va d'abord voir avec quel bouton de la souris on a cliqué. Pour cela, il faut analyser la sous-variable event.button.button (non, je ne bégaie pas) et comparer sa valeur avec l'une des 5 constantes suivantes :

- SDL_BUTTON_LEFT : clic avec le bouton gauche de la souris ;
- SDL_BUTTON_MIDDLE : clic avec le bouton du milieu de la souris[7] ;
- SDL_BUTTON_RIGHT : clic avec le bouton droit de la souris ;
- SDL_BUTTON_WHEELUP : molette de la souris vers le haut ;
- SDL_BUTTON_WHEELDOWN : molette de la souris vers le bas.

Les deux dernières constantes correspondent au mouvement vers le haut ou vers le bas auquel on procède avec la molette de la souris. Elles ne correspondent pas à un « clic » sur la molette comme on pourrait le penser à tort.

On va faire un test simple pour vérifier si on a fait un clic droit avec la souris. Si on a fait un clic droit, on arrête le programme (oui, je sais, ce n'est pas très original pour le moment mais ça permet de tester) :

```
switch(event.type)
{
    case SDL_QUIT:
        continuer = 0;
        break;
    case SDL_MOUSEBUTTONUP:
        if (event.button.button == SDL_BUTTON_RIGHT) /* On arrête le programme
↪       si on a fait un clic droit */
            continuer = 0;
        break;
}
```

Vous pouvez tester, vous verrez que le programme s'arrête si on fait un clic droit.

Récupérer les coordonnées de la souris

Voilà une information très intéressante : les coordonnées de la souris au moment du clic ! On les récupère à l'aide de deux variables (pour l'abscisse et l'ordonnée) : `event.button.x` et `event.button.y`.

Amusons-nous un petit peu : on va blitter Zozor à l'endroit du clic de la souris. Compliqué ? Pas du tout ! Essayez de le faire, c'est un jeu d'enfant !

Voici la correction :

```
while (continuer)
{
    SDL_WaitEvent(&event);
    switch(event.type)
    {
```

[7] Tout le monde n'en a pas forcément un, c'est en général un clic avec la molette.

```
        case SDL_QUIT:
            continuer = 0;
            break;
        case SDL_MOUSEBUTTONUP:
            positionZozor.x = event.button.x;
            positionZozor.y = event.button.y;
            break;
    }

    SDL_FillRect(ecran, NULL, SDL_MapRGB(ecran->format, 255, 255, 255));
    SDL_BlitSurface(zozor, NULL, ecran, &positionZozor); /* On place Zozor à sa
↪   nouvelle position */
    SDL_Flip(ecran);
}
```

Ça ressemble à s'y méprendre à ce que je faisais avec les touches du clavier. Là, c'est même encore plus simple : on met directement la valeur de `x` de la souris dans `positionZozor.x`, et de même pour `y`. Ensuite on blitte Zozor à ces coordonnées-là, et voilà le travail (fig. 23.7) !

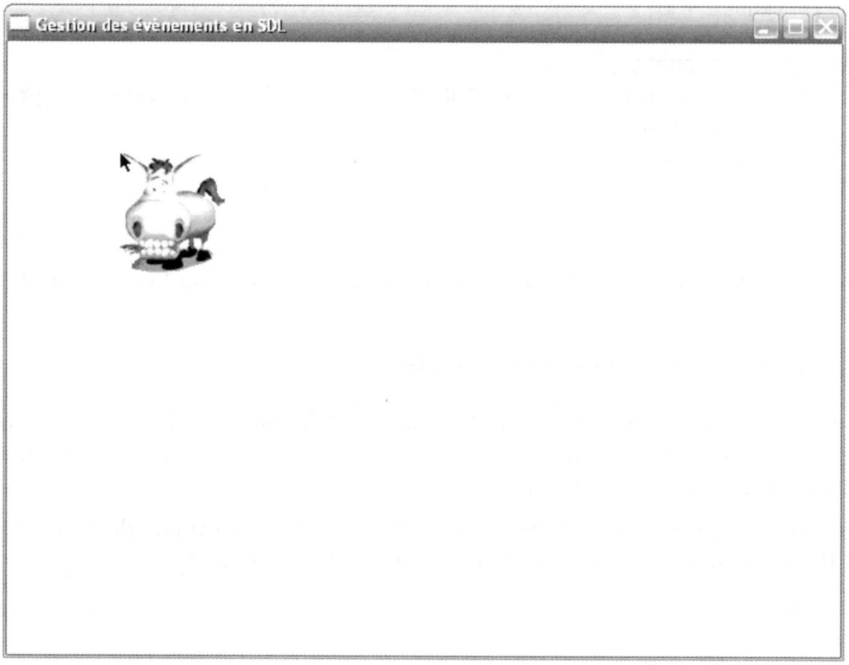

FIG. 23.7 – Zozor apparaît à l'endroit du clic

Petit exercice très simple : pour le moment, on déplace Zozor quel que soit le bouton de la souris utilisé pour le clic. Essayez de ne déplacer Zozor que si on fait un clic gauche avec la souris. Si on fait un clic droit, arrêtez le programme.

Gérer le déplacement de la souris

Un déplacement de la souris génère un événement de type `SDL_MOUSEMOTION`. Notez bien qu'on génère autant d'événements que l'on parcourt de pixels pour se déplacer ! Si on bouge la souris de 100 pixels (ce qui n'est pas beaucoup), il y aura donc 100 événements générés.

Mais ça ne fait pas beaucoup d'événements à gérer pour notre ordinateur, tout ça ?

Pas du tout : rassurez-vous, il en a vu d'autres !

Bon, que peut-on récupérer d'intéressant ici ? Les coordonnées de la souris, bien sûr ! On les trouve dans `event.motion.x` et `event.motion.y`.

Faites attention : on n'utilise pas les mêmes variables que pour le clic de souris de tout à l'heure (avant, c'était `event.button.x`). Les variables utilisées sont différentes en SDL en fonction de l'événement.

On va placer Zozor aux mêmes coordonnées que la souris, là encore. Vous allez voir, c'est rudement efficace et toujours aussi simple !

```
while (continuer)
{
    SDL_WaitEvent(&event);
    switch(event.type)
    {
        case SDL_QUIT:
            continuer = 0;
            break;
        case SDL_MOUSEMOTION:
            positionZozor.x = event.motion.x;
            positionZozor.y = event.motion.y;
            break;
    }

    SDL_FillRect(ecran, NULL, SDL_MapRGB(ecran->format, 255, 255, 255));
    SDL_BlitSurface(zozor, NULL, ecran, &positionZozor); /* On place Zozor à sa nouvelle position */
    SDL_Flip(ecran);
}
```

Bougez votre Zozor à l'écran. Que voyez-vous ? Il suit naturellement la souris où que vous alliez. C'est beau, c'est rapide, c'est fluide (vive le double buffering).

Quelques autres fonctions avec la souris

Nous allons voir deux fonctions très simples en rapport avec la souris, puisque nous y sommes. Ces fonctions vous seront très probablement utiles bientôt.

Masquer la souris

On peut masquer le curseur de la souris très facilement. Il suffit d'appeler la fonction `SDL_ShowCursor` et de lui envoyer un flag :

- `SDL_DISABLE` : masque le curseur de la souris ;
- `SDL_ENABLE` : réaffiche le curseur de la souris.

Par exemple :

```
SDL_ShowCursor(SDL_DISABLE);
```

Le curseur de la souris restera masqué tant qu'il sera à l'intérieur de la fenêtre. Masquez de préférence le curseur avant la boucle principale du programme. Pas la peine en effet de le masquer à chaque tour de boucle, une seule fois suffit.

Placer la souris à un endroit précis

On peut placer manuellement le curseur de la souris aux coordonnées que l'on veut dans la fenêtre. On utilise pour cela `SDL_WarpMouse` qui prend pour paramètres les coordonnées x et y où le curseur doit être placé.

Par exemple, le code suivant place la souris au centre de l'écran :

```
SDL_WarpMouse(ecran->w / 2, ecran->h / 2);
```

Lorsque vous faites un `WarpMouse`, un événement de type `SDL_MOUSEMOTION` sera généré. Eh oui, la souris a bougé ! Même si ce n'est pas l'utilisateur qui l'a fait, il y a quand même eu un déplacement.

Les événements de la fenêtre

La fenêtre elle-même peut générer un certain nombre d'événements :

- lorsqu'elle est redimensionnée ;
- lorsqu'elle est réduite en barre des tâches ou restaurée ;
- lorsqu'elle est active (au premier plan) ou lorsqu'elle n'est plus active ;
- lorsque le curseur de la souris se trouve à l'intérieur de la fenêtre ou lorsqu'il en sort.

Commençons par étudier le premier d'entre eux : l'événement généré lors du redimensionnement de la fenêtre.

Redimensionnement de la fenêtre

Par défaut, une fenêtre SDL ne peut pas être redimensionnée par l'utilisateur. Je vous rappelle que pour changer ça, il faut ajouter le flag `SDL_RESIZABLE` dans la fonction `SDL_SetVideoMode` :

```
ecran = SDL_SetVideoMode(640, 480, 32, SDL_HWSURFACE | SDL_DOUBLEBUF |
↪ SDL_RESIZABLE);
```

Une fois que vous avez ajouté ce flag, vous pouvez redimensionner la fenêtre. Lorsque vous faites cela, un événement de type `SDL_VIDEORESIZE` est généré.

Vous pouvez récupérer :

- la nouvelle largeur dans `event.resize.w` ;
- la nouvelle hauteur dans `event.resize.h`.

On peut utiliser ces informations pour faire en sorte que notre Zozor soit toujours centré dans la fenêtre :

```
case SDL_VIDEORESIZE:
    positionZozor.x = event.resize.w / 2 - zozor->w / 2;
    positionZozor.y = event.resize.h / 2 - zozor->h / 2;
    break;
```

Visibilité de la fenêtre

L'événement `SDL_ACTIVEEVENT` est généré lorsque la visibilité de la fenêtre change. Cela peut être dû à de nombreuses choses :

- la fenêtre est réduite en barre des tâches ou restaurée ;
- le curseur de la souris se trouve à l'intérieur de la fenêtre ou en sort ;
- la fenêtre est active (au premier plan) ou n'est plus active.

En programmation, on parle de *focus*. Lorsqu'on dit qu'une application a le focus, c'est que le clavier ou la souris de l'utilisateur s'y trouve. Tous les clics sur la souris ou appuis sur les touches du clavier que vous ferez seront envoyés à la fenêtre qui a le focus et non aux autres. Une seule fenêtre peut avoir le focus à un instant donné (vous ne pouvez pas avoir deux fenêtres au premier plan en même temps !).

Étant donné le nombre de raisons qui peuvent avoir provoqué cet événement, il faut impérativement regarder dans des variables pour en savoir plus.

- `event.active.gain` : indique si l'événement est un gain (1) ou une perte (0). Par exemple, si la fenêtre est passée en arrière-plan c'est une perte (0), si elle est remise au premier plan c'est un gain (1).
- `event.active.state` : c'est une combinaison de flags indiquant le type d'événement qui s'est produit. Voici la liste des flags possibles :

- SDL_APPMOUSEFOCUS : le curseur de la souris vient de rentrer ou de sortir de la fenêtre. Il faut regarder la valeur de `event.active.gain` pour savoir si elle est rentrée (gain = 1) ou sortie (gain = 0) de la fenêtre ;
- SDL_APPINPUTFOCUS : l'application vient de recevoir le focus du clavier ou de le perdre. Cela signifie en fait que votre fenêtre vient d'être mise au premier plan ou en arrière-plan. Encore une fois, il faut regarder la valeur de `event.active.gain` pour savoir si la fenêtre a été mise au premier plan (gain = 1) ou en arrière-plan (gain = 0) ;
- SDL_APPACTIVE : l'applicaton a été *icônifiée*, c'est-à-dire réduite dans la barre des tâches (gain = 0), ou remise dans son état normal (gain = 1).

Vous suivez toujours ? Il faut bien comparer les valeurs des deux sous-variables `gain` et `state` pour savoir exactement ce qui s'est produit.

Tester la valeur d'une combinaison de flags

`event.active.state` est une combinaison de flags. Cela signifie que dans un événement, il peut se produire deux choses à la fois (par exemple, si on réduit la fenêtre dans la barre des tâches, on perd aussi le focus du clavier et de la souris). Il va donc falloir faire un test un peu plus compliqué qu'un simple...

```
if (event.active.state == SDL_APPACTIVE)
```

Pourquoi est-ce plus compliqué ?

Parce que c'est une combinaison de bits. Je ne vais pas vous faire un cours sur les opérations logiques bit à bit ici, ça serait un peu trop pour ce cours et vous n'avez pas nécessairement besoin d'en connaître davantage. Je vais vous proposer un code prêt à l'emploi qu'il faut utiliser pour tester si un flag est présent dans une variable sans rentrer dans les détails.

Pour tester par exemple s'il y a eu un changement de focus de la souris, on doit écrire :

```
if ((event.active.state & SDL_APPMOUSEFOCUS) == SDL_APPMOUSEFOCUS)
```

Il n'y a pas d'erreur. Attention, c'est précis : il faut un seul `&` et deux `=`, et il faut bien utiliser les parenthèses comme je l'ai fait.

Cela fonctionne de la même manière pour les autres événements. Par exemple :

```
if ((event.active.state & SDL_APPACTIVE) == SDL_APPACTIVE)
```

Tester l'état et le gain à la fois

Dans la pratique, vous voudrez sûrement tester l'état et le gain à la fois. Vous pourrez ainsi savoir exactement ce qui s'est passé.

Supposons que vous ayez un jeu qui fait faire beaucoup de calculs à l'ordinateur. Vous voulez que le jeu se mette en pause automatiquement lorsque la fenêtre est réduite, et qu'il se relance lorsque la fenêtre est restaurée. Cela évite que le jeu continue pendant que le joueur n'est plus actif et cela évite aussi au processeur de faire trop de calculs par la même occasion.

Le code ci-dessous met en pause le jeu en activant un booléen `pause` à 1. Il remet en marche le jeu en désactivant le booléen à 0.

```
if ((event.active.state & SDL_APPACTIVE) == SDL_APPACTIVE)
{
    if (event.active.gain == 0) /* La fenêtre a été réduite */
        pause = 1;
    else if (event.active.gain == 1) /* La fenêtre a été restaurée */
        pause = 0;
}
```

Bien entendu, ce code n'est pas complet. Ce sera à vous de tester l'état de la variable pause pour savoir s'il faut ou non effectuer les calculs de votre jeu.

Je vous laisse faire d'autres tests pour les autres cas (par exemple, vérifier si le curseur de la souris est à l'intérieur ou à l'extérieur de la fenêtre). Vous pouvez — pour vous entraîner — faire bouger Zozor vers la droite lorsque la souris rentre dans la fenêtre, et le faire bouger vers la gauche lorsqu'elle en sort.

En résumé

- Les événements sont des signaux que vous envoie la SDL pour vous informer d'une action de la part de l'utilisateur : appui sur une touche, mouvement ou clic de la souris, fermeture de la fenêtre, etc.
- Les événements sont récupérés dans une variable de type `SDL_Event` avec la fonction `SDL_WaitEvent` (fonction bloquante mais facile à gérer) ou avec la fonction `SDL_PollEvent` (fonction non bloquante mais plus complexe à manipuler).
- Il faut analyser la sous-variable `event.type` pour connaître le type d'événement qui s'est produit. On le fait en général dans un `switch`.
- Une fois le type d'événement déterminé, il est le plus souvent nécessaire d'analyser l'événement dans le détail. Par exemple, lorsqu'une touche du clavier a été enfoncée (`SDL_KEYDOWN`) il faut analyser `event.key.keysym.sym` pour connaître la touche en question.
- Le double buffering est une technique qui consiste à charger l'image suivante en tâche de fond et à l'afficher seulement une fois qu'elle est prête. Cela permet d'éviter des scintillements désagréables à l'écran.

Chapitre 24

TP : Mario Sokoban

Difficulté :

La bibliothèque SDL fournit, comme vous l'avez vu, un grand nombre de fonctions prêtes à l'emploi. Il est facile de s'y perdre les premiers temps, surtout si on ne pratique pas.

Ce premier TP de la section SDL est justement là pour vous faire découvrir un cas pratique et surtout vous inviter à manipuler. Cette fois, vous l'aurez compris je crois, notre programme ne sera pas une console mais bel et bien une fenêtre !

Quel va être le sujet de ce TP ? Il va s'agir d'un jeu de Sokoban ! Peut-être que ce nom ne vous dit rien, mais le jeu est pourtant un grand classique des casse-têtes. Il consiste à pousser des caisses pour les amener à des points précis dans un labyrinthe.

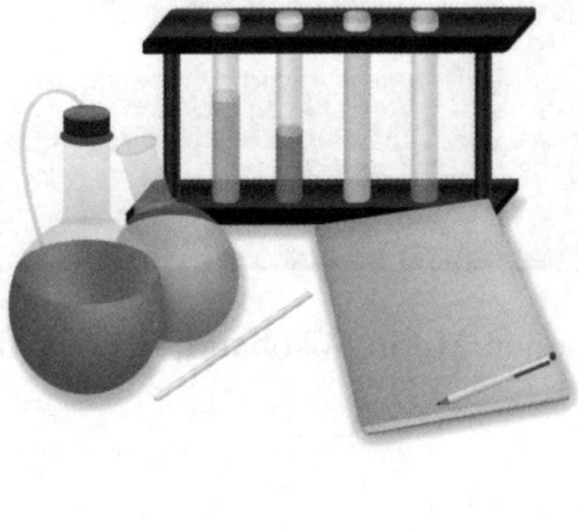

Cahier des charges du Sokoban

À propos du Sokoban

« Sokoban » est un terme japonais qui signifie « Magasinier ». Il s'agit d'un casse-tête inventé dans les années 80 par Hiroyuki Imabayashi. Le jeu a remporté un concours de programmation à cette époque.

Le but du jeu

Il est simple à comprendre : vous dirigez un personnage dans un labyrinthe. Il doit pousser des caisses pour les amener à des endroits précis. Le joueur ne peut pas déplacer deux caisses à la fois.

Si le principe se comprend vite et bien, cela ne veut pas dire pour autant que le jeu est toujours facile. Il est en effet possible de réaliser des casse-têtes vraiment... prise de tête !

La fig. 24.1 vous donne un aperçu du jeu que nous allons réaliser.

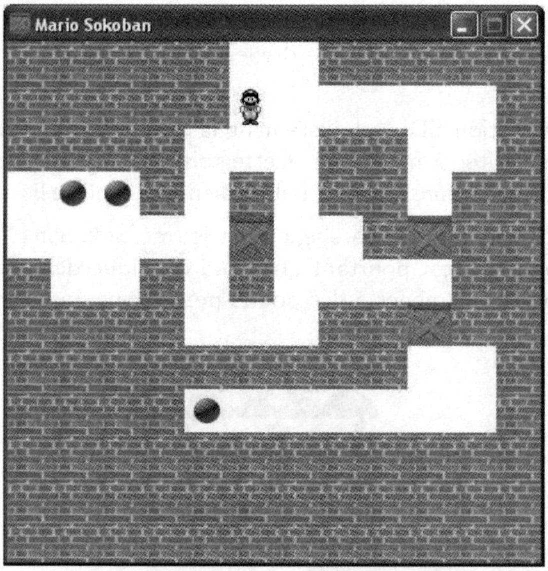

FIG. 24.1 – Le jeu Mario Sokoban que nous allons réaliser

Pourquoi avoir choisi ce jeu ?

Parce que c'est un jeu populaire, qu'il fait un bon sujet de programmation et qu'on peut le réaliser avec les connaissances que l'on a acquises. Alors bien sûr, ça demande de l'organisation. La difficulté n'est pas vraiment dans le code lui-même mais dans l'organisation. Il va en effet falloir découper notre programme en plusieurs fichiers `.c` intelligemment et essayer de créer les bonnes fonctions.

C'est aussi pour cette raison que j'ai décidé cette fois de ne pas construire le TP comme les précédents : je ne vais pas vous donner des indices suivis d'une correction à la fin. Au contraire, je vais vous montrer comment je réalise tout le projet de A à Z.

Et si je veux m'entraîner tout seul ?

Pas de problème ! Allez-y lancez-vous, c'est même très bien ! Il vous faudra certainement un peu de temps : personnellement ça m'a pris une bonne petite journée, et encore c'est parce que j'ai un peu l'habitude de programmer et que j'évite certains pièges courants[1].

Sachez qu'un tel jeu peut être réalisé de nombreuses façons différentes. Je vais vous montrer ma façon de faire : ce n'est pas la meilleure, mais ce n'est pas la plus mauvaise non plus. Le TP se terminera par une série de suggestions d'améliorations et je vous proposerai de télécharger le code source complet bien entendu.

Encore une fois : je vous conseille d'essayer de vous y lancer par vous-mêmes. Passez-y deux ou trois jours et faites de votre mieux. Il est important que vous pratiquiez.

Le cahier des charges

Le cahier des charges est un document dans lequel on écrit tout ce que le programme doit savoir faire. En l'occurence, que veut-on que notre jeu soit capable de faire ? C'est le moment de se décider !

Voici ce que je propose :

- le joueur doit pouvoir se déplacer dans un labyrinthe et pousser des caisses ;
- il ne peut pas pousser deux caisses à la fois ;
- une partie est considérée comme gagnée lorsque toutes les caisses sont sur des objectifs ;
- les niveaux de jeu seront enregistrés dans un fichier (par exemple `niveaux.lvl`) ;
- un éditeur sera intégré au programme pour que n'importe qui puisse créer ses propres niveaux[2].

Voilà qui nous donnera bien assez de travail.

À noter qu'il y a des choses que notre programme ne saura pas faire, ça aussi il faut le dire.

- Notre programme ne pourra gérer qu'un seul niveau à la fois. Si vous voulez coder une « aventure » avec une suite de niveaux, vous n'aurez qu'à le faire vous-mêmes à la fin de ce TP.
- Il n'y aura pas de gestion du temps écoulé (on ne sait pas encore faire ça) ni du

[1] Cela ne m'a pas empêché de me prendre la tête à plusieurs reprises quand même. ;-)
[2] Ce n'est pas indispensable mais ça ajoutera du piment !

score.

En fait, avec tout ce qu'on veut déjà faire (notamment l'éditeur de niveaux), il y en a pour un petit moment.

Je vous indiquerai à la fin du TP une liste d'idées pour améliorer le programme. Et ce ne seront pas des paroles en l'air, car ce sont des idées que j'aurai moi-même implémentées dans une version plus complète du programme que je vous proposerai de télécharger. En revanche, je ne vous donnerai pas les codes source de la version complète pour vous forcer à travailler[3].

Récupérer les sprites du jeu

Dans la plupart des jeux 2D, que ce soient des jeux de plate-forme ou de casse-tête comme ici, on appelle les images qui composent le jeu des *sprites*. Dans notre cas, j'ai décidé qu'on créerait un Sokoban mettant en scène Mario (d'où le nom « Mario Sokoban »). Comme Mario est un personnage populaire dans le monde de la 2D, on n'aura pas trop de mal à trouver des sprites de Mario. Il faudra aussi trouver des sprites pour les murs de briques, les caisses, les objectifs, etc.

Si vous faites une recherche sur Google pour « sprites », vous trouverez de nombreuses réponses. En effet, il y a beaucoup de sites qui proposent de télécharger des sprites de jeux 2D auxquels vous avez sûrement joué par le passé.

Voici les sprites que nous allons utiliser :

Sprite	**Description**
	Un mur.
	Une caisse.
	Une caisse placée sur un objectif.
	Un objectif (où l'on doit placer une caisse).
	Le joueur (Mario) orienté vers le bas.
	Mario vers la droite.
	Mario vers la gauche.
	Mario vers le haut.

Le plus simple pour vous sera de télécharger un pack que j'ai préparé contenant toutes ces images.

▷ Code web : 542566

[3] Je vais pas tout vous servir sur un plateau d'argent non plus ! ;-)

Notez que j'aurais très bien pu n'utiliser qu'un sprite pour le joueur. J'aurais pu faire en sorte que Mario soit toujours orienté vers le bas, mais le fait de pouvoir le diriger dans les quatre directions ajoute un peu plus de réalisme. Ça ne fera qu'un petit défi de plus à relever !

J'ai aussi créé une petite image qui pourra servir de menu d'accueil au lancement du programme (fig. 24.2), vous la trouverez dans le pack que vous venez normalement de télécharger.

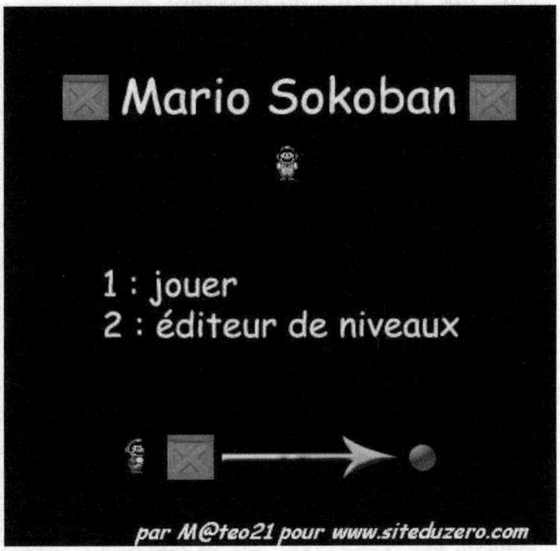

FIG. 24.2 – L'écran d'accueil du programme

Vous noterez que les images sont dans différents formats. Il y a des GIF, des PNG et des JPEG. Nous allons donc avoir besoin de la bibliothèque `SDL_Image`. Pensez à configurer votre projet pour qu'il gère la SDL et `SDL_Image`. Si vous avez oublié comment faire, revoyez les chapitres précédents. Si vous ne configurez pas votre projet correctement, on vous dira que les fonctions que vous utilisez (comme `IMG_Load`) n'existent pas !

Le `main` et les constantes

Chaque fois qu'on commence un projet assez important, il est nécessaire de bien s'organiser dès le départ. En général, je commence par me créer un fichier de constantes `constantes.h` ainsi qu'un fichier `main.c` qui contiendra la fonction `main` (et uniquement celle-là). Ce n'est pas une règle : c'est juste ma façon de fonctionner. Chacun a sa propre manière de faire.

Les différents fichiers du projet

Je propose de créer dès à présent tous les fichiers du projet (même s'ils restent vides au départ). Voici donc les fichiers que je crée :

- `constantes.h` : les définitions de constantes globales à tout le programme ;
- `main.c` : le fichier qui contient la fonction `main` (fonction principale du programme) ;
- `jeu.c` : fonctions gérant une partie de Sokoban ;
- `jeu.h` : prototypes des fonctions de `jeu.c` ;
- `editeur.c` : fonctions gérant l'éditeur de niveaux ;
- `editeur.h` : prototypes des fonctions de `editeur.c` ;
- `fichiers.c` : fonctions gérant la lecture et l'écriture de fichiers de niveaux (comme `niveaux.lvl` par exemple) ;
- `fichiers.h` : prototypes des fonctions de `fichiers.c`.

On va commencer par créer le fichier des constantes.

Les constantes : `constantes.h`

Voici le contenu de mon fichier de constantes :

```
/*
constantes.h
------------

Par mateo21, pour Le Site du Zéro (www.siteduzero.com)

Rôle : définit des constantes pour tout le programme (taille de la fenêtre...)
*/

#ifndef DEF_CONSTANTES
#define DEF_CONSTANTES

    #define TAILLE_BLOC         34 // Taille d'un bloc (carré) en pixels
    #define NB_BLOCS_LARGEUR    12
    #define NB_BLOCS_HAUTEUR    12
    #define LARGEUR_FENETRE     TAILLE_BLOC * NB_BLOCS_LARGEUR
    #define HAUTEUR_FENETRE     TAILLE_BLOC * NB_BLOCS_HAUTEUR

    enum {HAUT, BAS, GAUCHE, DROITE};
    enum {VIDE, MUR, CAISSE, OBJECTIF, MARIO, CAISSE_OK};

#endif
```

▷ Code web : 250609

Vous noterez plusieurs points intéressants dans ce petit fichier.

- Le fichier commence par un commentaire d'en-tête. Je recommande de mettre ce type de commentaire au début de chacun de vos fichiers (que ce soient des `.h` ou des

.c). Généralement, un commentaire d'en-tête contient :
  - le nom du fichier ;
  - l'auteur ;
  - le rôle du fichier (ce à quoi servent les fonctions qu'il contient) ;
  - je ne l'ai pas fait là, mais généralement, on met aussi la date de création et la date de dernière modification. Ça permet de s'y retrouver, surtout dans les gros projets à plusieurs.
- Le fichier est protégé contre les inclusions infinies. Il utilise la technique que l'on a apprise à la fin du chapitre sur le préprocesseur. Ici cette protection ne sert pas vraiment, mais j'ai pris l'habitude de faire ça pour chacun de mes fichiers `.h` sans exception.
- Enfin, le cœur du fichier. Vous avez une série de `define`. J'indique la taille d'un petit bloc en pixels (tous mes sprites sont des carrés de 34 px). J'indique que ma fenêtre comportera 12 x 12 blocs de largeur. Je calcule comme ça les dimensions de la fenêtre par une simple multiplication des constantes. Ce que je fais là n'est pas obligatoire, mais a un énorme avantage : si plus tard je veux changer la taille du jeu, je n'aurai qu'à éditer ce fichier (et à recompiler) et tout mon code source s'adaptera en conséquence.
- Enfin, j'ai défini d'autres constantes via des *énumérations anonymes*. C'est légèrement différent de ce qu'on a appris dans le chapitre sur les types de variables personnalisés. Ici, je ne crée pas un type personnalisé, je définis juste des constantes. Cela ressemble aux `define` à une différence près : c'est l'ordinateur qui attribue automatiquement un nombre à chacune des valeurs (en commençant par 0). Ainsi, on a `HAUT` = 0, `BAS` = 1, `GAUCHE` = 2, etc. Cela permettra de rendre notre code source beaucoup plus clair par la suite, vous verrez !

En résumé, j'utilise :

- des `define` lorsque je veux attribuer une valeur précise à une constante (par exemple « 34 pixels ») ;
- des énumérations lorsque la valeur attribuée à une constante ne m'importe pas. Ici, je me moque bien de savoir que `HAUT` vaut 0 (ça pourrait aussi bien valoir 150, ça ne changerait rien) ; tout ce qui compte pour moi, c'est que cette constante ait une valeur différente de `BAS`, `GAUCHE` et `DROITE`.

Inclure les définitions de constantes

Le principe sera d'inclure ce fichier de constantes dans chacun de mes fichiers `.c`. Ainsi, partout dans mon code je pourrai utiliser les constantes que je viens de définir.

Il faudra donc taper la ligne suivante au début de chacun des fichiers `.c` :

```
#include "constantes.h"
```

Le main : main.c

La fonction main principale est extrêmement simple. Elle a pour rôle d'afficher l'écran d'accueil du jeu et de rediriger vers la bonne section.

```
/*
main.c
------

Par mateo21, pour Le Site du Zéro (www.siteduzero.com)

Rôle : menu du jeu. Permet de choisir entre l'éditeur et le jeu lui-même.
*/

#include <stdlib.h>
#include <stdio.h>
#include <SDL/SDL.h>
#include <SDL/SDL_image.h>

#include "constantes.h"
#include "jeu.h"
#include "editeur.h"

int main(int argc, char *argv[])
{
    SDL_Surface *ecran = NULL, *menu = NULL;
    SDL_Rect positionMenu;
    SDL_Event event;

    int continuer = 1;

    SDL_Init(SDL_INIT_VIDEO);

    SDL_WM_SetIcon(IMG_Load("caisse.jpg"), NULL); // L'icône doit être chargée
↪   avant SDL_SetVideoMode
    ecran = SDL_SetVideoMode(LARGEUR_FENETRE, HAUTEUR_FENETRE, 32, SDL_HWSURFACE
↪   | SDL_DOUBLEBUF);
    SDL_WM_SetCaption("Mario Sokoban", NULL);

    menu = IMG_Load("menu.jpg");
    positionMenu.x = 0;
    positionMenu.y = 0;

    while (continuer)
    {
        SDL_WaitEvent(&event);
        switch(event.type)
        {
            case SDL_QUIT:
                continuer = 0;
```

```
                break;
            case SDL_KEYDOWN:
                switch(event.key.keysym.sym)
                {
                    case SDLK_ESCAPE: // Veut arrêter le jeu
                        continuer = 0;
                        break;
                    case SDLK_KP1: // Demande à jouer
                        jouer(ecran);
                        break;
                    case SDLK_KP2: // Demande l'éditeur de niveaux
                        editeur(ecran);
                        break;
                }
                break;
        }

        // Effacement de l'écran
        SDL_FillRect(ecran, NULL, SDL_MapRGB(ecran->format, 0, 0, 0));
        SDL_BlitSurface(menu, NULL, ecran, &positionMenu);
        SDL_Flip(ecran);
    }

    SDL_FreeSurface(menu);
    SDL_Quit();

    return EXIT_SUCCESS;
}
```

▷ Code web : 733369

La fonction `main` se charge d'effectuer les initialisations de la SDL, de donner un titre à la fenêtre ainsi qu'une icône. À la fin de la fonction, `SDL_Quit()` est appelée pour arrêter la SDL proprement.

La fonction affiche un menu. Le menu est chargé en utilisant la fonction `IMG_Load` de `SDL_Image` :

```
menu = IMG_Load("menu.jpg");
```

Vous remarquerez que, pour donner les dimensions de la fenêtre, j'utilise les constantes `LARGEUR_FENETRE` et `HAUTEUR_FENETRE` qu'on a définies dans `constantes.h`.

La boucle des événements

La boucle infinie gère les événements suivants :

- **arrêt du programme** (SDL_QUIT) : si on demande à fermer le programme (clic sur la croix en haut à droite de la fenêtre), alors on passe le booléen `continuer` à 0, et la boucle s'arrêtera. Bref, classique ;
- **appui sur la touche Echap** : arrêt du programme (comme SDL_QUIT) ;
- **appui sur la touche 1 du pavé numérique** : lancement du jeu (appel de la fonction `jouer`) ;
- **appui sur la touche 2 du pavé numérique** : lancement de l'éditeur (appel de la fonction `editeur`).

Comme vous le voyez, c'est vraiment très simple. Si on appuie sur 1, le jeu est lancé. Une fois que le jeu est terminé, la fonction `jouer` s'arrête et on retourne dans le `main` dans lequel on refait un tour de boucle. Le `main` boucle à l'infini tant qu'on ne demande pas à arrêter le jeu.

Grâce à cette petite organisation très simple, on peut donc gérer le menu dans le `main` et laisser des fonctions spéciales (comme `jouer`, ou `editeur`) gérer les différentes parties du programme.

Le jeu

Attaquons maintenant le gros du sujet : la fonction `jouer` ! Cette fonction est la plus importante du programme, aussi soyez attentifs car c'est vraiment là qu'il faut comprendre. Vous verrez après que créer l'éditeur de niveaux n'est pas si compliqué que ça en a l'air.

Les paramètres envoyés à la fonction

La fonction `jouer` a besoin d'un paramètre : la surface `ecran`. En effet, la fenêtre a été ouverte dans le `main`, et pour que la fonction `jouer` puisse y dessiner, il faut qu'elle récupère le pointeur sur `ecran` !

Si vous regardez le `main` à nouveau, vous voyez qu'on appelle `jouer` en lui envoyant `ecran` :

```
jouer(ecran);
```

Le prototype de la fonction, que vous pouvez mettre dans `jeu.h`, est donc le suivant :

```
void jouer(SDL_Surface* ecran);
```

La fonction ne renvoie aucune valeur (d'où le `void`), mais on pourrait en renvoyer une, si on voulait. On pourrait par exemple renvoyer un booléen pour dire si oui ou non on a gagné.

Les déclarations de variables

Cette fonction va avoir besoin de nombreuses variables. Je n'ai pas pensé à toutes les variables dont j'ai eu besoin du premier coup. Il y en a donc certaines que j'ai ajoutées par la suite.

Variables de types définis par la SDL

Voici pour commencer toutes les variables de types définis par la SDL dont j'ai besoin :

```
SDL_Surface *mario[4] = {NULL}; // 4 surfaces pour 4 directions de mario
SDL_Surface *mur = NULL, *caisse = NULL, *caisseOK = NULL, *objectif = NULL,
↪ *marioActuel = NULL;
SDL_Rect position, positionJoueur;
SDL_Event event;
```

J'ai créé un tableau de `SDL_Surface` appelé `mario`. C'est un tableau de quatre cases qui stockera Mario dans chacune des directions (un vers le bas, un autre vers la gauche, vers le haut et vers la droite).

Il y a ensuite plusieurs surfaces correspondant à chacun des sprites que je vous ai fait télécharger plus haut : `mur`, `caisse`, `caisseOK` (une caisse sur un objectif) et `objectif`.

À quoi sert `marioActuel` ?

C'est un pointeur vers une surface. Il pointe sur la surface correspondant au Mario orienté dans la direction actuelle. C'est donc `marioActuel` que l'on blittera à l'écran. Si vous regardez tout en bas de la fonction `jouer`, vous verrez justement :

```
SDL_BlitSurface(marioActuel, NULL, ecran, &position);
```

On ne blitte donc pas un élément du tableau `mario`, mais le pointeur `marioActuel`. Ainsi, en blittant `marioActuel`, on blitte soit le Mario vers le bas, soit celui vers le haut, etc. Le pointeur `marioActuel` pointe vers une des cases du tableau `mario`.

Quoi d'autre à part ça ? Une variable `position` de type `SDL_Rect` dont on se servira pour définir la position des éléments à blitter (on s'en servira pour tous les sprites, inutile de créer un `SDL_Rect` pour chaque surface !). `positionJoueur` est en revanche un peu différente : elle indique à quelle case sur la carte se trouve actuellement le joueur. Enfin, la variable `event` traitera les événements.

Variables plus « classiques »

J'ai aussi besoin de me créer des variables un peu plus classiques de type `int` (entier).

```
int continuer = 1, objectifsRestants = 0, i = 0, j = 0;
int carte[NB_BLOCS_LARGEUR][NB_BLOCS_HAUTEUR] = {0};
```

`continuer` et `objectifsRestants` sont des booléens. `i` et `j` sont des petites variables qui vont me permettre de parcourir le tableau `carte`.

C'est là que les choses deviennent vraiment intéressantes. J'ai en effet créé un tableau à deux dimensions. Je ne vous ai pas parlé de ce type de tableaux auparavant[4], mais c'est justement le moment idéal pour vous apprendre ce que c'est. Ce n'est pas bien compliqué, vous allez voir.

Regardez la définition de plus près :

```
int carte[NB_BLOCS_LARGEUR][NB_BLOCS_HAUTEUR] = {0};
```

En fait, il s'agit d'un tableau d'`int` (entiers) qui a la particularité d'avoir deux paires de crochets `[ ]`. Si vous vous souvenez bien de `constantes.h`, `NB_BLOCS_LARGEUR` et `NB_BLOCS_HAUTEUR` sont des constantes qui valent toutes les deux 12.

Ce tableau sera donc à la compilation créé comme ceci :

```
int carte[12][12] = {0};
```

Mais qu'est-ce que ça veut dire ?

Ça veut dire que pour chaque « case » de `carte`, il y a 12 sous-cases. Il y aura donc les variables suivantes :

```
carte[0][0]
carte[0][1]
carte[0][2]
carte[0][3]
carte[0][4]
carte[0][5]
carte[0][6]
carte[0][7]
carte[0][8]
carte[0][9]
carte[0][10]
carte[0][11]
carte[1][0]
carte[1][1]
carte[1][2]
carte[1][3]
```

[4] Je n'ai pas eu l'occasion d'en parler auparavant ; de plus, ajouter ces explications dans le chapitre sur les tableaux l'aurait rendu un peu indigeste.

```
carte[1][4]
carte[1][5]
carte[1][6]
carte[1][7]
carte[1][8]
carte[1][9]
carte[1][10]
...
carte[11][2]
carte[11][3]
carte[11][4]
carte[11][5]
carte[11][6]
carte[11][7]
carte[11][8]
carte[11][9]
carte[11][10]
carte[11][11]
```

C'est donc un tableau de 12 * 12 = 144 cases ! Chacune des ces cases représente une case de la carte.

La fig. 24.3 vous donne une idée de la façon dont la carte est représentée.

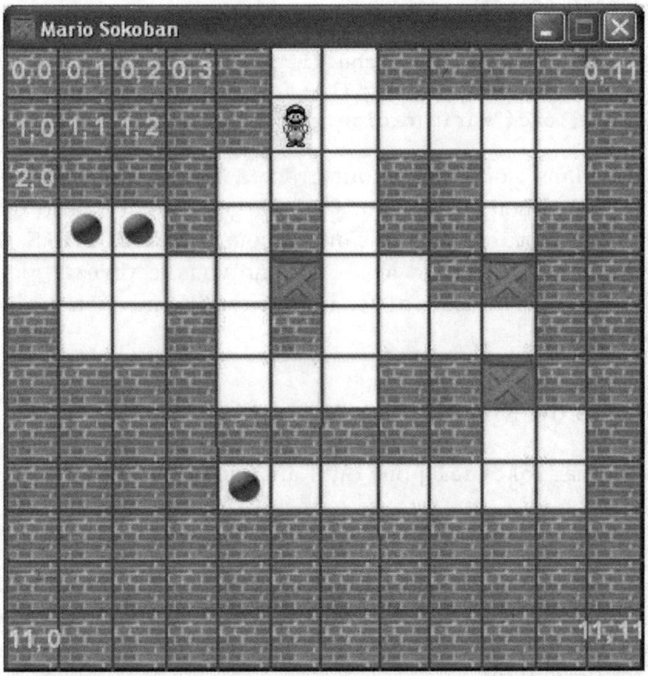

FIG. 24.3 – Découpage de la carte

Ainsi, la case en haut à gauche est stockée dans `carte[0][0]`. La case en haut à droite est stockée dans `carte[0][11]`. La case en bas à droite (la toute dernière) est stockée dans `carte[11][11]`.

Selon la valeur de la case (qui est un nombre entier), on sait si la case contient un mur, une caisse, un objectif, etc.). C'est justement là que va servir notre énumération de tout à l'heure !

```
enum {VIDE, MUR, CAISSE, OBJECTIF, MARIO, CAISSE_OK};
```

Si la case vaut `VIDE` (0) on sait que cette partie de l'écran devra rester blanche. Si elle vaut `MUR` (1), on sait qu'il faudra blitter une image de mur, etc.

Initialisations

Chargement des surfaces

Maintenant qu'on a passé en revue toutes les variables de la fonction `jouer`, on peut commencer à faire quelques initialisations :

```
// Chargement des sprites (décors, personnage...)
mur = IMG_Load("mur.jpg");
caisse = IMG_Load("caisse.jpg");
caisseOK = IMG_Load("caisse_ok.jpg");
objectif = IMG_Load("objectif.png");
mario[BAS] = IMG_Load("mario_bas.gif");
mario[GAUCHE] = IMG_Load("mario_gauche.gif");
mario[HAUT] = IMG_Load("mario_haut.gif");
mario[DROITE] = IMG_Load("mario_droite.gif");
```

Rien de sorcier là-dedans : on charge tout grâce à `IMG_Load`. S'il y a une petite particularité, c'est le chargement de `mario`. On charge en effet Mario dans chacune des directions dans le tableau `mario` en utilisant les constantes `HAUT`, `BAS`, `GAUCHE`, `DROITE`. Le fait d'utiliser les constantes rend ici — comme vous le voyez — le code plus clair. On aurait très bien pu écrire `mario[0]`, mais c'est quand même plus lisible d'avoir `mario[HAUT]` par exemple !

Orientation initiale du Mario (`marioActuel`)

On initialise ensuite `marioActuel` pour qu'il ait une direction au départ :

```
marioActuel = mario[BAS]; // Mario sera dirigé vers le bas au départ
```

J'ai trouvé plus logique de commencer la partie avec un Mario qui regarde vers le bas (c'est-à-dire vers nous). Si vous voulez, vous pouvez changer cette ligne et mettre :

```
marioActuel = mario[DROITE];
```

Vous verrez que Mario sera alors orienté vers la droite au début du jeu.

Chargement de la carte

Maintenant, il va falloir remplir notre tableau à deux dimensions `carte`. Pour l'instant, ce tableau ne contient que des 0. Il faut lire le niveau qui est stocké dans le fichier `niveaux.lvl`.

```
// Chargement du niveau
if (!chargerNiveau(carte))
    exit(EXIT_FAILURE); // On arrête le jeu si on n'a pas pu charger le niveau
```

J'ai choisi de faire gérer le chargement (et l'enregistrement) de niveaux par des fonctions situées dans `fichiers.c`. Ici, on appelle donc la fonction `chargerNiveau`. On l'étudiera plus en détails plus loin (elle n'est pas très compliquée, de toute manière). Tout ce qui nous intéresse ici c'est de savoir que notre niveau a été chargé dans le tableau `carte`.

Si le niveau n'a pas pu être chargé (parce que `niveaux.lvl` n'existe pas), la fonction renverra « faux ». Sinon, elle renverra « vrai ».

On teste donc le résultat du chargement dans une condition. Si le résultat est négatif (d'où le point d'exclamation qui sert à exprimer la négation), on arrête tout : on appelle `exit`. Sinon, c'est que tout va bien et on peut continuer.

Nous possédons maintenant un tableau `carte` qui décrit le contenu de chaque case : `MUR`, `VIDE`, `CAISSE`...

Recherche de la position de départ de Mario

Il faut maintenant initialiser la variable `positionJoueur`. Cette variable, de type `SDL_Rect`, est un peu particulière. On ne s'en sert pas pour stocker des coordonnées en pixels. On s'en sert pour stocker des coordonnées en « cases » sur la carte. Ainsi, si on a :

`positionJoueur.x == 11 positionJoueur.y == 11`

... c'est que le joueur se trouve dans la toute dernière case en bas à droite de la carte. Reportez-vous au schéma de la carte de la fig. 24.3 pour bien voir à quoi ça correspond si vous avez (déjà) oublié.

On doit parcourir notre tableau `carte` à deux dimensions à l'aide d'une double boucle. On utilise la petite variable `i` pour parcourir le tableau verticalement et la variable `j` pour le parcourir horizontalement :

```
// Recherche de la position de Mario au départ
for (i = 0 ; i < NB_BLOCS_LARGEUR ; i++)
{
    for (j = 0 ; j < NB_BLOCS_HAUTEUR ; j++)
    {
        if (carte[i][j] == MARIO) // Si Mario se trouve à cette position
```

```
        {
            positionJoueur.x = i;
            positionJoueur.y = j;
            carte[i][j] = VIDE;
        }
    }
}
```

À chaque case, on teste si elle contient `MARIO` (c'est-à-dire le départ du joueur sur la carte). Si c'est le cas, on stocke les coordonnées actuelles (situées dans `i` et `j`) dans la variable `positionJoueur`. On efface aussi la case en la mettant à `VIDE` pour qu'elle soit considérée comme une case vide par la suite.

Activation de la répétition des touches

Dernière chose, très simple : on active la répétition des touches pour qu'on puisse se déplacer sur la carte en laissant une touche enfoncée.

```
// Activation de la répétition des touches
SDL_EnableKeyRepeat(100, 100);
```

La boucle principale

Pfiou ! Nos initialisations sont faites, on peut maintenant s'occuper de la boucle principale.

C'est une boucle classique qui fonctionne sur le même schéma que celles qu'on a vues jusqu'ici. Elle est juste un peu plus grosse et un peu plus complète (faut c'qui faut comme on dit !).

Regardons de plus près le `switch` qui teste l'événement :

```
switch(event.type)
{
    case SDL_QUIT:
        continuer = 0;
        break;
    case SDL_KEYDOWN:
        switch(event.key.keysym.sym)
        {
            case SDLK_ESCAPE:
                continuer = 0;
                break;
            case SDLK_UP:
                marioActuel = mario[HAUT];
                deplacerJoueur(carte, &positionJoueur, HAUT);
                break;
            case SDLK_DOWN:
```

```
                marioActuel = mario[BAS];
                deplacerJoueur(carte, &positionJoueur, BAS);
                break;
            case SDLK_RIGHT:
                marioActuel = mario[DROITE];
                deplacerJoueur(carte, &positionJoueur, DROITE);
                break;
            case SDLK_LEFT:
                marioActuel = mario[GAUCHE];
                deplacerJoueur(carte, &positionJoueur, GAUCHE);
                break;
        }
        break;
}
```

Si on appuie sur la touche `Echap`, le jeu s'arrêtera et on retournera au menu principal.

Comme vous le voyez, il n'y a pas 36 événements différents à gérer : on teste juste si le joueur appuie sur les touches « haut », « bas », « gauche » ou « droite » de son clavier. Selon la touche enfoncée, on change la direction de Mario. C'est là qu'intervient `marioActuel` ! Si on appuie vers le haut, alors :

```
marioActuel = mario[HAUT];
```

Si on appuie vers le bas, alors :

```
marioActuel = mario[BAS];
```

`marioActuel` pointe donc sur la surface représentant Mario dans la position actuelle. C'est ainsi qu'en blittant `marioActuel` tout à l'heure, on sera certain de blitter Mario dans la bonne direction.

Maintenant, chose très importante : on appelle une fonction `deplacerJoueur`. Cette fonction va déplacer le joueur sur la carte s'il a le droit de le faire.

- Par exemple, on ne peut pas faire monter Mario d'un cran vers le haut s'il se trouve déjà tout en haut de la carte.
- On ne peut pas non plus le faire monter s'il y a un mur au-dessus de lui.
- On ne peut pas le faire monter s'il y a deux caisses au-dessus de lui.
- Par contre, on peut le faire monter s'il y a juste une caisse au-dessus de lui.
- Mais attention, on ne peut pas le faire monter s'il y a une caisse au-dessus de lui et que la caisse se trouve au bord de la carte !

Oh la la, c'est quoi ce bazar ?

C'est ce qu'on appelle **la gestion des collisions**. Si ça peut vous rassurer, ici c'est une gestion des collisions extrêmement simple, vu que le joueur se déplace par « cases » et dans seulement quatre directions possibles à la fois. Dans un jeu 2D où on peut se déplacer dans toutes les directions pixel par pixel, la gestion des collisions est bien plus complexe.

Mais il y a pire : la 3D. La gestion des collisions dans un jeu 3D est vraiment la bête noire des programmeurs. Heureusement, il existe des bibliothèques de gestion des collisions en 3D qui font le gros du travail à notre place.

Revenons à la fonction `deplacerJoueur` et concentrons-nous. On lui envoie trois paramètres :

- la carte : pour qu'elle puisse la lire mais aussi la modifier, si on déplace une caisse par exemple ;
- la position du joueur : là aussi, la fonction devra lire et éventuellement modifier la position du joueur ;
- la direction dans laquelle on demande à aller : on utilise là encore les constantes `HAUT`, `BAS`, `GAUCHE`, `DROITE` pour plus de lisibilité.

Nous étudierons la fonction `deplacerJoueur` plus loin. J'aurais très bien pu mettre tous les tests dans le `switch`, mais celui-ci serait devenu énorme et illisible. C'est là que découper son programme en fonctions prend tout son intérêt.

Blittons, blittons, la queue du cochon

Notre `switch` est terminé : à ce stade du programme, la carte et le joueur ont probablement changé. Quoi qu'il en soit, c'est l'heure du blit !

On commence par effacer l'écran en lui donnant une couleur de fond blanche :

```
// Effacement de l'écran
SDL_FillRect(ecran, NULL, SDL_MapRGB(ecran->format, 255, 255, 255));
```

Et maintenant, on parcourt tout notre tableau à deux dimensions `carte` pour savoir quel élément blitter à quel endroit sur l'écran. On effectue une double boucle comme on l'a vu plus tôt pour parcourir toutes les 144 cases du tableau :

```
// Placement des objets à l'écran
objectifsRestants = 0;

for (i = 0 ; i < NB_BLOCS_LARGEUR ; i++)
{
    for (j = 0 ; j < NB_BLOCS_HAUTEUR ; j++)
    {
        position.x = i * TAILLE_BLOC;
        position.y = j * TAILLE_BLOC;

        switch(carte[i][j])
        {
            case MUR:
                SDL_BlitSurface(mur, NULL, ecran, &position);
```

```
                break;
            case CAISSE:
                SDL_BlitSurface(caisse, NULL, ecran, &position);
                break;
            case CAISSE_OK:
                SDL_BlitSurface(caisseOK, NULL, ecran, &position);
                break;
            case OBJECTIF:
                SDL_BlitSurface(objectif, NULL, ecran, &position);
                objectifsRestants = 1;
                break;
        }
    }
}
```

Pour chacune des cases, on prépare la variable `position` (de type `SDL_Rect`) pour placer l'élément actuel à la bonne position sur l'écran. Le calcul est très simple :

```
position.x = i * TAILLE_BLOC;
position.y = j * TAILLE_BLOC;
```

Il suffit de multiplier `i` par `TAILLE_BLOC` pour avoir `position.x`. Ainsi, si on se trouve à la troisième case, c'est que `i` vaut 2 (n'oubliez pas que `i` commence à 0 !). On fait donc le calcul 2 * 34 = 68. On blittera donc l'image 68 pixels vers la droite sur `ecran`. On fait la même chose pour les ordonnées `y`.

Ensuite, on fait un `switch` sur la case de la carte qu'on est en train d'analyser. Là encore, avoir défini des constantes est vraiment pratique et rend les choses plus lisibles. On teste donc si la case vaut `MUR`, dans ce cas on blitte un mur. De même pour les caisses et les objectifs.

Test de victoire

Vous remarquerez qu'avant la double boucle, on initialise le booléen `objectifsRestants` à 0. Ce booléen sera mis à 1 dès qu'on aura détecté un objectif sur la carte. S'il ne reste plus d'objectifs, c'est que toutes les caisses sont sur des objectifs (il n'y a plus que des `CAISSE_OK`).

Il suffit de tester si le booléen vaut « faux », c'est-à-dire s'il ne reste plus d'objectifs. Dans ce cas, on met la variable `continuer` à 0 pour arrêter la partie :

```
// Si on n'a trouvé aucun objectif sur la carte, c'est qu'on a gagné
if (!objectifsRestants)
    continuer = 0;
```

Le joueur

Il nous reste à blitter le joueur :

```
// On place le joueur à la bonne position
position.x = positionJoueur.x * TAILLE_BLOC;
position.y = positionJoueur.y * TAILLE_BLOC;
SDL_BlitSurface(marioActuel, NULL, ecran, &position);
```

On calcule sa position (en pixels cette fois) en faisant une simple multiplication entre `positionJoueur` et `TAILLE_BLOC`. On blitte ensuite le joueur à la position indiquée.

Flip !

On a tout fait, il ne nous reste plus qu'à afficher l'écran au joueur :

```
SDL_Flip(ecran);
```

Fin de la fonction : déchargements

Après la boucle principale, on doit faire quelques `FreeSurface` pour libérer la mémoire des sprites qu'on a chargés. On désactive aussi la répétition des touches en envoyant les valeurs 0 à la fonction `SDL_EnableKeyRepeat` :

```
// Désactivation de la répétition des touches (remise à 0)
SDL_EnableKeyRepeat(0, 0);

// Libération des surfaces chargées
SDL_FreeSurface(mur);
SDL_FreeSurface(caisse);
SDL_FreeSurface(caisseOK);
SDL_FreeSurface(objectif);
for (i = 0 ; i < 4 ; i++)
    SDL_FreeSurface(mario[i]);
```

La fonction `deplacerJoueur`

La fonction `deplacerJoueur` se trouve elle aussi dans `jeu.c`. C'est une fonction... assez délicate à écrire. C'est peut-être la principale difficulté que l'on rencontre lorsqu'on code un jeu de Sokoban.

Rappel : la fonction `deplacerJoueur` vérifie si on a le droit de déplacer le joueur dans la direction demandée. Elle met à jour la position du joueur (`positionJoueur`) et aussi la carte si une caisse a été déplacée.

Voici le prototype de la fonction :

```
void deplacerJoueur(int carte[][NB_BLOCS_HAUTEUR], SDL_Rect *pos, int direction);
```

Ce prototype est un peu particulier. Vous voyez que j'envoie le tableau `carte` et que je précise la taille de la deuxième dimension (`NB_BLOCS_HAUTEUR`). Pourquoi cela ?

La réponse est un peu compliquée pour que je la développe au milieu de ce cours. Pour faire simple, le C ne devine pas qu'il s'agit d'un tableau à deux dimensions et il faut au moins donner la taille de la seconde dimension pour que ça fonctionne. Donc, lorsque vous envoyez un tableau à deux dimensions à une fonction, vous devez indiquer la taille de la seconde dimension dans le prototype. C'est comme ça, c'est obligatoire.

Autre chose : vous noterez que `positionJoueur` s'appelle en fait `pos` dans cette fonction. J'ai choisi de raccourcir le nom parce que c'est plus court à écrire, et vu qu'on va avoir besoin de l'écrire de nombreuses fois, autant ne pas se fatiguer.

Commençons par tester la direction dans laquelle on veut aller via un grand `switch` :

```
switch(direction)
{
    case HAUT:
    /* etc. */
```

Et c'est parti pour des tests de folie !

Il faut maintenant écrire tous les tests de tous les cas possibles, en essayant de ne pas en oublier un seul.

Voici comment je procède : je teste toutes les possibilités de collision cas par cas, et dès que je détecte une collision (qui fait que le joueur ne peut pas bouger), je fais un `break ;` pour sortir du `switch`, et donc empêcher le déplacement.

Voici par exemple toutes les possibilités de collision qui existent pour un joueur qui veut se déplacer vers le haut :

- le joueur est déjà tout en haut de la carte ;
- il y a un mur au-dessus du joueur ;
- il y a deux caisses au-dessus du joueur (et il ne peut pas déplacer deux caisses à la fois, rappelez-vous) ;
- il y a une caisse puis le bord de la carte.

Si tous ces tests sont ok, alors je me permets de déplacer le joueur.

Je vais vous montrer les tests pour un déplacement vers le haut. Pour les autres sens, il suffira d'adapter un petit peu le code.

```
if (pos->y - 1 < 0) // Si le joueur dépasse l'écran, on arrête
    break;
```

On commence par vérifier si le joueur est déjà tout en haut de l'écran. En effet, si on essayait d'appeler `carte[5][-1]` par exemple, ce serait le plantage du programme assuré ! On commence donc par vérifier qu'on ne va pas « déborder » de l'écran.

Ensuite :

```
if (carte[pos->x][pos->y - 1] == MUR) // S'il y a un mur, on arrête
    break;
```

Là encore c'est simple. On vérifie s'il n'y a pas un mur au-dessus du joueur. Si tel est le cas, on arrête (`break`).

Ensuite (attention les yeux) :

```
// Si on veut pousser une caisse, il faut vérifier qu'il n'y a pas de mur
↪ derrière (ou une autre caisse, ou la limite du monde)
if ((carte[pos->x][pos->y - 1] == CAISSE || carte[pos->x][pos->y - 1] ==
↪ CAISSE_OK) &&
    (pos->y - 2 < 0 || carte[pos->x][pos->y - 2] == MUR ||
    carte[pos->x][pos->y - 2] == CAISSE || carte[pos->x][pos->y - 2] ==
↪ CAISSE_OK))
    break;
```

Ce gros test peut se traduire comme ceci : « SI au-dessus du joueur il y a une `caisse` (ou une `caisse_ok`, c'est-à-dire une caisse bien placée) ET SI au-dessus de cette caisse il y a soit le vide (on déborde du niveau car on est tout en haut), soit une autre caisse, soit une caisse_ok : ALORS on ne peut pas se déplacer : `break`. »

Si on arrive à passer ce test, on a le droit de déplacer le joueur. Ouf ! On appelle d'abord une fonction qui va déplacer une caisse si nécessaire :

```
// Si on arrive là, c'est qu'on peut déplacer le joueur !
// On vérifie d'abord s'il y a une caisse à déplacer
deplacerCaisse(&carte[pos->x][pos->y - 1], &carte[pos->x][pos->y - 2]);
```

Le déplacement de caisse : `deplacerCaisse`

J'ai choisi de gérer le déplacement de caisse dans une autre fonction car c'est le même code pour les quatre directions. On doit juste s'être assuré avant qu'on a le droit de se déplacer (ce qu'on vient de faire). On envoie à la fonction deux paramètres : le contenu de la case dans laquelle on veut aller et le contenu de la case d'après.

```
void deplacerCaisse(int *premiereCase, int *secondeCase)
{
    if (*premiereCase == CAISSE || *premiereCase == CAISSE_OK)
    {
        if (*secondeCase == OBJECTIF)
            *secondeCase = CAISSE_OK;
        else
            *secondeCase = CAISSE;

        if (*premiereCase == CAISSE_OK)
            *premiereCase = OBJECTIF;
        else
            *premiereCase = VIDE;
    }
}
```

Cette fonction met à jour la carte car elle prend en paramètres des pointeurs sur les cases concernées. Je vous laisse la lire, c'est assez simple à comprendre. Il ne faut pas oublier que si on déplace une CAISSE_OK, il faut remplacer la case où elle se trouvait par un OBJECTIF. Sinon, si c'est une simple CAISSE, alors on remplace la case en question par du VIDE.

Déplacer le joueur

On retourne dans la fonction deplacerJoueur. Cette fois c'est la bonne, on peut déplacer le joueur.

Comment fait-on ? C'est très très simple :

```
pos->y--; // On peut enfin faire monter le joueur (oufff !)
```

Il suffit de diminuer l'ordonnée y (car le joueur veut monter).

Résumé

En guise de résumé, voici tous les tests pour le cas HAUT :

```
switch(direction)
{
    case HAUT:
        if (pos->y - 1 < 0) // Si le joueur dépasse l'écran, on arrête
            break;
        if (carte[pos->x][pos->y - 1] == MUR) // S'il y a un mur, on arrête
            break;
        // Si on veut pousser une caisse, il faut vérifier qu'il n'y a pas de
↪       mur derrière (ou une autre caisse, ou la limite du monde)
        if ((carte[pos->x][pos->y - 1] == CAISSE || carte[pos->x][pos->y - 1] ==
↪       CAISSE_OK) &&
            (pos->y - 2 < 0 || carte[pos->x][pos->y - 2] == MUR ||
            carte[pos->x][pos->y - 2] == CAISSE || carte[pos->x][pos->y - 2] ==
↪           CAISSE_OK))
            break;

        // Si on arrive là, c'est qu'on peut déplacer le joueur !
        // On vérifie d'abord s'il y a une caisse à déplacer
        deplacerCaisse(&carte[pos->x][pos->y - 1], &carte[pos->x][pos->y - 2]);

        pos->y--; // On peut enfin faire monter le joueur (oufff !)
        break;
```

Je vous laisse le soin de faire du copier-coller pour les autres cas (attention, il faudra adapter le code, ce n'est pas exactement pareil à chaque fois !).

Et voilà, on vient de finir de coder le jeu ! Enfin presque : il nous reste à voir la fonction de chargement (et de sauvegarde) de niveaux. On verra ensuite comment créer l'éditeur[5].

Chargement et enregistrement de niveaux

Le fichier `fichiers.c` contient deux fonctions :

- `chargerNiveau` ;
- `sauvegarderNiveau`.

Commençons par le chargement de niveau.

`chargerNiveau`

Cette fonction prend un paramètre : la carte. Là encore, il faut préciser la taille de la seconde dimension car il s'agit d'un tableau à deux dimensions. La fonction renvoie un booléen : « vrai » si le chargement a réussi, « faux » si c'est un échec.

Le prototype est donc :

```
int chargerNiveau(int niveau[][NB_BLOCS_HAUTEUR]);
```

Voyons le début de la fonction :

```
FILE* fichier = NULL;
char ligneFichier[NB_BLOCS_LARGEUR * NB_BLOCS_HAUTEUR + 1] = {0};
int i = 0, j = 0;

fichier = fopen("niveaux.lvl", "r");
if (fichier == NULL)
    return 0;
```

On crée un tableau de `char` pour stocker temporairement le résultat du chargement du niveau. On ouvre le fichier en lecture seule (`"r"`). On arrête la fonction en renvoyant 0 (« faux ») si l'ouverture a échoué. Classique.

Le fichier `niveaux.lvl` contient une ligne qui est une suite de nombres. Chaque nombre représente une case du niveau. Par exemple :

```
11111001111111111400000111110001100103310101101100000200121110 [...]
```

On va donc lire cette ligne avec un `fgets` :

```
fgets(ligneFichier, NB_BLOCS_LARGEUR * NB_BLOCS_HAUTEUR + 1, fichier);
```

[5]Rassurez-vous, ça ira bien plus vite !

On va analyser le contenu de `ligneFichier`. On sait que les 12 premiers caractères représentent la première ligne, les 12 suivants la seconde ligne, etc.

```
for (i = 0 ; i < NB_BLOCS_LARGEUR ; i++)
{
    for (j = 0 ; j < NB_BLOCS_HAUTEUR ; j++)
    {
        switch (ligneFichier[(i * NB_BLOCS_LARGEUR) + j])
        {
            case '0':
                niveau[j][i] = 0;
                break;
            case '1':
                niveau[j][i] = 1;
                break;
            case '2':
                niveau[j][i] = 2;
                break;
            case '3':
                niveau[j][i] = 3;
                break;
            case '4':
                niveau[j][i] = 4;
                break;
        }
    }
}
```

Par un simple petit calcul, on prend le caractère qui nous intéresse dans `ligneFichier` et on analyse sa valeur.

Ce sont des « lettres » qui sont stockées dans le fichier. Je veux dire par là que `'0'` est stocké comme le caractère ASCII `'0'`, et sa valeur n'est pas 0 ! Pour analyser le fichier, il faut tester avec `case '0'` et non avec `case 0` ! Attention à ne pas mélanger les chiffres et les lettres !

Le `switch` fait la conversion `'0'` => 0, `'1'` => 1, etc. Il place tout dans le tableau `carte`[6].

Une fois que c'est fait, on peut fermer le fichier et renvoyer 1 pour dire que tout s'est bien passé :

```
fclose(fichier);
return 1;
```

Finalement, le chargement du niveau dans le fichier n'était pas bien compliqué. Le seul piège à éviter c'était de bien penser à convertir la valeur ASCII `'0'` en un nombre 0 (et de même pour 1, 2, 3, 4...).

[6] La carte s'appelle `niveau` dans cette fonction d'ailleurs, mais ça ne change rien.

sauvegarderNiveau

Cette fonction est là encore simple :

```
int sauvegarderNiveau(int niveau[][NB_BLOCS_HAUTEUR])
{
    FILE* fichier = NULL;
    int i = 0, j = 0;

    fichier = fopen("niveaux.lvl", "w");
    if (fichier == NULL)
        return 0;

    for (i = 0 ; i < NB_BLOCS_LARGEUR ; i++)
    {
        for (j = 0 ; j < NB_BLOCS_HAUTEUR ; j++)
        {
            fprintf(fichier, "%d", niveau[j][i]);
        }
    }

    fclose(fichier);
    return 1;
}
```

J'utilise `fprintf` pour « traduire » les nombres du tableau `niveau` en caractères ASCII. C'était là encore la seule difficulté (mais à l'envers) : il ne faut pas écrire 0 mais `'0'`.

L'éditeur de niveaux

L'éditeur de niveaux est plus facile à créer qu'on ne pourrait l'imaginer. En plus c'est une fonctionnalité qui va considérablement allonger la durée de vie de notre jeu, alors pourquoi s'en priver ?

Voilà comment l'éditeur va fonctionner.

- On utilise la souris pour placer les blocs qu'on veut sur l'écran.
- Un clic droit efface le bloc sur lequel se trouve la souris.
- Un clic gauche place un objet. Cet objet est mémorisé : par défaut, on pose des murs avec le clic gauche. On peut changer l'objet en cours en appuyant sur les touches du pavé numérique :
  - 1 : mur,
  - 2 : caisse,
  - 3 : objectif,
  - 4 : départ du joueur Mario.
- En appuyant sur S, le niveau sera sauvegardé.
- On peut revenir au menu principal en appuyant sur `Echap`.

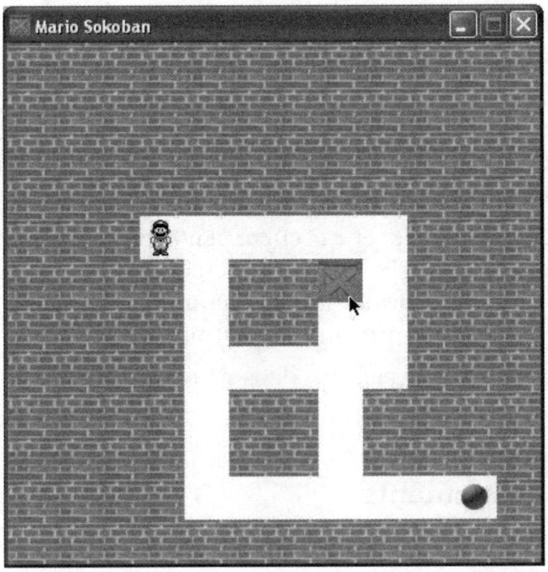

FIG. 24.4 – Édition d'un niveau avec l'éditeur

Initialisations

Globalement, la fonction ressemble à celle du jeu. J'ai d'ailleurs commencé à la créer en faisant un simple copier-coller de la fonction de jeu, puis en enlevant ce qui ne servait plus et en ajoutant de nouvelles fonctionnalités.

Le début y ressemble déjà pas mal :

```
void editeur(SDL_Surface* ecran)
{
    SDL_Surface *mur = NULL, *caisse = NULL, *objectif = NULL, *mario = NULL;
    SDL_Rect position;
    SDL_Event event;

    int continuer = 1, clicGaucheEnCours = 0, clicDroitEnCours = 0;
    int objetActuel = MUR, i = 0, j = 0;
    int carte[NB_BLOCS_LARGEUR][NB_BLOCS_HAUTEUR] = {0};

    // Chargement des objets et du niveau
    mur = IMG_Load("mur.jpg");
    caisse = IMG_Load("caisse.jpg");
    objectif = IMG_Load("objectif.png");
    mario = IMG_Load("mario_bas.gif");

    if (!chargerNiveau(carte))
        exit(EXIT_FAILURE);
```

Là, vous avez les définitions de variables et les initialisations. Vous remarquerez que je ne charge qu'un Mario (celui dirigé vers le bas). En effet, on ne va pas diriger Mario au clavier là, on a juste besoin d'un sprite représentant la position de départ de Mario.

La variable `objetActuel` retient l'objet actuellement sélectionné par l'utilisateur. Par défaut, c'est un `MUR`. Le clic gauche créera donc un mur au départ, mais cela pourra être changé par l'utilisateur en appuyant sur 1, 2, 3 ou 4.

Les booléens `clicGaucheEnCours` et `clicDroitEnCours`, comme leurs noms l'indiquent, permettent de mémoriser si un clic est en cours (si le bouton de la souris est enfoncé). Cela nous permettra de poser des objets à l'écran en laissant le bouton de la souris enfoncé[7]. Je vous expliquerai le principe un peu plus loin.

Enfin, la carte actuellement sauvegardée dans `niveaux.lvl` est chargée. Ce sera notre point de départ.

La gestion des événements

Cette fois, on va devoir gérer un nombre important d'événements différents. Allons-y, un par un.

SDL_QUIT

```
case SDL_QUIT:
    continuer = 0;
    break;
```

Si on clique sur la croix, la boucle s'arrête et on revient au menu principal[8].

SDL_MOUSEBUTTONDOWN

```
case SDL_MOUSEBUTTONDOWN:
    if (event.button.button == SDL_BUTTON_LEFT)
    {
        // On met l'objet actuellement choisi (mur, caisse...) à l'endroit du
↪       clic
        carte[event.button.x / TAILLE_BLOC][event.button.y / TAILLE_BLOC] =
↪       objetActuel;
        clicGaucheEnCours = 1; // On retient qu'un bouton est enfoncé
    }
    else if (event.button.button == SDL_BUTTON_RIGHT) // Clic droit pour effacer
    {
```

[7]Sinon on est obligé de cliquer frénétiquement avec la souris pour placer plusieurs fois le même objet à différents endroits, ce qui est un peu fatigant.

[8]Notez que ce n'est pas ce qu'il y a de plus ergonomique pour l'utilisateur : celui-ci s'attend plutôt à ce que le programme s'arrête quand on clique sur la croix, or ce n'est pas ce qu'il se passe ici car on ne fait que revenir au menu. Il faudrait peut-être trouver un moyen d'arrêter le programme en renvoyant une valeur spéciale à la fonction `main` par exemple. Je vous laisse réfléchir à une solution.

```
        carte[event.button.x / TAILLE_BLOC][event.button.y /TAILLE_BLOC] = VIDE;
        clicDroitEnCours = 1;
    }
    break;
```

On commence par tester le bouton qui est enfoncé (on vérifie si c'est le clic gauche ou le clic droit) :
- si c'est un clic gauche, on place l'`objetActuel` sur la carte à la position de la souris ;
- si c'est un clic droit, on efface ce qu'il y a à cet endroit sur la carte (on met `VIDE` comme je vous avais dit).

Comment sait-on sur quelle « case » de la carte on se trouve ?

On le retrouve grâce à un petit calcul. Il suffit de prendre les coordonnées de la souris (`event.button.x` par exemple) et de diviser cette valeur par la taille d'un bloc (`TAILLE_BLOC`). C'est une division de nombres entiers. Comme en C une division de nombres entiers donne un nombre entier, on est sûr d'avoir une valeur qui corresponde à une des cases de la carte.

Par exemple, si je suis au 75e pixel sur la carte (sur l'axe des abscisses x), je divise ce nombre par `TAILLE_BLOC` qui vaut ici 34.

`75 / 34 = 2`

N'oubliez pas que le reste est ignoré. On ne garde que la partie entière de la division en C car il s'agit d'une divison de nombres entiers. On sait donc qu'on se trouve sur la case $n^{o}2$ (c'est-à-dire la troisième case, car un tableau commence à 0, souvenez-vous).

Autre exemple : si je suis au 10e pixel (c'est-à-dire très proche du bord), ça va donner le calcul suivant :

`10 / 34 = 0`

On est donc à la case $n^{o}0$!

C'est comme ça qu'un simple petit calcul nous permet de savoir sur quelle case de la carte on se situe.

```
carte[event.button.x / TAILLE_BLOC][event.button.y / TAILLE_BLOC] = objetActuel;
```

Autre chose très importante : on met un booléen `clicGaucheEnCours` (ou `clicDroit` selon le cas) à 1. Cela nous permettra de savoir lors d'un événement `MOUSEMOTION` si un bouton de la souris est enfoncé pendant le déplacement.

`SDL_MOUSEBUTTONUP`

```
case SDL_MOUSEBUTTONUP: // On désactive le booléen qui disait qu'un bouton était
↪  enfoncé
```

```
    if (event.button.button == SDL_BUTTON_LEFT)
        clicGaucheEnCours = 0;
    else if (event.button.button == SDL_BUTTON_RIGHT)
        clicDroitEnCours = 0;
    break;
```

L'événement MOUSEBUTTONUP sert simplement à remettre le booléen à 0. On sait que le clic est terminé et donc qu'il n'y a plus de « clic en cours ».

SDL_MOUSEMOTION

```
case SDL_MOUSEMOTION:
    if (clicGaucheEnCours) // Si on déplace la souris et que le bouton gauche de
↪   la souris est enfoncé
    {
        carte[event.motion.x / TAILLE_BLOC][event.motion.y / TAILLE_BLOC] =
↪       objetActuel;
    }
    else if (clicDroitEnCours) // Pareil pour le bouton droit de la souris
    {
        carte[event.motion.x / TAILLE_BLOC][event.motion.y / TAILLE_BLOC] = VIDE;
    }
    break;
```

C'est là que nos booléens prennent toute leur importance. On vérifie quand on bouge la souris si un clic est en cours. Si tel est le cas, on place sur la carte un objet (ou du vide si c'est un clic droit). Cela nous permet donc de placer d'affilée plusieurs objets du même type sans avoir à cliquer plusieurs fois. On a juste à déplacer la souris en maintenant son bouton enfoncé !

En clair : à chaque fois qu'on bouge la souris (ne serait-ce que d'un pixel), on vérifie si un des booléens est activé. Si tel est le cas, alors on pose un objet sur la carte. Sinon, on ne fait rien.

Résumé : je résume la technique, car vous vous en servirez certainement dans d'autres programmes. Cette technique permet de savoir si un bouton de la souris est enfoncé lorsqu'on la déplace. On peut s'en servir pour coder un glisser-déplacer.

1. Lors d'un `MOUSEBUTTONDOWN` : on met un booléen `clicEnCours` à 1.
2. Lors d'un `MOUSEMOTION` : on teste si le booléen `clicEnCours` vaut « vrai ». S'il vaut « vrai », on sait qu'on est en train de faire une sorte de glisser-déplacer avec la souris.
3. Lors d'un `MOUSEBUTTONUP` : on remet le booléen `clicEnCours` à 0, car le clic est terminé (relâchement du bouton de la souris).

SDL_KEYDOWN

Les touches du clavier permettent de charger et de sauvegarder le niveau ainsi que de changer l'objet actuellement sélectionné pour le clic gauche de la souris.

```
case SDL_KEYDOWN:
    switch(event.key.keysym.sym)
    {
        case SDLK_ESCAPE:
            continuer = 0;
            break;
        case SDLK_s:
            sauvegarderNiveau(carte);
            break;
        case SDLK_c:
            chargerNiveau(carte);
            break;
        case SDLK_KP1:
            objetActuel = MUR;
            break;
        case SDLK_KP2:
            objetActuel = CAISSE;
            break;
        case SDLK_KP3:
            objetActuel = OBJECTIF;
            break;
        case SDLK_KP4:
            objetActuel = MARIO;
            break;
    }
    break;
```

Ce code est très simple. On change l'objet actuel si on appuie sur une des touches numériques, on enregistre le niveau si on appuie sur S, ou on charge le dernier niveau enregistré si on appuie sur C.

Blit time !

Voilà : on a passé en revue tous les événements. Maintenant, on n'a plus qu'à blitter chacun des éléments de la carte à l'aide d'une double boucle. C'est à peu de choses près le même code que celui de la fonction de jeu. Je vous le redonne, mais pas la peine de vous le réexpliquer ici.

```
// Effacement de l'écran
SDL_FillRect(ecran, NULL, SDL_MapRGB(ecran->format, 255, 255, 255));

// Placement des objets à l'écran
for (i = 0 ; i < NB_BLOCS_LARGEUR ; i++)
```

```
{
    for (j = 0 ; j < NB_BLOCS_HAUTEUR ; j++)
    {
        position.x = i * TAILLE_BLOC;
        position.y = j * TAILLE_BLOC;

        switch(carte[i][j])
        {
            case MUR:
                SDL_BlitSurface(mur, NULL, ecran, &position);
                break;
            case CAISSE:
                SDL_BlitSurface(caisse, NULL, ecran, &position);
                break;
            case OBJECTIF:
                SDL_BlitSurface(objectif, NULL, ecran, &position);
                break;
            case MARIO:
                SDL_BlitSurface(mario, NULL, ecran, &position);
                break;
        }
    }
}

// Mise à jour de l'écran
SDL_Flip(ecran);
```

Il ne faut pas oublier après la boucle principale de faire les SDL_FreeSurface qui s'imposent :

```
SDL_FreeSurface(mur);
SDL_FreeSurface(caisse);
SDL_FreeSurface(objectif);
SDL_FreeSurface(mario);
```

Avec ça, le ménage est fait. :-)

Résumé et améliorations

Bien, on a fait le tour. L'heure est au résumé.

Alors résumons !

Et quel meilleur résumé pourrait-on imaginer que le code source complet du programme avec les commentaires ?

Pour éviter de vous proposer des dizaines de pages de code qui répètent tout ce qu'on vient de voir, je vous propose plutôt de télécharger le code source complet du programme ainsi que l'exécutable[9].

▷ Code web : 789039

Ce fichier .zip contient :

- l'exécutable pour Windows (si vous êtes sous un autre OS, il suffira de recompiler) ;
- les DLL de la SDL et de `SDL_Image` ;
- toutes les images dont a besoin le programme (je vous les ai fait télécharger plus tôt dans le pack « sprites ») ;
- les sources complètes du programme ;
- le fichier `.cbp` de projet Code: :Blocks. Si vous voulez ouvrir le projet sous un autre IDE, créez un nouveau projet de type SDL (configurez-le correctement pour la SDL) et ajoutez-y manuellement tous les fichiers `.c` et `.h`. Ce n'est pas bien compliqué, vous verrez.

Vous noterez que le projet contient, en plus des `.c` et des `.h`, un fichier `ressources.rc`. C'est un fichier qui peut être ajouté au projet (uniquement sous Windows) et qui permet d'intégrer des fichiers dans l'exécutable. Ici, je me sers du fichier de ressources pour intégrer une icône dans l'exécutable. Cela aura pour effet de donner une icône à l'exécutable, visible dans l'explorateur Windows (fig. 24.5).

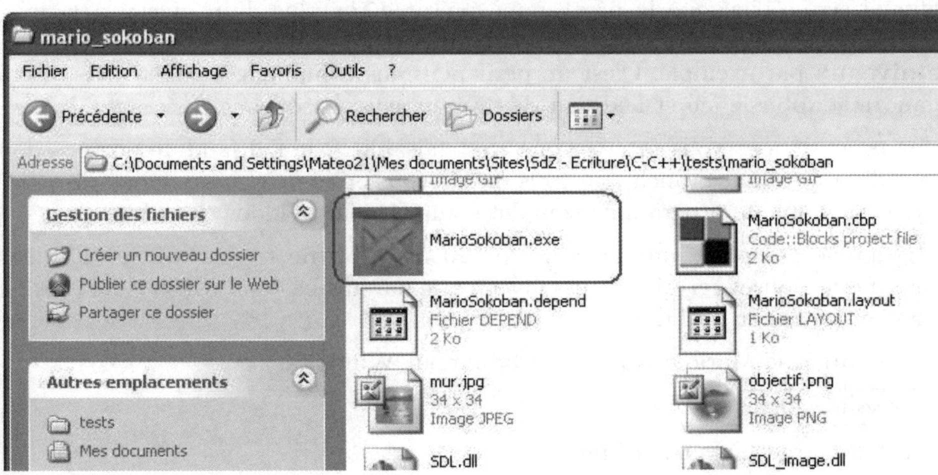

FIG. 24.5 – Intégration d'une icône à l'exécutable

Avouez que c'est quand même plus sympa que d'avoir l'icône par défaut de Windows pour les exécutables !

Vous trouverez plus d'informations sur cette technique sur le Site du Zéro.

▷ Code web : 862237

[9] Compilé pour Windows.

Améliorez !

Ce programme n'est pas parfait, loin de là ! Vous voulez des idées pour l'améliorer ?

- Il manque un **mode d'emploi**. Affichez un écran d'explications juste avant le lancement d'une partie et avant le lancement de l'éditeur. Indiquez en particulier les touches à utiliser.
- Dans l'éditeur de niveaux, on ne sait pas quel est l'objet actuellement sélectionné. Ce qui serait bien, c'est que **l'objet actuellement sélectionné** suive le curseur de la souris. Comme ça, l'utilisateur verrait ce qu'il s'apprête à mettre sur la carte. C'est facile à faire : on a déjà fait un Zozor qui suit le curseur de la souris dans le chapitre précédent !
- Dans l'éditeur de niveaux, on apprécierait de pouvoir choisir **une CAISSE_OK** (une caisse bien placée sur un objectif dès le départ). En effet, je me suis rendu compte par la suite qu'il y a de nombreux niveaux qui commencent avec des caisses bien placées dès le départ (ça ne veut pas dire que le niveau est plus facile, loin de là).
- Dans l'éditeur toujours, il faudrait **empêcher que l'on puisse placer plus d'un départ de joueur sur une même carte** !
- Lorsqu'on réussit un niveau, on retourne immédiatement au menu. C'est un peu brut. Que diriez-vous d'**afficher un message « Bravo »** au centre de l'écran quand on gagne ?
- Enfin, il serait bien que le programme puisse gérer plus d'un niveau à la fois. Il faudrait que l'on puisse créer **une véritable petite aventure d'une vingtaine de niveaux** par exemple. C'est un petit peu plus compliqué à coder mais faisable. Il faudra adapter le jeu et l'éditeur de niveaux en conséquence[10].

Comme promis, pour vous prouver que c'est faisable... je l'ai fait ! Je ne vous donne pas le code source, en revanche (je crois que je vous en ai déjà assez donné jusqu'ici !), mais je vous donne le programme complet compilé pour Windows et Linux.

Le programme comporte une aventure de 20 niveaux (de très très facile à... super difficile). Pour réaliser certains de ces niveaux, je me suis basé sur le site d'un passionné de Sokoban (`sokoban.online.fr`).

Pour télécharger le Mario Sokoban amélioré pour Windows[11] :

▷ Code web : 401636

Et pour télécharger la version Linux :

▷ Code web : 630715

[10] Je vous suggère de mettre un niveau par ligne dans `niveaux.lvl`.

[11] Le programme d'installation a été créé à l'aide d'Inno Setup. Pour plus d'informations, voir l'annexe du Site du Zéro (code web : 851504)

Chapitre 25

Maîtrisez le temps !

Difficulté :

Ce chapitre est d'une importance capitale : il va vous apprendre à contrôler le temps en SDL. Il est rare que l'on crée un programme SDL sans faire appel aux fonctions de gestion du temps, bien que le TP Mario Sokoban constitue un contre-exemple. Il n'en reste pas moins que pour la majorité des jeux, la gestion du temps est fondamentale.

Par exemple, comment vous y prendriez-vous pour réaliser un Tetris ou un Snake (jeu du serpent) ? Il faut bien que les blocs bougent toutes les X secondes, ce que vous ne savez pas faire. Du moins, pas avant d'avoir lu ce chapitre. ;-)

Le *Delay* et les *ticks*

Dans un premier temps, nous allons apprendre à utiliser deux fonctions très simples :
- `SDL_Delay` : permet de mettre en pause le programme un certain nombre de millisecondes ;
- `SDL_GetTicks` : retourne le nombre de millisecondes écoulées depuis le lancement du programme.

Ces deux fonctions sont très simples comme nous allons le voir, mais bien les utiliser n'est pas si évident que ça en a l'air...

SDL_Delay

Cette fonction effectue une pause sur le programme durant un certain temps. Pendant que le programme est en pause, on dit qu'il dort (« sleep » en anglais) : il n'utilise pas le processeur.

`SDL_Delay` peut donc être utilisée pour réduire l'utilisation du processeur[1]. Grâce à `SDL_Delay`, vous pourrez rendre votre programme moins gourmand en ressources processeur. Il fera donc moins « ramer » votre PC si `SDL_Delay` est utilisée intelligemment.

Tout dépend du programme que vous créez : parfois, on aimerait bien que notre programme utilise le moins de CPU possible pour que l'utilisateur puisse faire autre chose en même temps, comme c'est le cas pour un lecteur MP3 qui tourne en fond pendant que vous naviguez sur Internet. Mais... d'autres fois, on se moque complètement que notre programme utilise tout le temps 100 % de CPU. C'est le cas de la quasi-totalité des jeux.

Revenons à la fonction qui nous intéresse. Son prototype est d'une simplicité désolante :

```
void SDL_Delay(Uint32 ms);
```

En clair, vous envoyez à la fonction le nombre de millisecondes pendant lesquelles votre programme doit « dormir ». C'est une simple mise en pause.

Par exemple, si vous voulez que votre programme se mette en pause 1 seconde, vous devrez écrire :

```
SDL_Delay(1000);
```

N'oubliez pas que ce sont des millisecondes :
- 1000 millisecondes = 1 seconde ;
- 500 millisecondes = 1/2 seconde ;
- 250 millisecondes = 1/4 seconde.

[1] Notez que j'abrègerai *CPU*, désormais. C'est une abréviation courante qui signifie *Central Processing Unit*, soit « Unité centrale de calcul ».

Vous ne pouvez rien faire dans votre programme pendant qu'il est en pause ! Un programme qui « dort » ne peut rien faire puisqu'il n'est pas actif pour l'ordinateur.

Le problème de la granularité du temps

Non, rassurez-vous, je ne vais pas vous faire un traité de physique quantique au beau milieu d'un chapitre SDL ! Toutefois, j'estime qu'il y a quelque chose que vous devez savoir : `SDL_Delay` n'est pas une fonction « parfaite ». Et ce n'est pas de sa faute, c'est la faute de votre OS (Windows, Linux, Mac OS X. . .).

Pourquoi l'OS intervient-il là-dedans ? Tout simplement parce que c'est lui qui contrôle les programmes qui tournent ! Votre programme va donc dire à l'OS : « Je dors, réveille-moi dans 1 seconde ». Mais l'OS ne va pas forcément le réveiller exactement au bout d'une seconde.

En effet, il aura peut-être un peu de retard (un retard de 10 ms en moyenne environ, ça dépend des PC). Pourquoi ? Parce que votre CPU ne peut travailler que sur un programme à la fois. Le rôle de l'OS est de dire au CPU ce sur quoi il doit travailler : « Alors, pendant 40 ms tu vas travailler sur `firefox.exe`, puis pendant 110 ms sur `explorer.exe` ; ensuite, pendant 80 ms tu vas travailler sur `programme_sdl.exe`, puis retravailler sur `firefox.exe` pendant 65 ms », etc. L'OS est le véritable chef d'orchestre de l'ordinateur !

Maintenant, imaginez qu'au bout d'une seconde un autre programme soit encore en train de travailler : il faudra qu'il ait fini pour que votre programme puisse « reprendre la main » comme on dit, c'est-à-dire être traité à nouveau par le CPU.

Qu'est-ce qu'il faut retenir ? Que votre CPU ne peut pas gérer plus d'un programme à la fois[2]. Pour donner l'impression que l'on peut faire tourner plusieurs programmes en même temps sur un ordinateur, l'OS « découpe » le temps et autorise les programmes à travailler tour à tour.

Or, cette gestion des programmes est très complexe et on ne peut donc pas avoir la garantie que notre programme sera réveillé au bout d'une seconde exactement.

Toutefois, cela dépend des PC comme je vous l'ai dit plus haut. Chez moi, j'ai pu constater que la fonction `SDL_Delay` était assez précise.

À cause de ce problème de granularité du temps, vous ne pouvez donc pas mettre en pause votre programme pendant un temps trop court. Par exemple, si vous faites :

```
SDL_Delay(1) ;
```

. . . vous pouvez être certains que votre programme ne sera pas mis en pause 1 ms mais un peu plus (peut-être 9-10 ms).

[2] C'est toutefois de moins en moins vrai. Les CPU double cœur ont en effet la capacité de travailler sur deux programmes à la fois, maintenant.

`SDL_Delay` est donc bien pratique, mais ne lui faites pas trop confiance. Elle ne mettra pas en pause votre programme pendant le temps *exact* que vous indiquez. Ce n'est pas parce que la fonction est mal codée, c'est parce que le fonctionnement d'un ordinateur est très complexe et ne permet pas d'être très précis à ce niveau.

SDL_GetTicks

Cette fonction renvoie le nombre de millisecondes écoulées depuis le lancement du programme. C'est un indicateur de temps indispensable. Cela vous permet de vous repérer dans le temps, vous allez voir !

Voici le prototype :

```
Uint32 SDL_GetTicks(void);
```

La fonction n'attend aucun paramètre, elle renvoie juste le nombre de millisecondes écoulées. Ce nombre augmente au fur et à mesure que le temps passe, inlassablement. Pour info, la doc' de la SDL indique que le nombre atteint son maximum et est réinitialisé au bout de 49 jours ! A priori votre programme SDL devrait tourner moins longtemps que ça, donc pas de souci de ce côté-là.

Utiliser SDL_GetTicks pour gérer le temps

Si `SDL_Delay` est assez facile à comprendre et à utiliser, ce n'est pas le cas de la fonction `SDL_GetTicks`. Il est temps d'apprendre à bien s'en servir... Voici un exemple ! Nous allons reprendre notre bon vieux programme avec la fenêtre affichant Zozor à l'écran (fig. 25.1).

Cette fois, au lieu de le diriger au clavier ou à la souris, nous allons faire en sorte qu'il bouge tout seul sur l'écran ! Pour faire simple, on va le faire bouger horizontalement sur la fenêtre.

On reprend pour commencer exactement le même code source que celui qu'on avait utilisé dans le chapitre sur les événements. Vous devriez pouvoir créer un programme aussi simple sans avoir besoin de mon aide, ici. Si néanmoins vous en avez besoin, vous pouvez récupérer le code source de base sur Internet.

▷ Code web : 534918

Intéressons-nous à Zozor. Nous voulons le faire bouger. Pour cela, le mieux est d'utiliser `SDL_GetTicks`. On va avoir besoin de deux variables : `tempsPrecedent` et `tempsActuel`. Elles vont stocker le temps retourné par `SDL_GetTicks` à des moments différents. Il nous suffira de faire la différence entre `tempsActuel` et `tempsPrecedent` pour voir le temps qui s'est écoulé. Si le temps écoulé est par exemple supérieur à 30 ms, alors on change les coordonnées de Zozor.

Commencez donc par créer ces deux variables dont on va avoir besoin :

```
int tempsPrecedent = 0, tempsActuel = 0;
```

FIG. 25.1 – Zozor au centre de l'écran

Maintenant, dans notre boucle infinie, nous allons ajouter le code suivant :

```
tempsActuel = SDL_GetTicks();
if (tempsActuel - tempsPrecedent > 30) /* Si 30 ms se sont écoulées */
{
    positionZozor.x++; /* On bouge Zozor */
    tempsPrecedent = tempsActuel; /* Le temps "actuel" devient le temps
↪   "precedent" pour nos futurs calculs */
}
```

Comprenez bien ce qui se passe.

1. On prend le temps actuel grâce à `SDL_GetTicks`.
2. On compare au temps précédemment enregistré. S'il y a un écart de 30 ms au moins, alors...
3. ... on bouge Zozor, car on veut qu'il se déplace toutes les 30 ms. Ici, on le décale juste vers la droite toutes les 30 ms[3].
4. Puis, et c'est vraiment ce qu'il ne faut pas oublier, on place le temps « actuel » dans le temps « précédent ». En effet, imaginez le prochain tour de boucle : le

[3]Il faut vérifier si le temps est *supérieur* à 30 ms, et non égal à 30 ms ! En effet, il faut vérifier si au moins 30 ms se sont écoulées. Rien ne vous garantit que l'instruction sera exécutée pile poil toutes les 30 ms.

temps « actuel » aura changé, et on pourra le comparer au temps précédent. À nouveau, on pourra vérifier si 30 ms se seront écoulées et bouger Zozor.

Et que se passe-t-il si la boucle met moins de temps que 30 ms ?

Lisez mon code : il ne se passe rien ! On ne rentre pas dans le `if`, on ne fait donc rien. On attend le prochain tour de boucle où on vérifiera à nouveau si 30 ms se seront écoulées depuis la dernière fois qu'on a fait bouger Zozor.

Ce code est court, mais il faut le comprendre ! Relisez mes explications autant de fois que nécessaire, parce que c'était probablement le passage le plus important du chapitre.

Un changement dans la gestion des événements

Notre code est parfait à un détail près : la fonction `SDL_WaitEvent`. Elle était très pratique jusqu'ici, puisqu'on n'avait pas à gérer le temps. Cette fonction mettait en pause le programme (un peu à la manière de `SDL_Delay`) tant qu'il n'y avait pas d'événement.

Or ici, on n'a pas besoin d'attendre un événement pour faire bouger Zozor ! Il doit bouger tout seul. Vous n'allez quand même pas bouger la souris juste pour générer des événements et donc faire sortir le programme de la fonction `SDL_WaitEvent` !

La solution ? `SDL_PollEvent`. Je vous avais déjà présenté cette fonction : contrairement à `SDL_WaitEvent`, elle renvoie une valeur, qu'il y ait eu un événement ou non. On dit que la fonction n'est pas *bloquante* : elle ne met pas en pause le programme, la boucle infinie va donc tourner tout le temps.

Code complet

Voici le code final que vous pouvez tester :

```
int main(int argc, char *argv[])
{
    SDL_Surface *ecran = NULL, *zozor = NULL;
    SDL_Rect positionZozor;
    SDL_Event event;
    int continuer = 1;
    int tempsPrecedent = 0, tempsActuel = 0;

    SDL_Init(SDL_INIT_VIDEO);

    ecran = SDL_SetVideoMode(640, 480, 32, SDL_HWSURFACE | SDL_DOUBLEBUF);
    SDL_WM_SetCaption("Gestion du temps en SDL", NULL);

    zozor = SDL_LoadBMP("zozor.bmp");
```

```
    SDL_SetColorKey(zozor, SDL_SRCCOLORKEY, SDL_MapRGB(zozor->format, 0, 0,
↪   255));

    positionZozor.x = ecran->w / 2 - zozor->w / 2;
    positionZozor.y = ecran->h / 2 - zozor->h / 2;

    SDL_EnableKeyRepeat(10, 10);

    while (continuer)
    {
        SDL_PollEvent(&event); /* On utilise PollEvent et non WaitEvent pour ne
↪       pas bloquer le programme */
        switch(event.type)
        {
            case SDL_QUIT:
                continuer = 0;
                break;
        }

        tempsActuel = SDL_GetTicks();
        if (tempsActuel - tempsPrecedent > 30) /* Si 30 ms se sont écoulées
↪       depuis le dernier tour de boucle */
        {
            positionZozor.x++; /* On bouge Zozor */
            tempsPrecedent = tempsActuel; /* Le temps "actuel" devient le temps
↪           "precedent" pour nos futurs calculs */
        }

        SDL_FillRect(ecran, NULL, SDL_MapRGB(ecran->format, 255, 255, 255));
        SDL_BlitSurface(zozor, NULL, ecran, &positionZozor);
        SDL_Flip(ecran);
    }

    SDL_FreeSurface(zozor);
    SDL_Quit();

    return EXIT_SUCCESS;
}
```

▷ Code web : 887642

Vous devriez voir Zozor bouger tout seul sur l'écran. Il se décale vers la droite. Essayez par exemple de changer le temps de 30 ms en 15 ms : Zozor devrait se déplacer deux fois plus vite ! En effet, il se déplacera une fois toutes les 15 ms au lieu d'une fois toutes les 30 ms auparavant.

Consommer moins de CPU

Actuellement, notre programme tourne en boucle indéfiniment à la vitesse de la lumière (enfin, presque). Il consomme donc 100 % du CPU. Pour voir cela, il vous suffit par exemple de faire CTRL + ALT + SUPPR (onglet `Processus`) sous Windows (fig. 25.2).

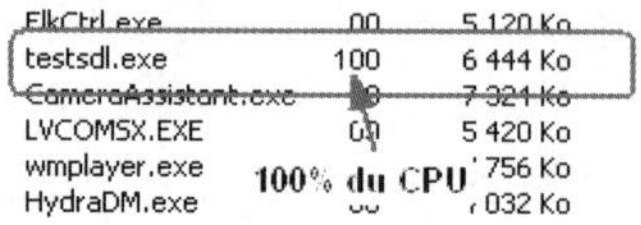

FIG. 25.2 – Consommation du CPU par le programme

Comme vous pouvez le voir, notre CPU est utilisé à 100 % par notre programme `testsdl.exe`. Je vous l'ai dit plus tôt : si vous codez un jeu (surtout un jeu plein écran), ce n'est pas grave si vous utilisez 100 % du CPU. Mais si c'est un jeu dans une fenêtre par exemple, il vaut mieux qu'il utilise le moins de CPU possible pour que l'utilisateur puisse faire autre chose sans que son PC ne « rame ».

La solution ? On va reprendre exactement le même code que ci-dessus, mais on va lui ajouter en plus un `SDL_Delay` pour patienter le temps qu'il faut afin que ça fasse 30 ms.

On va juste ajouter un `SDL_Delay` dans un `else` :

```
tempsActuel = SDL_GetTicks();
if (tempsActuel - tempsPrecedent > 30)
{
    positionZozor.x++;
    tempsPrecedent = tempsActuel;
}
else /* Si ça fait moins de 30 ms depuis le dernier tour de boucle, on endort le
↪ programme le temps qu'il faut */
{
    SDL_Delay(30 - (tempsActuel - tempsPrecedent));
}
```

Comment cela fonctionne-t-il, cette fois ? C'est simple, il y a deux possibilités (d'après le `if`) :

- soit ça fait plus de 30 ms qu'on n'a pas bougé Zozor, dans ce cas on le bouge ;
- soit ça fait moins de 30 ms, dans ce cas on fait dormir le programme avec `SDL_Delay` le temps qu'il faut pour atteindre les 30 ms environ. D'où mon petit calcul `30 - (tempsActuel - tempsPrecedent)`. Si la différence entre le temps actuel et le temps précédent est par exemple de 20 ms, alors on endormira le programme (30 - 20) = 10 ms afin d'atteindre les 30 ms.

Rappelez-vous que `SDL_Delay` mettra peut-être quelques millisecondes de plus que prévu...

Avec ce code, notre programme va « dormir » la plupart du temps et donc consommer très peu de CPU (fig. 25.3).

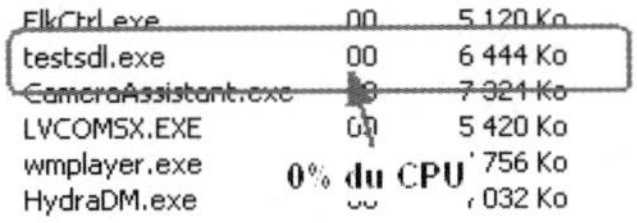

FIG. 25.3 – Consommation de CPU réduite

En moyenne, le programme utilise maintenant entre 0 et 1 % de CPU... Parfois il utilise légèrement plus, mais il retombe rapidement à 0 % de CPU.

Contrôler le nombre d'images par seconde

Vous vous demandez certainement comment on peut limiter (fixer) le nombre d'images par seconde[4] affichées par l'ordinateur.

Eh bien c'est exactement ce qu'on est en train de faire ! Ici, on affiche une nouvelle image toutes les 30 ms en moyenne. Sachant qu'une seconde vaut 1000 ms, pour trouver le nombre de FPS (images par seconde), il suffit de faire une division : 1000 / 30 = 33 images par seconde environ.

Pour l'œil humain, une animation est fluide si elle contient au moins 25 images / seconde. Avec 33 images / seconde, notre animation sera donc tout à fait fluide, elle n'apparaîtra pas « saccadée ».

Si vous voulez plus d'images par seconde, il faut réduire la limite de temps entre deux images. Passez de 30 à 20 ms, et ça vous fera du 1000 / 20 = 50 FPS.

Exercices

La manipulation du temps n'est pas évidente, il serait bien de vous entraîner un peu, qu'en dites-vous ? Voici quelques exercices.

- Pour le moment, Zozor se décale vers la droite puis disparaît de l'écran. Ce serait mieux s'il repartait dans l'autre sens une fois arrivé tout à droite, non ? Cela donnerait l'impression qu'il rebondit. Je vous conseille de créer un booléen `versLaDroite` qui vaut « vrai » si Zozor se déplace vers la droite (et « faux » s'il va vers la gauche). Si le booléen vaut vrai, vous décalez donc Zozor vers la droite, sinon vous le décalez vers la gauche. Surtout, n'oubliez pas de changer la valeur du booléen lorsque Zozor atteint le bord droit ou le bord gauche. Eh oui, il faut bien qu'il reparte dans l'autre sens !
- Plutôt que de faire rebondir Zozor de droite à gauche, faites le rebondir en diagonale sur l'écran ! Il vous suffira de modifier `positionZozor.x` et `positionZozor.y`

[4]Couramment abrégé FPS pour « Frames per second ».

simultanément. Vous pouvez essayer de voir ce que ça fait si on augmente x et si on diminue y en même temps, ou bien si on augmente les deux en même temps, etc.
- Faites en sorte qu'un appui sur la touche P empêche Zozor de se déplacer, et qu'un nouvel appui sur la touche P relance le déplacement de Zozor. C'est un bête booléen à activer et désactiver.

Les *timers*

L'utilisation des *timers* est un peu complexe. Elle fait intervenir une notion qu'on n'a pas vue jusqu'ici : les pointeurs de fonctions. Il n'est pas indispensable d'utiliser les timers : si vous les trouvez trop délicats à utiliser, vous pouvez passer votre chemin sans problème.

Les timers constituent une autre façon de réaliser ce qu'on vient de faire avec la fonction `SDL_GetTicks`. C'est une technique un peu particulière. Certains la trouveront pratique, d'autres non. Cela dépend donc des goûts du programmeur.

Qu'est-ce qu'un *timer* ? C'est un système qui permet de demander à la SDL d'appeler une fonction toutes les X millisecondes. Vous pourriez ainsi créer une fonction `bougerEnnemi()` que la SDL appellerait automatiquement toutes les 50 ms afin que l'ennemi se déplace à intervalles réguliers.

Comme je viens de vous le dire, cela est aussi faisable avec `SDL_GetTicks` en utilisant la technique qu'on a vue plus haut. Quel avantage, alors ? Eh bien disons que les timers nous obligent à mieux structurer notre programme en fonctions.

Initialiser le système de timers

Pour pouvoir utiliser les timers, vous devez d'abord initialiser la SDL avec un flag spécial : `SDL_INIT_TIMER`. Vous devriez donc appeler votre fonction `SDL_Init` comme ceci :

```
SDL_Init(SDL_INIT_VIDEO | SDL_INIT_TIMER);
```

La SDL est maintenant prête à utiliser les timers !

Ajouter un timer

Pour ajouter un timer, on fait appel à la fonction `SDL_AddTimer`[5] dont voici le prototype :

[5] Il existe en fait deux fonctions permettant d'ajouter un timer en SDL : `SDL_AddTimer` et `SDL_SetTimer`. Elles sont quasiment identiques. Cependant, `SDL_SetTimer` est une fonction ancienne

```
SDL_TimerID SDL_AddTimer(Uint32 interval, SDL_NewTimerCallback callback,
↪ void *param);
```

On envoie trois paramètres à la fonction :

- **l'intervalle de temps** (en ms) entre chaque appel de la fonction ;
- **le nom de la fonction à appeler**. On appelle cela un *callback* : le programme se charge de rappeler cette fonction de callback régulièrement ;
- **les paramètres** à envoyer à votre fonction de callback.

Comment ? Un nom de fonction peut servir de paramètre ? Je croyais qu'on ne pouvait envoyer que des variables !

En fait, les fonctions sont aussi stockées en mémoire au chargement du programme. Elles ont donc elles aussi une adresse. Du coup, on peut créer des... **pointeurs de fonctions**[6] ! Il suffit d'écrire le nom de la fonction à appeler pour indiquer l'adresse de la fonction. Ainsi, la SDL saura à quelle adresse en mémoire elle doit se rendre pour appeler votre fonction de callback.

`SDL_AddTimer` renvoie un numéro de timer (un « ID »). Vous devez stocker ce résultat dans une variable de type `SDL_TimerID`. Cela vous permettra par la suite de désactiver le timer : il vous suffira d'indiquer l'ID du timer à arrêter.

La SDL vous permet d'activer plusieurs timers en même temps. Cela explique l'intérêt de stocker un ID de timer pour pouvoir les différencier.

On va donc créer un ID de timer :

```
SDL_TimerID timer; /* Variable pour stocker le numéro du timer */
```

... puis on va créer notre timer :

```
timer = SDL_AddTimer(30, bougerZozor, &positionZozor); /* Démarrage du timer */
```

Ici, je crée un timer qui a les propriétés suivantes :

- il sera appelé toutes les 30 ms ;
- il appellera la fonction de callback `bougerZozor` ;
- il lui enverra comme paramètre un pointeur sur la position de Zozor pour qu'il puisse la modifier.

Vous l'aurez compris : le rôle de la fonction `bougerZozor` sera de changer la position de Zozor toutes les 30 ms.

qui existe toujours pour des raisons de compatibilité. Aujourd'hui, si on veut bien faire les choses, on nous recommande donc d'utiliser `SDL_AddTimer`.

[6] Si vous souhaitez en savoir plus sur les pointeurs de fonctions, je vous invite à lire le tutoriel rédigé par mleg sur le Site du Zéro qui traite de ce sujet (code web : 199183).

Création de la fonction de callback

Attention : il faut être particulièrement vigilant ici. Votre fonction de callback doit *obligatoirement* avoir le prototype suivant :

```
Uint32 nomDeLaFonction(Uint32 intervalle, void *parametre);
```

Pour créer le callback `bougerZozor`, je devrai donc écrire la fonction comme ceci :

```
Uint32 bougerZozor(Uint32 intervalle, void *parametre);
```

Voici maintenant le contenu de ma fonction `bougerZozor`, qui est plus délicate qu'il n'y paraît :

```
/* Fonction de callback (sera appelée toutes les 30 ms) */
Uint32 bougerZozor(Uint32 intervalle, void *parametre)
{
    SDL_Rect* positionZozor = parametre; /* Conversion de void* en SDL_Rect* */
    positionZozor->x++;

    return intervalle;
}
```

La fonction `bougerZozor` sera donc automatiquement appelée toutes les 30 ms par la SDL. La SDL lui enverra toujours deux paramètres (ni plus, ni moins) :

- **l'intervalle de temps** qui sépare deux appels de la fonction (ici, ça sera 30 ms) ;
- **le paramètre « personnalisé »**[7] que vous avez demandé à envoyer à la fonction. Remarquez, et c'est très important, que ce paramètre est un pointeur sur `void`. Cela signifie que c'est un pointeur qui peut pointer sur n'importe quoi : un `int`, une structure personnalisée, ou comme ici un `SDL_Rect` (`positionZozor`).

Le problème, c'est que ce paramètre est un pointeur de type inconnu (`void`) pour la fonction. Il va donc falloir dire à l'ordinateur que ce paramètre est un `SDL_Rect*` (un pointeur sur `SDL_Rect`).

Pour faire ça, je crée un pointeur sur `SDL_Rect` dans ma fonction qui prend comme valeur... le pointeur `parametre`.

> ? Quel intérêt d'avoir créé un DEUXIÈME pointeur qui contient la même adresse ?

L'intérêt, c'est que `positionZozor` est de type `SDL_Rect*` contrairement à la variable `parametre` qui était de type `void*`.

[7] Il n'est pas possible d'envoyer plus d'un paramètre personnalisé à la fonction de callback. Heureusement, vous pouvez toujours créer un type personnalisé (ou un tableau) qui sera un assemblage des variables que vous voulez transmettre.

Vous pourrez donc accéder à `positionZozor->x` et `positionZozor->y`. Si vous aviez fait `parametre->x` ou `parametre->y`, le compilateur aurait tout rejeté en bloc parce que le type `void` ne contient pas de sous-variable `x` et `y`.

Après, la ligne suivante est simple : on modifie la valeur de `positionZozor->x` pour décaler Zozor vers la droite.

Dernière chose, très importante : vous devez retourner la variable `intervalle`. Cela indiquera à la SDL qu'on veut continuer à faire en sorte que la fonction soit appelée toutes les 30 ms. Si vous voulez changer l'intervalle d'appel, il suffit de renvoyer une autre valeur (mais bien souvent, on ne change pas cet intervalle).

Arrêter le timer

Pour arrêter le timer, c'est très simple :

```
SDL_RemoveTimer(timer); /* Arrêt du timer */
```

Il suffit d'appeler `SDL_RemoveTimer` en indiquant l'ID du timer à arrêter. Ici, j'arrête le timer juste après la boucle infinie, au même endroit que les `SDL_FreeSurface`.

En résumé

- La fonction `SDL_Delay` permet de mettre en pause le programme un certain nombre de millisecondes. Cela permet de réduire l'utilisation du CPU qui n'est alors plus monopolisé par votre programme.
- On peut connaître le nombre de millisecondes écoulées depuis le lancement du programme avec `SDL_GetTicks`. Avec quelques petits calculs, on peut s'en servir pour effectuer une gestion des événements non bloquante avec `SDL_PollEvent`.
- Les timers constituent un système qui permet de rappeler une de vos fonctions (dite de *callback*) à intervalles réguliers. Le même résultat peut être obtenu avec `SDL_GetTicks` mais les timers aident à rendre le programme plus lisible et mieux structuré.

Chapitre 26

Écrire du texte avec SDL_ttf

Difficulté :

Je suis persuadé que la plupart d'entre vous se sont déjà posé cette question : « Mais bon sang, il n'y a donc aucune fonction pour écrire du texte dans une fenêtre SDL ? ». Il est temps de vous apporter la réponse : c'est non.

Cependant, il y a quand même moyen d'y arriver. Il suffit d'utiliser... la ruse ! On peut par exemple blitter des images de lettres une à une à l'écran. Ça fonctionne, mais ce n'est pas ce qu'il y a de plus pratique.

Heureusement, il y a plus simple : on peut utiliser la bibliothèque SDL_ttf. C'est une bibliothèque qui vient s'ajouter par-dessus la SDL, tout comme SDL_image. Son rôle est de créer une `SDL_Surface` à partir du texte que vous lui envoyez.

Installer SDL_ttf

Il faut savoir que, comme `SDL_image`, `SDL_ttf` est une bibliothèque qui nécessite que la SDL soit installée[1].

Tout comme `SDL_image`, `SDL_ttf` est une des bibliothèques liées à la SDL les plus populaires (c'est-à-dire qu'elle est très téléchargée). Comme vous allez pouvoir le constater, cette bibliothèque est effectivement bien faite. Une fois que vous aurez appris à l'utiliser, vous ne pourrez plus vous en passer !

Comment fonctionne SDL_ttf ?

`SDL_ttf` n'utilise pas des images bitmap pour générer du texte dans des surfaces. C'est une méthode en effet assez lourde à mettre en place et on n'aurait pu utiliser qu'une seule police. En fait, `SDL_ttf` fait appel à une autre bibliothèque : **FreeType**. C'est une bibliothèque capable de lire les fichiers de police (`.ttf`) et d'en sortir l'image. `SDL_ttf` récupère donc cette image et la convertit pour la SDL en créant une `SDL_Surface`.

`SDL_ttf` a donc besoin de la bibliothèque FreeType pour fonctionner, sinon elle ne sera pas capable de lire les fichiers `.ttf`.

Si vous êtes sous **Windows** et que vous prenez, comme je le fais, la version compilée de la bibliothèque, vous n'aurez pas besoin de télécharger quoi que ce soit de plus car FreeType sera incluse dans la DLL `SDL_ttf.dll`. Vous n'avez donc rien à faire.

Si vous êtes sous **Linux ou Mac OS** et que vous devez recompiler la bibliothèque, il vous faudra en revanche FreeType pour compiler. Rendez-vous sur la page de téléchargement de FreeType pour récupérer les fichiers pour développeurs.

▷ Code web : 205881

Installer SDL_ttf

Rendez-vous sur la page de téléchargement de `SDL_ttf`.

▷ Code web : 187727

Là, choisissez le fichier qu'il vous faut dans la section *Binary*[2].

Le fichier ZIP contient comme d'habitude un dossier `include` et un dossier `lib`. Placez le contenu du dossier `include` dans `mingw32/include/SDL` et le contenu du dossier `lib` dans `mingw32/lib`.

[1] Bon : si à ce stade du cours vous n'avez toujours pas installé la SDL, c'est grave, donc je vais supposer que c'est déjà fait !

[2] Sous Windows, vous remarquerez qu'il n'y a que deux fichiers .zip ayant le suffixe `win32` et `VC6`. Le premier (`win32`) contient la DLL que vous aurez besoin de livrer avec votre exécutable. Vous aurez aussi besoin de mettre cette DLL dans le dossier de votre projet pour pouvoir tester votre programme, évidemment.

Le second (`VC6`) contient les `.h` et `.lib` dont vous allez avoir besoin pour programmer. On pourrait penser d'après le nom que ça n'est fait que pour Visual C++, mais en fait, exceptionnellement, le fichier `.lib` livré ici marche aussi avec mingw32, il fonctionnera donc sous Code: :Blocks.

Vous devez copier le fichier SDL_ttf.h dans le dossier mingw32/include/SDL et non pas dans mingw32/include tout court. Attention aux erreurs !

Configurer un projet pour SDL_ttf

Il nous reste une dernière petite chose à faire : configurer notre projet pour qu'il utilise bien SDL_ttf. Il va falloir modifier les options du linker pour qu'il compile bien votre programme en utilisant la bibliothèque SDL_ttf.

Vous avez déjà appris à faire cette opération pour la SDL et pour SDL_image, je vais donc aller plus vite. Comme je travaille sous Code::Blocks, je vais vous donner la procédure avec cet IDE. Ce n'est pas bien différent avec les autres IDE :

- rendez-vous dans le menu Project / Build Options ;
- dans l'onglet Linker, cliquez sur le petit bouton Add ;
- indiquez où se trouve le fichier SDL_ttf.lib[3] ;
- on vous demande *Keep this as a relative path ?* Peu importe ce que vous répondez, ça marchera dans les deux cas. Je vous conseille quand même de répondre par la négative, car sinon votre projet ne fonctionnera plus si vous le déplacez dans un autre dossier ;
- validez en cliquant sur OK.

On n'a pas besoin de linker avec la bibliothèque FreeType aussi ?

Non, car comme je vous l'ai dit FreeType est incluse dans la DLL de SDL_ttf. Vous n'avez pas à vous préoccuper de FreeType, c'est SDL_ttf qui gère ça, maintenant.

La documentation

Maintenant que vous commencez à devenir des programmeurs aguerris, vous devriez vous demander immédiatement : « Mais où est la doc' ? »[4].

Il y a certes des cours qui détaillent le fonctionnement des bibliothèques, comme ce livre. Toutefois. . .

- Je ne vais pas faire un chapitre pour toutes les bibliothèques qui existent (même en y passant ma vie, je n'aurais pas le temps). Il va donc falloir tôt ou tard lire une doc', et mieux vaut commencer à apprendre à le faire maintenant !
- D'autre part, une bibliothèque est en général assez complexe et contient beaucoup de fonctions. Je ne peux pas présenter toutes ces fonctions dans un chapitre, ce serait bien trop long !

[3]Chez moi, c'est dans C:\Program Files\CodeBlocks\mingw32\lib.

[4]Si vous ne vous êtes pas encore posé cette question, c'est que vous n'êtes pas encore des programmeurs aguerris. ;-)

En clair : les documentations ont l'avantage d'être complètes et on ne peut parfois pas y couper. Je vous conseille donc de mettre dès à présent dans vos favoris l'adresse de la doc' de SDL_ttf.

▷ Code web : 274050

La doc' est disponible en plusieurs formats : HTML en ligne, HTML zippé, PDF, etc. Prenez la version qui vous arrange le plus.

Vous verrez que `SDL_ttf` est une bibliothèque très simple : il y a peu de fonctions (environ 40-50)[5]. Cela devrait être signe (pour les programmeurs aguerris que vous êtes ;-)) que cette bibliothèque est simple et que vous saurez la manier assez vite.

Allez, il est temps d'apprendre à utiliser `SDL_ttf`, maintenant !

Chargement de `SDL_ttf`

L'`include`

Avant toute chose, il faut ajouter l'`include` suivant en haut de votre fichier `.c` :

```
#include <SDL/SDL_ttf.h>
```

Si vous avez des erreurs de compilation à ce stade, vérifiez si vous avez bien placé le fichier `SDL_ttf.h` dans le dossier `mingw32/include/SDL` et non dans `mingw32/include` tout court.

Démarrage de `SDL_ttf`

Tout comme la SDL, `SDL_ttf` a besoin d'être démarrée et arrêtée. Il y a donc des fonctions très similaires à celles de la SDL :

- `TTF_Init` : démarre `SDL_ttf` ;
- `TTF_Quit` : arrête `SDL_ttf`.

Il n'est pas nécessaire que la SDL soit démarrée avant `SDL_ttf`.

Pour démarrer `SDL_ttf` (on dit aussi « initialiser »), on doit donc appeler la fonction `TTF_Init()`. Aucun paramètre n'est nécessaire. La fonction renvoie -1 s'il y a eu une erreur.

Vous pouvez donc démarrer `SDL_ttf` très simplement comme ceci :

```
TTF_Init();
```

[5] Oui, c'est peu !

Si vous voulez vérifier s'il y a une erreur et être ainsi plus rigoureux, utilisez plutôt ce code :

```
if(TTF_Init() == -1)
{
    fprintf(stderr, "Erreur d'initialisation de TTF_Init : %s\n",
↪   TTF_GetError());
    exit(EXIT_FAILURE);
}
```

S'il y a eu une erreur au démarrage de `SDL_ttf`, un fichier `stderr.txt` sera créé (sous Windows, du moins) contenant un message explicatif de l'erreur. Pour ceux qui se poseraient la question : la fonction `TTF_GetError()` renvoie le dernier message d'erreur de `SDL_ttf`. C'est pour cela qu'on l'utilise dans le `fprintf`.

Arrêt de SDL_ttf

Pour arrêter `SDL_ttf`, on appelle `TTF_Quit()`. Là encore, pas de paramètre, pas de prise de tête. Vous pouvez appeler `TTF_Quit` avant ou après `SDL_Quit`, peu importe.

```
TTF_Quit();
```

Chargement d'une police

Bon tout ça c'est bien beau mais ce n'est pas assez compliqué, on ne s'amuse pas. Passons aux choses sérieuses, si vous le voulez bien : maintenant que `SDL_ttf` est chargée, nous devons charger une police. Une fois que cela sera fait, nous pourrons enfin voir comment écrire du texte !

Là encore il y a deux fonctions :

- `TTF_OpenFont` : ouvre un fichier de police (`.ttf`) ;
- `TTF_CloseFont` : ferme une police ouverte.

`TTF_OpenFont` doit stocker son résultat dans une variable de type `TTF_Font`. Vous devez créer un pointeur de `TTF_Font`, comme ceci :

```
TTF_Font *police = NULL;
```

Le pointeur `police` contiendra donc les informations sur la police une fois qu'on l'aura ouverte.

La fonction `TTF_OpenFont` prend deux paramètres :

- le nom du fichier de police (au format `.ttf`) à ouvrir. L'idéal c'est de mettre le fichier de police dans le répertoire de votre projet. Exemple de fichier : `arial.ttf` (pour la police Arial) ;

- la taille de la police à utiliser. Vous pouvez par exemple utiliser une taille de 22. Ce sont les mêmes tailles que celles que vous utilisez dans un logiciel de traitement de texte tel que Word.

Il nous reste à trouver ces fameuses polices `.ttf`. Vous en avez déjà un certain nombre sur votre ordinateur, mais vous pouvez en télécharger sur Internet comme on va le voir.

Sur votre ordinateur

Vous en avez déjà sur votre ordinateur ! Si vous êtes sous Windows, vous en trouverez beaucoup dans le dossier `C:\Windows\Fonts`. Vous n'avez qu'à copier le fichier de police qui vous plaît dans le dossier de votre projet.

Si le nom contient des caractères « bizarres » comme des espaces, des accents ou même des majuscules, je vous conseille de le renommer. Pour être sûr de n'avoir aucun problème, n'utilisez que des minuscules et évitez les espaces.

- Exemple de nom incorrect : `TIMES NEW ROMAN.TTF` ;
- Exemple de nom correct : `times.ttf`.

Sur Internet

Autre possibilité : récupérer une police sur Internet. Vous trouverez plusieurs sites proposant des polices gratuites et originales à télécharger.

Je vous recommande personnellement `dafont.com`, qui est bien classé, très bien fourni et varié.

▷ Code web : 771162

Les fig. 26.1, 26.2 et 26.3 vous donnent un aperçu de polices que vous pourrez y trouver très facilement.

FIG. 26.1 – Police Alpha Wood

FIG. 26.2 – Police Raven

Charger la police

Je vous propose d'utiliser la police Angelina pour la suite des exemples. Vous pouvez la télécharger en ligne.

FIG. 26.3 – Police Angelina

▷ Code web : 312524

On ouvrira la police comme ceci :

```
police = TTF_OpenFont("angelina.ttf", 65);
```

La police utilisée sera `angelina.ttf`. J'ai bien pris soin de mettre le fichier dans le dossier de mon projet et de le renommer pour qu'il soit tout en minuscules. La police sera de taille 65. Ça paraît gros mais visiblement, c'est une police qu'il faut écrire en gros pour qu'on puisse la voir.

Ce qui est très important, c'est que `TTF_OpenFont` stocke le résultat dans la variable `police`. Vous allez réutiliser cette variable tout à l'heure en écrivant du texte. Elle permettra d'indiquer la police que vous voulez utiliser pour écrire votre texte.

Vous n'avez pas besoin d'ouvrir la police à chaque fois que vous écrivez du texte : ouvrez-la une fois au début du programme et fermez-la à la fin.

Fermer la police

Il faut penser à fermer chaque police ouverte avant l'appel à `TTF_Quit()`. Dans mon cas, ça donnera donc le code suivant :

```
TTF_CloseFont(police); /* Doit être avant TTF_Quit() */
TTF_Quit();
```

Et voilà le travail !

Les différentes méthodes d'écriture

Maintenant que `SDL_ttf` est chargée et qu'on a une variable `police` chargée elle aussi, plus rien ni personne ne nous empêchera d'écrire du texte dans notre fenêtre SDL !

Bien : écrire du texte c'est bien, mais avec quelle fonction ? D'après la doc', pas moins de 12 fonctions sont disponibles !

En fait, il y a trois façons différentes pour `SDL_ttf` de dessiner du texte.

- **Solid** (fig. 26.4) : c'est la technique la plus rapide. Le texte sera rapidement écrit dans une `SDL_Surface`. La surface sera transparente mais n'utilisera qu'un niveau de transparence (on a appris ça il y a quelques chapitres). C'est pratique, mais le texte ne sera pas très joli, pas très « arrondi », surtout s'il est écrit gros. Utilisez cette technique lorsque vous devez souvent changer le texte, par exemple pour afficher le temps qui s'écoule ou le nombre de FPS d'un jeu.
- **Shaded** (fig. 26.5) : cette fois, le texte sera joli. Les lettres seront antialiasées[6], le texte apparaîtra plus lisse. Il y a un défaut, en revanche : le fond doit être d'une couleur unie. Il est impossible de rendre le fond de la `SDL_Surface` transparente en *Shaded*.
- **Blended** (fig. 26.6) : c'est la technique la plus puissante, mais elle est lente. En fait, elle met autant de temps que *Shaded* à créer la `SDL_Surface`. La seule différence avec *Shaded*, c'est que vous pouvez blitter le texte sur une image et la transparence sera respectée (contrairement à *Shaded* qui imposait un fond uni). Attention : le calcul du blit sera plus lent que pour *Shaded*.

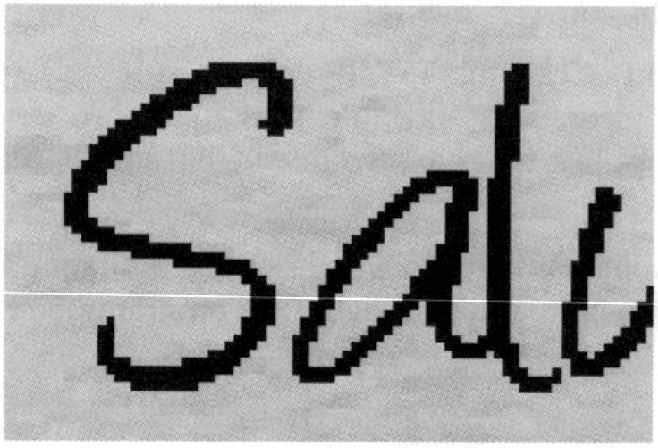

FIG. 26.4 – Solid : mode d'écriture très rapide mais peu esthétique (texte non lissé)

FIG. 26.5 – Shaded : mode d'écriture lent mais plus joli car antialisé — fond obligatoirement uni

En résumé :

[6] Cela signifie que leurs contours seront adoucis, ce qui est plus agréable à l'œil.

FIG. 26.6 – Blended : mode d'écriture lent (et blit lent) mais bien plus beau car antialisé et fonctionne sur un fond non uni

- si vous avez un texte qui change souvent, comme un compte à rebours, utilisez **Solid** ;
- si votre texte ne change pas très souvent et que vous voulez blitter votre texte sur un fond uni, utilisez **Shaded** ;
- si votre texte ne change pas très souvent mais que vous voulez blitter sur un fond non uni (comme une image), utilisez **Blended**.

Voilà, vous devriez déjà être un peu plus familiers avec ces trois types d'écriture de `SDL_ttf`.

Je vous avais dit qu'il y avait 12 fonctions en tout. En effet, pour chacun de ces trois types d'écriture, il y a quatre fonctions. Chaque fonction écrit le texte à l'aide d'un *charset* différent, c'est-à-dire d'une palette de caractères différente. Ces quatre fonctions sont :

- Latin1 ;
- UTF8 ;
- Unicode ;
- Unicode Glyph.

L'idéal est d'utiliser l'Unicode car c'est un charset gérant la quasi-totalité des caractères existant sur Terre. Toutefois, utiliser l'Unicode n'est pas toujours forcément simple (un caractère prend plus que la taille d'un `char` en mémoire), nous ne verrons donc pas comment l'utiliser ici.

A priori, si votre programme est écrit en français le mode Latin1 suffit amplement, vous pouvez vous contenter de celui-là.

Les trois fonctions utilisant le charset Latin1 sont :

- `TTF_RenderText_Solid` ;
- `TTF_RenderText_Shaded` ;
- `TTF_RenderText_Blended`.

Exemple d'écriture de texte en Blended

Pour spécifier une couleur à `SDL_ttf`, on ne va pas utiliser le même type qu'avec la SDL (un `Uint32` créé à l'aide de la fonction `SDL_MapRGB`). Au contraire, nous allons utiliser une structure toute prête de la SDL : `SDL_Color`. Cette structure comporte trois sous-variables : la quantité de rouge, de vert et de bleu.

Si vous voulez créer une variable `couleurNoire`, vous devrez donc écrire :

```
SDL_Color couleurNoire = {0, 0, 0};
```

Attention à ne pas confondre avec les couleurs qu'utilise habituellement la SDL ! La SDL utilise des `Uint32` créés à l'aide de `SDL_MapRGB`. `SDL_ttf` utilise des `SDL_Color`.

On va écrire un texte en noir dans une SDL_Surface `texte` :

```
texte = TTF_RenderText_Blended(police, "Salut les Zér0s !", couleurNoire);
```

Vous voyez dans l'ordre les paramètres à envoyer : la police (de type `TTF_Font`), le texte à écrire, et enfin la couleur (de type `SDL_Color`). Le résultat est stocké dans une `SDL_Surface`. `SDL_ttf` calcule automatiquement la taille nécessaire à donner à la surface en fonction de la taille du texte et du nombre de caractères que vous avez voulu écrire.

Comme toute `SDL_Surface`, notre pointeur `texte` contient les sous-variables `w` et `h` indiquant respectivement sa largeur et sa hauteur. C'est donc un bon moyen de connaître les dimensions du texte une fois que celui-ci a été écrit dans la `SDL_Surface`. Vous n'aurez qu'à écrire :

```
texte->w /* Donne la largeur */
texte->h /* Donne la hauteur */
```

Code complet d'écriture de texte

Vous savez désormais tout ce qu'il faut connaître sur `SDL_ttf`. Voyons pour résumer un code complet d'écriture de texte en mode Blended :

```
#include <stdlib.h>
#include <stdio.h>
#include <SDL/SDL.h>
#include <SDL/SDL_image.h>
#include <SDL/SDL_ttf.h>

int main(int argc, char *argv[])
{
```

```
    SDL_Surface *ecran = NULL, *texte = NULL, *fond = NULL;
    SDL_Rect position;
    SDL_Event event;
    TTF_Font *police = NULL;
    SDL_Color couleurNoire = {0, 0, 0};
    int continuer = 1;

    SDL_Init(SDL_INIT_VIDEO);
    TTF_Init();

    ecran = SDL_SetVideoMode(640, 480, 32, SDL_HWSURFACE | SDL_DOUBLEBUF);
    SDL_WM_SetCaption("Gestion du texte avec SDL_ttf", NULL);

    fond = IMG_Load("moraira.jpg");

    /* Chargement de la police */
    police = TTF_OpenFont("angelina.ttf", 65);
    /* Écriture du texte dans la SDL_Surface texte en mode Blended (optimal) */
    texte = TTF_RenderText_Blended(police, "Salut les Zér0s !", couleurNoire);

    while (continuer)
    {
        SDL_WaitEvent(&event);
        switch(event.type)
        {
            case SDL_QUIT:
                continuer = 0;
                break;
        }

        SDL_FillRect(ecran, NULL, SDL_MapRGB(ecran->format, 255, 255, 255));

        position.x = 0;
        position.y = 0;
        SDL_BlitSurface(fond, NULL, ecran, &position); /* Blit du fond */

        position.x = 60;
        position.y = 370;
        SDL_BlitSurface(texte, NULL, ecran, &position); /* Blit du texte */
        SDL_Flip(ecran);
    }

    TTF_CloseFont(police);
    TTF_Quit();

    SDL_FreeSurface(texte);
    SDL_Quit();

    return EXIT_SUCCESS;
}
```

▷ Code web : 285494

Le résultat vous est présenté sur la fig. 26.7.

FIG. 26.7 – Un texte écrit à l'aide de SDL_ttf

Si vous voulez changer de mode d'écriture pour tester, il n'y a qu'une ligne à modifier : celle créant la surface (avec l'appel à la fonction TTF_RenderText_Blended).

La fonction TTF_RenderText_Shaded prend un quatrième paramètre, contrairement aux deux autres. Ce dernier paramètre est la couleur de fond à utiliser. Vous devrez donc créer une autre variable de type SDL_Color pour indiquer une couleur de fond (par exemple le blanc).

Attributs d'écriture du texte

Il est aussi possible de spécifier des attributs d'écriture, comme gras, italique et souligné.

Il faut d'abord que la police soit chargée. Vous devriez donc avoir une variable police valide. Vous pouvez alors faire appel à la fonction TTF_SetFontStyle qui va modifier la police pour qu'elle soit en gras, italique ou souligné selon vos désirs.

La fonction prend deux paramètres :

- la police à modifier ;
- une combinaison de flags pour indiquer le style à donner : gras, italique ou souligné.

Pour les flags, vous devez utiliser ces constantes :

- TTF_STYLE_NORMAL : normal ;
- TTF_STYLE_BOLD : gras ;
- TTF_STYLE_ITALIC : italique ;
- TTF_STYLE_UNDERLINE : souligné.

Comme c'est une liste de flags, vous pouvez les combiner à l'aide du symbole | comme on a appris à le faire.

Testons :

```
/* Chargement de la police */
police = TTF_OpenFont("angelina.ttf", 65);
/* Le texte sera écrit en italique et souligné */
TTF_SetFontStyle(police, TTF_STYLE_ITALIC | TTF_STYLE_UNDERLINE);
/* Écriture du texte en italique et souligné */
texte = TTF_RenderText_Blended(police, "Salut les ZérOs !", couleurNoire);
```

Résultat, le texte est écrit en italique et souligné (fig. 26.8).

FIG. 26.8 – Écriture en italique et souligné

Pour restaurer une police à son état normal, il suffit de refaire appel à la fonction TTF_SetFontStyle en utilisant cette fois le flag TTF_STYLE_NORMAL.

Exercice : le compteur

Cet exercice va cumuler ce que vous avez appris dans ce chapitre et dans le chapitre sur la gestion du temps. Votre mission, si vous l'acceptez, consistera à créer un compteur qui s'incrémentera tous les dixièmes de seconde.

Ce compteur va donc progressivement afficher : 0, 100, 200, 300, 400, etc. Au bout d'une seconde le nombre 1000 devrait donc s'afficher.

Astuce pour écrire dans une chaîne

Pour réaliser cet exercice, vous aurez besoin de savoir comment écrire dans une chaîne de caractères en mémoire. En effet, vous devez donner un `char*` à `TTF_RenderText` mais vous, ce que vous aurez, c'est un nombre (un `int` par exemple). Comment convertir un nombre en chaîne de caractères ?

On peut utiliser pour cela la fonction `sprintf`. Elle marche de la même manière que `fprintf`, sauf qu'au lieu d'écrire dans un fichier elle écrit dans une chaîne[7]. Le premier paramètre que vous lui donnerez sera donc un pointeur sur un tableau de `char`.

> Veillez à réserver suffisamment d'espace pour le tableau de `char` si vous ne voulez pas déborder en mémoire !

Exemple :

```
sprintf(temps, "Temps : %d", compteur);
```

Ici, `temps` est un tableau de `char` (20 caractères), et `compteur` est un `int` qui contient le temps. Après cette instruction, la chaîne `temps` contiendra par exemple `"Temps : 500"`.

À vous de jouer !

Correction

Voici une correction possible de l'exercice :

```
int main(int argc, char *argv[])
{
    SDL_Surface *ecran = NULL, *texte = NULL;
    SDL_Rect position;
    SDL_Event event;
    TTF_Font *police = NULL;
    SDL_Color couleurNoire = {0, 0, 0}, couleurBlanche = {255, 255, 255};
    int continuer = 1;
    int tempsActuel = 0, tempsPrecedent = 0, compteur = 0;
    char temps[20] = ""; /* Tableau de char suffisamment grand */

    SDL_Init(SDL_INIT_VIDEO);
    TTF_Init();
```

[7]Le « s » de `sprintf` signifie « string », c'est-à-dire « chaîne » en anglais.

```
    ecran = SDL_SetVideoMode(640, 480, 32, SDL_HWSURFACE | SDL_DOUBLEBUF);
    SDL_WM_SetCaption("Gestion du texte avec SDL_ttf", NULL);

    /* Chargement de la police */
    police = TTF_OpenFont("angelina.ttf", 65);

    /* Initialisation du temps et du texte */
    tempsActuel = SDL_GetTicks();
    sprintf(temps, "Temps : %d", compteur);
    texte = TTF_RenderText_Shaded(police, temps, couleurNoire, couleurBlanche);

    while (continuer)
    {
        SDL_PollEvent(&event);
        switch(event.type)
        {
            case SDL_QUIT:
                continuer = 0;
                break;
        }

        SDL_FillRect(ecran, NULL, SDL_MapRGB(ecran->format, 255, 255, 255));

        tempsActuel = SDL_GetTicks();
        if (tempsActuel - tempsPrecedent >= 100) /* Si 100 ms au moins se sont écoulées */
        {
            compteur += 100; /* On rajoute 100 ms au compteur */
            sprintf(temps, "Temps : %d", compteur); /* On écrit dans la chaîne "temps" le nouveau temps */
            SDL_FreeSurface(texte); /* On supprime la surface précédente */
            texte = TTF_RenderText_Shaded(police, temps, couleurNoire, couleurBlanche); /* On écrit la chaîne temps dans la SDL_Surface */
            tempsPrecedent = tempsActuel; /* On met à jour le tempsPrecedent */
        }

        position.x = 180;
        position.y = 210;
        SDL_BlitSurface(texte, NULL, ecran, &position); /* Blit du texte */
        SDL_Flip(ecran);

    }

    TTF_CloseFont(police);
    TTF_Quit();

    SDL_FreeSurface(texte);
    SDL_Quit();

    return EXIT_SUCCESS;
```

```
}
```

▷ Code web : 913107

La fig. 26.9 vous présente le résultat au bout de 13,9 secondes très exactement.

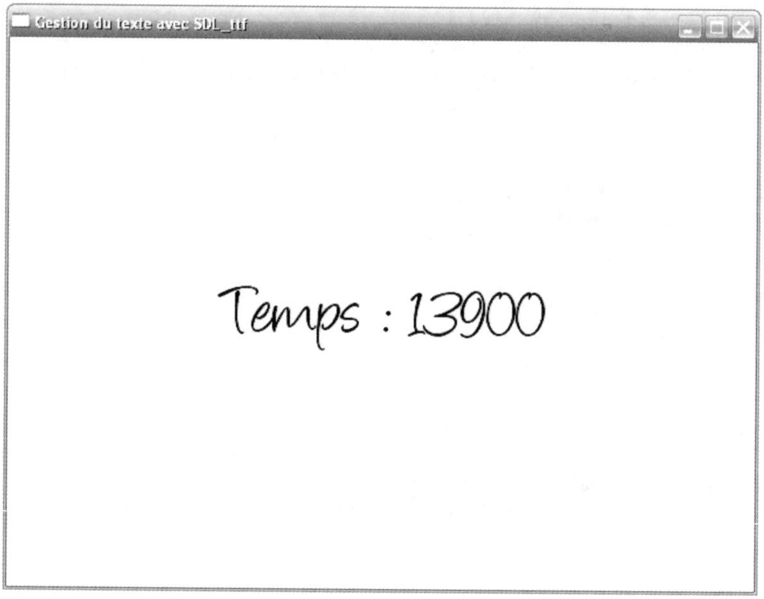

FIG. 26.9 – Le compteur au bout de 13,9 secondes

N'hésitez pas à télécharger ce projet si vous souhaitez l'étudier en détail et l'améliorer. Il n'est pas encore parfait : on pourrait par exemple utiliser `SDL_Delay` pour éviter d'utiliser 100 % du CPU.

▷ Code web : 765629

Pour aller plus loin

Si vous voulez améliorer ce petit bout de programme, vous pouvez essayer d'en faire un jeu où il faut cliquer le plus de fois possible dans la fenêtre avec la souris dans un temps imparti. Un compteur s'incrémentera à chaque clic de la souris.

Un compte à rebours doit s'afficher. Lorsqu'il atteint 0, on récapitule le nombre de clics effectués et on demande si on veut faire une nouvelle partie.

Vous pouvez aussi gérer les meilleurs scores en les enregistrant dans un fichier. Cela vous fera travailler à nouveau la gestion des fichiers en C.

Bon courage !

En résumé

- On ne peut pas écrire de texte en SDL, à moins d'utiliser une extension comme la bibliothèque `SDL_ttf`.
- Cette bibliothèque permet de charger un fichier de police au format `.ttf` à l'aide de la fonction `TTF_OpenFont`.
- Il y a trois modes d'écriture du texte, du plus simple au plus sophistiqué : *Solid*, *Shaded* et *Blended*.
- On écrit dans une `SDL_Surface` via des fonctions comme `TTF_RenderText_Blended`.

Chapitre 27

Jouer du son avec FMOD

Difficulté :

Depuis que nous avons découvert la SDL, nous avons appris à placer des images dans la fenêtre, à faire interagir l'utilisateur avec le clavier et la souris, à écrire du texte, mais il manque clairement un élément : le son !

Ce chapitre va combler ce manque. Parce que les possibilités offertes par la SDL en matière d'audio sont très limitées, nous allons découvrir ici une bibliothèque spécialisée dans le son : FMOD.

FMOD est sans aucun doute une des meilleures bibliothèques audio qui existent à ce jour. Il aurait été possible de travailler avec le module audio de la SDL, mais étant donné ses limitations[1] il sera bien plus intéressant pour nous d'installer une bibliothèque spécialisée dans le domaine, comme FMOD.

Installer FMOD

Télécharger FMOD

Pour télécharger la bibliothèque, il faut vous rendre sur son site officiel.

▷ Code web : 478391

> FMOD est une bibliothèque gratuite mais pas sous license LGPL, contrairement à la SDL. Cela signifie que vous pouvez l'utiliser gratuitement du moment que vous ne l'utilisez pas pour réaliser un programme payant[2]. Si vous voulez faire payer votre programme, il faudra payer une redevance à l'auteur (je vous laisse consulter les prix sur le site de FMOD).

Rendez-vous sur la page des téléchargements (`Downloads`) et prenez FMOD 3.

Attention : il y a plusieurs versions de FMOD, et en particulier une plus récente, appelée FMOD Ex (il s'agit en fait de FMOD 4). Toutefois, FMOD Ex est une bibliothèque C++, contrairement à FMOD 3 qui est une bibliothèque C.

Installer FMOD

Le fichier que vous avez téléchargé est un fichier ZIP[3]. L'installation se déroule de la même manière qu'avec les autres bibliothèques qu'on a vues jusqu'ici.

1. Vous avez un dossier `Api` avec la DLL de FMOD (`fmod.dll`) à placer dans le répertoire de votre projet.
2. Dans le dossier `api/inc`, vous trouverez les `.h`. Placez-les à côté des autres `.h` dans le dossier de votre IDE. Par exemple `Code Blocks/mingw32/include/FMOD` (j'ai créé un dossier spécial pour FMOD comme pour SDL).
3. Dans le dossier `api/lib`, récupérez le fichier qui correspond à votre compilateur.
   - Si vous utilisez Code::Blocks, donc le compilateur mingw, copiez `libfmod.a` dans le dossier `lib` de votre IDE. Dans le cas de Code::Blocks, c'est le dossier `CodeBlocks/mingw32/lib`.

[1] On ne peut jouer que des sons WAV, par exemple.

[2] On notera que de nombreux jeux célèbres font partie des utilisateurs de FMOD, comme *World of Warcraft*, *Need for Speed*, *Wolfenstein*... FMOD fonctionne par ailleurs sur un très grand nombre de plates-formes, particulièrement sur des consoles de jeux comme la XBOX 360, la PS2, la PS3, la PSP, la Wii, etc.

[3] Si c'est un exécutable, c'est que vous avez pris FMOD Ex et non FMOD 3 !

- Si vous utilisez Visual C++, récupérez le fichier `fmodvc.lib`.

4. Enfin, et c'est peut-être le plus important, dans le dossier `documentation` vous trouverez un fichier d'aide qui correspond à la documentation de FMOD. Je vous conseille de le placer quelque part sur votre disque dur et d'en faire un raccourci bien visible. En effet, la documentation liste toutes les possibilités de FMOD dans le détail. Dans ce chapitre, on ne pourra en voir que les principales. Si vous voulez allez plus loin, il faudra donc vous plonger dans cette doc'.

Il reste à configurer notre projet. Là encore, c'est comme d'habitude : vous ouvrez votre projet avec votre IDE favori et vous ajoutez le fichier `.a` (ou `.lib`) à la liste des fichiers que le linker doit récupérer. Sous Code: :Blocks, menu `Project / Build Options`, onglet `Linker`, cliquez sur `Add` et indiquez où se trouve le fichier `.a`. Si on vous demande *Keep as a relative path ?*, je vous conseille de répondre par la négative, mais dans les deux cas ça devrait de toute manière marcher.

FMOD est installée, voyons rapidement de quoi elle est constituée.

Les différentes sections de FMOD

FMOD 3 est en fait la combinaison de deux bibliothèques :

- **FSOUND** : cette partie gère tous les sons de type PCM. Il s'agit tout simplement de sons « réels » enregistrés ; cela comprend aussi bien les formats compressés que non compressés : WAV, MP3, OGG, etc. Ces sons peuvent être des musiques ou des sons de courte durée comme des bruits de pas, de balle... D'ailleurs, FMOD distingue deux types de sons :
  - **les sons courts** (bruit de pas, bruit de balle) destinés à être répétés souvent,
  - **les sons longs**, comme une musique durant par exemple 3 minutes (qui peut être la musique de fond de votre jeu) ;
- **FMUSIC** : cette section gère les musiques au format binaire. Cette fois, il n'y a pas de son enregistré, juste des notes de musique. Le format binaire le plus connu est probablement le MIDI. Vous savez probablement que les MIDI sont des fichiers audio de petite taille : c'est justement parce qu'ils enregistrent seulement les notes de musique (il ne peut donc pas y avoir de « paroles » avec un tel format de fichier). Cette section peut être très utile pour jouer de vieilles musiques type Gameboy ou SuperNES, comme par exemple la musique de Super Mario, de Tetris, etc.

Dans ce chapitre, nous verrons les trois types de sons car ils se chargent et se lisent avec des fonctions différentes :

- `FSOUND` : sons courts ;
- `FSOUND` : sons longs (musiques) ;
- `FMUSIC` : musique type MIDI.

Initialiser et libérer FMOD

Comme la plupart des bibliothèques écrites en C, il faut charger (on dit aussi « initialiser ») FMOD et la libérer quand on n'en a plus besoin. À ce niveau, ça ne devrait pas beaucoup vous changer de la SDL.

Inclure le header

Avant toute chose — vous avez dû le faire instinctivement0 mais ça ne coûte rien de le préciser — : il faut inclure le fichier `.h` de FMOD.

```
#include <FMOD/fmod.h>
```

J'ai placé ce fichier dans un sous-dossier `FMOD`. Adaptez cette ligne en fonction de la position du fichier si chez vous c'est différent.

Initialiser FMOD

On initialise FMOD avec la fonction `FSOUND_Init`. Elle prend 3 paramètres.

- **La fréquence d'échantillonnage** : ce paramètre permet d'indiquer la qualité de son que doit gérer FMOD. Plus la fréquence est élevée, meilleur est le son (mais plus grande est la puissance demandée). Voici quelques exemples de fréquences pour vous aider à faire votre choix.
  - Qualité CD : 44 100 Hz
  - Qualité radio : 22 050 Hz
  - Qualité téléphonique : 11 025 Hz

  Tout au long de ce chapitre, nous utiliserons une fréquence de 44 100 Hz[4].
- **Le nombre maximal de canaux** que devra gérer FMOD. En d'autres termes, c'est le nombre maximal de sons qui pourront être joués en même temps. Tout dépend de la puissance de votre carte son. On conseille généralement une valeur de 32 (ce sera suffisant pour la plupart des petits jeux). Pour information, FMOD peut théoriquement gérer jusqu'à 1024 canaux différents, mais à ce niveau ça risque de faire beaucoup travailler votre ordinateur !
- Enfin, on peut indiquer **des flags**. Il n'y a rien de bien intéressant à mettre en général, on se contentera donc d'envoyer 0 (pas de flags).

Nous pouvons donc initialiser FMOD comme ceci :

```
FSOUND_Init(44100, 32, 0);
```

Ce qui signifie : fréquence de 44 100 Hz (qualité CD au mieux), 32 canaux et pas d'options particulières (flag = 0).

[4]Si le son que vous utilisez est de mauvaise qualité à la base, FMOD ne l'améliorera pas. Par contre, si vous avez un son de fréquence 44 100 Hz et que FMOD utilise une fréquence de 22 050 Hz, sa qualité sera diminuée.

Libérer FMOD

On arrête FMOD de la manière la plus simple qui soit :

```
FSOUND_Close();
```

Est-ce que j'ai vraiment besoin de commenter ce code ? ;-)

Les sons courts

Nous commencerons par étudier les sons courts. Un « son court », comme je l'appelle, est un son qui dure généralement quelques secondes (parfois moins d'une seconde) et destiné à être joué régulièrement.

Quelques exemples de sons courts :

- un bruit de balle ;
- un bruit de pas ;
- un tic-tac (pour faire stresser le joueur avant la fin d'un compte à rebours !) ;
- des applaudissements ;
- etc.

Bref, ça correspond dans les grandes lignes à tous les sons qui ne sont pas des musiques. Généralement, ces sons sont tellements courts qu'on ne prend pas la peine de les compresser. On les trouve donc le plus souvent au format WAV non compressé.

Trouver des sons courts

Avant de commencer, il faudrait faire le plein de sons. De nombreux sites proposent justement des banques de sons.

Si vous faites une recherche à l'aide de l'expression « Free Sounds » avec Google (« sons gratuits » en anglais), vous obtenez des centaines de millions de résultats ! Rien qu'avec les sites de la première page, vous devriez trouver votre bonheur. Personnellement, j'ai retenu `FindSounds.com`, un moteur de recherche pour sons.

▷ Code web : 876870

En recherchant « gun », on trouve des tonnes de sons de tir de fusil ; en tapant « footsteps » on trouve des bruits de pas, etc.

Les étapes à suivre pour jouer un son

La première étape consiste à charger en mémoire le son que vous voulez jouer. Il est conseillé de charger tous les sons qui seront fréquemment utilisés dans le jeu dès le début du programme. Vous les libérerez à la fin. En effet, une fois que le son est chargé en mémoire, sa lecture est très rapide.

Le pointeur

Première étape : créer un pointeur de type FSOUND_SAMPLE qui représentera notre son.

```
FSOUND_SAMPLE *tir = NULL;
```

Charger le son

Deuxième étape : charger le son avec la fonction FSOUND_Sample_Load. Elle prend... 5 paramètres.

- Le **numéro de la *sample pool*** dans laquelle FMOD doit garder une trace du son. Je m'explique : la *sample pool* est une sorte de tableau dans lequel FMOD garde une copie des pointeurs vers chacun des sons courts chargés. Cela lui permet de libérer automatiquement la mémoire lorsqu'on appelle FSOUND_Close() (la fonction d'arrêt de FMOD) : il suffit à FMOD de lire ce tableau et de libérer chacun des éléments qui s'y trouvent. Toutefois, plutôt que de faire confiance à FMOD, il vaut mieux penser à appeler nous-mêmes la fonction de libération de mémoire (FSOUND_Sample_Free()) que nous allons découvrir dans quelques instants. Pour indiquer un numéro de la sample pool, le mieux est d'envoyer FSOUND_FREE à la fonction. Elle se chargera alors d'occuper le premier emplacement libre de la sample pool qu'elle trouvera.
- Le **nom du fichier** son à charger. Il peut être de format WAV, MP3, OGG, etc. Toutefois, il vaut mieux charger des sons courts (quelques secondes maximum) plutôt que des sons longs. En effet, la fonction chargera et décodera tout le son en mémoire, ce qui peut prendre de la place si le son est une musique !
- Le troisième paramètre ne nous intéresse pas : il permet de préciser **les caractéristiques du fichier** qu'on veut charger (fréquence d'échantillonnage, etc.). Or, dans le cas des WAV, MP3, OGG et Cie, ces informations sont inscrites dans le fichier. On va donc envoyer la valeur 0 pour ne rien préciser.
- **L'*offset*** où doit commencer la lecture. Cela permet de commencer la lecture du son à un moment précis. Mettez 0 pour commencer du début.
- **La longueur** : si vous précisez un *offset*, il faudra aussi donner la longueur de son à lire. On mettra là encore 0 car on veut tout lire.

La fonction renvoie l'adresse mémoire à laquelle a été chargé le son. Voici un exemple de chargement :

```
tir = FSOUND_Sample_Load(FSOUND_FREE, "pan.wav", 0, 0, 0);
```

Ici, je charge le son pan.wav et je le place dans le premier canal libre. Le pointeur tir fera référence à ce son par la suite. Vous remarquerez qu'en règle générale on laisse les 3 derniers paramètres à 0.

Je vous invite à télécharger ce pan.wav pour faire des tests en même temps que vous lisez ce chapitre.

▷ Code web : 252603

La fonction renvoie NULL si le fichier n'a pas été chargé. Vous avez tout intérêt à vérifier si le chargement a réussi ou s'il a échoué.

Jouer le son

Vous voulez jouer le son ? Pas de problème avec la fonction `FSOUND_PlaySound` ! Il suffit de lui donner un numéro de canal sur lequel le jouer ainsi que le pointeur sur le son. Pour le numéro de canal, ne vous prenez pas la tête et envoyez `FSOUND_FREE` pour laisser FMOD gérer ça.

```
FSOUND_PlaySound(FSOUND_FREE, tir);
```

Libérer le son de la mémoire

Lorsque vous n'avez plus besoin du son, vous devez le libérer de la mémoire. Il n'y a rien de plus simple, il suffit d'indiquer le pointeur à libérer avec `FSOUND_Sample_Free` :

```
FSOUND_Sample_Free(tir);
```

Exemple : un jeu de tir

Le mieux maintenant est de résumer tout ce qu'on a vu dans un cas concret de programme écrit en SDL. Il n'y avait rien de compliqué et, normalement, vous ne devriez avoir aucune difficulté à réaliser cet exercice.

Le sujet

Le but est simple : créer un jeu de tir. On ne va pas réaliser un jeu complet ici, mais juste la gestion du viseur. Je vous propose de télécharger le viseur de la fig. 27.1 que j'ai amoureusement réalisé moi-même sous Paint[5].

FIG. 27.1 – Le viseur

Voilà les objectifs.

- Fond de fenêtre : noir.
- Pointeur de la souris : invisible.
- L'image du viseur est blittée à la position de la souris lorsqu'on la déplace. Attention : il faut que le CENTRE de l'image soit placé au niveau du pointeur de la souris.
- Quand on clique, le son `pan.wav` doit être joué.

Ça peut être le début d'un jeu de tir.

Trop facile ? Ok, alors à vous de jouer !

[5]Oui, je sais... J'aurais dû faire les Beaux Arts.

La correction

Voici le code complet :

```
#include <stdlib.h>
#include <stdio.h>
#include <SDL/SDL.h>
#include <SDL/SDL_image.h>
#include <FMOD/fmod.h>

int main(int argc, char *argv[])
{
    SDL_Surface *ecran = NULL, *viseur = NULL;
    SDL_Event event;
    SDL_Rect position;
    int continuer = 1;
    FSOUND_SAMPLE *tir = NULL;

    /* Initialisation de FMOD */
    FSOUND_Init(44100, 32, 0);

    /* Chargement du son et vérification du chargement */
    tir = FSOUND_Sample_Load(FSOUND_FREE, "pan.wav", 0, 0, 0);
    if (tir == NULL)
    {
        fprintf(stderr, "Impossible de lire pan.wav\n");
        exit(EXIT_FAILURE);
    }

    /* Initialisation de la SDL */
    SDL_Init(SDL_INIT_VIDEO);

    SDL_ShowCursor(SDL_DISABLE);
    ecran = SDL_SetVideoMode(640, 480, 32, SDL_HWSURFACE | SDL_DOUBLEBUF);
    SDL_WM_SetCaption("Gestion du son avec FMOD", NULL);

    viseur = IMG_Load("viseur.png");

    while (continuer)
    {
        SDL_WaitEvent(&event);

        switch(event.type)
        {
            case SDL_QUIT:
                continuer = 0;
                break;
            case SDL_MOUSEBUTTONDOWN:
                /* Lorqu'on clique, on joue le son */
                FSOUND_PlaySound(FSOUND_FREE, tir);
```

```
                break;
            case SDL_MOUSEMOTION:
                /* Lorsqu'on déplace la souris, on place le centre du viseur à
↪               la position de la souris */
                position.x = event.motion.x - (viseur->w / 2);
                position.y = event.motion.y - (viseur->h / 2);
                break;
        }

        SDL_FillRect(ecran, NULL, SDL_MapRGB(ecran->format, 0, 0, 0));
        SDL_BlitSurface(viseur, NULL, ecran, &position);
        SDL_Flip(ecran);
    }

    /* On ferme la SDL */
    SDL_FreeSurface(viseur);
    SDL_Quit();

    /* On libère le son et on ferme FMOD */
    FSOUND_Sample_Free(tir);
    FSOUND_Close();

    return EXIT_SUCCESS;
}
```

▷ Code web : 839759

La fig. 27.2 vous donne un aperçu du mini-jeu, mais le mieux est encore de voir le résultat en vidéo avec le son sur le web !

▷ Code web : 317872

Ici, j'ai chargé FMOD avant la SDL et je l'ai libérée après la SDL. Il n'y a pas de règles au niveau de l'ordre (j'aurais tout aussi bien pu faire l'inverse). J'ai choisi de charger la SDL et d'ouvrir la fenêtre après le chargement de FMOD pour que le jeu soit prêt à être utilisé dès que la fenêtre s'ouvre, sinon il aurait peut-être fallu attendre quelques millisecondes le temps que FMOD se charge.

Le code est, je pense, suffisamment commenté. Il n'y a pas de piège particulier, pas de nouveauté fracassante.

On notera la « petite » difficulté qui consistait à blitter le centre du viseur au niveau du pointeur de la souris. Le calcul de la position de l'image est fait en fonction de cela.

Idées d'amélioration

Ce code est la base d'un jeu de *shoot*. Vous avez le viseur, le bruit de tir, il ne vous reste plus qu'à faire apparaître ou défiler des ennemis et à marquer le score du joueur. Comme d'habitude, c'est à vous de jouer. Vous vouliez faire un jeu ? Qu'à cela ne

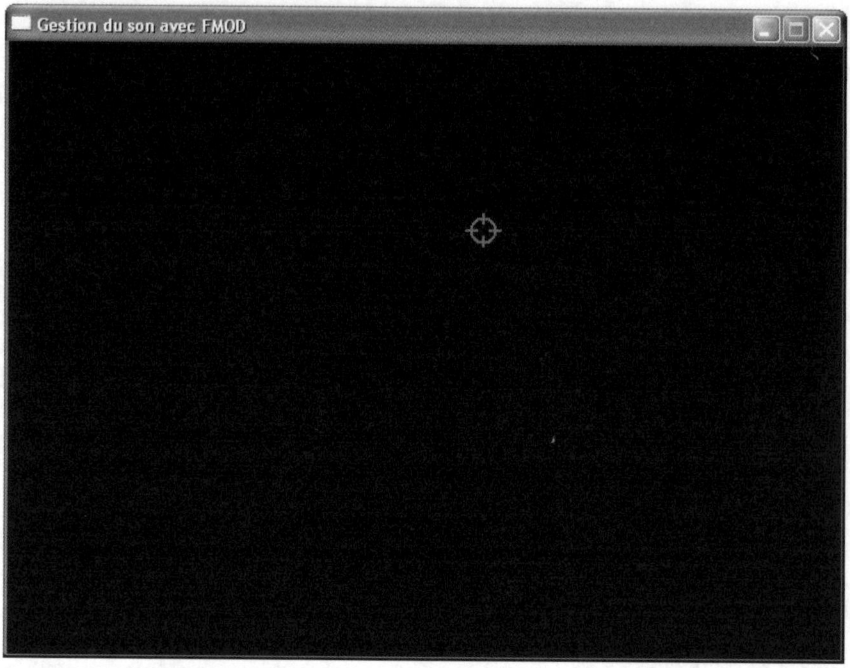

FIG. 27.2 – Aperçu du mini-jeu du viseur

tienne, vous avez le niveau maintenant[6] et même un code de base pour démarrer un jeu de tir ! Qu'est-ce que vous attendez ? ;-)

Les musiques (MP3, OGG, WMA...)

En théorie, la fonction `FSOUND_Sample_Load` permet de charger n'importe quel type de son, y compris les formats compressés MP3, OGG, WMA. Le problème concerne les sons « longs », c'est-à-dire les musiques. En effet, une musique dure en moyenne 3 à 4 minutes. Or, la fonction `FSOUND_Sample_Load` charge tout le fichier en mémoire (et c'est la version décompressée qui est mise en mémoire, ça prend donc beaucoup de place !).

Si vous avez un son long (on va parler de « musique » dorénavant), il est préférable de le charger en *streaming*, c'est-à-dire d'en charger des petits bouts au fur et à mesure de la lecture. C'est ce que font tous les lecteurs audio.

[6]Bien sûr, les forums du Site du Zéro (code web : 473573) sont toujours là pour vous aider si vous êtes bloqués à un moment de la création de votre jeu. Il est normal de rencontrer des difficultés, quel que soit le niveau qu'on ait !

Trouver des musiques

Je vous propose d'utiliser des chansons libres de droits dans vos programmes[7]. Les auteurs vous autorisent à diffuser librement leurs chansons, il n'y a donc aucun problème pour que vous les utilisiez dans vos programmes.

> Si votre programme est payant, il faudra en parler à l'artiste à moins que celui-ci n'autorise explicitement une utilisation commerciale de son œuvre. Une chanson libre de droits peut être téléchargée, copiée et écoutée librement, mais ça ne veut pas dire qu'on vous autorise à vous faire de l'argent sur le dos des artistes !

Pour télécharger des musiques libres, je vous recommande Jamendo, un des sites que je préfère, bien que ce soit pas le seul qui existe dans le domaine.

▷ Code web : 407732

Les chansons sont classées par style. Vous avez beaucoup de choix. On y trouve de tout.

Je vais utiliser une chanson du groupe Hype[8] de l'album « Lies and Speeches », intitulée « Home ». Vous pouvez la télécharger au format MP3.

▷ Code web : 926208

Les étapes à suivre pour jouer une musique

Comme d'habitude, il faut que FMOD soit chargé avec `FSOUND_Init` et déchargé avec `FSOUND_Close`.

Le pointeur

Cette fois, le pointeur doit être de type `FSOUND_STREAM`.

```
FSOUND_STREAM *musique = NULL;
```

Charger le son

Comme je vous l'ai dit, le son sera chargé progressivement (on dit *en streaming*). Toutefois, il faut quand même ouvrir le fichier, car pour l'instant notre pointeur `musique` vaut toujours `NULL`, je vous rappelle.

On utilise ici la fonction `FSOUND_Stream_Open`. Elle prend 4 paramètres, ce sont les 4 mêmes derniers paramètres que ceux de la fonction `FSOUND_Sample_Load` qu'on a vue

[7] Vous n'êtes pas sans savoir qu'il faut verser une redevance pour pouvoir utiliser la plupart des chansons que vous connaissez !

[8] Vous pouvez retrouver Hype sur leur page *MySpace* si vous voulez en savoir plus (code web : 839250).

tout à l'heure. En clair, indiquez le nom du fichier à ouvrir dans le premier paramètre, et laissez les 3 autres paramètres à 0.

La fonction retourne une adresse mémoire qu'on récupère avec notre pointeur `musique`.

```
musique = FSOUND_Stream_Open("Hype_Home.mp3", 0, 0, 0);
```

Il est là encore fortement conseillé de vérifier si le fichier a bien été chargé. En cas d'échec, le pointeur vaut `NULL`.

Jouer la musique

C'est très simple : on fait appel à `FSOUND_Stream_Play`. Elle prend 2 paramètres :

- Le numéro du canal sur lequel jouer le son (envoyez `FSOUND_FREE` et FMOD se débrouillera tout seul pour trouver un canal libre)
- Le pointeur vers le fichier à lire (dans notre cas, il s'appelle `musique`).

On peut donc jouer notre musique avec :

```
FSOUND_Stream_Play(FSOUND_FREE, musique);
```

Et voilà le travail !

Mais ce n'est pas tout. Dans le cas d'une musique, il peut être bien de savoir modifier le volume, gérer les répétitions de la chanson, la mettre en pause ou même l'arrêter. C'est ce genre de choses que nous allons apprendre à faire maintenant.

Modifier le volume

Avec la fonction `FSOUND_SetVolume`, vous pouvez changer le volume d'un canal.

```
FSOUND_SetVolume(FSOUND_ALL, 120);
```

Il faut envoyer 2 paramètres :

- Le numéro du canal dont on doit changer le volume (pour changer le volume de tous les canaux, envoyez `FSOUND_ALL`)
- Le nouveau volume : indiquez un nombre de 0 (silencieux) à 255 (volume maximal)

Notez que cette fonction permet aussi de changer le volume des sons courts, et pas seulement celui des sons *streamés* (longs).

Répétition de la chanson

On a souvent besoin de répéter la musique de fond. C'est justement ce que propose la fonction `FSOUND_Stream_SetLoopCount`. Elle prend 2 paramètres :

- Le pointeur vers la chanson
- Le nombre de fois qu'elle doit être répétée. Si vous mettez 1, la chanson sera donc répétée une seule fois. Si vous mettez un nombre négatif (comme -1), elle sera jouée indéfiniment.

Avec ce code source, notre musique sera donc répétée à l'infini :

```
FSOUND_Stream_SetLoopCount(musique, -1);
```

Pour que la répétition fonctionne, il faut envoyer FSOUND_LOOP_NORMAL en second paramètre de la fonction FSOUND_Stream_Open.

Mettre en pause la chanson

Il y a ici 2 fonctions à connaître :

- FSOUND_GetPaused(numero_du_canal) : indique si la chanson jouée sur le canal indiqué est en pause ou non. Elle renvoie « vrai » si la chanson est en pause, « faux » si elle est en train d'être jouée.
- FSOUND_SetPaused(numero_du_canal, etat) : met en pause ou réactive la lecture de la chanson sur le canal indiqué. Envoyez 1 (« vrai ») pour mettre en pause, 0 (« faux ») pour réactiver la lecture.

Ce morceau de code de fenêtre SDL met en pause la chanson si on appuie sur P, et la réactive si on appuie à nouveau sur P ensuite.

```
case SDL_KEYDOWN:
    if (event.key.keysym.sym == SDLK_p) // Si on appuie sur P
    {
        if (FSOUND_GetPaused(1)) // Si la chanson est en pause
            FSOUND_SetPaused(FSOUND_ALL, 0); // On enlève la pause
        else // Sinon, elle est en cours de lecture
            FSOUND_SetPaused(FSOUND_ALL, 1); // On met en pause
    }
    break;
```

Stopper la lecture

Il suffit d'appeler FSOUND_Stream_Stop. On lui envoie le pointeur vers la chanson à arrêter.

```
FSOUND_Stream_Stop(musique);
```

Et bien d'autres choses

On peut faire beaucoup d'autres choses, mais je ne vais pas toutes vous les énumérer ici, autant répéter la doc' ! Je vous invite donc à la lire si vous cherchez des fonctions supplémentaires.

Libérer la mémoire

Pour décharger la musique de la mémoire, appelez FSOUND_Stream_Close et donnez-lui le pointeur.

```
FSOUND_Stream_Close(musique);
```

Code complet de lecture du MP3

Le code ci-dessous vous montre un programme jouant la musique « Home ». La musique est jouée dès le début du programme. On peut la mettre en pause en appuyant sur P.

```
int main(int argc, char *argv[])
{
    SDL_Surface *ecran = NULL, *pochette = NULL;
    SDL_Event event;
    SDL_Rect position;
    int continuer = 1;
    FSOUND_STREAM *musique = NULL;

    FSOUND_Init(44100, 32, 0);
    /* On ouvre la musique */
    musique = FSOUND_Stream_Open("Hype_Home.mp3", FSOUND_LOOP_NORMAL, 0, 0);
    if (musique == NULL) /* On vérifie si elle a bien été ouverte (IMPORTANT) */
    {
        fprintf(stderr, "Impossible de lire Hype_Home.mp3\n");
        exit(EXIT_FAILURE);
    }

    FSOUND_Stream_SetLoopCount(musique, -1); /* On active la répétition de la
↪   musique à l'infini */
    FSOUND_Stream_Play(FSOUND_FREE, musique); /* On joue la musique */

    SDL_Init(SDL_INIT_VIDEO);

    ecran = SDL_SetVideoMode(640, 480, 32, SDL_HWSURFACE | SDL_DOUBLEBUF);
    SDL_WM_SetCaption("Gestion du son avec FMOD", NULL);
    pochette = IMG_Load("hype_liesandspeeches.jpg");
    position.x = 0;
    position.y = 0;

    while (continuer)
    {
        SDL_WaitEvent(&event);
        switch(event.type)
        {
            case SDL_QUIT:
                continuer = 0;
                break;
```

```
            case SDL_KEYDOWN:
                if (event.key.keysym.sym == SDLK_p) //Si on appuie sur P
                {
                    if (FSOUND_GetPaused(1)) // Si la chanson est en pause
                        FSOUND_SetPaused(1, 0); // On enlève la pause
                    else // Sinon, elle est en cours de lecture
                        FSOUND_SetPaused(1, 1); // On active la pause
                }
                break;
        }

        SDL_FillRect(ecran, NULL, SDL_MapRGB(ecran->format, 0, 0, 0));
        SDL_BlitSurface(pochette, NULL, ecran, &position);
        SDL_Flip(ecran);
    }

    FSOUND_Stream_Close(musique); /* On libère la mémoire */
    FSOUND_Close();

    SDL_FreeSurface(pochette);
    SDL_Quit();

    return EXIT_SUCCESS;
}
```

▷ Code web : 763860

Histoire d'avoir autre chose qu'une fenêtre noire, j'ai mis la pochette de l'album en image de fond.

Pour apprécier pleinement le résultat, je vous invite à regarder la vidéo du programme en cours d'exécution.

▷ Code web : 517526

Les musiques (MIDI)

Les musiques de type MIDI sont très différentes des musiques de type MP3, OGG ou WMA qu'on vient d'étudier. En effet, au lieu d'enregistrer la musique avec un micro, cette fois la musique est créée de toutes pièces sur l'ordinateur. On n'enregistre que des notes de musique, ce qui explique pourquoi on ne peut pas enregistrer la voix.

L'avantage ? En enregistrant uniquement les notes, on obtient des fichiers très très petits. Vous avez peut-être déjà remarqué que les MIDI étaient de tous petits fichiers. Le défaut ? Eh bien on ne peut pas enregistrer de voix et les effets autorisés par le format, bien que nombreux, sont limités.

Ce format est donc inadapté pour enregistrer des musiques qui passent à la radio, par exemple ; en revanche, il est tout à fait adapté pour jouer de vieilles musiques de l'époque de la Super-NES, GameBoy, MegaDrive, etc.

Trouver des MIDI

On trouve des kilotonnes de MIDI sur le net. Je ne m'en fais pas pour vous, vous trouverez votre bonheur !

Personnellement, j'ai retenu MusicRobot.com, un moteur de recherche pour fichiers MIDI.

▷ Code web : 833286

Personnellement, j'ai récupéré une vieille musique de Mario (ah, les souvenirs !). Vous pouvez la télécharger pour vos tests si vous le voulez.

▷ Code web : 416197

Les étapes à suivre pour jouer un MIDI

Les fonctions nécessaires pour jouer des MIDI commencent par le préfixe `FMUSIC` au lieu de `FSOUND`. Toutefois, les fonctions de chargement et de déchargement de FMOD à utiliser restent les mêmes et elles ont bien le préfixe `FSOUND`.

Vous commencez à avoir l'habitude, je vais donc aller maintenant un peu plus vite dans le listing des fonctions.

Le pointeur

```
FMUSIC_MODULE *musique = NULL;
```

Charger un MIDI

```
musique = FMUSIC_LoadSong("mario.mid");
```

La fonction prend un seul paramètre : comme vous le voyez, c'est encore plus simple. Elle renvoie `NULL` si le fichier n'a pas pu être chargé.

Jouer un MIDI

```
FMUSIC_PlaySong(musique);
```

Répéter un MIDI

```
FMUSIC_SetLooping(musique, 1);
```

Cette fois, c'est un peu différent. Il faut envoyer 1 (« vrai ») pour que la musique soit répétée à l'infini.

Mettre en pause un MIDI

La fonction `FMUSIC_GetPaused` indique si la chanson est en pause ou non.

```
FMUSIC_GetPaused(musique);
```

La fonction `FMUSIC_SetPaused` met en pause ou réactive la lecture de la chanson.

```
FMUSIC_SetPaused(musique, 1);
```

Envoyez 1 pour mettre en pause, 0 pour relancer la lecture.

Voici un exemple de code gérant la pause si on appuie sur P :

```
case SDL_KEYDOWN:
    if (event.key.keysym.sym == SDLK_p) //Si on appuie sur P
    {
        if (FMUSIC_GetPaused(musique)) // Si la chanson est en pause
            FMUSIC_SetPaused(musique, 0); // On enlève la pause
        else // Sinon, elle est en cours de lecture
            FMUSIC_SetPaused(musique, 1); // On active la pause
    }
```

Attention : bien que similaire, ce code est différent du code de pause qu'on a vu tout à l'heure. En particulier, il n'y a pas de canal à indiquer ici.

Modifier le volume

```
FMUSIC_SetMasterVolume(musique, 150);
```

Le second paramètre correspond au volume.

- 0 = silencieux
- 256 = volume maximal

Stopper la lecture

```
FMUSIC_StopSong(musique);
```

Libérer la musique MIDI

```
FMUSIC_FreeSong(musique);
```

Code d'exemple pour résumer

```
int main(int argc, char *argv[])
{
    SDL_Surface *ecran = NULL, *niveau = NULL;
    SDL_Event event;
    SDL_Rect position;
    int continuer = 1;
    FMUSIC_MODULE *musique = NULL;

    FSOUND_Init(44100, 32, 0);
    musique = FMUSIC_LoadSong("mario.mid"); // Chargement de la chanson
    if (musique == NULL)
    {
        fprintf(stderr, "Impossible de lire mario.mid\n");
        exit(EXIT_FAILURE);
    }
    FMUSIC_SetLooping(musique, 1); // Répétition infinie
    FMUSIC_PlaySong(musique); // On joue la chanson

    SDL_Init(SDL_INIT_VIDEO);

    ecran = SDL_SetVideoMode(640, 480, 32, SDL_HWSURFACE | SDL_DOUBLEBUF);
    SDL_WM_SetCaption("Gestion du son avec FMOD", NULL);
    niveau = IMG_Load("mario_niveau.jpg");
    position.x = 0;
    position.y = 0;

    while (continuer)
    {
        SDL_WaitEvent(&event);
        switch(event.type)
        {
            case SDL_QUIT:
                continuer = 0;
                break;
            case SDL_KEYDOWN:
                if (event.key.keysym.sym == SDLK_p) //Si on appuie sur P
                {
                    if (FMUSIC_GetPaused(musique)) // Si la chanson est en pause
                        FMUSIC_SetPaused(musique, 0); // On enlève la pause
                    else // Sinon, elle est en cours de lecture
                        FMUSIC_SetPaused(musique, 1); // On active la pause
                }
                break;
        }

        SDL_FillRect(ecran, NULL, SDL_MapRGB(ecran->format, 0, 0, 0));
        SDL_BlitSurface(niveau, NULL, ecran, &position);
        SDL_Flip(ecran);
```

```
    }

    FMUSIC_FreeSong(musique); // Déchargement de la chanson
    FSOUND_Close();

    SDL_FreeSurface(niveau);
    SDL_Quit();

    return EXIT_SUCCESS;
}
```

▷ Code web : 111949

Ce code reprend les fonctions principales qu'on vient de voir.

Je vous propose de découvrir ce que ça donne en vidéo[9].

▷ Code web : 120059

En résumé

- La SDL possède des fonctionnalités audio limitées et il est plutôt conseillé de se pencher sur une bibliothèque dédiée au son, comme FMOD.
- On distingue 3 types de sons avec FMOD : des sons courts, des sons longs (musiques MP3, OGG...) et des musiques au format binaire (MIDI).
- Chacun de ces types se lit avec des fonctions différentes. Il est conseillé d'utiliser les fonctions adaptées et d'éviter de charger un son long comme si c'était un son court, par exemple.
- FMOD permet de jouer simultanément plusieurs sons différents à l'aide de canaux.
- La fréquence d'échantillonnage indique la qualité du son qui sera joué.

[9]La compression de la vidéo a détérioré la qualité du MIDI original.

Chapitre 28

TP : visualisation spectrale du son

Difficulté :

Ce chapitre de travaux pratiques va vous proposer de manipuler la SDL et FMOD simultanément. Cette fois, nous n'allons pas travailler sur un jeu. Certes, la SDL est tout particulièrement adaptée à cela, mais on peut l'utiliser dans d'autres domaines. Ce chapitre va justement vous prouver qu'elle peut servir à autre chose.

Nous allons réaliser ici une visualisation du spectre sonore en SDL. Cela consiste à afficher la composition du son que l'on joue, par exemple une musique. On retrouve cela dans de nombreux lecteurs audio. C'est amusant et ce n'est pas si compliqué que ça en a l'air !

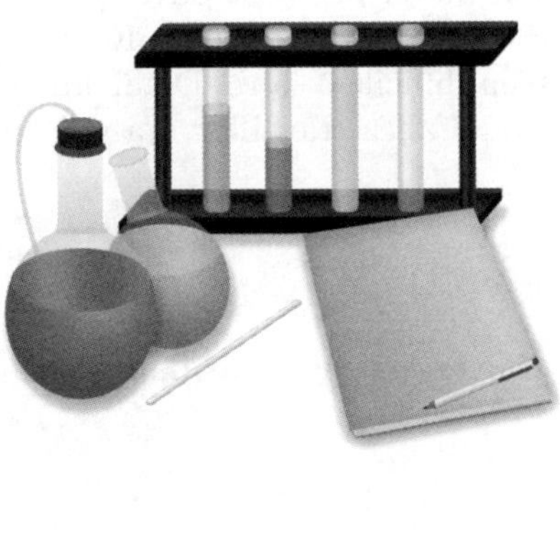

Ce chapitre va nous permettre de travailler autour de notions que nous avons découvertes récemment :

- la gestion du temps ;
- la bibliothèque FMOD.

Nous découvrirons en outre comment modifier une surface pixel par pixel.

La fig. 28.1 vous donne un aperçu du programme que nous allons créer dans ce chapitre.

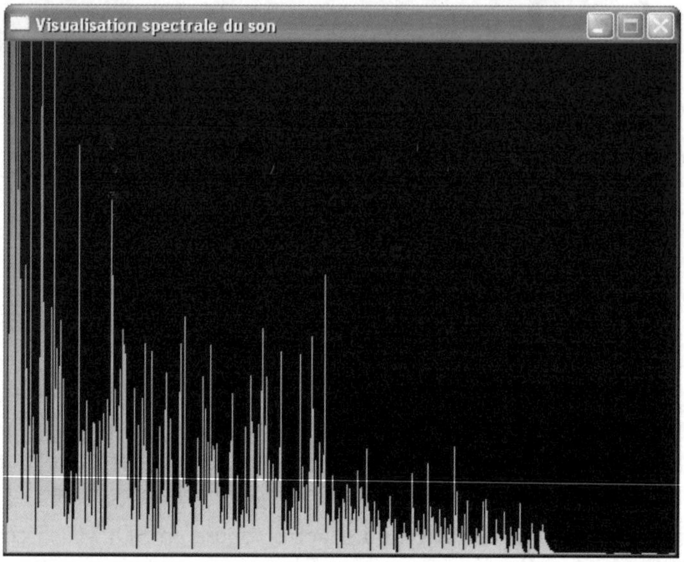

FIG. 28.1 – Visualisation du spectre sonore

C'est le genre de visualisation qu'on peut retrouver dans des lecteurs audio tels que Winamp, Windows Media Player ou encore AmaroK. Et pour ne rien gâcher, comme je vous l'ai dit ce n'est pas bien difficile à faire. D'ailleurs, contrairement au TP Mario Sokoban, cette fois c'est vous qui allez travailler. Ça vous fera un très bon exercice.

Les consignes

Les consignes sont simples. Suivez-les pas à pas dans l'ordre et vous n'aurez pas d'ennuis !

1. Lire un MP3

Pour commencer, vous devez créer un programme qui lit un fichier MP3. Vous n'avez qu'à reprendre la chanson « Home » du groupe Hype que nous avons utilisée dans le chapitre sur FMOD pour illustrer le fonctionnement de la lecture d'une musique.

▷ Code web : 926208

Si vous avez bien suivi le chapitre sur FMOD, il ne vous faudra pas plus de quelques minutes pour arriver à le faire. Je vous conseille au passage de placer le MP3 dans le dossier de votre projet.

2. Activer le module DSP de FMOD

Je vous avais dit dans le chapitre sur FMOD que nous n'avions pas vu toutes les possibilités de cette bibliothèque. Elle peut lire aussi des CD, effectuer des enregistrements, des modifications sur le son, etc. Nous allons ici nous intéresser à un de ses modules, appelé **DSP**.

À quoi servent les fonctions du module DSP ? Eh bien ce sont justement elles qui nous donnent des informations sur le son, afin que nous puissions réaliser notre visualisation spectrale.

Il va falloir activer ce module[1]. Comme on n'en a pas toujours besoin, le module DSP est désactivé par défaut. Heureusement, l'activer est très simple :

```
FSOUND_DSP_SetActive(FSOUND_DSP_GetFFTUnit(), 1);
```

Le premier paramètre doit être le résultat renvoyé par `FSOUND_DSP_GetFFTUnit()`. Quant au second paramètre, c'est un booléen :

- si on envoie « vrai » (1), le module DSP est activé ;
- si on envoie « faux » (0), le module DSP est désactivé.

Par conséquent, si on veut désactiver le module DSP juste avant la fin du programme, il suffit d'écrire :

```
FSOUND_DSP_SetActive(FSOUND_DSP_GetFFTUnit(), 0);
```

3. Récupérer les données spectrales du son

Pour comprendre le fonctionnement de la visualisation spectrale, il est indispensable que je vous explique un peu comment ça fonctionne à l'intérieur[2].

Un son peut être découpé en fréquences (fig. 28.2). Certaines fréquences sont basses, d'autres moyennes, et d'autres hautes. Ce que nous allons faire dans notre visualisation, c'est afficher la quantité de chacune de ces fréquences sous forme de barres. Plus la barre est grande, plus la fréquence est utilisée.

Sur la gauche de la fenêtre, nous faisons donc apparaître les basses fréquences et sur la droite les hautes.

[1]Le module DSP n'est pas activé par défaut car il demande pas mal de calculs supplémentaires à l'ordinateur.

[2]Ce sera rapide je vous rassure, car je n'ai pas l'intention de transformer ce chapitre en cours de maths !

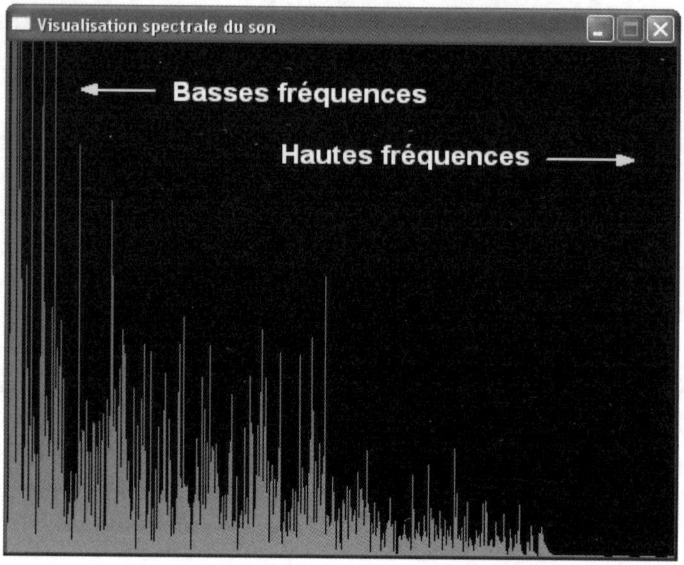

FIG. 28.2 – Découpage des fréquences

Mais comment récupérer les quantités de chaque fréquence ?

FMOD nous mâche le travail. Maintenant que le module DSP est activé, on peut faire appel à la fonction `FSOUND_DSP_GetSpectrum()`. Il n'y a aucun paramètre à lui donner. En revanche, elle vous renvoie quelque chose de très intéressant : un pointeur vers un tableau de 512 `float`.

Rappel : le type `float` est un type décimal, au même titre que `double`. La différence entre les deux vient du fait que `double` est plus précis que `float`, mais dans notre cas le type `float` est suffisant. C'est celui utilisé par FMOD ici, c'est donc celui que nous devrons utiliser nous aussi.

Il vous faudra donc déclarer un pointeur vers `float`. `FSOUND_DSP_GetSpectrum()` vous renvoie le pointeur sur le tableau, donc sur le premier élément.

En clair, on déclare le pointeur :

```
float *spectre = NULL;
```

Et lorsque la musique est en train d'être jouée et que le module DSP est activé, on peut récupérer l'adresse du tableau de 512 `float` que nous a créé FMOD :

```
spectre = FSOUND_DSP_GetSpectrum();
```

On peut ensuite parcourir ce tableau pour obtenir les valeurs de chacune des fréquences :

```
spectre[0] // Fréquence la plus basse (à gauche)
spectre[1]
spectre[2]
...
spectre[509]
spectre[510]
spectre[511] // Fréquence la plus haute (à droite)
```

Chaque fréquence est un nombre décimal compris entre 0 (rien) et 1 (maximum). Votre travail va consister à afficher une barre plus ou moins grande en fonction de la valeur que contient chaque case du tableau.

Par exemple, si la valeur est 0.5, vous devrez tracer une barre dont la hauteur correspondra à la moitié de la fenêtre. Si la valeur est 1, elle devra faire toute la hauteur de la fenêtre.

Généralement, les valeurs sont assez faibles (plutôt proches de 0 que de 1). Je recommande de multiplier par 4 toutes les valeurs pour mieux voir le spectre. Attention : si vous faites ça, vérifiez que vous ne dépassez pas 1 (arrondissez à 1 s'il le faut). Si vous vous retrouvez avec des valeurs supérieures à 1, vous risquez d'avoir des problèmes pour tracer les barres verticales par la suite !

Mais les barres doivent bouger au fur et à mesure du temps, non ? Comme le son change tout le temps, il faut mettre à jour le graphique. Comment faire ?

Bonne question. En effet, le tableau de 512 `float` que vous renvoie FMOD **change toutes les 25 ms** (pour être à jour par rapport au son actuel). Il va donc falloir dans votre code que vous relisiez le tableau de 512 `float` en refaisant appel à `FSOUND_DSP_GetSpectrum()` toutes les 25 ms[3], puis que vous mettiez à jour votre graphique en barres.

4. Réaliser le dégradé

Dans un premier temps, vous pouvez réaliser des barres de couleur unie. Vous pourrez donc créer des surfaces. Il devra y en avoir 512 : une pour chaque barre. Chaque surface fera donc 1 pixel de large et la hauteur des surfaces variera en fonction de l'intensité de chaque fréquence.

Toutefois, je vous propose ensuite d'effectuer une amélioration : la barre doit fondre vers le rouge lorsque le son devient de plus en plus intense. En clair, la barre doit être verte en bas et rouge en haut.

[3] Relisez le chapitre sur la gestion du temps en SDL pour vous rappeler comment faire. Vous avez le choix entre une solution à base de `GetTicks` ou à base de callbacks. Faites ce qui vous paraît le plus facile.

Mais... une surface ne peut avoir qu'une seule couleur si on utilise `SDL_FillRect()`. On ne peut pas faire de dégradé !

En effet. On pourrait certes créer des surfaces de 1 pixel de large et de haut pour chaque couleur du dégradé, mais ça ferait vraiment beaucoup de surfaces à gérer et ça ne serait pas très optimisé !

Comment fait-on pour dessiner pixel par pixel ? Je ne vous l'ai pas appris auparavant car cette technique ne méritait pas un chapitre entier. Vous allez voir en effet que ce n'est pas bien compliqué.

En fait, la SDL ne propose aucune fonction pour dessiner pixel par pixel. Mais on a le droit de l'écrire nous-mêmes.

Pour ce faire, il faut suivre ces étapes méthodiquement dans l'ordre.

1. Faites appel à la fonction `SDL_LockSurface` pour annoncer à la SDL que vous allez modifier la surface manuellement. Cela « bloque » la surface pour la SDL et vous êtes le seul à y avoir accès tant que la surface est bloquée. Ici, je vous conseille de ne travailler qu'avec une seule surface : l'écran. Si vous voulez dessiner un pixel à un endroit précis de l'écran, vous devrez donc bloquer la surface `ecran` :

```
SDL_LockSurface(ecran);
```

2. Vous pouvez ensuite modifier le contenu de chaque pixel de la surface. Comme la SDL ne propose aucune fonction pour faire ça, il va falloir l'écrire nous-mêmes dans notre programme. Cette fonction, je vous la donne. Je la tire de la documentation de la SDL. Elle est un peu compliquée car elle travaille sur la surface directement et gère toutes les profondeurs de couleurs (bits par pixel) possibles. Pas besoin de la retenir ou de la comprendre, copiez-la simplement dans votre programme pour pouvoir l'utiliser :

```
void setPixel(SDL_Surface *surface, int x, int y, Uint32 pixel)
{
    int bpp = surface->format->BytesPerPixel;

    Uint8 *p = (Uint8 *)surface->pixels + y * surface->pitch + x * bpp;

    switch(bpp) {
    case 1:
        *p = pixel;
        break;

    case 2:
        *(Uint16 *)p = pixel;
        break;

    case 3:
        if(SDL_BYTEORDER == SDL_BIG_ENDIAN) {
```

```
            p[0] = (pixel >> 16) & 0xff;
            p[1] = (pixel >> 8) & 0xff;
            p[2] = pixel & 0xff;
        } else {
            p[0] = pixel & 0xff;
            p[1] = (pixel >> 8) & 0xff;
            p[2] = (pixel >> 16) & 0xff;
        }
        break;

    case 4:
        *(Uint32 *)p = pixel;
        break;
    }
}
```

▷ Code web : 310734

Elle est simple à utiliser. Envoyez les paramètres suivants :

- le pointeur vers la surface à modifier (cette surface doit préalablement avoir été bloquée avec `SDL_LockSurface`) ;
- la position en abscisse du pixel à modifier dans la surface (`x`) ;
- la position en ordonnée du pixel à modifier dans la surface (`y`) ;
- la nouvelle couleur à donner à ce pixel. Cette couleur doit être au format `Uint32`, vous pouvez donc la générer à l'aide de la fonction `SDL_MapRGB()` que vous connaissez bien maintenant.

3. Enfin, lorsque vous avez fini de travailler sur la surface, il ne faut pas oublier de la débloquer en appelant `SDL_UnlockSurface`.

```
SDL_UnlockSurface(ecran);
```

Code résumé d'exemple

Si on résume, vous allez voir que c'est tout simple. Ce code dessine un pixel rouge au milieu de la surface `ecran` (donc au milieu de la fenêtre).

```
SDL_LockSurface(ecran); /* On bloque la surface */
/* On dessine un pixel rouge au milieu de l'écran */
setPixel(ecran, ecran->w / 2, ecran->h / 2, SDL_MapRGB(ecran->format, 255, 0, 0));
SDL_UnlockSurface(ecran); /* On débloque la surface*/
```

Avec cette base vous devriez pouvoir réaliser des dégradés du vert au rouge[4].

[4] Un indice : il faut utiliser des boucles. :-p

La solution

Alors, comment vous avez trouvé le sujet ? Il n'est pas bien difficile à appréhender, il faut juste faire quelques calculs, surtout pour la réalisation du dégradé. C'est du niveau de tout le monde, il faut juste réfléchir un petit peu.

Certains mettent plus de temps que d'autres pour trouver la solution. Si vous avez du mal, ce n'est pas bien grave. Ce qui compte c'est de finir par y arriver. Quel que soit le projet dans lequel vous vous lancerez, vous aurez forcément des petits moments où il ne suffit pas de savoir programmer, il faut aussi être logique et bien réfléchir.

Le code

Je vous donne le code complet ci-dessous. Nous le commenterons ensuite.

```
#include <stdlib.h>
#include <stdio.h>
#include <SDL/SDL.h>
#include <FMOD/fmod.h>

#define LARGEUR_FENETRE         512
#define HAUTEUR_FENETRE         400
#define RATIO                   (HAUTEUR_FENETRE / 255.0)
#define DELAI_RAFRAICHISSEMENT  25

void setPixel(SDL_Surface *surface, int x, int y, Uint32 pixel);

int main(int argc, char *argv[])
{
    SDL_Surface *ecran = NULL;
    SDL_Event event;
    int continuer = 1, hauteurBarre = 0, tempsActuel = 0, tempsPrecedent = 0,
↪   i = 0, j = 0;
    float *spectre = NULL;

    /* Initialisation de FMOD
       ---------------------- */

    FSOUND_Init(44100, 4, 0);
    FSOUND_STREAM* musique = FSOUND_Stream_Open("Hype_Home.mp3", 0, 0, 0);
    if (musique == NULL)
    {
        fprintf(stderr, "Impossible d'ouvrir la musique");
        exit(EXIT_FAILURE);
    }
    FSOUND_DSP_SetActive(FSOUND_DSP_GetFFTUnit(), 1);
    FSOUND_Stream_Play(FSOUND_FREE, musique);

    /* Initialisation de la SDL
```

```
        ------------------------ */

    SDL_Init(SDL_INIT_VIDEO);
    ecran = SDL_SetVideoMode(LARGEUR_FENETRE, HAUTEUR_FENETRE, 32, SDL_SWSURFACE
↪   | SDL_DOUBLEBUF);
    SDL_WM_SetCaption("Visualisation spectrale du son", NULL);

    /* Boucle principale */

    while (continuer)
    {
        SDL_PollEvent(&event);
        switch(event.type)
        {
            case SDL_QUIT:
                continuer = 0;
                break;
        }


        SDL_FillRect(ecran, NULL, SDL_MapRGB(ecran->format, 0, 0, 0));

        /* Gestion du temps
           ----------------- */

        tempsActuel = SDL_GetTicks();
        if (tempsActuel - tempsPrecedent < DELAI_RAFRAICHISSEMENT)
        {
            SDL_Delay(DELAI_RAFRAICHISSEMENT - (tempsActuel - tempsPrecedent));
        }
        tempsPrecedent = SDL_GetTicks();

        /* Dessin du spectre sonore
           ------------------------ */

        spectre = FSOUND_DSP_GetSpectrum();

        SDL_LockSurface(ecran);

        for (i = 0 ; i < LARGEUR_FENETRE ; i++)
        {
            hauteurBarre = spectre[i] * 4 * HAUTEUR_FENETRE;

            if (hauteurBarre > HAUTEUR_FENETRE)
                hauteurBarre = HAUTEUR_FENETRE;


            for (j = HAUTEUR_FENETRE - hauteurBarre ; j < HAUTEUR_FENETRE ; j++)
            {
                setPixel(ecran, i, j, SDL_MapRGB(ecran->format, 255 - (j /
```

```
↪                 RATIO), j / RATIO, 0));
            }
        }

        SDL_UnlockSurface(ecran);

        SDL_Flip(ecran);
    }

    FSOUND_DSP_SetActive(FSOUND_DSP_GetFFTUnit(), 0);
    FSOUND_Stream_Close(musique);
    FSOUND_Close();

    SDL_Quit();

    return EXIT_SUCCESS;
}

void setPixel(SDL_Surface *surface, int x, int y, Uint32 pixel)
{
    int bpp = surface->format->BytesPerPixel;

    Uint8 *p = (Uint8 *)surface->pixels + y * surface->pitch + x * bpp;

    switch(bpp) {
    case 1:
        *p = pixel;
        break;

    case 2:
        *(Uint16 *)p = pixel;
        break;

    case 3:
        if(SDL_BYTEORDER == SDL_BIG_ENDIAN) {
            p[0] = (pixel >> 16) & 0xff;
            p[1] = (pixel >> 8) & 0xff;
            p[2] = pixel & 0xff;
        } else {
            p[0] = pixel & 0xff;
            p[1] = (pixel >> 8) & 0xff;
            p[2] = (pixel >> 16) & 0xff;
        }
        break;

    case 4:
        *(Uint32 *)p = pixel;
        break;
    }
}
```

Vous pouvez récupérer ce code dans une version largement commentée si vous le désirez.

▷ Code web : 892216

Explication du code

Dans un premier temps, on initialise FMOD, la musique et le module DSP. On charge ensuite la SDL.

Dans ma boucle principale, j'ai choisi de gérer le temps via `SDL_GetTicks` (je n'ai pas fait de callback). Je vérifie à chaque tour de boucle qu'au moins 25 ms se sont écoulées. Si ce n'est pas le cas, on attend le temps qu'il faut avec `SDL_Delay` pour atteindre les 25 ms.

On peut ensuite dessiner le spectre sonore. On récupère le tableau de 512 `float` et on travaille ensuite pixel par pixel sur la surface `ecran` pour y dessiner les barres avec deux boucles : la première pour parcourir la fenêtre en largeur et la seconde pour la parcourir en hauteur et y dessiner chaque barre.

Comme je vous l'avais dit, j'ai multiplié par 4 la valeur du spectre pour « zoomer » un peu. Bien entendu, on risque alors de dépasser la hauteur de la fenêtre : je tronque donc la barre verticale si on dépasse `HAUTEUR_FENETRE`.

Ensuite, il ne reste plus qu'à parcourir en hauteur la fenêtre pour dessiner la barre. Il faut faire quelques légers calculs pour adapter proportionnellement la barre à la hauteur de la fenêtre.

Télécharger et visualiser le résultat

Vous devriez obtenir un résultat correspondant à la capture d'écran que je vous avais montrée au début du chapitre. Bien entendu, il vaut mieux une animation pour apprécier ce résultat. C'est donc ce que je vous propose de visualiser.

▷ Code web : 205404

Notez que la compression a réduit la qualité du son et le nombre d'images par seconde. Le mieux est encore de télécharger le programme complet (avec son code source) pour tester chez soi. Vous pourrez ainsi apprécier le programme dans les meilleures conditions.

▷ Code web : 817059

Il faut impérativement que le fichier `Hype_Home.mp3` soit placé dans le dossier du programme pour que celui-ci fonctionne (sinon il s'arrêtera de suite).

Idées d'amélioration

Il est toujours possible d'améliorer un programme. Ici, j'ai de nombreuses idées d'extensions qui pourraient aboutir à la création d'un véritable petit lecteur MP3.

- Il serait bien qu'on puisse choisir le MP3 qu'on veut lire. Il faudrait par exemple lister tous les `.mp3` présents dans le dossier du programme. On n'a pas vu comment faire ça, mais vous pouvez le découvrir par vous-mêmes[5].
- Si votre programme était capable de lire et gérer les playlists, ça serait encore mieux. Il existe plusieurs formats de playlist, le plus connu est le format M3U.
- Vous pourriez afficher le nom du MP3 en cours de lecture dans la fenêtre (il faudra utiliser `SDL_ttf`).
- Vous pourriez afficher un indicateur pour qu'on sache où en est de la lecture du morceau, comme cela se fait sur la plupart des lecteurs MP3.
- Vous pourriez aussi proposer de modifier le volume de lecture.
- etc.

Bref, il y a beaucoup à faire. Vous avez la possibilité de créer de beaux lecteurs audio, il ne tient plus qu'à vous de les coder !

[5] Indice : utilisez la bibliothèque `dirent` (il faudra inclure `dirent.h`). À vous de chercher des informations sur le web pour savoir comment l'utiliser.

Quatrième partie

Les structures de données

Chapitre 29

Les listes chaînées

Difficulté :

Pour stocker des données en mémoire, nous avons utilisé des variables simples (type `int`, `double`...), des tableaux et des structures personnalisées. Si vous souhaitez stocker une série de données, le plus simple est en général d'utiliser des tableaux.

Toutefois, les tableaux se révèlent parfois assez limités. Par exemple, si vous créez un tableau de 10 cases et que vous vous rendez compte plus tard dans votre programme que vous avez besoin de plus d'espace, il sera impossible d'agrandir ce tableau. De même, il n'est pas possible d'insérer une case au milieu du tableau.

Les listes chaînées représentent une façon d'organiser les données en mémoire de manière beaucoup plus flexible. Comme à la base le langage C ne propose pas ce système de stockage, nous allons devoir le créer nous-mêmes de toutes pièces. C'est un excellent exercice qui vous aidera à être plus à l'aise avec le langage.

Représentation d'une liste chaînée

Qu'est-ce qu'une liste chaînée ? Je vous propose de partir sur le modèle des tableaux. Un tableau peut être représenté[1] en mémoire comme sur la fig. 29.1. Il s'agit ici d'un tableau contenant des `int`.

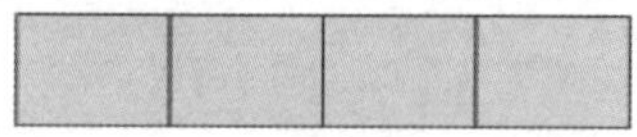

FIG. 29.1 – Un tableau de 4 cases en mémoire (représentation horizontale)

Comme je vous le disais en introduction, le problème des tableaux est qu'ils sont figés. Il n'est pas possible de les agrandir, à moins d'en créer de nouveaux, plus grands (fig. 29.2). De même, il n'est pas possible d'y insérer une case au milieu, à moins de décaler tous les autres éléments.

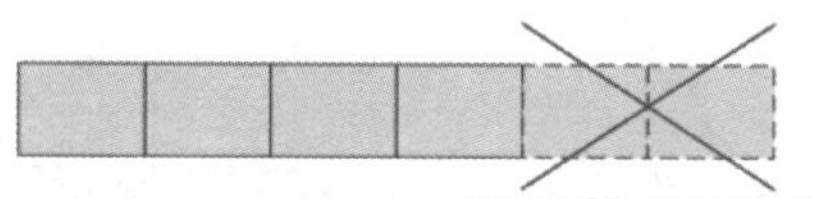

FIG. 29.2 – On ne peut pas agrandir un tableau après sa création

Le langage C ne propose pas d'autre système de stockage de données, mais il est possible de le créer soi-même de toutes pièces. Encore faut-il savoir comment s'y prendre : c'est justement ce que ce chapitre et les suivants vous proposent de découvrir.

Une liste chaînée est un moyen d'organiser une série de données en mémoire. Cela consiste à assembler des structures en les liant entre elles à l'aide de pointeurs. On pourrait les représenter comme ceci :

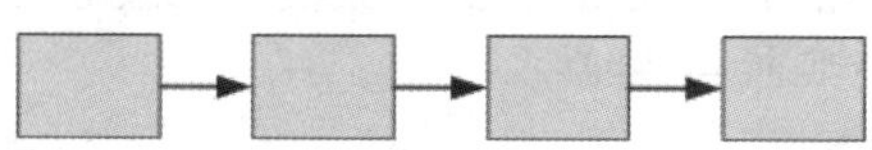

FIG. 29.3 – Une liste chaînée est un assemblage de structures liées par des pointeurs

Chaque élément peut contenir ce que l'on veut : un ou plusieurs `int`, `double`... En plus de cela, chaque élément possède un pointeur vers l'élément suivant (fig. 29.4).

Je reconnais que tout cela est encore très théorique et doit vous paraître un peu flou pour le moment. Retenez simplement comment les éléments sont agencés entre eux : ils forment une **chaîne de pointeurs**, d'où le nom de « liste chaînée ».

Contrairement aux tableaux, les éléments d'une liste chaînée ne sont pas placés côte à côte dans la mémoire. Chaque case pointe vers une autre case en mémoire qui n'est pas nécessairement stockée juste à côté.

[1] J'ai choisi ici de représenter le tableau horizontalement, mais il serait aussi possible de le présenter verticalement, peu importe.

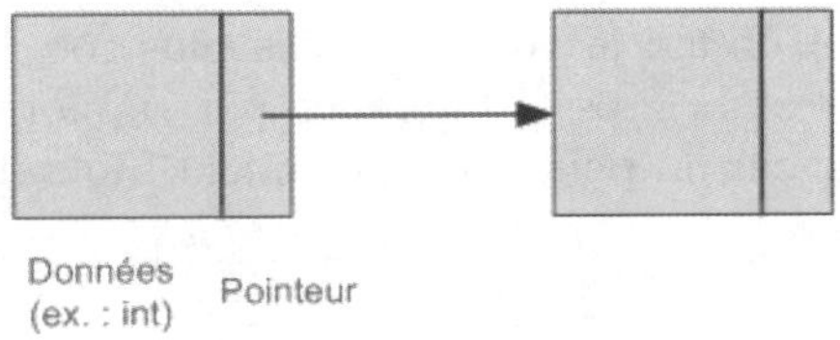

FIG. 29.4 – Chaque élément contient une donnée (ex. : un `int`) et un pointeur vers l'élément suivant

Construction d'une liste chaînée

Passons maintenant au concret. Nous allons essayer de créer une structure qui fonctionne sur le principe que nous venons de découvrir[2].

Un élément de la liste

Pour nos exemples, nous allons créer une liste chaînée de nombres entiers[3]. Chaque élément de la liste aura la forme de la structure suivante :

```
typedef struct Element Element;
struct Element
{
    int nombre;
    Element *suivant;
};
```

Nous avons créé ici un élément d'une liste chaînée, correspondant à la fig. 29.4 que nous avons vue plus tôt. Que contient cette structure ?

- Une donnée, ici un nombre de type `int` : on pourrait remplacer cela par n'importe quelle autre donnée (un `double`, un tableau...). Cela correspond à ce que vous voulez stocker, c'est à vous de l'adapter en fonction des besoins de votre programme[4].
- Un pointeur vers un élément du même type appelé `suivant`. C'est ce qui permet de lier les éléments les uns aux autres : chaque élément « sait » où se trouve l'élément

[2] Je rappelle que tout ce que nous allons faire ici fait appel à des techniques du langage C que vous connaissez déjà. Il n'y a aucun élément nouveau, nous allons nous contenter de créer nos propres structures et fonctions et les transformer en un système logique, capable de se réguler tout seul.

[3] On pourrait aussi bien créer une liste chaînée contenant des nombres décimaux ou même des tableaux et des structures. Le principe des listes chaînées s'adapte à n'importe quel type de données, mais ici, je propose de faire simple pour que vous compreniez bien le principe. ;-)

[4] Si on veut travailler de manière générique, l'idéal est de faire un pointeur sur void : `void*`. Cela permet de faire pointer vers n'importe quel type de données.

suivant en mémoire[5]. Comme je vous le disais plus tôt, les cases ne sont pas côte à côte en mémoire. C'est la grosse différence par rapport aux tableaux. Cela offre davantage de souplesse car on peut plus facilement ajouter de nouvelles cases par la suite au besoin.

La structure de contrôle

En plus de la structure qu'on vient de créer (que l'on dupliquera autant de fois qu'il y a d'éléments), nous allons avoir besoin d'une autre structure pour contrôler l'ensemble de la liste chaînée. Elle aura la forme suivante :

```
typedef struct Liste Liste;
struct Liste
{
    Element *premier;
};
```

Cette structure `Liste` contient un pointeur vers le premier élément de la liste. En effet, il faut conserver l'adresse du premier élément pour savoir où commence la liste. Si on connaît le premier élément, on peut retrouver tous les autres en « sautant » d'élément en élément à l'aide des pointeurs `suivant`.

> Une structure composée d'une seule sous-variable n'est en général pas très utile. Néanmoins, je pense que l'on aura besoin d'y ajouter des sous-variables plus tard, je préfère donc prendre les devants en créant ici une structure. On pourrait par exemple y stocker en plus la taille de la liste, c'est-à-dire le nombre d'éléments qu'elle contient.

Nous n'aurons besoin de créer qu'un seul exemplaire de la structure `Liste`. Elle permet de contrôler toute la liste (fig. 29.5).

Le dernier élément de la liste

Notre schéma est presque complet. Il manque une dernière chose : on aimerait retenir le dernier élément de la liste. En effet, il faudra bien arrêter de parcourir la liste à un moment donné. Avec quoi pourrait-on signifier à notre programme « Stop, ceci est le dernier élément » ?

Il serait possible d'ajouter dans la structure `Liste` un pointeur vers le dernier `Element`. Toutefois, il y a encore plus simple : il suffit de faire pointer le dernier élément de la liste vers `NULL`, c'est-à-dire de mettre son pointeur `suivant` à `NULL`. Cela nous permet de réaliser un schéma enfin complet de notre structure de liste chaînée (fig. 29.6).

[5] En revanche, il ne sait pas quel est l'élément précédent, il est donc impossible de revenir en arrière à partir d'un élément avec ce type de liste. On parle de liste « simplement chaînée », alors que les listes « doublement chaînées » ont des pointeurs dans les deux sens et n'ont pas ce défaut. Elles sont néanmoins plus complexes.

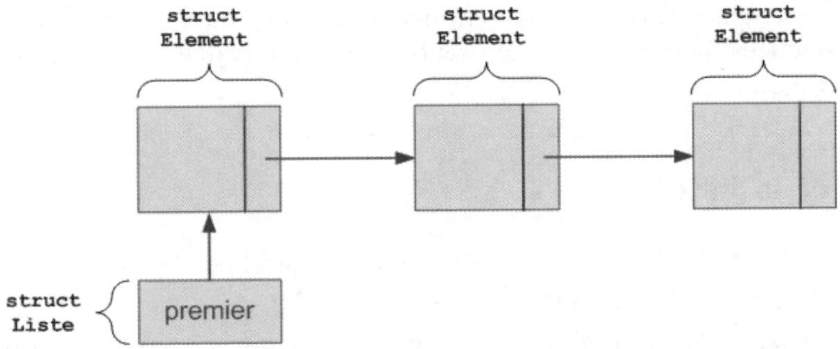

FIG. 29.5 – La structure `Liste` nous donne des informations sur l'ensemble de la liste chaînée

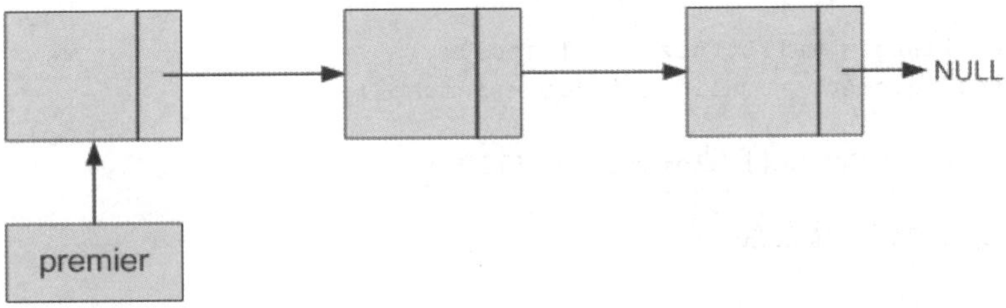

FIG. 29.6 – Le dernier élément de la liste pointe vers `NULL` pour indiquer la fin de liste

Les fonctions de gestion de la liste

Nous avons créé deux structures qui permettent de gérer une liste chaînée :

- `Element`, qui correspond à un élément de la liste et que l'on peut dupliquer autant de fois que nécessaire ;
- `Liste`, qui contrôle l'ensemble de la liste. Nous n'en aurons besoin qu'en un seul exemplaire.

C'est bien, mais il manque encore l'essentiel : les fonctions qui vont manipuler la liste chaînée. En effet, on ne va pas modifier « à la main » le contenu des structures à chaque fois qu'on en a besoin ! Il est plus sage et plus propre de passer par des fonctions qui automatisent le travail. Encore faut-il les créer.

À première vue, je dirais qu'on aura besoin de fonctions pour :

- initialiser la liste ;
- ajouter un élément ;
- supprimer un élément ;
- afficher le contenu de la liste ;
- supprimer la liste entière.

On pourrait créer d'autres fonctions (par exemple pour calculer la taille de la liste) mais elles sont moins indispensables. Nous allons ici nous concentrer sur celles que je viens de vous énumérer, ce qui nous fera déjà une bonne base. Je vous inviterai ensuite à réaliser d'autres fonctions pour vous entraîner une fois que vous aurez bien compris le principe.

Initialiser la liste

La fonction d'initialisation est la toute première que l'on doit appeler. Elle crée la structure de contrôle et le premier élément de la liste.

Je vous propose la fonction ci-dessous, que nous commenterons juste après, bien entendu :

```
Liste *initialisation()
{
    Liste *liste = malloc(sizeof(*liste));
    Element *element = malloc(sizeof(*element));

    if (liste == NULL || element == NULL)
    {
        exit(EXIT_FAILURE);
    }

    element->nombre = 0;
    element->suivant = NULL;
    liste->premier = element;

    return liste;
}
```

On commence par créer la structure de contrôle `liste`[6]. On l'alloue dynamiquement avec un `malloc`. La taille à allouer est calculée automatiquement avec `sizeof(*liste)`. L'ordinateur saura qu'il doit allouer l'espace nécessaire au stockage de la structure `Liste`[7].

On alloue ensuite de la même manière la mémoire nécessaire au stockage du premier élément. On vérifie si les allocations dynamiques ont fonctionné. En cas d'erreur, on arrête immédiatement le programme en faisant appel à `exit()`.

Si tout s'est bien passé, on définit les valeurs de notre premier élément :

- la donnée `nombre` est mise à 0 par défaut ;
- le pointeur `suivant` pointe vers `NULL` car le premier élément de notre liste est aussi le dernier pour le moment. Comme on l'a vu plus tôt, le dernier élément doit pointer vers `NULL` pour signaler qu'il est en fin de liste.

Nous avons donc maintenant réussi à créer en mémoire une liste composée d'un seul élément et ayant une forme semblable à la fig. 29.7.

---

[6] Notez que le type de données est `Liste` et que la variable s'appelle `liste`. La majuscule permet

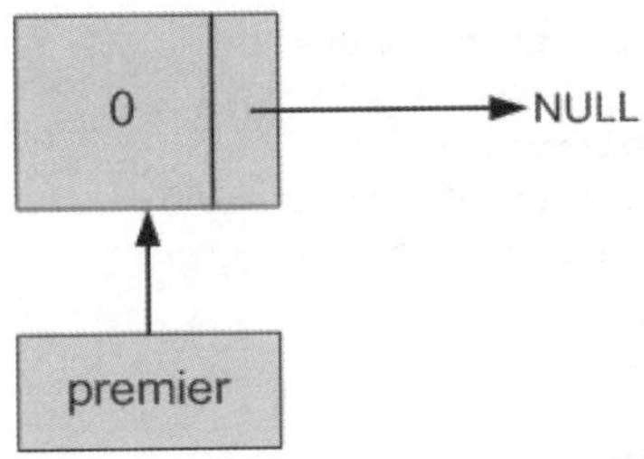

FIG. 29.7 – L'état de la liste qui vient d'être initialisée

Ajouter un élément

Ici, les choses se compliquent un peu. Où va-t-on ajouter un nouvel élément ? Au début de la liste, à la fin, au milieu ?

La réponse est qu'on a le choix. Libre à nous de décider ce que nous faisons. Pour ce chapitre, je propose que l'on voie ensemble l'ajout d'un élément en début de liste. D'une part, c'est simple à comprendre, et d'autre part cela me donnera une occasion à la fin de ce chapitre de vous proposer de réfléchir à la création d'une fonction qui ajoute un élément à un endroit précis de la liste.

Nous devons créer une fonction capable d'insérer un nouvel élément en début de liste. Pour nous mettre en situation, imaginons un cas semblable à la fig. 29.8 : la liste est composée de trois éléments et on souhaite en ajouter un nouveau au début.

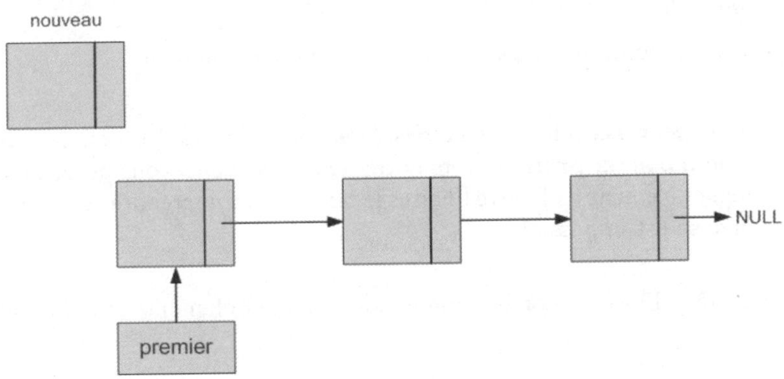

FIG. 29.8 – On souhaite insérer notre nouvel élément en début de liste

Il va falloir adapter le pointeur `premier` de la liste ainsi que le pointeur `suivant` de notre nouvel élément pour « insérer » correctement celui-ci dans la liste. Je vous propose pour cela ce code source que nous analyserons juste après :

de les différencier.

[7]On aurait aussi pu écrire `sizeof(Liste)`, mais si plus tard on décide de modifier le type du pointeur `liste`, on devra aussi adapter le `sizeof`.

```
void insertion(Liste *liste, int nvNombre)
{
    /* Création du nouvel élément */
    Element *nouveau = malloc(sizeof(*nouveau));
    if (liste == NULL || nouveau == NULL)
    {
        exit(EXIT_FAILURE);
    }
    nouveau->nombre = nvNombre;

    /* Insertion de l'élément au début de la liste */
    nouveau->suivant = liste->premier;
    liste->premier = nouveau;
}
```

La fonction `insertion()` prend en paramètre l'élément de contrôle `liste` (qui contient l'adresse du premier élément) et le nombre à stocker dans le nouvel élément que l'on va créer.

Dans un premier temps, on alloue l'espace nécessaire au stockage du nouvel élément et on y place le nouveau nombre `nvNombre`. Il reste alors une étape délicate : l'insertion du nouvel élément dans la liste chaînée.

Nous avons ici choisi pour simplifier d'insérer l'élément en début de liste. Pour mettre à jour correctement les pointeurs, nous devons procéder dans cet ordre précis :

1. faire pointer notre nouvel élément vers son futur successeur, qui est l'actuel premier élément de la liste ;
2. faire pointer le pointeur `premier` vers notre nouvel élément.

On ne peut pas suivre ces étapes dans l'ordre inverse ! En effet, si vous faites d'abord pointer `premier` vers notre nouvel élément, vous perdez l'adresse du premier élément de la liste ! Faites le test, vous comprendrez de suite pourquoi l'inverse est impossible.

Cela aura pour effet d'insérer correctement notre nouvel élément dans la liste chaînée (fig. 29.9) !

Supprimer un élément

De même que pour l'insertion, nous allons ici nous concentrer sur la suppression du premier élément de la liste. Il est techniquement possible de supprimer un élément précis au milieu de la liste, ce sera d'ailleurs un des exercices que je vous proposerai à la fin.

La suppression ne pose pas de difficulté supplémentaire. Il faut cependant bien adapter les pointeurs de la liste dans le bon ordre pour ne « perdre » aucune information.

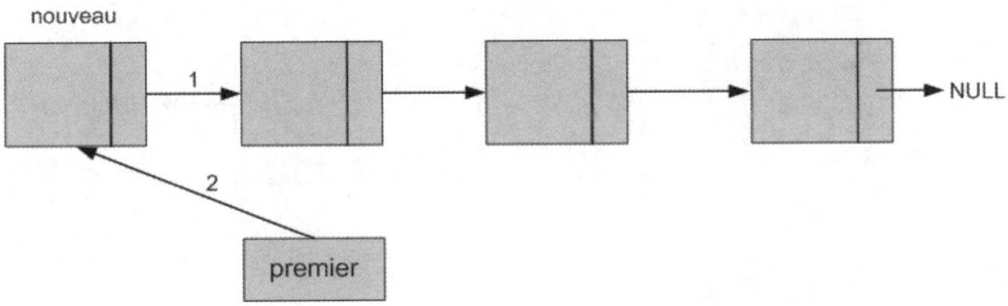

FIG. 29.9 – Insertion d'un élément dans la liste chaînée

```
void suppression(Liste *liste)
{
    if (liste == NULL)
    {
        exit(EXIT_FAILURE);
    }

    if (liste->premier != NULL)
    {
        Element *aSupprimer = liste->premier;
        liste->premier = liste->premier->suivant;
        free(aSupprimer);
    }
}
```

On commence par vérifier que le pointeur qu'on nous envoie n'est pas `NULL`, sinon on ne peut pas travailler. On vérifie ensuite qu'il y a au moins un élément dans la liste, sinon il n'y a rien à faire.

Ces vérifications effectuées, on peut sauvegarder l'adresse de l'élément à supprimer dans un pointeur `aSupprimer`. On adapte ensuite le pointeur `premier` vers le nouveau premier élément, qui est actuellement en seconde position de la liste chaînée.

Il ne reste plus qu'à supprimer l'élément correspondant à notre pointeur `aSupprimer` avec un `free` (fig. 29.10).

Cette fonction est courte mais sauriez-vous la réécrire ? Il faut bien comprendre qu'on doit faire les choses dans un ordre précis :

1. faire pointer `premier` vers le second élément ;

2. supprimer le premier élément avec un `free`.

Si on faisait l'inverse, on perdrait l'adresse du second élément !

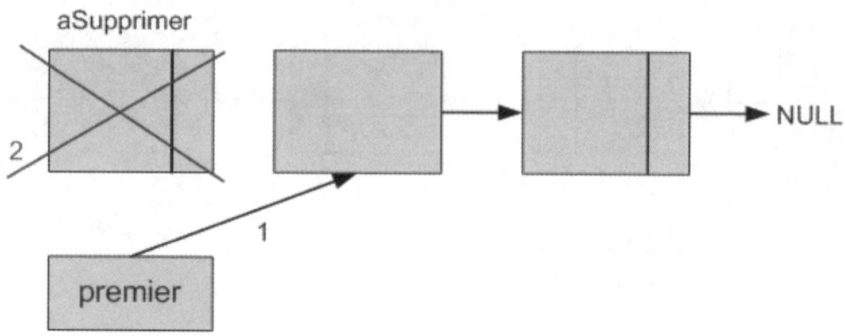

FIG. 29.10 – Suppression d'un élément de la liste chaînée

Afficher la liste chaînée

Pour bien visualiser ce que contient notre liste chaînée, une fonction d'affichage serait idéale ! Il suffit de partir du premier élément et d'afficher chaque élément un à un en « sautant » de bloc en bloc.

```
void afficherListe(Liste *liste)
{
    if (liste == NULL)
    {
        exit(EXIT_FAILURE);
    }

    Element *actuel = liste->premier;

    while (actuel != NULL)
    {
        printf("%d -> ", actuel->nombre);
        actuel = actuel->suivant;
    }
    printf("NULL\n");
}
```

Cette fonction est simple : on part du premier élément et on affiche le contenu de chaque élément de la liste (un nombre). On se sert du pointeur `suivant` pour passer à l'élément qui suit à chaque fois.

On peut s'amuser à tester la création de notre liste chaînée et son affichage avec un `main` :

```
int main()
{
    Liste *maListe = initialisation();

    insertion(maListe, 4);
    insertion(maListe, 8);
```

```
    insertion(maListe, 15);
    suppression(maListe);

    afficherListe(maListe);

    return 0;
}
```

En plus du premier élément (que l'on a laissé ici à 0), on en ajoute trois nouveaux à cette liste. Puis on en supprime un. Au final, le contenu de la liste chaînée sera donc :

```
8 -> 4 -> 0 -> NULL
```

Aller plus loin

Nous venons de faire le tour des principales fonctions nécessaires à la gestion d'une liste chaînée : initialisation, ajout d'élément, suppression d'élément, etc. Voici quelques autres fonctions qui manquent et que je vous invite à écrire, ce sera un très bon exercice !

- **Insertion d'un élément en milieu de liste** : actuellement, nous ne pouvons ajouter des éléments qu'au début de la liste, ce qui est généralement suffisant. Si toutefois on veut pouvoir ajouter un élément au milieu, il faut créer une fonction spécifique qui prend un paramètre supplémentaire : l'adresse de celui qui précèdera notre nouvel élément dans la liste. Votre fonction va parcourir la liste chaînée jusqu'à tomber sur l'élément indiqué. Elle y insèrera le petit nouveau juste après.
- **Suppression d'un élément en milieu de liste** : le principe est le même que pour l'insertion en milieu de liste. Cette fois, vous devez ajouter en paramètre l'adresse de l'élément à supprimer.
- **Destruction de la liste** : il suffit de supprimer tous les éléments un à un !
- **Taille de la liste** : cette fonction indique combien il y a d'éléments dans votre liste chaînée. L'idéal, plutôt que d'avoir à calculer cette valeur à chaque fois, serait de maintenir à jour un entier `nbElements` dans la structure `Liste`. Il suffit d'incrémenter ce nombre à chaque fois qu'on ajoute un élément et de le décrémenter quand on en supprime un.

Je vous conseille de regrouper toutes les fonctions de gestion de la liste chaînée dans des fichiers `liste_chainee.c` et `liste_chainee.h` par exemple. Ce sera votre première bibliothèque ! Vous pourrez la réutiliser dans tous les programmes dans lesquels vous avez besoin de listes chaînées.

Vous pouvez télécharger le projet des listes chaînées comprenant les fonctions que nous avons découvertes ensemble. Cela vous fera une bonne base de départ.

▷ Code web : 603716

En résumé

- Les listes chaînées constituent un nouveau moyen de stocker des données en mémoire. Elles sont plus flexibles que les tableaux car on peut ajouter et supprimer des « cases » à n'importe quel moment.
- Il n'existe pas en langage C de système de gestion de listes chaînées, il faut l'écrire nous-mêmes ! C'est un excellent moyen de progresser en algorithmique et en programmation en général.
- Dans une liste chaînée, chaque élément est une structure qui contient l'adresse de l'élément suivant.
- Il est conseillé de créer une structure de contrôle (du type `Liste` dans notre cas) qui retient l'adresse du premier élément.
- Il existe une version améliorée — mais plus complexe — des listes chaînées appelée « listes doublement chaînées », dans lesquelles chaque élément possède en plus l'adresse de celui qui le précède.

Chapitre 30

Les piles et les files

Difficulté :

Nous avons découvert avec les listes chaînées un nouveau moyen plus souple que les tableaux pour stocker des données. Ces listes sont particulièrement flexibles car on peut insérer et supprimer des données à n'importe quel endroit, à n'importe quel moment.

Les piles et les files que nous allons découvrir ici sont deux variantes un peu particulières des listes chaînées. Elles permettent de contrôler la manière dont sont ajoutés les nouveaux éléments. Cette fois, on ne va plus insérer de nouveaux éléments au milieu de la liste mais seulement au début ou à la fin.

Les piles et les files sont très utiles pour des programmes qui doivent traiter des données qui arrivent au fur et à mesure. Nous allons voir en détails leur fonctionnement dans ce chapitre.

Les piles et les files sont très similaires, mais révèlent néanmoins une subtile différence que vous allez rapidement reconnaître. Nous allons dans un premier temps découvrir les piles qui vont d'ailleurs beaucoup vous rappeler les listes chaînées, à quelques mots de vocabulaire près.

Globalement, ce chapitre sera simple pour vous si vous avez compris le fonctionnement des listes chaînées. Si ce n'est pas le cas, retournez d'abord au chapitre précédent car nous allons en avoir besoin.

Les piles

Imaginez une pile de pièces (fig. 30.1). Vous pouvez ajouter des pièces une à une en haut de la pile, mais aussi en enlever depuis le haut de la pile. Il est en revanche impossible d'enlever une pièce depuis le bas de la pile[1] !

FIG. 30.1 – Une pile de pièces

Fonctionnement des piles

Le principe des piles en programmation est de stocker des données au fur et à mesure les unes au-dessus des autres pour pouvoir les récupérer plus tard. Par exemple, imaginons une pile de nombres entiers de type `int` (fig. 30.2). Si j'ajoute un élément (on parle d'**empilage**), il sera placé au-dessus[2] (fig. 30.3).

Le plus intéressant est sans conteste l'opération qui consiste à extraire les nombres de la pile. On parle de **dépilage**. On récupère les données une à une, en commençant par la dernière qui vient d'être posée tout en haut de la pile (fig. 30.4). On enlève les données au fur et à mesure, jusqu'à la dernière tout en bas de la pile.

On dit que c'est un algorithme **LIFO**, ce qui signifie « Last In First Out ». Traduction : « Le dernier élément qui a été ajouté est le premier à sortir ».

Les éléments de la pile sont reliés entre eux à la manière d'une liste chaînée. Ils possèdent un pointeur vers l'élément suivant et ne sont donc pas forcément placés côte à côte en mémoire. Le dernier élément (tout en bas de la pile) doit pointer vers `NULL` pour indiquer qu'on a... touché le fond (fig. 30.5).

[1] Si vous voulez essayer, bon courage !
[2] Oui, comme dans Tetris. ;-)

FIG. 30.2 – Une pile de `int`

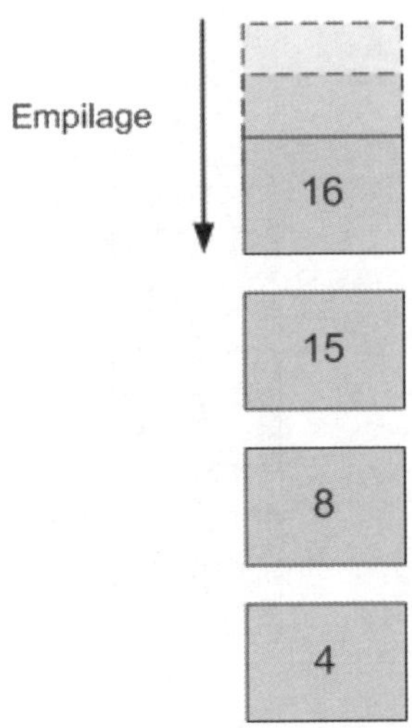

FIG. 30.3 – Empilage

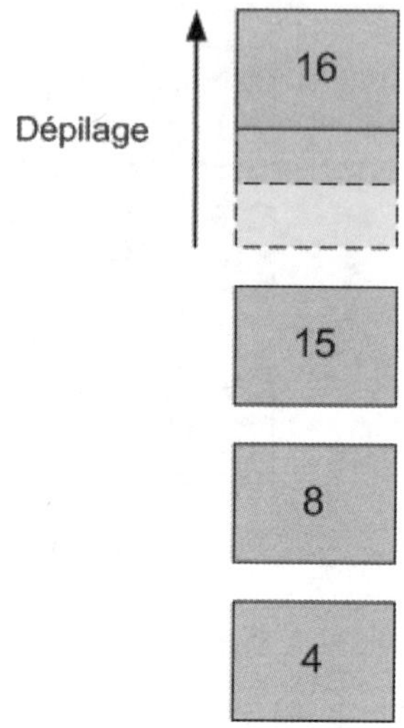

FIG. 30.4 – Dépilage

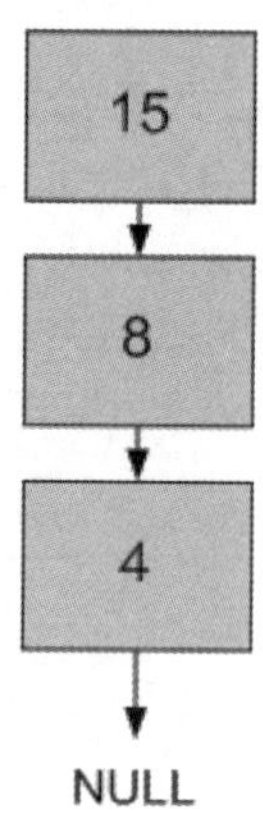

FIG. 30.5 – Les éléments sont reliés entre eux et le dernier pointe vers NULL

À quoi est-ce que tout cela peut bien servir, concrètement ?

Il y a des programmes où vous avez besoin de stocker des données temporairement pour les ressortir dans un ordre précis : le dernier élément que vous avez stocké doit être le premier à ressortir.

Pour vous donner un exemple concret, votre système d'exploitation utilise ce type d'algorithme pour retenir l'ordre dans lequel les fonctions ont été appelées. Imaginez un exemple :

1. votre programme commence par la fonction `main` (comme toujours) ;
2. vous y appelez la fonction `jouer` ;
3. cette fonction `jouer` fait appel à son tour à la fonction `charger` ;
4. une fois que la fonction `charger` est terminée, on retourne à la fonction `jouer` ;
5. une fois que la fonction `jouer` est terminée, on retourne au `main` ;
6. enfin, une fois le `main` terminé, il n'y a plus de fonction à appeler, le programme s'achève.

Pour « retenir » l'ordre dans lequel les fonctions ont été appelées, votre ordinateur crée une pile de ces fonctions au fur et à mesure (fig. 30.6).

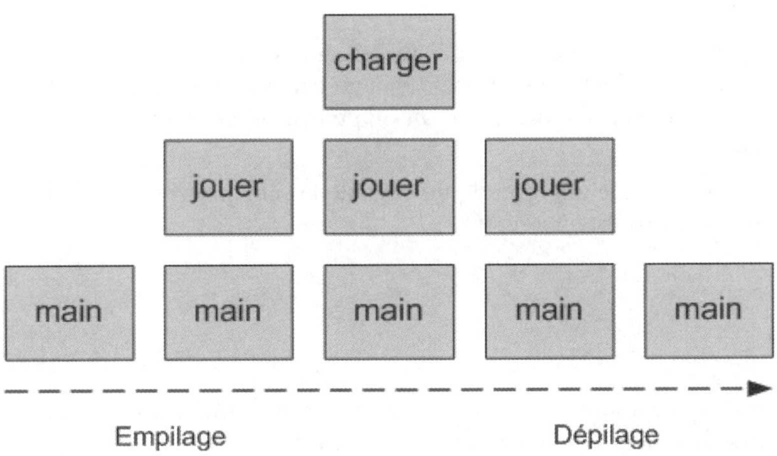

FIG. 30.6 – La pile d'appel des fonctions au fur et à mesure du programme

Voilà un exemple concret d'utilisation des piles. Grâce à cette technique, votre ordinateur sait à quelle fonction il doit retourner. Il peut empiler 100 fonctions d'affilée s'il le faut, il retrouvera toujours le `main` en bas !

Création d'un système de pile

Maintenant que nous connaissons le principe de fonctionnement des piles, essayons d'en construire une. Comme pour les listes chaînées, il n'existe pas de système de pile intégré au langage C. Il faut donc le créer nous-mêmes.

Chaque élément de la pile aura une structure identique à celle d'une liste chaînée :

```
typedef struct Element Element;
struct Element
{
    int nombre;
    Element *suivant;
};
```

La structure de contrôle contiendra l'adresse du premier élément de la pile, celui qui se trouve tout en haut :

```
typedef struct Pile Pile;
struct Pile
{
    Element *premier;
};
```

Nous aurons besoin en tout et pour tout des fonctions suivantes :

- empilage d'un élément ;
- dépilage d'un élément.

Vous noterez que, contrairement aux listes chaînées, on ne parle pas d'ajout ni de suppression. On parle d'empilage et de dépilage car ces opérations sont limitées à un élément précis, comme on l'a vu. Ainsi, on ne peut ajouter et retirer un élément qu'en haut de la pile.

On pourra aussi écrire une fonction d'affichage de la pile, pratique pour vérifier si notre programme se comporte correctement.

Allons-y !

Empilage

Notre fonction `empiler` doit prendre en paramètre la structure de contrôle de la pile (de type `Pile`) ainsi que le nouveau nombre à stocker[3].

```
void empiler(Pile *pile, int nvNombre)
{
```

[3] Je vous rappelle que nous stockons ici des `int`, mais rien ne vous empêche d'adapter ces exemples avec un autre type de données. On peut stocker n'importe quoi : des `double`, des `char`, des chaînes, des tableaux ou même d'autres structures !

```
    Element *nouveau = malloc(sizeof(*nouveau));
    if (pile == NULL || nouveau == NULL)
    {
        exit(EXIT_FAILURE);
    }

    nouveau->nombre = nvNombre;
    nouveau->suivant = pile->premier;
    pile->premier = nouveau;
}
```

L'ajout se fait en début de pile car, comme on l'a vu, il est impossible de le faire au milieu d'une pile. C'est le principe même de son fonctionnement, on ajoute toujours par le haut[4].

Dépilage

Le rôle de la fonction de dépilage est de supprimer l'élément tout en haut de la pile, ça, vous vous en doutiez. Mais elle doit aussi retourner l'élément qu'elle dépile, c'est-à-dire dans notre cas le nombre qui était stocké en haut de la pile.

C'est comme cela que l'on accède aux éléments d'une pile : en les enlevant un à un. On ne parcourt pas la pile pour aller y chercher le second ou le troisième élément. On demande toujours à récupérer le premier.

Notre fonction `depiler` va donc retourner un `int` correspondant au nombre qui se trouvait en tête de pile :

```
int depiler(Pile *pile)
{
    if (pile == NULL)
    {
        exit(EXIT_FAILURE);
    }

    int nombreDepile = 0;
    Element *elementDepile = pile->premier;

    if (pile != NULL && pile->premier != NULL)
    {
        nombreDepile = elementDepile->nombre;
        pile->premier = elementDepile->suivant;
        free(elementDepile);
    }

    return nombreDepile;
}
```

[4]De ce fait, contrairement aux listes chaînées, on ne doit pas créer de fonction pour insérer un élément au milieu de la pile. Seule la fonction `empiler` permet d'ajouter un élément.

On récupère le nombre en tête de pile pour le renvoyer à la fin de la fonction. On modifie l'adresse du premier élément de la pile, puisque celui-ci change. Enfin, bien entendu, on supprime l'ancienne tête de pile grâce à `free`.

Affichage de la pile

Bien que cette fonction ne soit pas indispensable[5], elle va nous être utile pour tester le fonctionnement de notre pile et surtout pour « visualiser » le résultat.

```
void afficherPile(Pile *pile)
{
    if (pile == NULL)
    {
        exit(EXIT_FAILURE);
    }
    Element *actuel = pile->premier;

    while (actuel != NULL)
    {
        printf("%d\n", actuel->nombre);
        actuel = actuel->suivant;
    }

    printf("\n");
}
```

Cette fonction étant ridiculement simple, elle ne nécessite aucune explication[6].

En revanche, c'est le moment de faire un `main` pour tester le comportement de notre pile :

```
int main()
{
    Pile *maPile = initialiser();

    empiler(maPile, 4);
    empiler(maPile, 8);
    empiler(maPile, 15);
    empiler(maPile, 16);
    empiler(maPile, 23);
    empiler(maPile, 42);

    printf("\nEtat de la pile :\n");
    afficherPile(maPile);

    printf("Je depile %d\n", depiler(maPile));
```

[5]Les fonctions `empiler` et `depiler` suffisent à gérer une pile !

[6]Et toc !

```
    printf("Je depile %d\n", depiler(maPile));

    printf("\nEtat de la pile :\n");
    afficherPile(maPile);

    return 0;
}
```

On affiche l'état de la pile après plusieurs empilages et une autre fois après quelques dépilages. On affiche aussi le nombre qui est dépilé à chaque fois que l'on dépile. Le résultat dans la console est le suivant :

```
Etat de la pile :
42
23
16
15
8
4

Je depile 42
Je depile 23

Etat de la pile :
16
15
8
4
```

Vérifiez que vous voyez bien ce qui se passe dans ce programme. Si vous comprenez cela, vous avez compris le fonctionnement des piles !

Vous pouvez télécharger le projet complet des piles si vous le désirez.

▷ Code web : 935065

Les files

Les files ressemblent assez aux piles, si ce n'est qu'elles fonctionnent dans le sens inverse !

Fonctionnement des files

Dans ce système, les éléments s'entassent les uns à la suite des autres. Le premier qu'on fait sortir de la file est le premier à être arrivé. On parle ici d'algorithme **FIFO** (First In First Out), c'est-à-dire « Le premier qui arrive est le premier à sortir ».

Il est facile de faire le parallèle avec la vie courante. Quand vous allez prendre un billet de cinéma, vous faites la queue au guichet (fig. 30.7). À moins d'être le frère du guichetier, vous allez devoir faire la queue comme tout le monde et attendre derrière. C'est le premier arrivé qui sera le premier servi.

FIG. 30.7 – Une file d'attente. Le premier arrivé est le premier servi !

En programmation, les files sont utiles pour mettre en attente des informations dans l'ordre dans lequel elles sont arrivées. Par exemple, dans un logiciel de *chat* (type messagerie instantanée), si vous recevez trois messages à peu de temps d'intervalle, vous les enfilez les uns à la suite des autres en mémoire. Vous vous occupez alors du premier message arrivé pour l'afficher à l'écran, puis vous passez au second, et ainsi de suite.

Les événements que vous envoie la bibliothèque SDL que nous avons étudiée sont eux aussi stockés dans une file. Si vous bougez la souris, un événement sera généré pour chaque pixel dont s'est déplacé le curseur de la souris. La SDL les stocke dans une file puis vous les envoie un à un à chaque fois que vous faites appel à `SDL_PollEvent`[7].

En C, une file est une liste chaînée où chaque élément pointe vers le suivant, tout comme les piles. Le dernier élément de la file pointe vers `NULL` (fig. 30.8).

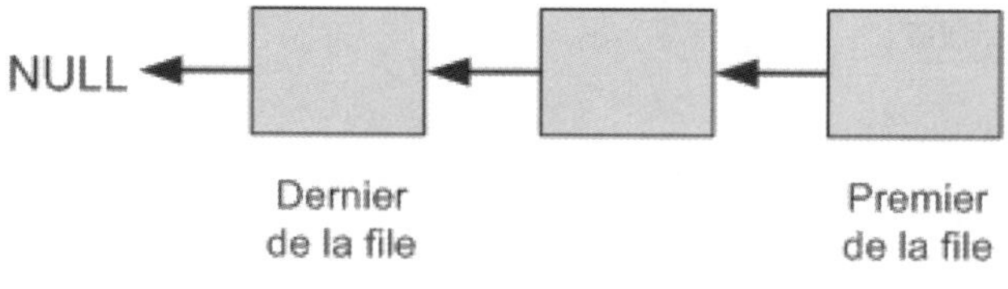

FIG. 30.8 – Représentation d'une file

Création d'un système de file

Le système de file va ressembler à peu de choses près aux piles. Il y a seulement quelques petites subtilités étant donné que les éléments sortent de la file dans un autre sens, mais

[7]Ou à `SDL_WaitEvent` : oui, c'est bien ! Je vois que ça suit au fond de la classe. ;-)

rien d'insurmontable si vous avez compris les piles.

Nous allons créer une structure `Element` et une structure de contrôle `File` :

```
typedef struct Element Element;
struct Element
{
    int nombre;
    Element *suivant;
};

typedef struct File File;
struct File
{
    File *premier;
};
```

Comme pour les piles, chaque élément de la file sera de type `Element`. À l'aide du pointeur `premier`, nous disposerons toujours du premier élément et nous pourrons remonter jusqu'au dernier.

Enfilage

La fonction qui ajoute un élément à la file est appelée fonction « d'enfilage ». Il y a deux cas à gérer :

- soit la file est vide, dans ce cas on doit juste créer la file en faisant pointer `premier` vers le nouvel élément créé ;
- soit la file n'est pas vide, dans ce cas il faut parcourir toute la file en partant du premier élément jusqu'à arriver au dernier. On rajoutera notre nouvel élément après le dernier.

Voici comment on peut faire dans la pratique :

```
void enfiler(File *file, int nvNombre)
{
    Element *nouveau = malloc(sizeof(*nouveau));
    if (file == NULL || nouveau == NULL)
    {
        exit(EXIT_FAILURE);
    }

    nouveau->nombre = nvNombre;
    nouveau->suivant = NULL;

    if (file->premier != NULL) /* La file n'est pas vide */
    {
        /* On se positionne à la fin de la file */
        Element *elementActuel = file->premier;
        while (elementActuel->suivant != NULL)
```

```
        {
            elementActuel = elementActuel->suivant;
        }
        elementActuel->suivant = nouveau;
    }
    else /* La file est vide, notre élément est le premier */
    {
        file->premier = nouveau;
    }
}
```

Vous voyez dans ce code le traitement des deux cas possibles, chacun devant être géré à part. La différence par rapport aux piles, qui rajoute une petite touche de difficulté, est qu'il faut se placer à la fin de la file pour ajouter le nouvel élément. Mais bon, un petit `while` et le tour est joué, comme vous pouvez le constater. :-)

Défilage

Le défilage ressemble étrangement au dépilage. Étant donné qu'on possède un pointeur vers le premier élément de la file, il nous suffit de l'enlever et de renvoyer sa valeur.

```
int defiler(File *file)
{
    if (file == NULL)
    {
        exit(EXIT_FAILURE);
    }

    int nombreDefile = 0;

    /* On vérifie s'il y a quelque chose à défiler */
    if (file->premier != NULL)
    {
        Element *elementDefile = file->premier;

        nombreDefile = elementDefile->nombre;
        file->premier = elementDefile->suivant;
        free(elementDefile);
    }

    return nombreDefile;
}
```

À vous de jouer !

Il resterait à écrire une fonction `afficherFile`, comme on l'avait fait pour les piles. Cela vous permettrait de vérifier si votre file se comporte correctement.

Réalisez ensuite un `main` pour faire tourner votre programme. Vous devriez pouvoir obtenir un rendu similaire à ceci :

```
Etat de la file :
4 8 15 16 23 42

Je defile 4
Je defile 8

Etat de la file :
15 16 23 42
```

À terme, vous devriez pouvoir créer votre propre bibliothèque de files, avec des fichiers `file.h` et `file.c` par exemple.

Je vous propose de télécharger le projet complet de gestion des files, si vous le désirez. Il inclut la fonction `afficherFile`.

▷ Code web : 467879

En résumé

- Les piles et les files permettent d'organiser en mémoire des données qui arrivent au fur et à mesure.
- Elles utilisent un système de liste chaînée pour assembler les éléments.
- Dans le cas des piles, les données s'ajoutent les unes au-dessus des autres. Lorsqu'on extrait une donnée, on récupère la dernière qui vient d'être ajoutée (la plus récente). On parle d'algorithme LIFO (*Last In First Out*).
- Dans les cas des files, les données s'ajoutent les unes à la suite des autres. On extrait la première donnée à avoir été ajoutée dans la file (la plus ancienne). On parle d'algorithme FIFO (*First In First Out*).

Chapitre 31

Les tables de hachage

Difficulté :

Les listes chaînées ont un gros défaut lorsqu'on souhaite lire ce qu'elles contiennent : il n'est pas possible d'accéder directement à un élément précis. Il faut parcourir la liste en avançant d'élément en élément jusqu'à trouver celui qu'on recherche. Cela pose des problèmes de performance dès que la liste chaînée devient volumineuse. Imaginez une liste chaînée de 1 000 éléments où celui que l'on recherche est tout à la fin !

Les tables de hachage représentent une autre façon de stocker des données. Elles sont basées sur les tableaux du langage C que vous connaissez bien, dorénavant. Leur gros avantage ? Elle permettent de retrouver instantanément un élément précis, que la table contienne 100, 1 000, 10 000 cases ou plus encore !

Pourquoi utiliser une table de hachage ?

Partons du problème que peuvent nous poser les listes chaînées. Celles-ci sont particulièrement souples, nous avons pu le constater : il est possible d'ajouter ou de supprimer des cases à tout moment, alors qu'un tableau est « figé » une fois qu'il a été créé.

Toutefois, comme je vous le disais en introduction, les listes chaînées ont quand même un gros défaut : si on cherche à récupérer un élément précis de la liste, il faut parcourir celle-ci en entier jusqu'à ce qu'on le retrouve !

Imaginons une liste chaînée qui contienne des informations sur des élèves : leur nom, leur âge et leur moyenne. Chaque élève sera représenté par une structure `Eleve`[1].

Si je veux retrouver les informations sur Luc Doncieux dans la fig. 31.1, il va falloir parcourir toute la liste pour se rendre compte qu'il était à la fin !

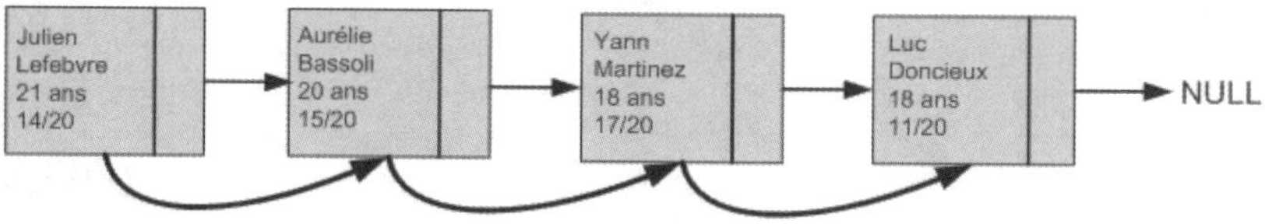

FIG. 31.1 – Pour retrouver Luc Doncieux dans la liste, il faut la parcourir en entier en analysant chaque élément à partir du premier !

Bien entendu, si on avait cherché Julien Lefebvre, cela aurait été beaucoup plus rapide puisqu'il est au début de la liste. Néanmoins, pour évaluer l'efficacité d'un algorithme[2], on doit toujours envisager le pire des cas. Et le pire, c'est Luc.

Dans cet exemple, notre liste chaînée ne contient que quatre éléments. L'ordinateur retrouvera Luc Doncieux très rapidement avant que vous n'ayez eu le temps de dire « ouf ». Mais imaginez maintenant que celui-ci se trouve à la fin d'une liste chaînée contenant 10 000 éléments ! Ce n'est pas acceptable de devoir parcourir jusqu'à 10 000 éléments pour retrouver une information. C'est là que les tables de hachage entrent en jeu.

Qu'est-ce qu'une table de hachage ?

Si vous vous souvenez bien, les tableaux ne connaissaient pas ce problème. Ainsi, pour accéder à l'élément d'indice 2 dans mon tableau, il me suffisait d'écrire ceci :

[1] Nous avons travaillé auparavant sur des listes chaînées qui contenaient des `int`. Comme je vous l'ai dit, il est possible de stocker ce qu'on veut dans une liste, même un pointeur vers une structure comme je le propose ici.

[2] Ici, on dit que l'algorithme de recherche d'un élément a une complexité en $O(n)$, car il faut parcourir toute la liste chaînée pour retrouver un élément donné, dans le pire des cas où celui-ci est à la fin. Si la liste contient 9 éléments, il faudra 9 itérations au maximum pour retrouver un élément.

```
int tableau[4] = {12, 7, 14, 33};
printf("%d", tableau[2]);
```

Si on lui donne `tableau[2]`, l'ordinateur va directement à la case mémoire où se trouve stocké le nombre 14. Il ne parcourt pas les cases du tableau une à une.

Tu es en train de dire que les tableaux ne sont « pas si mauvais », en fait ? Mais dans ce cas, on perd l'avantage des listes chaînées qui nous permettaient d'ajouter et de retirer des cases à tout moment !

En effet, les listes chaînées sont plus flexibles. Les tableaux, eux, permettent un accès plus rapide. Les **tables de hachage** constituent quelque part un compromis entre les deux.

Il y a un défaut important avec les tableaux dont on n'a pas beaucoup parlé jusqu'ici : les cases sont identifiées par des numéros qu'on appelle des **indices**. Il n'est pas possible de demander à l'ordinateur : « Dis-moi quelles sont les données qui se trouvent à la case "Luc Doncieux" ». Pour retrouver l'âge et la moyenne de Luc Doncieux, on ne peut donc pas écrire :

```
tableau["Luc Doncieux"];
```

Ce serait pourtant pratique de pouvoir accéder à une case du tableau rien qu'avec le nom ! Eh bien avec les tables de hachage[3], c'est possible.

Puisque notre tableau doit forcément être numéroté par des indices, comment fait-on pour retrouver le bon numéro de case si on connaît seulement le nom « Luc Doncieux » ?

Bonne remarque. En effet, un tableau reste un tableau et celui-ci ne fonctionne qu'avec des indices numérotés. Imaginez un tableau correspondant à la fig. 31.2 : chaque case a un indice et possède un pointeur vers une structure de type `Eleve`. Cela, vous savez déjà le faire.

Si on veut retrouver la case correspondant à Luc Doncieux, il faut pouvoir transformer son nom en indice du tableau. Ainsi, il faut pouvoir faire l'association entre chaque nom et un numéro de case de tableau :

- Julien Lefebvre = 0 ;
- Aurélie Bassoli = 1 ;
- Yann Martinez = 2 ;
- Luc Doncieux = 3.

On ne peut écrire `tableau["Luc Doncieux"]` comme je l'ai fait précédemment. Ce n'est pas valide en C.

[3]Comme tout ce que nous venons de voir récemment, les tables de hachage ne font pas « partie » du langage C. Il s'agit simplement d'un concept. On va réutiliser les briques de base du C que l'on connaît déjà pour créer un nouveau système intelligent. Comme quoi, en C, avec peu d'outils à la base, on peut créer beaucoup de choses !

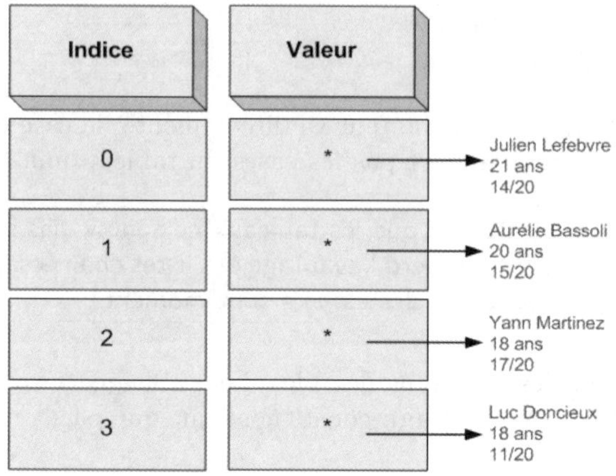

FIG. 31.2 – Un simple tableau contenant des pointeurs vers des structures `Eleve`

La question est : comment transformer une chaîne de caractères en numéro ? C'est toute la magie du hachage. Il faut écrire une fonction qui prend en entrée une chaîne de caractères, fait des calculs avec, puis retourne en sortie un numéro correspondant à cette chaîne. Ce numéro sera l'indice de la case dans notre tableau (fig. 31.3).

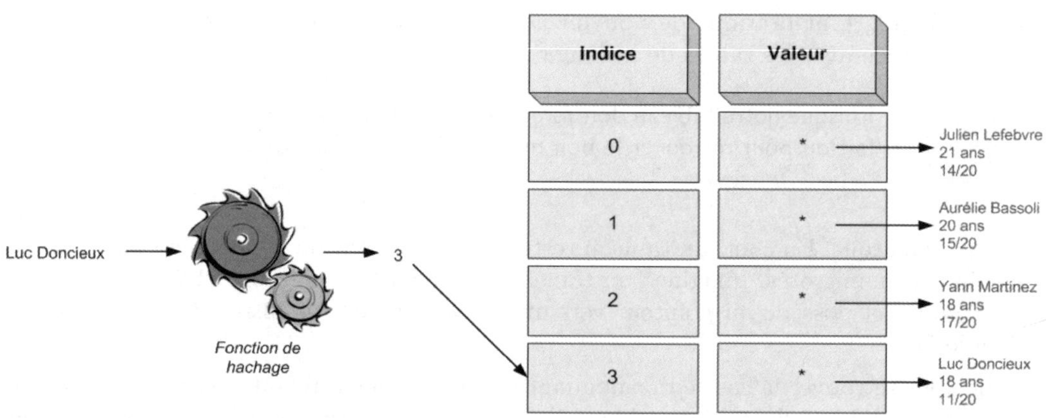

FIG. 31.3 – La fonction de hachage génère un indice correspondant au nom envoyé en paramètre

Écrire une fonction de hachage

Toute la difficulté consiste à écrire une fonction de hachage correcte. Comment tranformer une chaîne de caractères en un nombre unique ?

Tout d'abord, mettons les choses au clair : une table de hachage ne contient pas 4 cases comme sur mes exemples, mais plutôt 100, 1 000 ou même plus. Peu importe la taille du tableau, la recherche de l'élément sera aussi rapide[4].

Imaginons donc un tableau de 100 cases dans lequel on va stocker des pointeurs vers des structures `Eleve`.

```
Eleve* tableau[100];
```

Nous devons écrire une fonction qui, à partir d'un nom, génère un nombre compris entre 0 et 99 (les indices du tableau). C'est là qu'il faut être inventif. Il existe des méthodes mathématiques très complexes[5] pour « hacher » des données, c'est-à-dire les transformer en nombres.

Vous pouvez inventer votre propre fonction de hachage. Ici, pour faire simple, je vous propose tout simplement d'additionner les valeurs ASCII de chaque lettre du nom, c'est-à-dire pour Luc Doncieux faire la somme suivante :

```
'L' + 'u' + 'c' + ' ' + 'D' + 'o' + 'n' + 'c' + 'i' + 'e' + 'u' + 'x'
```

On va toutefois avoir un problème : cette somme dépasse 100[6] ! Comme notre tableau ne fait que 100 cases, si on s'en tient à ça, on risque de sortir des limites du tableau.

Pour régler le problème, on peut utiliser l'opérateur modulo %. Vous vous souvenez de lui ? Il donne le reste de la division ! Si on fait le calcul :

```
sommeLettres % 100
```

... on obtiendra forcément un nombre compris entre 0 et 99. Par exemple, si la somme fait 4315, le reste de la division par 100 est 15. La fonction de hachage retournera donc 15.

Voici à quoi pourrait ressembler cette fameuse fonction :

```
int hachage(char *chaine)
{
    int i = 0, nombreHache = 0;

    for (i = 0 ; chaine[i] != '\0' ; i++)
    {
        nombreHache += chaine[i];
    }
    nombreHache %= 100;

    return nombreHache;
}
```

[4]On dit que c'est une complexité en $O(1)$ car on trouve directement l'élément que l'on recherche. En effet, la fonction de hachage nous retourne un indice : il suffit de « sauter » directement à la case correspondante du tableau. Plus besoin de parcourir toutes les cases !

[5]Les algorithmes MD5 et SHA1 sont des fonctions de hachage célèbres, mais elles sont trop poussées pour nous ici.

[6]Je vous rappelle que chaque lettre dans la table ASCII peut être numérotée jusqu'à 255. On a donc vite fait de dépasser 100.

▷ Code web : 578479

Si on lui envoie `hachage("Luc Doncieux")`, elle renvoie 55. Avec `hachage("Yann Martinez")`, on obtient 80.

Grâce à cette fonction de hachage, vous savez donc dans quelle case de votre tableau vous devez placer vos données ! Lorsque vous voudrez y accéder plus tard pour en récupérer les données, il suffira de hacher à nouveau le nom de la personne[7] pour retrouver l'indice de la case du tableau où sont stockées les informations !

Gérer les collisions

Quand la fonction de hachage renvoie le même nombre pour deux clés différentes, on dit qu'il y a **collision**. Par exemple dans notre cas, si nous avions un anagramme de Luc Doncieux qui s'appelle Luc *Doncueix*, la somme des lettres est la même, donc le résultat de la fonction de hachage sera le même !

Deux raisons peuvent expliquer une collision.

- La fonction de hachage n'est pas très performante[8]. C'est notre cas. Nous avons écrit une fonction très simple (mais néanmoins suffisante) pour nos exemples.
- Le tableau dans lequel on stocke nos données est trop petit. Si on crée un tableau de 4 cases et qu'on souhaite stocker 5 personnes, on aura à coup sûr une collision, c'est-à-dire que notre fonction de hachage donnera le même indice pour deux noms différents.

Si une collision survient, pas de panique ! Deux solutions s'offrent à vous au choix : l'adressage ouvert et le chaînage.

L'adressage ouvert

S'il reste de la place dans votre tableau, vous pouvez utiliser la technique dite du **hachage linéaire**. Le principe est simple. La case est occupée ? Pas de problème, allez à la case suivante. Ah, elle est occupée aussi ? Allez à la suivante !

Ainsi de suite, continuez jusqu'à trouver la prochaine case libre dans le tableau. Si vous arrivez à la fin du tableau, retournez à la première case et continuez.

Cette méthode est très simple à mettre en place, mais si vous avez beaucoup de collisions, vous allez passer beaucoup de temps à chercher la prochaine case libre.

Il existe des variantes (hachage double, hachage quadratique...) qui consistent à hacher à nouveau selon une autre fonction en cas de collision. Elles sont plus efficaces mais plus complexes à mettre en place.

---

[7] Je vous recommande de créer une fonction de recherche qui se chargera de hacher la clé (le nom) et de vous renvoyer un pointeur vers les données que vous recherchiez. Cela donnerait par exemple : `infosSurLuc = rechercheTableHachage(tableau, "Luc Doncieux");`

[8] Les fonctions MD5 et SHA1 mentionnées plus tôt sont de bonne qualité car elles produisent très peu de collisions. Notez que SHA1 est aujourd'hui préférée à MD5 car c'est celle des deux qui en produit le moins.

Le chaînage

Une autre solution consiste à créer une **liste chaînée** à l'emplacement de la collision. Vous avez deux données (ou plus) à stocker dans la même case ? Utilisez une liste chaînée et créez un pointeur vers cette liste depuis le tableau (fig. 31.4).

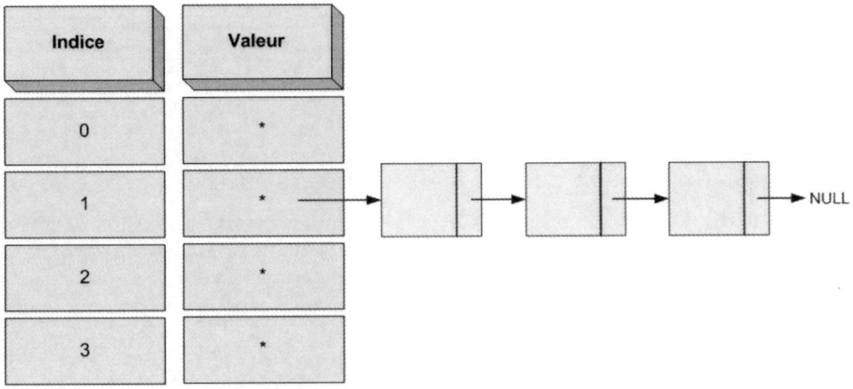

FIG. 31.4 – Si deux éléments doivent être stockés au même endroit, créez une liste chaînée !

Bien entendu, on en revient au défaut des listes chaînées : s'il y a 300 éléments à cet emplacement du tableau, il va falloir parcourir la liste chaînée jusqu'à trouver le bon.

Ici, comme vous le voyez, tout est affaire de compromis. Les listes chaînées ne sont pas toujours idéales, mais les tables de hachage ont aussi leurs limites. On peut combiner les deux pour tenter de tirer le meilleur de chacune de ces structures de données.

Quoi qu'il en soit, le point critique dans une table de hachage est la fonction de hachage. Moins elle produit de collisions, mieux c'est. À vous de trouver la fonction de hachage qui convient le mieux à votre cas !

En résumé

- Les listes chaînées sont flexibles, mais il peut être long de retrouver un élément précis à l'intérieur car il faut les parcourir case par case.
- Les tables de hachage sont des tableaux. On y stocke des données à un emplacement déterminé par une fonction de hachage.
- La fonction de hachage prend en entrée une clé (ex. : une chaîne de caractères) et retourne en sortie un nombre.
- Ce nombre est utilisé pour déterminer à quel indice du tableau sont stockées les données.
- Une bonne fonction de hachage doit produire peu de collisions, c'est-à-dire qu'elle doit éviter de renvoyer le même nombre pour deux clés différentes.
- En cas de collision, on peut utiliser l'adressage ouvert (recherche d'une autre case libre dans le tableau) ou bien le chaînage (combinaison avec une liste chaînée).

Index

A

adressage ouvert 508
adresse 51
aléatoire 103
allocation dynamique 235
    de tableau 245
antialiasing 432
ASCII 170
assembleur 49

B

bibliothèque 36
    chaîne de caractères 176
    mathématique 72
    SDL 291
    standard 135, 216, 290
    tierce 290
binaire 5
bitmap 334
blit 324
BMP 334
booléen 84
boucle 94
    infinie 97
break 89
buffer 253, 274, 360
    vidage 279
buffer overflow 275

C

C 8
C++ 8, 71
C89 162
C99 162
callback 421
carré 74
ceil 74
chaînage 509
chaîne de caractères 172
    initialisation 173
char 54, 170
    tableau de . . voir chaîne de caractères
code source 6
Code: :Blocks 13
collision 393, 397, 508
commentaire 43
compilateur 7, 12
compilation 7, 136
complexité 504, 507
concaténation 180
condition 78
console 33
constante 58
cos 75
CPU .... voir processeur

D

débogueur 12
décrémentation 71
défilage 500
define 190
dépassement de mémoire 275
dépilage 490, 495
directive de préprocesseur 36, 188
disque dur 48
division 67
    reste 68
do while 97

double 54
double buffering 360

E

éditeur 12
éditeur de liens 136
else 80
else if 81
empilage 490, 494
enfilage 499
énumération 211
environnement de développement 12
EOF 227, 283
événement 352
exit 242
EXIT_FAILURE 310
EXIT_SUCCESS 310
exp 75

F

fabs 73
fclose 221
fgetc 227
fgets 228, 277
fichier 215
  renommer 233
  supprimer 234
FIFO 497
file 497
flag 307, 311, 374
  tester 374
float 54
floor 74
FMOD 444
focus 373
fonction 110
  bloquante 416
  locale 141
  pointeur de 421
  portée 138
  statique 141
fonte .... voir police
fopen 217
for 98
fprintf 225
FPS 419
fputc 223
fputs 224
free 242
FreeType 426
fscanf 230
fseek 232
ftell 231
fuite mémoire 223

G

génération aléatoire 103
gets 276
GPL 291

H

hachage 506
hachage (table de) 504
hachage linéaire 508
header 130, 188

I

IDE 12
if 78
ifdef 197
ifndef 197
images par seconde 419
include 36, 188
inclusion infinie 198
incrémentation 70, 99
indice 161
instruction 37
int 54

K

keysym 358

L

langage binaire 5
langage C 8
langage C++ 8
langage de programmation 6
LGPL 291, 444
librairie .... voir bibliothèque
LIFO 490
linker .... voir éditeur de liens
liste chaînée 478
log 75

long 54

M

macro 193
main (fonction) 37
malloc 240
math.h 73
MD5 507
mémoire
  adresse 51, 146
  cache 48
  dépassement 275
  valeur 51
  vive 48
MIDI 457
modulo 68
multitâche 413

N

NULL 149

P

paramètre 112, 113
pile 490
pointeur 149
  de fonction 421
  de structure 208
police 430
portée 138
pow 74
préprocesseur 136, 187
  condition 196
  constante de 190
printf 39, 59
processeur
  consommation 412, 418
programmation 4
projet 130
prototype 128
puissance 74

R

racine carrée 74
RAM .... voir mémoire vive
rand 103
registre 48
return 37, 113
RGB 320

S

saisie 61
scanf 61, 274
SDL 291
  couleur 319
  installation 295
  surface 317
  téléchargement 294
SDL_BlitSurface 324
SDL_Delay 412
SDL_Flip 364
SDL_GetTicks 414
SDL_Image 342
SDL_ttf 426
setPixel 468
SHA1 507
sin 75
sizeof 236
sokoban 378
spectre sonore 465
sprintf 185, 438
sprite 380
sqrt 74
srand 103
stderr 309
stdin 280
strcat 180
strchr 182
strcmp 181
strcpy 178
streaming 452
string .... voir chaîne de caractères
string.h 176
strlen 176
strpbrk 184
strstr 184
strtod 285
strtol 283
structure 202
  initialisation 207
  pointeur de 208
surface 317
switch 87

T

table de hachage 504
tableau 160
    à taille dynamique 162
    bidimensionnel 388
    indice 161
    initialisation 164
tan 75
ternaire 91
tick 414
timer 420
type personnalisé 202
typedef 204

U

unsigned 55

V

valeur 51
variable 52
    affectation 57
    déclaration 55
    globale 139
    portée 138
    statique 140
    type 53
Visual C++ Express 19
void 112
void* 241

W

while 94

X

Xcode 25

Notes

Notes

Notes

Notes

Notes

Notes

Dépôt légal : novembre 2009
ISBN : 978-2-9535278-0-3
Code éditeur : 978-2-9535278
Imprimé en France

Achevé d'imprimer le 1er février 2010 (2nde impression)
sur les presses de ALBEDIA Imprimeurs (Aurillac)
Imprimé sur papier PEFC issu de forêts gérées durablement
N° PEFC : 10-31-1446

ALBEDIA Imprimeurs est agréée IMPRIM'VERT

Mentions légales :
Crédit photo Mathieu Nebra 4e de couverture : Xavier Granet - 2009
Conception couverture : Fan Jiyong
Illustrations chapitres : Yannick Piault